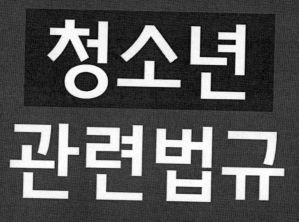

청소년
관련법규

법(法)의 개념

1. 법 정의

① 국가의 강제력을 수반하는 사회 규범.

② 국가 및 공공 기관이 제정한 법률, 명령, 조례, 규칙 따위이다.

③ 다 같이 자유롭고 올바르게 잘 살 것을 목적으로 하는 규범이며,

④ 서로가 자제하고 존중함으로써 더불어 사는 공동체를 형성해 가는 평화의 질서.

2. 법 시행

① 발안

② 심의

③ 공포

④ 시행

3. 법의 위계구조

① 헌법(최고의 법)

② 법률 : 국회의 의결 후 대통령이 서명 · 공포

③ 명령 : 행정기관에 의하여 제정되는 국가의 법령(대통령령, 총리령, 부령)

④ 조례 : 지방자치단체가 지방자치법에 의거하여 그 의회의 의결로 제정

⑤ 규칙 : 지방자치단체의 장(시장, 군수)이 조례의 범위 안에서 사무에 관하여 제정

4. 법 분류

① 공법 : 공익보호 목적(헌법, 형법)

② 사법 : 개인의 이익보호 목적(민법, 상법)

③ 사회법 : 인간다운 생활보장(근로기준법, 국민건강보험법) 법(法)의 개념

5. 형벌의 종류

① 사형

② 징역 : 교도소에 구치(유기, 무기징역, 노역 부과)

③ 금고 : 명예 존중(노역 비부과)

④ 구류 : 30일 미만 교도소에서 구치(노역 비부과)

⑤ 벌금 : 금액을 강제 부담

⑥ 과태료 : 공법에서, 의무 이행을 태만히 한 사람에게 벌로 물게 하는 돈 (경범죄처벌법, 교통범
칙금)

⑦ 몰수 : 강제로 국가 소유로 권리를 넘김

⑧ 자격정지 : 명예형(名譽刑), 일정 기간 동안 자격을 정지시킴(유기징역 이하)

⑨ 자격상실 : 명예형(名譽刑), 일정한 자격을 갖지 못하게 하는 일 (무기금고이상). 공법상 공무
원이 될 자격, 피선거권, 법인 임원 등

Contents

Contents

제1부

청소년 기본법

[시행 2018.6.13.] [법률 제15208호, 2017.12.12., 일부개정]

제1조(목적)

이 법은 청소년의 권리 및 책임과 가정·사회·국가·지방자치단체의 청소년에 대한 책임을 정하고 청소년정책에 관한 기본적인 사항을 규정함을 목적으로 한다. 〈개정 2015.2.3.〉

[전문개정 2014.3.24.]

제2조(기본이념)

① 이 법은 청소년이 사회구성원으로서 정당한 대우와 권익을 보장받음과 아울러 스스로 생각하고 자유롭게 활동할 수 있도록 하며 보다 나은 삶을 누리고 유해한 환경으로부터 보호될 수 있도록 함으로써 국가와 사회가 필요로 하는 건전한 민주시민으로 자랄 수 있도록 하는 것을 기본이념으로 한다.

② 제1항의 기본이념을 구현하기 위한 장기적·종합적 청소년정책을 추진할 때에는 다음 각 호의 사항을 그 추진 방향으로 한다. 〈개정 2015.2.3.〉

1. 청소년의 참여 보장
2. 창의성과 자율성을 바탕으로 한 청소년의 능동적 삶의 실현
3. 청소년의 성장 여건과 사회 환경의 개선
4. 민주·복지·통일조국에 대비하는 청소년의 자질 향상

[전문개정 2014.3.24.]

제3조(정의)

이 법에서 사용하는 용어의 뜻은 다음과 같다.

1. "청소년"이란 9세 이상 24세 이하인 사람을 말한다. 다만, 다른 법률에서 청소년에 대한 적용을 다르게 할 필요가 있는 경우에는 따로 정할 수 있다.
2. "청소년육성"이란 청소년활동을 지원하고 청소년의 복지를 증진하며 근로 청소년을 보호하는 한편, 사회 여건과 환경을 청소년에게 유익하도록 개선하고 청소년을 보호하여 청소년에 대한 교육을 보완함으로써 청소년의 균형 있는 성장을 돕는 것을 말한다.
3. "청소년활동"이란 청소년의 균형 있는 성장을 위하여 필요한 활동과 이러한 활동을 소재로 하는 수련활동·교류활동·문화활동 등 다양한 형태의 활동을 말한다.

4. "청소년복지"란 청소년이 정상적인 삶을 누릴 수 있는 기본적인 여건을 조성하고 조화롭게 성장·발달할 수 있도록 제공되는 사회적·경제적 지원을 말한다.

5. "청소년보호"란 청소년의 건전한 성장에 유해한 물질·물건·장소·행위 등 각종 청소년 유해 환경을 규제하거나 청소년의 접촉 또는 접근을 제한하는 것을 말한다.

6. "청소년시설"이란 청소년활동·청소년복지 및 청소년보호에 제공되는 시설을 말한다.

7. "청소년지도자"란 다음 각 목의 사람을 말한다.

　　가. 제21조에 따른 청소년지도사

　　나. 제22조에 따른 청소년상담사

　　다. 청소년시설, 청소년단체 및 청소년 관련 기관에서 청소년육성에 필요한 업무에 종사하는 사람

8. "청소년단체"란 청소년육성을 주된 목적으로 설립된 법인이나 대통령령으로 정하는 단체를 말한다.

[전문개정 2014.3.24.]

제4조(다른 법률과의 관계)

① 이 법은 청소년육성에 관하여 다른 법률보다 우선하여 적용한다.

② 청소년육성에 관한 법률을 제정하거나 개정할 때에는 이 법의 취지에 맞도록 하여야 한다.

[전문개정 2014.3.24.]

제5조(청소년의 권리와 책임)

① 청소년의 기본적 인권은 청소년활동·청소년복지·청소년보호 등 청소년육성의 모든 영역에서 존중되어야 한다.

② 청소년은 인종·종교·성별·나이·학력·신체조건 등에 따른 어떠한 종류의 차별도 받지 아니한다.

③ 청소년은 외부적 영향에 구애받지 아니하면서 자기 의사를 자유롭게 밝히고 스스로 결정할 권리를 가진다.

④ 청소년은 안전하고 쾌적한 환경에서 자기발전을 추구하고 정신적·신체적 건강을 해치거나 해칠 우려가 있는 모든 형태의 환경으로부터 보호받을 권리를 가진다.

⑤ 청소년은 자신의 능력을 개발하고 건전한 가치관을 확립하며 가정·사회 및 국가의 구성원으로서의 책임을 다하도록 노력하여야 한다.

[전문개정 2014.3.24.]

제5조의2(청소년의 자치권 확대)

① 청소년은 사회의 정당한 구성원으로서 본인과 관련된 의사결정에 참여할 권리를 가진다.

② 국가 및 지방자치단체는 청소년이 원활하게 관련 정보에 접근하고 그 의사를 밝힐 수 있도록 청소년 관련 정책에 대한 자문·심의 등의 절차에 청소년을 참여시키거나 그 의견을 수렴하여야 하며, 청소년 관련 정책의 심의·협의·조정 등을 위한 위원회·협의회 등에 청소년을 포함하여 구성·운영할 수 있다. 〈개정 2017.12.12.〉

③ 국가 및 지방자치단체는 청소년과 관련된 정책 수립 절차에 청소년의 참여 또는 의견 수렴을 보장하는 조치를 하여야 한다.

④ 국가 및 지방자치단체는 청소년 관련 정책의 수립과 시행과정에 청소년의 의견을 수렴하고 참여를 촉진하기 위하여 청소년으로 구성되는 청소년참여위원회를 운영하여야 한다. 〈신설 2017.12.12.〉

⑤ 국가 및 지방자치단체는 제4항에 따른 청소년참여위원회에서 제안된 내용이 청소년 관련 정책의 수립 및 시행과정에 반영될 수 있도록 적극 노력하여야 한다. 〈신설 2017.12.12.〉

⑥ 제4항에 따른 청소년참여위원회의 구성과 운영에 필요한 사항은 대통령령으로 정한다. 〈신설 2017.12.12.〉

[전문개정 2014.3.24.]

제6조(가정의 책임)

① 가정은 청소년육성에 관하여 1차적 책임이 있음을 인식하여야 하며, 따뜻한 사랑과 관심을 통하여 청소년이 개성과 자질을 바탕으로 자기발전을 실현하고 국가와 사회의 구성원으로서의 책임을 다하는 다음 세대로 성장할 수 있도록 노력하여야 한다.

② 가정은 학교 및 청소년 관련 기관 등에서 실시하는 교육프로그램에 청소년과 함께 참여하는 등 청소년을 바르게 육성하기 위하여 적극적으로 노력하여야 한다.

③ 가정은 정보통신망을 이용한 유해매체물 접촉을 차단하는 등 청소년 유해환경으로부터 청소년을 보호하기 위하여 필요한 노력을 하여야 한다.

④ 가정의 무관심·방치·억압 또는 폭력 등이 원인이 되어 청소년이 가출하거나 비행(非行)을 저지르는 경우 친권자 또는 친권자를 대신하여 청소년을 보호하는 자는 보호의무의 책임을 진다.

[전문개정 2014.3.24.]

제7조(사회의 책임)

① 모든 국민은 청소년이 일상생활에서 즐겁게 활동하고 더불어 사는 기쁨을 누리도록 도와주어야 한다.

② 모든 국민은 청소년의 사고와 행동양식의 특성을 인식하고 사랑과 대화를 통하여 청소년을 이해하고 지도하여야 하며, 청소년의 비행을 바로잡는 등 그 선도에 최선을 다하여야 한다.

③ 모든 국민은 청소년을 대상으로 하거나 청소년이 쉽게 접할 수 있는 장소에서 청소년의 정신적 · 신체적 건강에 해를 끼치는 행위를 하여서는 아니 되며, 청소년에게 유해한 환경을 정화하고 유익한 환경이 조성되도록 노력하여야 한다.

④ 모든 국민은 경제적 · 사회적 · 문화적 · 정신적으로 어려운 상태에 있는 청소년들에게 특별한 관심을 가지고 이들이 보다 나은 삶을 누릴 수 있도록 노력하여야 한다.

[전문개정 2014.3.24.]

제8조(국가 및 지방자치단체의 책임)

① 국가 및 지방자치단체는 청소년육성에 필요한 법적 · 제도적 장치를 마련하여 시행하여야 한다.

② 국가 및 지방자치단체는 근로 청소년을 특별히 보호하고 근로가 청소년의 균형 있는 성장과 발전에 도움이 되도록 필요한 시책을 마련하여야 한다.

③ 국가 및 지방자치단체는 청소년에 대한 가정과 사회의 책임 수행에 필요한 여건을 조성하여야 한다.

④ 국가 및 지방자치단체는 이 법에 따른 업무 수행에 필요한 재원을 안정적으로 확보하기 위한 시책을 수립 · 실시하여야 한다.

[전문개정 2014.3.24.]

제8조의2(교육 및 홍보 등)

① 국가 및 지방자치단체는 이 법 및 「아동의 권리에 관한 협약」에서 규정한 청소년의 권리와 관련된 내용을 널리 홍보하고 교육하여야 한다.

② 국가 및 지방자치단체는 근로 청소년의 권익보호를 위하여 「근로기준법」등에서 정하는 근로 청소년의 권리 등에 필요한 교육 및 상담을 청소년에게 실시하여야 하며, 청소년 근로권익 보호정책을 적극적으로 홍보하여야 한다. 〈신설 2016.3.2.〉

③ 청소년 관련 기관과 청소년단체는 청소년을 대상으로 청소년의 권리에 관한 교육적 조치를 시행하여야 한다. 〈개정 2016.3.2.〉

[본조신설 2012.2.1.]

[제목개정 2016.3.2.]

제2장 청소년정책의 총괄·조정 〈개정 2014.3.24., 2015.2.3.〉

제9조(청소년정책의 총괄·조정)

청소년정책은 여성가족부장관이 관계 행정기관의 장과 협의하여 총괄·조정한다.

〈개정 2015.2.3.〉

[전문개정 2014.3.24.]

[제목개정 2015.2.3.]

제10조(청소년정책위원회)

① 청소년정책에 관한 주요 사항을 심의·조정하기 위하여 여성가족부에 청소년정책위원회를 둔다.

② 청소년정책위원회는 다음 각 호의 사항을 심의·조정한다.

1. 제13조제1항에 따른 청소년육성에 관한 기본계획의 수립에 관한 사항

2. 청소년정책의 분야별 주요 시책에 관한 사항

3. 청소년정책의 제도개선에 관한 사항

4. 청소년정책의 분석·평가에 관한 사항

5. 둘 이상의 행정기관에 관련되는 청소년정책의 조정에 관한 사항

6. 그 밖에 청소년정책의 수립·시행에 필요한 사항으로서 대통령령으로 정하는 사항

③ 청소년정책위원회는 위원장 1명을 포함하여 20명 이내의 위원으로 구성한다.

④ 위원장은 여성가족부장관이 되고, 위원은 다음 각 호의 사람이 된다. 이 경우 복수 차관이 있는 기관은 해당 기관의 장이 지명하는 차관으로 한다. 〈개정 2017.7.26.〉

1. 기획재정부차관

2. 교육부차관

3. 과학기술정보통신부차관

4. 통일부차관

5. 법무부차관

6. 행정안전부차관

7. 문화체육관광부차관

8. 산업통상자원부차관

9. 보건복지부차관

10. 고용노동부차관

11. 중소벤처기업부차관

12. 방송통신위원회부위원장

13. 경찰청장

14. 그 밖에 대통령령으로 정하는 관계 중앙행정기관의 차관 또는 차관급 공무원

15. 청소년정책에 관하여 학식과 경험이 풍부한 사람 중에서 여성가족부장관이 위촉하는 사람

⑤ 제4항제15호에 따른 위원의 임기는 2년으로 한다.

⑥ 청소년정책위원회에서 심의 · 조정할 사항을 미리 검토하거나 위임된 사항을 처리하는 등 청소년정책위원회의 운영을 지원하기 위하여 청소년정책위원회에 청소년정책실무위원회를 둔다.

⑦ 제1항부터 제6항까지에서 규정한 사항 외에 청소년정책위원회 및 청소년정책실무위원회의 운영 등에 필요한 사항은 대통령령으로 정한다.

[전문개정 2015.2.3.]

제11조(지방청소년육성위원회의 설치)

① 청소년육성에 관한 지방자치단체의 주요 시책을 심의하기 위하여 특별시장 · 광역시장 · 특별자치시장 · 도지사 · 특별자치도지사(이하 "시 · 도지사"라 한다) 및 시장 · 군수 · 구청장(자치구의 구청장을 말한다. 이하 같다)의 소속으로 지방청소년육성위원회를 둔다.

② 지방청소년육성위원회의 구성 · 조직 및 운영 등에 필요한 사항은 조례로 정한다.

[전문개정 2014.3.24.]

제12조(청소년특별회의의 개최)

① 국가는 범정부적 차원의 청소년정책과제의 설정 · 추진 및 점검을 위하여 청소년 분야의 전문가와 청소년이 참여하는 청소년특별회의를 해마다 개최하여야 한다.　　　〈개정 2015.2.3.〉

② 청소년특별회의의 참석대상 · 운영방법 등 세부적인 사항은 대통령령으로 정한다.

[전문개정 2014.3.24.]

제13조(청소년육성에 관한 기본계획의 수립)

① 여성가족부장관은 관계 중앙행정기관의 장과 협의한 후 제10조에 따른 청소년정책위원회의 심의를 거쳐 청소년육성에 관한 기본계획(이하 "기본계획"이라 한다)을 5년마다 수립하여야 한다. 〈개정 2015.2.3.〉

② 기본계획에는 다음 각 호의 사항이 포함되어야 한다.

　1. 이전의 기본계획에 관한 분석 · 평가

　2. 청소년육성에 관한 기본방향

　3. 청소년육성에 관한 추진목표

　4. 청소년육성에 관한 기능의 조정

　5. 청소년육성의 분야별 주요 시책

　6. 청소년육성에 필요한 재원의 조달방법

　7. 그 밖에 청소년육성을 위하여 특히 필요하다고 인정되는 사항

[전문개정 2014.3.24.]

제14조(연도별 시행계획의 수립 등)

① 여성가족부장관 및 관계 중앙행정기관의 장과 지방자치단체의 장은 기본계획에 따라 연도별 시행계획(이하 "시행계획"이라 한다)을 수립 · 시행하여야 한다.

② 관계 중앙행정기관의 장과 지방자치단체의 장은 다음 연도 시행계획 및 전년도 시행계획에 따른 추진실적을 대통령령으로 정하는 바에 따라 매년 여성가족부장관에게 제출하여야 한다.

③ 여성가족부장관은 전년도 시행계획에 따른 추진실적을 분석 · 평가하고, 그 결과를 관계 중앙행정기관의 장과 지방자치단체의 장에게 통보한다.

④ 여성가족부장관 및 관계 중앙행정기관의 장과 지방자치단체의 장은 제3항에 따른 분석 · 평가 결과를 다음 연도 시행계획에 반영하여야 한다.

⑤ 여성가족부장관은 제3항에 따른 추진실적의 분석 · 평가를 위하여 필요한 경우에는 국공립연구기관 또는 「정부출연연구기관 등의 설립 · 운영 및 육성에 관한 법률」 에 따른 정부출연연구기관을 청소년정책 분석 · 평가에 관한 전문지원기관으로 지정하여 분석 · 평가 업무를 지원하게 할 수 있다.

⑥ 시행계획의 수립, 추진실적의 분석 · 평가 및 제5항에 따른 전문지원기관의 지정 등에 필요한 사항은 대통령령으로 정한다.

[전문개정 2015.2.3.]

제15조(계획 수립의 협조)

① 여성가족부장관 및 관계 중앙행정기관의 장과 지방자치단체의 장은 기본계획 및 시행계획을 수립·시행하기 위하여 필요한 때에는 관련 기관·법인 및 단체의 장에게 협조를 요청할 수 있다. 〈개정 2015.2.3.〉

② 제1항에 따른 협조 요청을 받은 자는 특별한 사정이 없으면 협조하여야 한다.

[전문개정 2014.3.24.]

제16조(청소년의 달)

청소년의 능동적이고 자주적인 주인의식을 드높이고 모든 국민이 청소년육성에 참여하는 분위기를 조성하기 위하여 매년 5월을 청소년의 달로 한다.

[전문개정 2014.3.24.]

제3장 삭제 〈2008.2.29.〉

제16조의2 삭제 〈2008.2.29.〉

제16조의3 삭제 〈2008.2.29.〉

제16조의4 삭제 〈2008.2.29.〉

제16조의5 삭제 〈2008.2.29.〉

제16조의6 삭제 〈2008.2.29.〉

제16조의7 삭제 〈2008.2.29.〉

제16조의8 삭제 〈2008.2.29.〉

제4장 청소년시설

제17조(청소년시설의 종류)

청소년활동에 제공되는 시설, 청소년복지에 제공되는 시설, 청소년보호에 제공되는 시설에 관한 사항은 따로 법률로 정한다.

[전문개정 2014.3.24.]

제18조(청소년시설의 설치·운영)

① 국가 및 지방자치단체는 청소년시설을 설치·운영하여야 한다.

② 국가 및 지방자치단체 외의 자는 따로 법률에서 정하는 바에 따라 청소년시설을 설치·운영할 수 있다.

③ 국가 및 지방자치단체는 제1항에 따라 설치한 청소년시설을 청소년단체에 위탁하여 운영할 수 있다.

[전문개정 2014.3.24.]

제19조(청소년시설의 지도·감독)

국가 및 지방자치단체는 청소년시설의 적합성·공공성·안전성에 대한 국민의 신뢰를 확보하고, 그 설치와 운영을 지원하기 위하여 필요한 지도·감독을 할 수 있다.

제5장 청소년지도자

제20조(청소년지도자의 양성)

① 국가 및 지방자치단체는 청소년지도자의 양성과 자질 향상을 위하여 필요한 시책을 마련하여야 한다.

② 제1항에 따른 청소년지도자의 양성과 자질 향상을 위한 연수 등에 관한 기본방향과 내용은

대통령령으로 정한다.

[전문개정 2014.3.24.]

제21조(청소년지도사)

① 여성가족부장관은 청소년지도사 자격검정에 합격하고 청소년지도사 연수기관에서 실시하는 연수과정을 마친 사람에게 청소년지도사의 자격을 부여한다.

② 여성가족부장관은 청소년지도사 자격검정에 합격한 사람의 연수를 위하여 필요한 경우에는 대통령령으로 정하는 바에 따라 청소년지도사 연수기관을 지정할 수 있다.

③ 다음 각 호의 어느 하나에 해당하는 사람은 청소년지도사가 될 수 없다. 〈개정 2015.6.22.〉

　1. 미성년자, 피성년후견인 또는 피한정후견인

　2. 파산선고를 받고 복권되지 아니한 사람

　3. 금고 이상의 형을 선고받고 그 집행이 끝나거나 집행을 받지 아니하기로 확정된 후 3년이 지나지 아니한 사람

　4. 금고 이상의 형을 선고받고 그 집행유예의 기간이 끝나지 아니한 사람

　4의2. 제3호 및 제4호에도 불구하고 다음 각 목의 어느 하나에 해당하는 죄를 저지른 사람으로서 형 또는 치료감호를 선고받고 확정된 후 그 형 또는 치료감호의 전부 또는 일부의 집행이 끝나거나(집행이 끝난 것으로 보는 경우를 포함한다) 집행이 유예·면제된 날부터 10년이 지나지 아니한 사람

　　가. 「아동복지법」 제71조제1항의 죄

　　나. 「성폭력범죄의 처벌 등에 관한 특례법」 제2조의 성폭력범죄

　　다. 「아동·청소년의 성보호에 관한 법률」 제2조제2호의 아동·청소년대상 성범죄

　5. 법원의 판결 또는 법률에 따라 자격이 상실되거나 정지된 사람

④ 여성가족부장관은 제1항에 따른 자격검정을 대통령령으로 정하는 바에 따라 청소년단체 또는 「한국산업인력공단법」에 따른 한국산업인력공단에 위탁할 수 있다. 〈신설 2015.2.3.〉

⑤ 제1항에 따른 청소년지도사의 등급, 자격검정, 연수 및 자격증 발급 절차 등에 필요한 사항은 대통령령으로 정한다. 〈개정 2015.2.3.〉

[전문개정 2014.3.24.]

제21조의2(청소년지도사 자격의 취소)

여성가족부장관은 청소년지도사가 다음 각 호의 어느 하나에 해당하는 경우에는 그 자격을 취소하여야 한다. 〈개정 2015.6.22.〉

1. 제21조제3항의 결격사유에 해당하게 된 경우

2. 거짓이나 그 밖의 부정한 방법으로 자격을 취득한 경우

3. 자격증을 다른 사람에게 빌려주거나 양도한 경우

[전문개정 2014.3.24.]

제21조의3(부정행위자에 대한 제재)

여성가족부장관은 청소년지도사 자격검정에서 부정행위를 한 사람에 대하여는 그 자격검정을 정지시키거나 무효로 하고, 그 처분을 받은 날부터 3년간 자격검정 응시자격을 정지한다.

[본조신설 2015.6.22.]

제22조(청소년상담사)

① 여성가족부장관은 청소년상담사 자격검정에 합격하고 청소년상담사 연수기관에서 실시하는 연수과정을 마친 사람에게 청소년상담사의 자격을 부여한다.

② 제1항에 따른 청소년상담사의 자격검정, 연수 및 결격사유 등에 관하여는 제21조제2항부터 제5항까지, 제21조의2 및 제21조의3을 준용한다. 〈개정 2015.2.3., 2015.6.22.〉

[전문개정 2014.3.24.]

제23조(청소년지도사 · 청소년상담사의 배치 등)

① 청소년시설과 청소년단체는 대통령령으로 정하는 바에 따라 청소년육성을 담당하는 청소년지도사나 청소년상담사를 배치하여야 한다.

② 국가 및 지방자치단체는 제1항에 따라 청소년단체나 청소년시설에 배치된 청소년지도사와 청소년상담사에게 예산의 범위에서 그 활동비의 전부 또는 일부를 보조할 수 있다.

③ 국가와 지방자치단체는 제1항에 따른 청소년지도사 및 청소년상담사의 보수가 제25조에 따른 청소년육성 전담공무원의 보수 수준에 도달하도록 노력하여야 한다. 〈신설 2015.2.3.〉

[전문개정 2014.3.24.]

제24조(청소년지도사 · 청소년상담사의 채용 등)

① 「교육기본법」 제9조에 따른 학교(이하 "학교"라 한다)는 청소년육성에 관련되는 업무를 수행할 때에 필요하면 청소년지도사나 청소년상담사를 채용할 수 있다.

② 국가 및 지방자치단체는 제1항에 따라 채용된 청소년지도사나 청소년상담사의 보수 등 채용에 필요한 경비의 전부 또는 일부를 보조할 수 있다.

[전문개정 2014.3.24.]

제24조의2(청소년지도사 · 청소년상담사의 보수교육)

① 청소년시설, 청소년단체 및 학교 등에서 각각 그 업무에 종사하는 청소년지도사와 청소년상담사는 자질 향상을 위하여 정기적으로 보수교육을 받아야 한다.

② 청소년시설, 청소년단체 및 학교 등을 운영하는 자는 해당 시설, 단체 및 학교 등에 종사하는 청소년지도사와 청소년상담사에 대하여 제1항에 따른 보수교육을 이유로 불리한 처우를 하여서는 아니 된다.

③ 여성가족부장관은 제1항에 따른 보수교육을 여성가족부령으로 정하는 바에 따라 관계 기관 또는 단체에 위탁할 수 있다.

④ 제1항에 따른 보수교육의 대상 · 기간 · 내용 · 방법 및 절차와 제3항에 따른 위탁 등에 필요한 사항은 여성가족부령으로 정한다.

[전문개정 2014.3.24.]

제25조(청소년육성 전담공무원)

① 특별시 · 광역시 · 특별자치시 · 도 · 특별자치도(이하 "시 · 도"라 한다), 시 · 군 · 구(자치구를 말한다. 이하 같다) 및 읍 · 면 · 동 또는 제26조에 따른 청소년육성 전담기구에 청소년육성 전담공무원을 둘 수 있다.

② 제1항에 따른 청소년육성 전담공무원은 청소년지도사 또는 청소년상담사의 자격을 가진 사람으로 한다.

③ 청소년육성 전담공무원은 관할구역의 청소년과 청소년지도자 등에 대하여 그 실태를 파악하고 필요한 지도를 하여야 한다.

④ 관계 행정기관, 청소년단체 및 청소년시설의 설치 · 운영자는 청소년육성 전담공무원의 업무 수행에 협조하여야 한다.

⑤ 제1항에 따른 청소년육성 전담공무원의 임용 등에 필요한 사항은 조례로 정한다.

[전문개정 2014.3.24.]

제26조(청소년육성 전담기구의 설치)

① 청소년육성에 관한 업무를 효율적으로 운영하기 위하여 시 · 도 및 시 · 군 · 구에 청소년육성에 관한 업무를 전담하는 기구를 따로 설치할 수 있다.

② 제1항에 따른 청소년육성 전담기구의 사무 범위, 조직 등에 필요한 사항은 조례로 정한다.

[전문개정 2014.3.24.]

제27조(청소년지도위원)

① 특별자치시장 · 특별자치도지사 · 시장 · 군수 · 구청장은 청소년육성을 담당하게 하기 위하여 청소년지도위원을 위촉하여야 한다.

② 제1항에 따른 청소년지도위원의 자격 · 위촉절차 등에 필요한 사항은 조례로 정한다.

[전문개정 2014.3.24.]

제6장 청소년단체

제28조(청소년단체의 역할)

① 청소년단체는 다음 각 호의 역할을 수행하기 위하여 최선의 노력을 하여야 한다.

1. 학교교육과 서로 보완할 수 있는 청소년활동을 통한 청소년의 기량과 품성 함양

2. 청소년복지 증진을 통한 청소년의 삶의 질 향상

3. 유해환경으로부터 청소년을 보호하기 위한 청소년보호 업무 수행

② 청소년단체는 제1항에 따른 역할을 수행할 때에 청소년의 의견을 적극 반영하여야 한다.

[전문개정 2014.3.24.]

제28조의2(청소년단체 임원의 결격사유)

① 청소년단체의 임원은 여성가족부장관으로부터 설립허가를 받은 법인의 임원과 「비영리민간단체지원법」에 따라 등록된 비영리민간단체의 대표자, 관리인 또는 그 밖에 회칙으로 정한 임원으로 한다.

② 다음 각 호의 어느 하나에 해당하는 사람은 청소년단체의 임원이 될 수 없다.

〈개정 2015.6.22.〉

1. 제21조제3항 각 호(제4호의2는 제외한다)의 어느 하나에 해당하는 사람

2. 삭제〈2015.6.22.〉

3. 제1호 및 제2호에도 불구하고 「아동복지법」 제71조, 「보조금 관리에 관한 법률」 제40

조부터 제42조까지 또는 「형법」 제28장·제40장(제360조는 제외한다)의 죄를 범하거나 이 법을 위반하여 다음 각 목의 어느 하나에 해당하는 사람

　가. 100만원 이상의 벌금형을 선고받고 그 형이 확정된 후 5년이 지나지 아니한 사람

　나. 형의 집행유예를 선고받고 그 형이 확정된 후 7년이 지나지 아니한 사람

　다. 징역형을 선고받고 그 집행이 끝나거나(집행이 끝난 것으로 보는 경우를 포함한다) 집행이 면제된 날부터 7년이 지나지 아니한 사람

4. 제1호부터 제3호까지의 규정에도 불구하고 「성폭력범죄의 처벌 등에 관한 특례법」 제2조(제1항제1호는 제외한다)의 성폭력범죄 또는 「아동·청소년의 성보호에 관한 법률」 제2조제2호의 아동·청소년대상 성범죄를 저지른 사람으로서 형 또는 치료감호를 선고받고 확정된 후 그 형 또는 치료감호의 전부 또는 일부의 집행이 끝나거나(집행이 끝난 것으로 보는 경우를 포함한다) 집행이 유예·면제된 날부터 10년이 지나지 아니한 사람

③ 임원이 제2항 각 호의 어느 하나에 해당하게 되었을 때에는 그 자격을 상실한다.

[전문개정 2014.3.24.]

제29조(청소년단체에 대한 지원 등)

① 국가 및 지방자치단체는 청소년단체의 조직과 활동에 필요한 행정적인 지원을 할 수 있으며, 예산의 범위에서 그 운영·활동 등에 필요한 경비의 일부를 보조할 수 있다.

② 학교 및 「평생교육법」 제2조제2호의 평생교육기관은 청소년단체의 청소년활동에 필요한 지원과 협력을 할 수 있다.

③ 개인·법인 또는 단체는 청소년단체의 시설과 운영을 지원하기 위하여 금전이나 그 밖의 재산을 출연할 수 있다.

④ 제1항에 따른 지원 및 보조의 범위 등에 필요한 사항은 대통령령으로 정한다.

[전문개정 2014.3.24.]

제30조(수익사업)

① 청소년단체는 정관에서 정하는 바에 따라 청소년육성과 관련한 수익사업을 할 수 있다.

② 제1항에 따른 수익사업의 범위, 수익금의 사용 등에 필요한 사항은 대통령령으로 정한다.

[전문개정 2014.3.24.]

제31조 삭제 〈2010.5.17.〉

제32조 삭제 〈2010.5.17.〉

제33조 삭제 〈2010.5.17.〉

제34조 삭제 〈2010.5.17.〉

제35조 삭제 〈2010.5.17.〉

제36조 삭제 〈2010.5.17.〉

제37조 삭제 〈2010.5.17.〉

제38조 삭제 〈2010.5.17.〉

제39조 삭제 〈2010.5.17.〉

제40조(한국청소년단체협의회)
　① 청소년단체는 청소년육성을 위한 다음 각 호의 활동을 하기 위하여 여성가족부장관의 인가를 받아 한국청소년단체협의회를 설립할 수 있다.
　　1. 회원단체의 사업과 활동에 대한 협조·지원
　　2. 청소년지도자의 연수와 권익 증진
　　3. 청소년 관련 분야의 국제기구활동
　　4. 외국 청소년단체와의 교류 및 지원
　　5. 남·북청소년 및 해외교포청소년과의 교류·지원
　　6. 청소년활동에 관한 조사·연구·지원
　　7. 청소년 관련 도서 출판 및 정보 지원
　　8. 청소년육성을 위한 홍보 및 실천 운동
　　9. 제41조에 따른 지방청소년단체협의회에 대한 협조 및 지원
　　10. 그 밖에 청소년육성을 위하여 필요한 사업
　② 한국청소년단체협의회는 법인으로 한다.
　③ 한국청소년단체협의회는 주된 사무소의 소재지에서 설립등기를 함으로써 성립한다.

④ 한국청소년단체협의회에 관하여 이 법에 규정된 것을 제외하고는 「민법」 중 사단법인에 관한 규정을 준용한다.

⑤ 국가는 한국청소년단체협의회의 운영과 활동에 필요한 경비를 지원할 수 있다.

⑥ 한국청소년단체협의회는 설립 목적에 지장이 없는 범위에서 수익사업을 할 수 있으며, 발생한 수익은 한국청소년단체협의회의 운영 또는 한국청소년단체협의회의 시설 운영 외의 목적에 사용할 수 없다.

⑦ 개인·법인 또는 단체는 한국청소년단체협의회의 운영과 사업 등을 지원하기 위하여 금전이나 그 밖의 재산을 출연하거나 기부할 수 있다.

⑧ 한국청소년단체협의회는 제1항에 따른 활동의 일부를 정관에서 정하는 바에 따라 회원단체에 위탁할 수 있다.

[전문개정 2014.3.24.]

제41조(지방청소년단체협의회)

① 특정지역을 활동 범위로 하는 청소년단체는 청소년육성을 위하여 그 지역을 관할하는 시·도의 조례로 정하는 바에 따라 시·도지사의 인가를 받아 지방청소년단체협의회를 설립할 수 있다.

② 지방자치단체는 예산의 범위에서 해당 지방청소년단체협의회의 운영경비의 전부 또는 일부를 지원할 수 있다.

[전문개정 2014.3.24.]

제42조 삭제 〈2012.2.1.〉

제42조의2 삭제 〈2012.2.1.〉

제42조의3 삭제 〈2012.2.1.〉

제42조의4 삭제 〈2012.2.1.〉

제42조의5 삭제 〈2012.2.1.〉

제43조 삭제 〈2012.2.1.〉

제44조 삭제 〈2012.2.1.〉

제45조 삭제 〈2010.5.17.〉

제46조 삭제 〈2012.2.1.〉

제46조의2 삭제 〈2012.2.1.〉

제7장 청소년활동 및 청소년복지 등〈개정 2014.3.24.〉

제47조(청소년활동의 지원)

① 국가 및 지방자치단체는 청소년활동을 지원하여야 한다.

② 제1항에 따른 청소년활동의 지원에 관한 사항은 따로 법률로 정한다.

[전문개정 2014.3.24.]

제48조(학교교육 등과의 연계)

① 국가 및 지방자치단체는 청소년활동과 학교교육·평생교육을 연계하여 교육적 효과를 높일 수 있도록 하는 시책을 수립·시행하여야 한다.

② 여성가족부장관이 제1항에 따른 시책을 수립할 때에는 미리 관계 기관과 협의하여야 하며, 전문가의 의견을 들어야 한다.

③ 제2항에 따른 협의를 요청받은 관계 기관은 특별한 사유가 없으면 이에 따라야 한다.

[전문개정 2014.3.24.]

제48조의2(청소년 방과 후 활동의 지원)

① 국가 및 지방자치단체는 학교의 정규교육으로 보호할 수 없는 시간 동안 청소년의 전인적(全人的) 성장·발달을 지원하기 위하여 다양한 교육 및 활동 프로그램 등을 제공하는 종합적인 지원 방안을 마련하여야 한다.

② 제1항의 종합적인 지원 방안 마련에 필요한 사항은 대통령령으로 정한다.

[전문개정 2014.3.24.]

제49조(청소년복지의 향상)

① 국가는 청소년들의 의식·태도·생활 등에 관한 사항을 정기적으로 조사하고, 이를 개선하기 위하여 청소년의 복지향상 정책을 수립·시행하여야 한다.

② 국가 및 지방자치단체는 기초생활 보장, 직업재활훈련, 청소년활동 지원 등의 시책을 추진할 때에는 정신적·신체적·경제적·사회적으로 특별한 지원이 필요한 청소년을 우선적으로 배려하여야 한다.

③ 국가 및 지방자치단체는 청소년의 삶의 질을 향상하기 위하여 구체적인 시책을 마련하여야 한다.

④ 제1항부터 제3항까지의 규정에 관하여는 따로 법률로 정한다.

[전문개정 2014.3.24.]

제50조 삭제 〈2012.2.1.〉

제51조(청소년 유익환경의 조성)

① 국가 및 지방자치단체는 청소년이 정보화 능력을 키울 수 있는 환경을 조성하기 위하여 노력하여야 한다.

② 국가 및 지방자치단체는 청소년에게 유익한 매체물의 제작·보급 등을 장려하여야 하며 매체물의 제작·보급 등을 하는 자에게 그 제작·보급 등에 관한 경비 등을 지원할 수 있다.

③ 국가 및 지방자치단체는 주택단지의 청소년시설 배치 등 청소년을 위한 사회환경과 자연환경을 조성하기 위하여 노력하여야 한다.

[전문개정 2014.3.24.]

제52조(청소년 유해환경의 규제)

① 국가 및 지방자치단체는 청소년에게 유해한 매체물과 약물 등이 유통되지 아니하도록 하여야 한다.

② 국가 및 지방자치단체는 청소년이 유해한 업소에 출입하거나 고용되지 아니하도록 하여야 한다.

③ 국가 및 지방자치단체는 폭력·학대·성매매 등 유해한 행위로부터 청소년을 보호·구제하

여야 한다.

④ 제1항부터 제3항까지의 규정에 따른 청소년에게 유해한 매체물·약물·업소·행위 등의 규제에 관하여는 따로 법률로 정한다.

[전문개정 2014.3.24.]

제52조의2(근로 청소년의 보호를 위한 신고의무)

① 누구든지 청소년의 근로와 관련하여 「근로기준법」, 「최저임금법」 등 노동 관계 법령의 위반 사실을 알게 된 경우에는 그 사실을 고용노동부장관이나 「근로기준법」 제101조에 따른 근로감독관에게 신고할 수 있다.

② 다음 각 호의 어느 하나에 해당하는 사람은 그 직무를 수행하면서 청소년의 근로와 관련하여 「근로기준법」, 「최저임금법」 등 노동 관계 법령의 위반 사실을 알게 된 경우에는 그 사실을 고용노동부장관이나 「근로기준법」 제101조에 따른 근로감독관에게 신고하여야 한다.

1. 「청소년복지 지원법」 제12조제2항에 따른 상담전화, 같은 법 제22조에 따른 한국청소년 상담복지개발원, 같은 법 제29조에 따른 청소년상담복지센터, 같은 법 제30조에 따른 이주배경청소년지원센터 및 같은 법 제31조에 따른 청소년복지시설의 장과 그 종사자

2. 「학교 밖 청소년 지원에 관한 법률」 제12조에 따른 학교 밖 청소년 지원센터의 장과 그 종사자

3. 「아동복지법」 제50조에 따른 아동복지시설의 장과 그 종사자

③ 누구든지 제1항 및 제2항에 따른 신고인의 인적 사항 또는 신고인임을 미루어 알 수 있는 사실을 다른 사람에게 알려주거나 공개 또는 보도하여서는 아니 된다.

[본조신설 2016.12.20.]

제8장 청소년육성기금

제53조(기금의 설치 등)

① 청소년육성에 필요한 재원을 확보하기 위하여 청소년육성기금(이하 "기금"이라 한다)을 설치한다.

② 기금은 여성가족부장관이 관리 · 운용한다.

③ 여성가족부장관은 기금의 관리 · 운용에 관한 사무의 전부 또는 일부를 다음 각 호의 기관 중에서 선정하여 위탁할 수 있다.

  1. 제40조에 따른 한국청소년단체협의회

  2. 「청소년활동 진흥법」 제6조에 따른 한국청소년활동진흥원

  3. 「정부출연연구기관 등의 설립 · 운영 및 육성에 관한 법률」에 따라 설립된 한국청소년정책연구원

  4. 「국민체육진흥법」 제36조에 따른 서울올림픽기념국민체육진흥공단

④ 기금의 관리 · 운용에 필요한 사항은 대통령령으로 정한다.

[전문개정 2014.3.24.]

제54조(기금의 조성)

① 기금은 다음 각 호의 재원으로 조성한다. 〈개정 2014.12.23.〉

  1. 정부의 출연금

  2. 「국민체육진흥법」 제22조제4항제1호 및 「경륜 · 경정법」 제18조제1항제1호에 따른 출연금

  3. 개인 · 법인 또는 단체가 출연하는 금전 · 물품이나 그 밖의 재산

  4. 기금의 운용으로 생기는 수익금

  5. 그 밖에 대통령령으로 정하는 수입금

② 제1항제3호에 따라 출연하는 자는 용도를 지정하여 출연할 수 있다. 다만, 특정단체 또는 개인에 대한 지원을 용도로 지정할 수 없다.

[전문개정 2014.3.24.]

제55조(기금의 사용 등)

① 기금은 다음 각 호의 사업에 사용한다. 〈개정 2015.2.3.〉

  1. 청소년활동의 지원

  2. 청소년시설의 설치와 운영을 위한 지원

  3. 청소년지도자의 양성을 위한 지원

  4. 청소년단체의 운영과 활동을 위한 지원

  5. 청소년복지 증진을 위한 지원

  6. 청소년보호를 위한 지원

7. 청소년정책의 수행 과정에 관한 과학적 연구의 지원

8. 기금 조성 사업을 위한 지원

9. 그 밖에 청소년육성을 위하여 대통령령으로 정하는 사업

② 국가나 지방자치단체는 제53조제2항 및 제3항에 따른 기금의 관리기관(이하 "기금관리기관"이라 한다)의 기금 조성을 지원하기 위하여 기금관리기관에 국유 또는 공유의 시설·물품이나 그 밖의 재산을 그 용도나 목적에 지장을 주지 아니하는 범위에서 무상으로 사용·수익하게 하거나 대부할 수 있다.

③ 기금관리기관은 청소년육성 또는 기금의 조성을 위하여 기금의 일부 또는 기금관리기관의 시설·물품 등 재산의 일부를 청소년단체의 기본재산에 출연하거나 출자할 수 있다.

④ 기금관리기관은 기금 조성의 전망을 고려하여 기금 사용을 조절함으로써 궁극적으로 청소년육성을 위한 재원 확보에 기여할 수 있는 장기계획을 수립하여 시행하여야 한다.

[전문개정 2014.3.24.]

제56조(지방청소년육성기금의 조성)

① 시·도지사는 관할구역의 청소년활동 지원 등 청소년육성을 위한 사업 지원에 필요한 재원을 확보하기 위하여 지방청소년육성기금을 설치할 수 있다.

② 제1항에 따른 지방청소년육성기금의 조성·용도 등에 필요한 사항은 조례로 정한다.

[전문개정 2014.3.24.]

제9장 **보칙**

제57조(국유·공유 재산의 대부 등)

① 국가나 지방자치단체는 청소년시설의 설치, 청소년단체의 육성을 위하여 필요한 경우에는 「국유재산법」 또는 「공유재산 및 물품 관리법」에도 불구하고 그 용도에 지장을 주지 아니하는 범위에서 청소년시설이나 청소년단체에 국유·공유 재산을 무상으로 대부하거나 사용·수익하게 할 수 있다.

② 제1항에 따른 국유·공유 재산의 대부·사용·수익의 내용 및 조건에 관하여는 해당 재산을

사용 · 수익하려는 자와 해당 재산의 관리청 또는 지방자치단체의 장 사이의 계약에 따른다.
[전문개정 2014.3.24.]

제58조(조세 감면 등)

① 국가는 다음 각 호의 기관과 그 기관에서 운영하는 청소년시설에 대하여 「조세특례제한법」에서 정하는 바에 따라 조세를 감면할 수 있고, 「부가가치세법」에서 정하는 바에 따라 부가가치세를 감면할 수 있다.

  1. 제40조에 따른 한국청소년단체협의회

  2. 제41조에 따른 지방청소년단체협의회

  3. 「청소년복지 지원법」 제22조에 따른 한국청소년상담복지개발원

  4. 「청소년복지 지원법」 제29조에 따른 청소년상담복지센터

  5. 「청소년복지 지원법」 제30조에 따른 이주배경청소년지원센터

  6. 「정부출연연구기관 등의 설립 · 운영 및 육성에 관한 법률」에 따라 설립된 한국청소년정책연구원

  7. 그 밖의 청소년단체

② 국가는 다음 각 호의 재산 등에 대해서는 「조세특례제한법」에서 정하는 바에 따라 소득계산의 특례를 적용할 수 있다.

  1. 제1항 각 호의 기관과 그 기관에서 운영하는 청소년시설에 출연되거나 기부된 재산

  2. 제54조에 따라 기금에 출연된 금전이나 그 밖의 재산

③ 국가는 제1항 각 호의 기관과 그 기관에서 운영하는 청소년시설에서 청소년활동에 사용하기 위하여 수입하는 다음 각 호의 어느 하나에 해당하는 용품 등에 대해서는 「관세법」에서 정하는 바에 따라 관세를 감면할 수 있다.

  1. 실험 · 실습 · 시청각 기자재와 그 밖에 필요한 용품

  2. 고도의 정밀성 등으로 수입이 불가피한 청소년 시설 · 설비

[전문개정 2014.3.24.]

제59조(감독 등)

① 국가 및 지방자치단체는 청소년육성을 위하여 필요하면 다음 각 호의 기관에 대하여 업무 · 회계 및 재산에 관한 사항을 보고하게 하거나 소속 공무원으로 하여금 그 장부 · 서류나 그 밖의 물건을 검사하게 할 수 있다.

  1. 청소년시설

2. 제40조에 따른 한국청소년단체협의회

3. 제41조에 따른 지방청소년단체협의회

4. 그 밖의 청소년단체

② 제1항에 따라 검사를 하는 공무원은 그 권한을 표시하는 증표를 지니고 이를 관계인에게 보여주어야 한다.

[전문개정 2014.3.24.]

제60조(포상)

정부는 청소년육성에 관하여 현저한 공로가 있거나 다른 청소년에게 모범이 되는 자에게 포상을 할 수 있다.

[전문개정 2014.3.24.]

제61조(유사명칭의 사용금지)

이 법에 따른 한국청소년단체협의회가 아닌 자는 한국청소년단체협의회 또는 이와 유사한 명칭을 사용하지 못한다.

[전문개정 2014.3.24.]

제62조(수수료 등)

① 다음 각 호의 어느 하나에 해당하는 사람은 여성가족부령으로 정하는 바에 따라 수수료를 내야 한다.

1. 청소년지도사 자격검정에 응시하거나 연수과정을 이수하는 사람

2. 청소년상담사 자격검정에 응시하거나 연수과정을 이수하는 사람

② 청소년시설을 설치·운영하는 자 및 위탁운영을 하는 단체는 청소년시설을 이용하는 자로부터 이용료를 받을 수 있다.

[전문개정 2014.3.24.]

제63조(권한의 위임·위탁)

여성가족부장관은 이 법에 따른 권한의 일부를 대통령령으로 정하는 바에 따라 시·도지사에게 위임하거나 청소년단체에 위탁할 수 있다.

[전문개정 2014.3.24.]

제63조의2(벌칙 적용에서 공무원 의제)

제21조제4항(제22조제2항에서 준용하는 경우를 포함한다)에 따라 위탁받은 자격검정 업무에 종사하는 사람은 「형법」 제129조부터 제132조까지의 규정을 적용할 때에는 공무원으로 본다.

[본조신설 2015.2.3.]

제10장 벌칙

제64조(벌칙)

제30조에 따라 정관에서 정하는 사업 외의 수익사업을 한 자는 2년 이하의 징역 또는 2천만원 이하의 벌금에 처한다.

[전문개정 2014.3.24.]

제64조의2(벌칙)

제52조의2제3항을 위반하여 신고인의 인적 사항 또는 신고인임을 미루어 알 수 있는 사실을 다른 사람에게 알려주거나 공개 또는 보도한 자는 1년 이하의 징역 또는 1천만원 이하의 벌금에 처한다.

[본조신설 2016.12.20.]

제65조(양벌규정)

법인의 대표자나 법인 또는 개인의 대리인, 사용인, 그 밖의 종업원이 그 법인 또는 개인의 업무에 관하여 제64조의 위반행위를 하면 그 행위자를 벌하는 외에 그 법인 또는 개인에게도 해당 조문의 벌금형을 과(科)한다. 다만, 법인 또는 개인이 그 위반행위를 방지하기 위하여 해당 업무에 관하여 상당한 주의와 감독을 게을리하지 아니한 경우에는 그러하지 아니하다.

[전문개정 2010.5.17.]

제66조(과태료)

① 다음 각 호의 어느 하나에 해당하는 자에게는 500만원 이하의 과태료를 부과한다.

1. 제59조제1항에 따른 보고를 하지 아니하거나 검사를 거부 · 방해 또는 기피한 자

2. 제61조를 위반한 자

② 제24조의2제1항 및 제2항을 위반한 자에게는 100만원 이하의 과태료를 부과한다.

③ 제1항과 제2항에 따른 과태료는 대통령령으로 정하는 바에 따라 여성가족부장관 또는 지방 자치단체의 장이 부과 · 징수한다.

[전문개정 2014.3.24.]

부칙 〈제15208호,2017.12.12.〉

이 법은 공포 후 6개월이 경과한 날부터 시행한다.

청소년 기본법 시행령

[시행 2018.1.1.] [대통령령 제28471호, 2017.12.12., 타법개정]

제1장 총칙

제1조(목적) 이 영은 「청소년 기본법」에서 위임된 사항과 그 시행에 필요한 사항을 규정함을 목적으로 한다. 〈개정 2015.5.1.〉

[전문개정 2011.11.18.]

제2조(청소년단체의 범위) 「청소년 기본법」(이하 "법"이라 한다) 제3조제8호에서 "대통령령으로 정하는 단체"란 법 제3조제3호부터 제5호까지의 규정에 따른 청소년활동, 청소년복지 또는 청소년보호를 주요 사업으로 하는 단체로서 여성가족부장관이 인정하는 단체를 말한다.

〈개정 2015.5.1.〉

[전문개정 2011.11.18.]

제2장 청소년정책의 총괄·조정 〈개정 2015.5.1.〉

제3조(청소년정책위원회의 운영) ① 법 제10조제1항에 따른 청소년정책위원회(이하 "위원회"라 한다)의 위원장(이하 이 조에서 "위원장"이라 한다)은 위원회를 대표하고 업무를 총괄한다.

② 위원회의 회의는 위원장이 소집하며, 재적위원 과반수의 출석으로 개의(開議)하고 출석위원 과반수의 찬성으로 의결한다.

③ 청소년정책에 관한 전문적인 사항을 조사·연구하기 위하여 위원회에 5명 이내의 전문위원을 둘 수 있다.

④ 위원회의 사무를 처리하기 위하여 위원회에 간사 1명을 두며, 간사는 여성가족부 소속 공무원 중에서 위원장이 지명한다.

⑤ 위원회는 그 업무 수행에 필요하다고 인정되면 관계 기관 등에 필요한 자료를 요청하거나 관

계 기관 등의 직원 또는 전문가로부터 의견을 들을 수 있다.

⑥ 위원회에 출석한 위원과 관련 전문가 등에게는 예산의 범위에서 수당을 지급할 수 있다. 다만, 공무원이 그 소관 업무와 직접 관련하여 출석하는 경우에는 수당을 지급하지 아니한다.

⑦ 제1항부터 제6항까지에서 규정한 사항 외에 위원회의 운영에 필요한 사항은 위원회의 의결을 거쳐 위원장이 정한다.

[전문개정 2015.5.1.]

제4조(청소년정책실무위원회의 구성 및 운영) ① 법 제10조제6항에 따른 청소년정책실무위원회(이하 "실무위원회"라 한다)의 위원장은 여성가족부차관이 되며, 위원은 법 제10조제4항제1호부터 제14호까지의 규정에 따른 위원회 위원이 소속된 중앙행정기관의 고위공무원단에 속하는 일반직공무원 중에서 해당 중앙행정기관의 장이 지명하는 사람이 된다.

② 실무위원회의 운영에 관하여는 제3조제5항 및 제6항을 준용한다. 이 경우 "위원회"는 "실무위원회"로 본다.

③ 제1항 및 제2항에서 규정한 사항 외에 실무위원회의 운영에 필요한 사항은 실무위원회의 의결을 거쳐 실무위원회의 위원장이 정한다.

[전문개정 2015.5.1.]

제5조 삭제 〈2005.4.27.〉

제6조 삭제 〈2005.4.27.〉

제7조 삭제 〈2005.4.27.〉

제8조 삭제 〈2005.4.27.〉

제9조 삭제 〈2005.4.27.〉

제10조 삭제 〈2005.4.27.〉

제11조 삭제 〈2005.4.27.〉

제12조(청소년특별회의의 참석 대상) ① 법 제12조에 따른 청소년특별회의(이하 "특별회의"라 한다)에 참석하는 사람은 다음 각 호와 같다.

　　1. 제13조에 따른 지역회의에서 추천하는 청소년

　　2. 청소년 관련 기관 · 단체에서 추천하는 청소년

　　3. 청소년 관련 단체 · 시설 · 학계의 관계자

　　4. 여성가족부장관이 공개모집을 통하여 선정한 청소년

　　5. 그 밖에 여성가족부장관이 필요하다고 인정하는 사람

② 여성가족부장관은 제1항에 따른 참석 대상을 정할 때에는 성별 · 연령별 · 지역별로 각각 전체 청소년을 대표할 수 있도록 노력하여야 한다.

[전문개정 2011.11.18.]

제13조(운영방법 등) 특별회의는 매년 특별시 · 광역시 · 도 · 특별자치도(이하 "시 · 도"라 한다) 단위의 지역회의를 개최한 후에 전국 단위의 회의를 개최하며, 청소년 관련 토론회 및 문화예술행사 등과 병행할 수 있다.

[전문개정 2011.11.18.]

제14조(의제의 통지) 여성가족부장관은 특별회의의 의제(議題)를 선정하여 해당 연도의 최종 회의 개최 1개월 전까지 관계 행정기관의 장에게 알려야 한다.

[전문개정 2011.11.18.]

제15조(관계 기관 등의 협조) ① 여성가족부장관은 특별회의의 의제 선정 및 연구 등을 위하여 관계 공무원 또는 관계 전문가에게 협조를 요청할 수 있다.

② 여성가족부장관은 특별회의의 의제와 관련된 중앙행정기관의 장 또는 지방자치단체의 장이 회의에 참석하도록 협조를 요청할 수 있다.

[전문개정 2011.11.18.]

제16조(연도별 시행계획의 수립) ① 여성가족부장관은 법 제14조제1항에 따른 연도별 시행계획(이하 "시행계획"이라 한다)의 효율적인 수립 · 시행을 위하여 다음 연도의 시행계획을 수립하기 위한 지침(이하 "시행계획 수립지침"이라 한다)을 마련하고, 이를 관계 중앙행정기관의 장 및 지방자치단체의 장에게 매년 12월 31일까지 통보하여야 한다.

② 관계 중앙행정기관의 장 및 지방자치단체의 장은 법 제14조제2항에 따라 전년도 시행계획에

따른 추진실적과 시행계획 수립지침에 따라 작성한 해당 연도의 시행계획을 매년 2월 말일까지 여성가족부장관에게 제출하여야 한다.

③ 여성가족부장관은 제2항에 따라 제출받은 전년도 시행계획 추진실적과 여성가족부 소관 전년도 시행계획 추진실적을 분석·평가하고, 그 결과를 위원회의 심의를 거쳐 확정한 후 관계 중앙행정기관의 장 및 지방자치단체의 장에게 통보하여야 한다.

④ 여성가족부장관은 제2항에 따라 제출받은 해당 연도 시행계획과 여성가족부 소관 해당 연도 시행계획을 종합하여 관계 중앙행정기관의 장 및 지방자치단체의 장에게 통보하여야 한다.

[전문개정 2015.5.1.]

제16조의2(청소년정책 분석·평가 전문지원기관의 지정) ① 법 제14조제5항에 따라 청소년정책 분석·평가에 관한 전문지원기관으로 지정받으려는 자는 여성가족부령으로 정하는 지정신청서에 다음 각 호의 서류를 첨부하여 여성가족부장관에게 제출하여야 한다.

　1. 사업계획서

　2. 청소년정책 분석·평가 관련 인력 및 시설 보유현황에 관한 서류

　3. 청소년정책 분석·평가 수행 실적에 관한 서류(해당 실적이 있는 경우만 해당한다)

② 여성가족부장관은 제1항에 따른 신청인이 청소년정책 분석·평가업무를 수행하기에 충분한 인력·시설과 전문성을 보유하고 있다고 인정되는 경우에는 전문지원기관으로 지정하고, 여성가족부령으로 정하는 지정서를 발급하여야 한다.

[본조신설 2015.5.1.]

제17조(청소년의 달 행사) 여성가족부장관은 법 제16조에 따른 청소년의 달을 기념하기 위하여 국가, 지방자치단체, 공공단체, 청소년단체 등이 다음 각 호의 행사를 개최할 수 있도록 노력하여야 한다.

　1. 청소년의 문화·예술·수련·체육에 관한 행사

　2. 청소년의 인권증진 및 육성 등에 관한 연구 발표 행사

　3. 모범청소년, 청소년지도자 및 우수청소년단체 등에 대한 포상

　4. 대중매체 등을 이용한 홍보 행사

　5. 그 밖에 청소년육성에 관하여 범국민적인 관심을 높이기 위하여 필요한 행사

[전문개정 2011.11.18.]

제17조의2 삭제 〈2008.2.29.〉

제3장 청소년지도자

제18조(청소년지도자의 자질향상 등) ① 국가와 지방자치단체는 청소년업무를 담당하는 소속 공무원이 청소년업무에 관한 자질을 갖추도록 하여야 한다.

② 여성가족부장관은 법 제20조에 따라 청소년지도자의 자질과 전문성을 향상시키기 위하여 청소년 관련 단체·기관 및 대학 등에서 운영하는 청소년지도자 연수과정의 경비 일부를 지원할 수 있다.

③ 제2항에 따른 경비의 지원은 연수시간이 40시간 이상인 연수과정을 대상으로 한다.

④ 제3항에서 규정한 사항 외에 제2항에 따른 경비의 지원에 필요한 사항은 여성가족부령으로 정한다.

[전문개정 2011.11.18.]

제19조(청소년지도사의 등급) 법 제21조에 따른 청소년지도사(이하 "청소년지도사"라 한다)의 등급은 1급, 2급, 3급으로 구분한다.

[전문개정 2011.11.18.]

제20조(청소년지도사의 자격검정) ① 여성가족부장관은 법 제21조제4항에 따라 청소년지도 사 자격검정 업무를 다음 각 호의 기관에 위탁할 수 있다. 〈개정 2015.5.1.〉

1. 「청소년활동 진흥법」 제6조에 따른 한국청소년활동진흥원

2. 「한국산업인력공단법」에 따른 한국산업인력공단

② 여성가족부장관은 제1항에 따라 청소년지도사 자격검정 업무를 위탁하는 경우에는 위탁업 무의 내용과 수탁기관을 고시하여야 한다. 〈신설 2015.5.1.〉

③ 청소년지도사 자격검정의 등급별 응시자격 기준과 자격검정의 과목 및 방법은 각각 별표 1 및 별표 2와 같다. 〈개정 2015.5.1.〉

④ 별표 1의 청소년지도사 자격검정 응시자격 기준에서 2급 청소년지도사의 응시자격 기준 제 1호 및 제3호와 3급 청소년지도사의 응시자격 기준 제1호에 해당하는 사람에 대해서는 해당 등급 의 청소년지도사 자격검정 필기시험을 면제한다. 〈개정 2015.5.1.〉

⑤ 제1항부터 제4항까지에서 규정한 사항 외에 청소년지도사의 등급별 자격검정에 필요한 사 항은 여성가족부령으로 정한다. 〈개정 2015.5.1.〉

[전문개정 2011.11.18.]

[제목개정 2015.5.1.]

제21조(청소년지도사 연수 및 자격증 발급) ① 제20조에 따른 청소년지도사의 자격검정에 합격한 사람에 대한 연수는 청소년지도사의 등급별 또는 대상 특성별로 나누어 실시한다. 다만, 등급별 또는 대상 특성별 인원과 연수 내용 등을 고려하여 통합하여 실시하는 것이 효율적이라고 인정되는 경우에는 통합하여 실시할 수 있다.

② 제1항에 따른 연수는 30시간 이상으로 하며, 청소년지도사로서의 자질과 전문성을 함양할 수 있는 내용으로 실시한다.

③ 청소년지도사 연수 실시기관의 장은 연수의 기간·장소·내용·방법과 그 밖에 연수에 필요한 사항을 연수 실시 30일 이전에 공고하여야 한다.

④ 여성가족부장관은 제1항에 따른 연수를 마친 사람에게 등급별로 청소년지도사 자격증을 발급한다.

⑤ 법 제21조제2항에 따른 청소년지도사 연수기관은 「청소년활동진흥법」 제6조에 따른 한국청소년활동진흥원으로 한다.

⑥ 여성가족부장관은 예산의 범위에서 제5항에 따른 한국청소년활동진흥원에 연수에 필요한 경비의 일부를 지원할 수 있다.

[전문개정 2011.11.18.]

제22조(청소년상담사의 등급) 법 제22조에 따른 청소년상담사(이하 "청소년상담사"라 한다)의 등급은 1급, 2급, 3급으로 구분한다.

[전문개정 2011.11.18.]

제23조(청소년상담사의 자격검정) ① 여성가족부장관은 법 제22조제2항에 따라 준용되는 법 제21조제4항에 따라 청소년상담사 자격검정 업무를 다음 각 호의 기관에 위탁할 수 있다. 〈개정 2015.5.1.〉

　　1. 「청소년복지 지원법」 제22조에 따른 한국청소년상담복지개발원

　　2. 「한국산업인력공단법」 에 따른 한국산업인력공단

② 여성가족부장관은 제1항에 따라 청소년상담사 자격검정 업무를 위탁하는 경우에는 위탁업무의 내용과 수탁기관을 고시하여야 한다. 〈신설 2015.5.1.〉

③ 청소년상담사 자격검정의 등급별 응시자격 기준과 자격검정의 과목 및 방법은 각각 별표 3 및 별표 4와 같다. 〈개정 2015.5.1.〉

④ 제1항부터 제3항까지에서 규정한 사항 외에 청소년상담사의 등급별 자격검정에 필요한 사항은 여성가족부령으로 정한다. 〈개정 2015.5.1.〉

[전문개정 2011.11.18.]

제24조(청소년상담사 연수 및 자격증 발급) ① 제23조에 따른 청소년상담사 자격검정에 합격한 사람에 대한 연수는 여성가족부령으로 정하는 바에 따라 실시한다.

② 제1항에 따른 연수는 청소년상담사의 등급별로 나누어 실시한다. 다만, 등급별 대상 인원과 연수 내용 등을 고려하여 통합하여 실시하는 것이 효율적이라고 인정되는 경우에는 통합하여 실시할 수 있다.

③ 제1항에 따른 연수는 100시간 이상으로 하며, 연수 내용은 이론 강의와 실습 등으로 한다.

④ 청소년상담사 연수 실시기관의 장은 연수의 기간·장소·내용·방법·평가기준과 그 밖에 연수에 필요한 사항을 연수 실시 30일 이전에 공고하여야 한다.

⑤ 여성가족부장관은 제1항에 따른 연수를 마친 사람에게 등급별로 청소년상담사 자격증을 발급한다.

⑥ 여성가족부장관은 제1항에 따른 연수에 관한 업무를 「청소년복지 지원법」 제22조에 따른 한국청소년상담복지개발원에 위탁하여 실시한다. 〈개정 2012.7.31.〉

⑦ 여성가족부장관은 예산의 범위에서 제6항에 따른 한국청소년상담복지개발원에 연수에 필요한 경비의 일부를 지원할 수 있다. 〈개정 2012.7.31.〉

[전문개정 2011.11.18.]

제25조(청소년지도사·청소년상담사의 배치 등) ① 청소년시설과 청소년단체는 청소년지도사와 청소년상담사가 청소년육성업무에 종사하도록 하여야 한다.

② 법 제23조제1항에 따른 청소년지도사와 청소년상담사의 배치대상 및 배치기준은 별표 5와 같다.

[전문개정 2011.11.18.]

제26조(청소년지도위원에 대한 지원) 시장·군수·구청장(자치구의 구청장을 말한다. 이하 같다)은 법 제27조제1항에 따른 청소년지도위원에게 청소년지도위원임을 표시하는 증표를 발급할 수 있으며, 청소년지도위원이 그 임무를 원활하게 수행할 수 있도록 수당, 여비 및 연수 기회 제공 등 필요한 지원을 할 수 있다.

[전문개정 2011.11.18.]

제4장 청소년단체

제27조(청소년단체에 대한 지원 및 보조의 범위) 국가나 지방자치단체가 법 제29조에 따라 청소년단체에 지원하거나 보조할 수 있는 활동의 범위는 다음 각 호와 같다.　　〈개정 2012.12.20.〉

　　1. 청소년활동, 청소년복지 및 청소년보호에 관한 사업

　　2. 국내외 주요 청소년 관련 국제행사

　　3. 「청소년활동진흥법」 제2조제6호에 따른 청소년수련거리의 개발 및 보급

　　4. 청소년지도자의 연수 및 국제교류

　　5. 그 밖에 중앙행정기관의 장이나 지방자치단체의 장이 청소년단체의 육성 또는 활성화를
　　　위하여 필요하다고 인정하는 사업

[전문개정 2011.11.18.]

제28조(수익사업의 범위 등) ① 청소년단체는 설립·운영 목적에 어긋나지 아니하는 범위에서 수익사업을 할 수 있다.　　　　　　　　　　　　　　　　　　〈개정 2014.12.9.〉

　② 제1항에 따른 수익사업의 수익금은 목적사업의 수행을 위하여 사용하여야 한다.

　③ 제1항에 따른 수익사업은 일반회계와 구분하여 회계처리하여야 한다.

[전문개정 2011.11.18.]

제29조 삭제 〈2010.8.11.〉

제30조 삭제 〈2012.7.31.〉

제31조 삭제 〈2012.7.31.〉

제32조 삭제 〈2010.8.11.〉

제33조 삭제 〈2012.7.31.〉

제33조의2 삭제 〈2012.7.31.〉

제4장의2 청소년 방과 후 활동의 지원 〈신설 2011.11.18.〉

제33조의3(청소년 방과 후 활동 종합지원계획의 수립) ① 법 제48조의2에 따라 여성가족부장관과 시·도지사는 매년 청소년 방과 후 활동 종합지원계획(이하 이 장에서 "방과후종합지원계획"이라 한다)을 수립·시행하여야 한다.

② 방과후종합지원계획에는 다음 각 호의 사항이 포함되어야 한다.

1. 방과 후 활동의 수요 및 현황 조사

2. 방과 후 교육 및 활동 프로그램의 개발 및 보급

3. 방과 후 활동에 필요한 시설의 확보, 전문인력의 선발 및 배치

4. 제33조의4에 따른 방과 후 활동 종합지원사업의 운영 및 평가

5. 그 밖에 관할 구역의 학교와 청소년의 방과 후 활동을 지원하는 기관 및 단체 등과의 연계 등에 관한 사항

[본조신설 2011.11.18.]

제33조의4(방과 후 활동 종합지원사업 실시) ① 여성가족부장관과 시·도지사 및 시장·군수·구청장은 청소년의 방과 후 활동을 지원하는 청소년 방과 후 활동 종합지원사업(이하 이 장에서 "방과후사업"이라 한다)을 실시할 수 있다. 이 경우 방과후사업은 장애청소년과 다문화청소년 등 특별한 교육 및 활동이 필요한 청소년을 대상으로 할 수 있다.

② 방과후사업은 다음 각 호의 활동을 포함한다.

1. 청소년의 역량 개발 지원

2. 청소년의 기본학습 및 보충학습 지원

3. 청소년의 안전하고 건강한 방과 후 활동을 위한 급식, 시설 지원 및 상담

4. 청소년의 안전하고 건강한 방과 후 활동을 위한 학부모 교육, 청소년의 방과 후 활동을 지원하는 기관 및 단체 등의 개발 및 연계

5. 그 밖에 청소년의 방과 후 활동을 지원하기 위해 필요한 활동

[본조신설 2011.11.18.]

제33조의5(청소년 방과 후 활동 지원센터의 설치·운영) ① 여성가족부장관과 시·도지사는 청소년의 방과 후 활동을 종합적으로 지원하기 위하여 청소년 방과 후 활동 지원센터(이하 이 조에서 "지원센터"라 한다)를 설치·운영할 수 있다.

② 여성가족부장관과 시·도지사는 지원센터를 방과 후 사업운영에 관한 전문성이 있는 법인

또는 단체에 위탁하여 운영할 수 있다.

　③ 지원센터는 다음 각 호의 사업을 수행한다.

　　1. 방과후종합지원계획의 수립·시행

　　2. 방과후사업의 운영 관리, 컨설팅 및 평가

　　3. 청소년의 방과 후 활동 지원을 위한 국내외 자료조사

　　4. 방과후사업의 업무 종사자를 위한 교육·연수(여성가족부장관이 설치하는 지원센터만 해당한다)

　　5. 방과후사업의 운영모형 개발(여성가족부장관이 설치하는 지원센터만 해당한다)

　　6. 그 밖에 청소년의 방과 후 활동을 종합적으로 지원하기 위하여 필요한 사업

[본조신설 2011.11.18.]

제5장 청소년육성기금

제34조(기금의 관리·운용) ① 법 제53조에 따른 청소년육성기금(이하 "기금"이라 한다)은 다음 각 호의 방법으로 관리·운용한다.

　　1. 금융회사 등에의 예치

　　2. 「자본시장과 금융투자업에 관한 법률」 제4조에 따른 증권의 매입

　　3. 청소년육성 등을 위한 사업에 대한 투자 및 융자

　　4. 그 밖에 기금 조성을 위하여 여성가족부장관이 필요하다고 인정하는 사업에 대한 투자

　② 기금은 기업회계의 원칙에 따라 회계처리한다.

　③ 기금의 회계연도는 정부의 회계연도에 따른다.

　④ 기금을 관리·운용하는 자는 기금의 수입과 지출을 명확히 하기 위하여 한국은행에 청소년육성기금계정을 설치하여야 한다.

[전문개정 2011.11.18.]

제35조(기금의 회계기관) ① 여성가족부장관은 기금의 수입과 지출에 관한 사무를 수행하게 하기 위하여 소속 공무원 중에서 기금수입징수관, 기금재무관, 기금지출관 및 기금출납공무원을 각각 임명하여야 한다.

　② 여성가족부장관은 법 제53조제3항에 따라 기금의 관리·운용에 관한 사무를 위탁하는 경우에는 그 위탁받은 기관의 임직원 중에서 기금수입 담당 책임자와 기금지출원인행위 담당 책임자

를, 그 직원 중에서 기금지출직원과 기금출납직원을 각각 임명하여야 한다. 이 경우 기금수입 담당 책임자는 기금수입징수관의 직무를, 기금지출원인행위 담당 책임자는 기금재무관의 직무를, 기금지출직원은 기금지출관의 직무를, 기금출납직원은 기금출납공무원의 직무를 각각 수행한다.

[전문개정 2011.11.18.]

제36조(그 밖의 수입금) 법 제54조제1항제5호에서 "대통령령이 정하는 수입금"이란 다음 각 호의 수입금을 말한다.

1. 다른 기금으로부터의 전입금

2. 여성가족부장관이 인정하는 수입금

[전문개정 2011.11.18.]

제37조(기금의 용도) 법 제55조제1항제9호에서 "대통령령이 정하는 사업"이란 다음 각 호의 사업을 말한다.

1. 청소년육성에 관한 홍보

2. 청소년의 포상 및 격려

3. 기금의 운용 및 관리

4. 그 밖에 여성가족부장관이 청소년육성 등을 위하여 필요하다고 인정하는 사업

[전문개정 2011.11.18.]

제5장의2 보칙 <신설 2012.1.6.>

제37조의2(고유식별정보의 처리) 여성가족부장관(제20조제1항 및 제23조제1항에 따라 여성가족부장관의 권한을 위탁받은 자를 포함한다), 지방자치단체의 장(해당 권한이 위임·위탁된 경우에는 그 권한을 위임·위탁받은 자를 포함한다), 「청소년활동 진흥법」 제6조에 따른 한국청소년활동진흥원 또는 「청소년복지 지원법」 제22조에 따른 한국청소년상담복지개발원은 다음 각 호의 사무를 수행하기 위하여 불가피한 경우 「개인정보 보호법 시행령」 제19조제1호에 따른 주민등록번호가 포함된 자료를 처리할 수 있다.　　　　　　　〈개정 2012.7.31., 2015.5.1.〉

1. 법 제5조의2제2항 및 제3항에 따른 청소년의 참여 및 의견 수렴에 관한 사무

2. 법 제12조에 따른 청소년특별회의 개최에 관한 사무

3. 법 제20조에 따른 청소년지도자의 양성과 자질향상에 관한 사무

4. 법 제21조에 따른 청소년지도사의 자격검정, 연수 및 자격증 교부 등에 관한 사무

5. 법 제22조에 따른 청소년상담사의 자격검정, 연수 및 자격증 교부 등에 관한 사무

6. 법 제28조의2제2항에 따른 청소년단체 임원의 결격사유 확인에 관한 사무

7. 법 제48조의2에 따른 청소년 방과 후 활동 지원에 관한 사무

[본조신설 2012.1.6.]

제37조의3(규제의 재검토) ① 여성가족부장관은 제25조제2항 및 별표 5에 따른 청소년지도사 · 청소년상담사의 배치대상 및 배치기준에 대하여 2014년 1월 1일을 기준으로 3년마다(매 3년이 되는 해의 1월 1일 전까지를 말한다) 그 타당성을 검토하여 개선 등의 조치를 하여야 한다.

〈개정 2017.12.12.〉

② 여성가족부장관은 다음 각 호의 사항에 대하여 다음 각 호의 기준일을 기준으로 3년마다(매 3년이 되는 해의 기준일과 같은 날 전까지를 말한다) 그 타당성을 검토하여 개선 등의 조치를 하여야 한다.

〈개정 2016.12.30.〉

1. 제20조에 따른 청소년지도사의 자격검정: 2017년 1월 1일

2. 제21조에 따른 청소년지도사 연수 및 자격증 발급: 2017년 1월 1일

3. 제23조에 따른 청소년상담사의 자격검정: 2017년 1월 1일

4. 제24조에 따른 청소년상담사 연수 및 자격증 발급: 2017년 1월 1일

[전문개정 2014.12.9.]

제6장 벌칙

제38조(과태료의 부과기준) 법 제66조제1항 및 제2항에 따른 과태료의 부과기준은 별표 6과 같다. 〈개정 2012.12.20.〉

[전문개정 2011.11.18.]

부칙 〈제28471호, 2017.12.12.〉

제1조(시행일) 이 영은 2018년 1월 1일부터 시행한다.

제2조 생략

청소년 기본법 시행규칙

[시행 2017.1.1.] [여성가족부령 제104호, 2016.12.27., 타법개정]

제1조(목적) 이 규칙은 「청소년 기본법」 및 같은 법 시행령에서 위임된 사항과 그 시행에 필요한 사항을 규정함을 목적으로 한다.　　　　　　　　　　　　　　〈개정 2015.5.4.〉

제1조의2(청소년정책 분석·평가 전문지원기관의 지정) ① 「청소년 기본법 시행령」(이하 "영"이라 한다) 제16조의2제1항에 따른 청소년정책 분석·평가 전문지원기관 지정신청서는 별지 제1호서식에 따른다.

② 영 제16조의2제2항에 따른 청소년정책 분석·평가 전문지원기관 지정서는 별지 제2호서식에 따른다.

[본조신설 2015.5.4.]

제2조(청소년지도자 연수과정 지원) 영 제18조제4항에 따라 청소년지도자 연수과정의 운영에 대한 지원을 받고자 하는 청소년관련 단체·기관 및 대학 등의 장은 연수개시 30일 전까지 다음 사항을 기재한 서류를 여성가족부장관에게 제출하여야 한다.

〈개정 2005.4.27., 2008.3.3., 2010.3.19., 2015.5.4.〉

　1. 연수목적 및 과목

　2. 교과 과정표 및 그 설명서

　3. 연수기간 및 장소

　4. 연수인원 및 강사현황

　5. 연수에 소요되는 경비에 관한 예산명세서

　6. 그 밖에 연수에 관한 참고사항

제3조(청소년지도사 자격검정 응시원서) 청소년지도사 자격검정에 응시하고자 하는 자는 별지 제3호서식의 청소년지도사 자격검정 응시원서에 응시자격을 증명할 수 있는 서류를 첨부하여 영 제20조제1항의 규정에 의한 청소년지도사 자격검정을 실시하는 기관(이하 "청소년지도사 자격

검정기관"이라 한다)의 장에게 제출하여야 한다.　　　　　　　　　〈개정 2015.5.4.〉

제4조(청소년지도사 자격검정의 실시 등) ① 청소년지도사 자격검정기관의 장은 청소년지도사 자격검정을 연 1회 이상 실시한다. 다만, 여성가족부장관은 청소년지도사의 수급계획상 필요하다고 인정하는 경우에는 이를 조정할 수 있다.　　〈개정 2005.4.27., 2008.3.3., 2010.3.19.〉

② 청소년지도사 자격검정기관의 장은 제1항의 규정에 의한 자격검정을 실시할 때에는 검정 실시 90일전에 일시·장소·검정과목·검정방법 그 밖에 자격검정에 관하여 필요한 사항을 「신문 등의 진흥에 관한 법률」 제9조제1항에 따라 전국을 주된 보급지역으로 등록한 일반일간신문과 청소년지도사 자격검정기관의 홈페이지 등에 공고하여야 한다.　　〈개정 2010.8.17., 2012.12.20.〉

제5조(청소년지도사 자격검정 합격결정 등) ① 1급청소년지도사 자격검정은 필기시험에서 매과목 100점을 만점으로 하여 매과목 40점 이상, 전과목 평균 60점 이상 득점한 자를 합격자로 한다.

② 2급·3급청소년지도사 자격검정은 다음중 어느 하나에 해당하는 자로서 면접시험에 합격한 자를 합격자로 한다.

　1. 필기시험에서 매과목 100점을 만점으로 하여 매과목 40점 이상, 전과목 평균 60점 이상 득점한 자

　2. 영 제20조제3항의 규정에 의한 필기시험을 면제받은 자

③ 제2항의 면접시험은 다음의 사항에 관하여 평가한다.

　1. 청소년지도자로서의 가치관 및 정신자세

　2. 예의·품행 및 성실성

　3. 의사발표의 정확성 및 논리성

　4. 청소년에 관한 전문지식과 그 응용능력

　5. 창의력·의지력 및 지도력

④ 필기시험에 합격하고 면접시험에 불합격한 자에 대하여는 다음 회의 시험에 한하여 필기시험을 면제한다.

⑤ 그 밖에 시험에 관한 방법·채점기준 등은 여성가족부장관이 정하여 고시한다.

　　　　　　　　　　　　　　　　　　〈개정 2005.4.27., 2008.3.3., 2010.3.19.〉

제6조(청소년지도사 자격증의 교부 등) ① 영 제21조제4항의 규정에 의한 청소년지도사 자격증은 별지 제4호서식에 의한다.　　　　　　　　　　〈개정 2015.5.4.〉

② 「청소년 기본법」(이하 "법"이라 한다) 제21조제1항에 따른 청소년지도사 연수기관(이하 "청소년지도사 연수기관"이라 한다)의 장은 별지 제5호서식에 의한 청소년지도사자격증교부대장에 청소년지도사 자격증의 교부사실을 기록·관리하여야 한다. 〈개정 2010.8.17., 2015.5.4.〉

③청소년지도사 자격증을 교부받은 자가 그 자격증을 분실하거나 청소년지도사 자격증이 헐어 못쓰게 된 때에는 별지 제6호서식에 의하여 청소년지도사 연수기관의 장에게 재교부를 신청할 수 있다. 이 경우 자격증이 헐어 못쓰게 된 때에는 그 자격증을 첨부하여야 한다.

〈개정 2010.8.17., 2015.5.4.〉

제7조(청소년상담사 자격검정 응시자격의 기준) 영 별표 3의 규정에 의한 1급청소년상담사 응시자격기준 제1호에서 "여성가족부령이 정하는 상담 관련분야"라 함은 상담의 이론과 실제(상담원리·상담기법), 면접원리, 발달이론, 집단상담, 심리측정 및 평가, 이상심리, 성격심리, 사회복지실천(기술)론, 상담교육, 진로상담, 가족상담, 학업상담, 비행상담, 성상담, 청소년상담 또는 이와 내용이 동일하거나 유사한 과목중 4과목 이상을 교과과목으로 채택하고 있는 학문분야를 말한다.

〈개정 2005.4.27., 2008.3.3., 2010.3.19.〉

제8조(청소년상담사 자격검정 응시원서) 청소년상담사 자격검정에 응시하고자 하는 자는 별지 제7호서식의 청소년상담사 자격검정 응시원서에 응시자격을 증명할 수 있는 서류를 첨부하여 영 제23조제1항의 규정에 의한 청소년상담사 자격검정을 실시하는 기관(이하 "청소년상담사 자격검정기관"이라 한다)의 장에게 제출하여야 한다.

〈개정 2015.5.4.〉

제9조(청소년상담사 자격증의 교부 등) ① 영 제24조제5항의 규정에 의한 청소년상담사 자격증은 별지 제8호서식에 의한다.

〈개정 2015.5.4.〉

② 법 제22조제1항에 따른 청소년상담사 연수기관(이하 "청소년상담사 연수기관"이라 한다)의 장은 별지 제9호서식에 의한 청소년상담사 자격증 교부대장에 청소년상담사 자격증의 교부사실을 기록·관리하여야 한다.

〈개정 2010.8.17., 2015.5.4.〉

③ 청소년상담사 자격증을 교부받은 자가 그 자격증을 분실하거나 청소년상담사 자격증이 헐어 못쓰게 된 때에는 별지 제10호서식에 의하여 청소년상담사 연수기관의 장에게 재교부를 신청할 수 있다. 이 경우 청소년상담사 자격증이 헐어 못쓰게 된 때에는 그 청소년상담사 자격증을 첨부하여야 한다.

〈개정 2010.8.17., 2015.5.4.〉

제10조(청소년상담사 자격검정의 실시·합격결정 등) ① 제4조의 규정은 청소년상담사 자격

검정의 실시 등에 관하여 준용한다. 이 경우 "청소년지도사"는 이를 "청소년상담사"로 본다.

② 청소년상담사 자격검정은 필기시험에서 매과목 100점을 만점으로 하여 매과목 40점 이상, 전과목 평균 60점 이상 득점한 자로서 면접시험에 합격한 자를 합격자로 한다.

③ 제2항의 면접시험은 다음의 사항에 관하여 평가한다.

1. 청소년상담자로서의 가치관 및 정신자세

2. 청소년상담을 위한 전문적 지식 및 수련의 정도

3. 예의 · 품행 및 성실성

4. 의사표현의 정확성과 논리성

5. 창의력, 판단력 및 지도력

④ 필기시험에 합격하고 면접시험에 불합격한 자에 대하여는 다음 회의 시험에 한하여 필기시험을 면제한다.

⑤ 그 밖에 시험에 관한 방법 · 채점기준 등은 여성가족부장관이 정하여 고시한다.

〈개정 2008.12.31., 2010.8.17.〉

제10조의2(청소년지도사 보수교육 등) ① 법 제24조의2제1항에 따라 다음 각 호의 기관 또는 단체에 종사하는 청소년지도사는 2년(직전의 교육을 받은 날부터 기산하여 2년이 되는 날이 속하는 해의 1월 1일부터 12월 31일까지를 말한다)마다 15시간 이상의 보수교육을 받아야 한다.

〈개정 2015.5.4., 2016.12.27.〉

1. 법 제3조제8호에 따른 청소년단체 중 여성가족부장관이 정하여 고시하는 단체

2. 「청소년활동 진흥법」 제7조에 따른 지방청소년활동진흥센터 및 같은 법 제10조제1호에 따른 청소년수련시설

② 제1항에 따른 교육대상자 중 다음 각 호의 어느 하나의 사유에 해당하는 사람은 그 사유가 종료된 연도의 다음 연도 말까지 보수교육을 받아야 한다. 이 경우 다음 연도에 보수교육을 받으려는 사람은 별지 제11호서식의 청소년지도사 보수교육 연기신청서에 연기 대상자임을 증명할 수 있는 서류를 첨부하여 제4항에 따라 보수교육을 위탁받은 기관 또는 단체의 장에게 제출하여야 한다.

〈개정 2015.5.4.〉

1. 「병역법」에 따른 병역의무 수행, 질병, 해외체류 또는 휴직 등 부득이한 사유로 해당 연도에 6개월 이상 업무에 종사하지 아니한 경우

2. 그 밖에 불가피한 사유로 제1항에 따른 보수교육을 받기가 곤란하다고 여성가족부장관이 인정하는 경우

③ 제1항에 따른 보수교육 대상자가 종사하는 기관 또는 단체의 장은 매년 12월 31일까지 제4항

에 따라 보수교육을 위탁받은 기관 또는 단체의 장에게 다음 연도의 보수교육 대상자 명단을 제출하여야 한다.

④ 법 제24조의2제3항에 따라 여성가족부장관은 청소년지도사 보수교육을 「청소년활동 진흥법」 제6조에 따른 한국청소년활동진흥원 또는 청소년육성에 관한 업무를 전문적으로 수행하는 기관·단체(이하 "활동진흥원등"이라 한다)에 위탁한다. 〈개정 2015.5.4.〉

⑤ 보수교육의 교육과목, 교육방법 및 그 밖에 보수교육을 실시하는데 필요한 사항은 여성가족부장관의 승인을 받아 활동진흥원등의 장이 정한다.

[본조신설 2012.12.20.]

제10조의3(청소년상담사 보수교육 등) ① 법 제24조의2제1항에 따라 다음 각 호의 기관 또는 단체에 종사하는 청소년상담사는 매년 8시간 이상의 보수교육을 받아야 한다.

1. 법 제3조제8호에 따른 청소년단체 중 여성가족부장관이 정하여 고시하는 단체

2. 「청소년복지 지원법」 제22조에 따른 한국청소년상담복지개발원(이하 "청소년상담원"이라 한다), 같은 법 제29조에 따른 청소년상담복지센터, 같은 법 제30조에 따른 이주배경청소년지원센터 및 같은 법 제31조에 따른 청소년복지시설

3. 「초·중등교육법」 제2조에 따른 학교 및 같은 법 시행령 제54조제3항제2호에 따른 사업을 수행하는 기관·단체

② 제1항에 따른 교육대상자 중 다음 각 호의 어느 하나의 사유에 해당하는 사람은 해당 연도의 보수교육을 받지 아니할 수 있다. 이 경우 보수교육을 받지 아니하려는 사람은 별지 제12호서식의 청소년상담사 보수교육 면제신청서에 면제 대상자임을 증명할 수 있는 서류를 첨부하여 제4항에 따라 보수교육을 위탁받은 청소년상담원의 장에게 제출하여야 한다. 〈개정 2015.5.4.〉

1. 「병역법」에 따른 병역의무 수행, 질병, 해외체류 또는 휴직 등 부득이한 사유로 해당 연도에 6개월 이상 업무에 종사하지 아니한 경우

2. 그 밖에 불가피한 사유로 제1항에 따른 보수교육을 받기가 곤란하다고 여성가족부장관이 인정하는 경우

③ 제1항에 따른 보수교육 대상자가 종사하는 기관 또는 단체의 장은 매년 12월 31일까지 제4항에 따라 보수교육을 위탁받은 청소년상담원의 장에게 다음 연도의 보수교육 대상자 명단을 제출하여야 한다.

④ 법 제24조의2제3항에 따라 여성가족부장관은 청소년상담사 보수교육을 청소년상담원에 위탁한다.

⑤ 보수교육의 교육과목, 교육방법 및 그 밖에 보수교육을 실시하는데 필요한 사항은 여성가족

부장관의 승인을 받아 청소년상담원의 장이 정한다.

[본조신설 2012.12.20.]

제10조의4(보수교육 계획 및 실적보고 등) ① 활동진흥원등의 장 및 청소년상담원의 장은 매년 1월 31일까지 해당 연도 보수교육 계획서를, 매년 2월 말일까지 전년도 보수교육 실적보고서를 각각 여성가족부장관에게 제출하여야 한다.

② 활동진흥원등의 장 및 청소년상담원의 장은 보수교육을 받은 사람에게 별지 제13호서식의 청소년지도사 보수교육 이수증 및 별지 제14호서식의 청소년상담사 보수교육 이수증을 내주어야 한다. 〈개정 2015.5.4.〉

[본조신설 2012.12.20.]

제10조의5(보수교육 관계 서류의 보존) 활동진흥원등의 장 및 청소년상담원의 장은 다음 각 호의 서류를 3년 동안 보존하여야 한다.

1. 보수교육 대상자 명단(대상자의 교육이수 여부가 명시되어야 한다)
2. 제10조의2제2항 및 제10조의3제2항에 따라 해당 연도에 보수교육을 받지 아니한 사람의 명단
3. 그 밖에 이수자의 보수교육 이수 · 연기 또는 면제를 확인할 수 있는 서류

[본조신설 2012.12.20.]

제11조 삭제 〈2012.8.2.〉

제12조(검사공무원의 증표) 법 제59조제2항의 규정에 의한 검사공무원의 증표는 별지 제15호서식에 의한다. 〈개정 2015.5.4.〉

제13조(수수료) ① 법 제62조제1항의 규정에 의하여 징수하는 청소년지도사 및 청소년상담사의 자격검정 수수료는 실비 등을 고려하여 여성가족부장관이 정하여 고시한다.

〈개정 2005.4.27., 2008.3.3., 2010.3.19.〉

② 법 제62조제1항의 규정에 의하여 청소년지도사 및 청소년상담사의 연수과정 수수료는 여성가족부장관이 실비 등을 고려하여 청소년지도사 연수기관의 장 및 청소년상담사 연수기관의 장과 협의하여 정하고 이를 고시한다. 〈개정 2005.4.27., 2008.3.3., 2010.3.19., 2010.8.17.〉

③ 제2항의 규정에 의한 수수료는 청소년지도사 연수기관 및 청소년상담사 연수기관에 납부한다.

제14조(규제의 재검토) 여성가족부장관은 다음 각 호의 사항에 대하여 2017년 1월 1일을 기준으로 3년마다(매 3년이 되는 해의 기준일과 같은 날 전까지를 말한다) 그 타당성을 검토하여 개선 등의 조치를 하여야 한다. 〈개정 2016.12.27.〉

　　1. 제10조의2에 따른 청소년지도사 보수교육 등

　　2. 제10조의3에 따른 청소년상담사 보수교육 등

[본조신설 2014.12.12.]

부칙 〈제104호,2016.12.27.〉

이 규칙은 2017년 1월 1일부터 시행한다.

제2부

청소년복지 지원법

[시행 2018.6.13.] [법률 제15210호, 2017.12.12., 일부개정]

제1장 총칙

제1조(목적)

이 법은 「청소년기본법」 제49조제4항에 따라 청소년복지 향상에 관한 사항을 규정함을 목적으로 한다.

제2조(정의)

이 법에서 사용하는 용어의 뜻은 다음과 같다.

1. "청소년"이란 「청소년기본법」 제3조제1호 본문에 해당하는 사람을 말한다.

2. "청소년복지"란 「청소년기본법」 제3조제4호에 따른 청소년복지를 말한다.

3. "보호자"란 친권자, 법정대리인 또는 사실상 청소년을 양육하는 사람을 말한다.

4. "위기청소년"이란 가정 문제가 있거나 학업 수행 또는 사회 적응에 어려움을 겪는 등 조화롭고 건강한 성장과 생활에 필요한 여건을 갖추지 못한 청소년을 말한다.

제2장 청소년의 우대 등

제3조(청소년의 우대)

① 국가 또는 지방자치단체는 그가 운영하는 수송시설 · 문화시설 · 여가시설 등을 청소년이 이용하는 경우 그 이용료를 면제하거나 할인할 수 있다.

② 국가 또는 지방자치단체는 다음 각 호의 어느 하나에 해당하는 자가 청소년이 이용하는 시설을 운영하는 경우 청소년에게 그 시설의 이용료를 할인하여 주도록 권고할 수 있다.

1. 국가 또는 지방자치단체의 재정적 보조를 받는 자

2. 관계 법령에 따라 세제상의 혜택을 받는 자

3. 국가 또는 지방자치단체로부터 위탁을 받아 업무를 수행하는 자

③ 제1항 또는 제2항에 따라 이용료를 면제받거나 할인받으려는 청소년은 시설의 관리자에게

주민등록증, 학생증, 제4조에 따른 청소년증 등 나이를 확인할 수 있는 증표 또는 자료를 제시하여야 한다.

④ 제1항 또는 제2항에 따라 이용료를 면제받거나 할인받을 수 있는 시설의 종류 및 청소년의 나이 기준 등은 대통령령으로 정한다.

제4조(청소년증)

① 특별자치도지사 또는 시장 · 군수 · 구청장(자치구의 구청장을 말한다. 이하 같다)은 9세 이상 18세 이하의 청소년에게 청소년증을 발급할 수 있다.

② 제1항에 따른 청소년증은 다른 사람에게 양도하거나 빌려주어서는 아니 된다.

③ 누구든지 제1항에 따른 청소년증 외에 청소년증과 동일한 명칭 또는 표시의 증표를 제작 · 사용하여서는 아니 된다.

④ 제1항에 따른 청소년증의 발급에 필요한 사항은 여성가족부령으로 정한다.

제3장 청소년의 건강보장

제5조(건강한 성장지원)

① 국가 및 지방자치단체는 성별 특성을 고려하여 청소년의 건강 증진 및 체력 향상을 위한 질병 예방, 건강 교육 등의 필요한 시책을 수립하여야 하며, 보호자는 양육하는 청소년의 건강 증진 및 체력 향상에 노력하여야 한다.   〈개정 2016.12.20.〉

② 국가 및 지방자치단체는 관련 기관과 협의하여 성별 특성을 반영한 청소년의 건강 · 체력 기준을 설정하여 보급할 수 있다.   〈개정 2016.12.20.〉

③ 국가 및 지방자치단체는 여성청소년의 건강한 성장을 위하여 여성청소년에게 보건위생에 필수적인 물품을 지원할 수 있다.   〈신설 2017.12.12.〉

④ 제1항에 따른 시책의 마련, 제2항에 따른 건강 · 체력 기준의 설정 · 보급 및 제3항에 따른 물품 지원의 기준 · 범위 등에 필요한 사항은 대통령령으로 정한다.   〈개정 2017.12.12.〉

[제목개정 2017.12.12.]

제6조(체력검사와 건강진단)

① 국가 및 지방자치단체는 청소년의 체력검사와 건강진단을 실시할 수 있다.

② 국가 및 지방자치단체는 제1항에 따른 체력검사 및 건강진단의 결과를 청소년 본인에게 알려주어야 한다.

③ 국가 및 지방자치단체는 제1항 및 제2항에 따른 체력검사 · 건강진단의 실시와 그 결과 통보를 전문기관 또는 단체에 위탁할 수 있다.

④ 제1항 및 제2항에 따른 체력검사 · 건강진단의 실시와 그 결과 통보에 필요한 사항은 여성가족부령으로 정한다.

제7조(건강진단 결과의 분석 등)

① 국가 및 지방자치단체는 제6조에 따른 건강진단 결과를 분석하여 청소년의 건강 증진을 위하여 필요한 시책을 수립 · 시행하여야 한다.

② 국가 및 지방자치단체는 제1항에 따른 분석을 전문기관에 의뢰할 수 있다.

제8조(건강진단 결과의 공개 금지)

제6조에 따라 건강진단을 실시한 국가 · 지방자치단체 · 전문기관 또는 단체에 근무하였거나 근무하는 사람은 제7조제1항에 따른 시책을 수립하거나 시행하기 위하여 불가피한 경우를 제외하고는 건강진단 결과를 공개하여서는 아니 된다.

제4장 지역사회 청소년통합지원체계 등

제9조(지역사회 청소년통합지원체계의 구축 · 운영)

① 지방자치단체의 장은 관할구역의 위기청소년을 조기에 발견하여 보호하고, 청소년복지 및 「청소년기본법」 제3조제5호에 따른 청소년보호를 효율적으로 수행하기 위하여 지방자치단체, 공공기관, 「청소년기본법」 제3조제8호에 따른 청소년단체 등이 협력하여 업무를 수행하는 지역사회 청소년통합지원체계(이하 "통합지원체계"라 한다)를 구축 · 운영하여야 한다.

② 국가는 통합지원체계의 구축·운영을 지원하여야 한다.

③ 통합지원체계에 반드시 포함되어야 하는 기관 또는 단체 등 통합지원체계의 구성 등에 필요한 사항은 대통령령으로 정한다.

제10조(운영위원회)

① 지방자치단체의 장은 통합지원체계의 원활한 운영을 위하여 필요하다고 인정하는 경우에는 제15조제2항에 따른 특별지원 대상자의 선정 등 대통령령으로 정하는 청소년 지원에 관한 사항을 심의하는 지역사회 청소년통합지원체계 운영위원회(이하 "운영위원회"라 한다)를 둘 수 있다.

② 운영위원회는 통합지원체계를 구성하는 기관·단체의 장 또는 종사자와 그 밖에 청소년복지에 대하여 지식과 경험이 풍부한 사람으로 구성한다.

③ 제1항 및 제2항에서 정한 사항 외에 운영위원회의 구성, 위원의 위촉 및 회의 절차 등 운영위원회의 운영에 필요한 사항은 해당 지방자치단체의 규칙으로 정한다.

제11조(주민의 자원 활동 지원)

국가 및 지방자치단체는 지역 주민들이 자발적으로 단체를 구성하여 위기청소년의 발견·보호 및 지원을 위한 활동을 하는 경우에는 그 단체의 활동을 지원할 수 있다.

제12조(상담과 전화 설치 등)

① 국가 및 지방자치단체는 모든 청소년이 필요한 사항에 관하여 전문가의 상담을 받을 수 있도록 하여야 한다.

② 국가 및 지방자치단체는 제1항에 따른 상담을 위하여 전화를 설치·운영하거나 정보통신망을 운영하여야 한다.

③ 제2항에 따른 전화의 설치·운영 및 정보통신망의 운영에 필요한 사항은 대통령령으로 정한다.

제13조(상담 및 교육)

① 국가 및 지방자치단체는 위기청소년에게 효율적이고 적합한 지원을 하기 위하여 위기청소년의 가족 및 보호자에 대한 상담 및 교육을 실시할 수 있다.

② 위기청소년의 가족 및 보호자는 국가 및 지방자치단체가 상담 및 교육을 권고하는 경우에는 이에 협조하여 성실히 상담 및 교육을 받아야 한다.

③ 국가 및 지방자치단체는 여성가족부령으로 정하는 일정 소득 이하의 가족 및 보호자가 제1항의 상담 및 교육을 받은 경우에는 예산의 범위에서 여비 등 실비(實費)를 지급할 수 있다.

제14조(위기청소년 특별지원)

① 국가 및 지방자치단체는 대통령령으로 정하는 바에 따라 위기청소년에게 필요한 사회적·경제적 지원(이하 "특별지원"이라 한다)을 할 수 있다.

② 특별지원은 생활지원, 학업지원, 의료지원, 직업훈련지원, 청소년활동지원 등 대통령령으로 정하는 내용에 따라 물품 또는 서비스의 형태로 제공한다. 다만, 위기청소년의 지원에 반드시 필요하다고 인정되는 경우에는 금전의 형태로 제공할 수 있다.

③ 특별지원 대상 청소년의 선정 기준, 범위 및 기간과 그 밖에 필요한 사항은 대통령령으로 정한다.

제15조(특별지원의 신청 및 선정)

① 다음 각 호의 어느 하나에 해당하는 사람은 위기청소년을 특별지원 대상 청소년으로 선정하여 줄 것을 특별자치도지사 또는 시장·군수·구청장에게 신청할 수 있다. 이 경우 제1호 중 보호자 및 제2호부터 제5호까지의 사람은 해당 청소년의 동의를 받아야 한다.

　1. 청소년 본인 또는 그 보호자

　2. 「청소년기본법」 제3조제7호에 따른 청소년지도자

　3. 「초·중등교육법」 제19조제1항에 따른 교원

　4. 「사회복지사업법」 제11조에 따른 사회복지사

　5. 지방자치단체에서 청소년 업무를 담당하는 공무원

② 특별자치도지사 또는 시장·군수·구청장은 제1항에 따른 신청을 받은 경우에는 운영위원

회의 심의를 거쳐 선정 여부와 지원 내용 및 기간을 결정하여야 한다.

③ 특별자치도지사 또는 시장·군수·구청장은 긴급하게 지원할 필요가 있다고 판단하는 경우 또는 운영위원회가 구성되지 아니한 경우에는 운영위원회의 심의를 거치지 아니하고 제2항의 결정을 할 수 있다.

제16조(청소년 가출 예방 및 보호·지원)

① 여성가족부장관 또는 지방자치단체의 장은 청소년의 가출을 예방하고 가출한 청소년의 가정·사회 복귀를 돕기 위하여 상담, 제31조제1호에 따른 청소년쉼터의 설치·운영, 청소년쉼터 퇴소 청소년에 대한 사후지원 등 필요한 지원을 하여야 한다.

② 보호자는 청소년의 가출을 예방하기 위하여 노력하여야 하며, 가출한 청소년의 가정·사회 복귀를 위한 국가 및 지방자치단체 등의 노력에 적극 협조하여야 한다.

③ 여성가족부장관 또는 지방자치단체의 장은 제1항에 따른 청소년 가출 예방 및 보호·지원에 관한 업무를 「청소년기본법」 제3조제8호에 따른 청소년단체(이하 "청소년단체"라 한다)에 위탁할 수 있다.

제17조 삭제 〈2014.5.28.〉

제18조(이주배경청소년에 대한 지원)

국가 및 지방자치단체는 다음 각 호의 어느 하나에 해당하는 청소년의 사회 적응 및 학습능력 향상을 위하여 상담 및 교육 등 필요한 시책을 마련하고 시행하여야 한다.

1. 「다문화가족지원법」 제2조제1호에 따른 다문화가족의 청소년
2. 그 밖에 국내로 이주하여 사회 적응 및 학업 수행에 어려움을 겪는 청소년

제6장 교육적 선도(善導)

제19조(교육적 선도의 실시 등)

① 특별자치도지사 또는 시장·군수·구청장은 다음 각 호의 어느 하나에 해당하는 청소년에

대하여 청소년 본인, 해당 청소년의 보호자 또는 청소년이 취학하고 있는 학교의 장의 신청에 따라 교육적 선도(이하 "선도"라 한다)를 실시할 수 있다. 이 경우 해당 청소년의 보호자 또는 학교의 장이 선도를 신청하는 때에는 청소년 본인의 동의를 받아야 한다.

1. 비행 · 일탈을 저지른 청소년
2. 일상생활에 적응하지 못하여 가정 또는 학교 외부의 교육적 도움이 필요한 청소년

② 선도는 해당 청소년이 정상적인 가정 · 학교 · 사회 생활에 복귀하는 데에 도움이 되는 방법으로서 대통령령으로 정하는 방법에 따라 한다.

③ 선도의 기간은 6개월 이내로 한다. 다만, 특별자치도지사 또는 시장 · 군수 · 구청장은 선도의 결과를 검토하여 선도의 연장이 필요하다고 인정하는 경우 청소년 본인의 동의를 받아 6개월의 범위에서 한 번 연장할 수 있다.

④ 선도 대상자의 선정 기준 및 절차에 관한 사항은 여성가족부령으로 정한다.

제20조(시설의 설치 · 운영 등)

국가 및 지방자치단체는 선도에 필요한 시설의 설치 · 운영, 선도 프로그램의 개발 · 보급, 선도 활동에 대한 지원 및 지도자 교육 등 선도의 실효성을 확보하기 위한 노력을 하여야 한다.

제21조(선도후견인)

① 국가 및 지방자치단체(제42조제2항에 따라 선도 업무를 위탁한 경우에는 그 선도 업무를 위탁받은 청소년단체를 말한다)는 선도 대상 청소년을 개인별로 전담하여 지도하는 선도후견인을 지정할 수 있다.

② 제1항에 따른 선도후견인은 「청소년기본법」 제3조제7호에 따른 청소년지도자 및 같은 법 제27조에 따른 청소년지도위원 중에서 지정한다.

③ 제1항에 따른 선도후견인의 임무 · 지정기준 등 세부적인 사항은 여성가족부령으로 정한다.

제22조(한국청소년상담복지개발원)

① 다음 각 호의 사업을 하기 위하여 한국청소년상담복지개발원(이하 "청소년상담원"이라 한다)을 설립한다.

1. 청소년 상담 및 복지와 관련된 정책의 연구

2. 청소년 상담 · 복지 사업의 개발 및 운영 · 지원

3. 청소년 상담기법의 개발 및 상담자료의 제작 · 보급

4. 청소년 상담 · 복지 인력의 양성 및 교육

5. 청소년 상담 · 복지 관련 기관 간의 연계 및 지원

6. 지방자치단체 청소년복지지원기관의 청소년 상담 · 복지 관련 사항에 대한 지도 및 지원

7. 청소년 가족에 대한 상담 · 교육

8. 청소년에 관한 상담 · 복지 정보체계의 구축 · 운영

9. 그 밖에 청소년상담원의 목적을 수행하기 위하여 필요한 부수사업

② 청소년상담원은 법인으로 한다.

③ 청소년상담원은 정관으로 정하는 바에 따라 분원(分院)을 둘 수 있다.

④ 청소년상담원은 그 주된 사무소의 소재지에서 설립등기를 함으로써 성립한다.

제23조(정관)

① 청소년상담원의 정관에는 다음 각 호의 사항이 포함되어야 한다.

1. 목적

2. 명칭

3. 주된 사무소의 소재지

4. 사업에 관한 사항

5. 임직원에 관한 사항

6. 이사회에 관한 사항

7. 재산 및 회계에 관한 사항

8. 업무와 그 집행에 관한 사항

9. 정관 변경에 관한 사항

② 청소년상담원이 정관을 변경하려는 경우에는 여성가족부장관의 인가를 받아야 한다.

제24조(사업계획서의 제출 등)

① 청소년상담원은 대통령령으로 정하는 바에 따라 사업계획서와 예산서를 작성하여 사업연도가 시작되기 전까지 여성가족부장관에게 제출하여 승인을 받아야 한다.

② 청소년상담원은 회계연도가 종료된 때에는 지체 없이 그 회계연도의 결산서를 작성하고 감사원규칙이 정하는 바에 따라 공인회계사나 회계법인을 선정하여 회계감사를 받은 후 다음 회계연도 2월 말일까지 여성가족부장관에게 제출하고, 3월 말일까지 승인을 받아 결산을 확정하여야 한다.　　　　　　　　　　　　　　　　　　　　　〈개정 2015.2.3.〉

제25조(보조금 및 출연 등)

① 정부는 예산의 범위에서 청소년상담원의 사업 및 운영에 드는 경비의 전부 또는 일부를 출연하거나 보조할 수 있다.　　　　　　　　　　　　　　　　　　　　　　〈개정 2014.3.24.〉

② 개인·법인 또는 단체는 청소년상담원의 운영 또는 사업 등을 지원하기 위하여 금전이나 그 밖의 재산을 출연하거나 기부할 수 있다.

[제목개정 2014.3.24.]

제26조(임원)

① 청소년상담원에 이사장 1명을 포함한 15명 이내의 이사와 감사 1명을 둔다.

〈개정 2016.12.20.〉

② 이사(이사장은 제외한다. 이하 이 조에서 같다) 및 감사는 비상임으로 한다.

〈개정 2016.12.20.〉

③ 이사는 여성가족부장관이 임면(任免)하고, 그 임기는 2년으로 한다.

④ 감사는 「공공기관의 운영에 관한 법률」 제29조에 따른 임원추천위원회(이하 "임원추천위원회"라 한다)가 복수로 추천한 사람 중에서 기획재정부장관이 임면하고, 그 임기는 2년으로 한다.

제27조(이사장)

① 이사장은 임원추천위원회가 복수로 추천한 사람 중에서 여성가족부장관이 임면하고, 그 임기는 3년으로 한다.　　　　　　　　　　　　　　　　　　　　　　　〈개정 2016.12.20.〉

② 이사장은 청소년상담원을 대표하고 청소년상담원의 사무를 총괄한다.　　〈개정 2016.12.20.〉

제28조(「민법」의 준용)

청소년상담원에 관하여 이 법과 「공공기관의 운영에 관한 법률」에서 정한 사항을 제외하고는 「민법」 중 재단법인에 관한 규정을 준용한다.

제29조(청소년상담복지센터)

① 특별시장·광역시장·도지사 및 특별자치도지사(이하 "시·도지사"라 한다) 및 시장·군수·구청장은 청소년에 대한 상담·긴급구조·자활·의료지원 등의 업무를 수행하기 위하여 청소년상담복지센터를 설치·운영할 수 있다.

② 제1항에 따라 특별시·광역시·도 및 특별자치도에 설치된 청소년상담복지센터는 시·군·구의 청소년상담복지센터의 업무를 지도·지원하여야 한다.

③ 시장·군수·구청장은 제1항에 따라 시·군·구에 설치하는 청소년상담복지센터를 「청소년활동 진흥법」 제7조제1항에 따라 시·군·구에 설치하는 지방청소년활동진흥센터와 통합하여 운영할 수 있다. 〈개정 2014.1.21.〉

④ 시·도지사 또는 시장·군수·구청장은 청소년상담복지센터를 청소년단체에 위탁하여 운영하도록 할 수 있다.

⑤ 시·도지사 또는 시장·군수·구청장은 청소년상담복지센터를 법인으로 설치할 수 있다.

⑥ 제1항에 따른 업무의 구체적인 내용과 청소년상담복지센터의 설치·운영 기준 및 종사자의 자격기준 등에 관하여 필요한 사항은 대통령령으로 정한다.

제30조(이주배경청소년지원센터)

① 여성가족부장관은 제18조에 따른 이주배경청소년 지원을 위한 이주배경청소년지원센터를 설치·운영할 수 있다.

② 이주배경청소년지원센터의 설치·운영 등에 필요한 사항은 대통령령으로 정한다.

제31조(청소년복지시설의 종류)

「청소년기본법」 제17조에 따른 청소년복지시설(이하 "청소년복지시설"이라 한다)의 종류는 다음 각 호와 같다. 〈개정 2016.5.29.〉

1. 청소년쉼터 : 가출청소년에 대하여 가정·학교·사회로 복귀하여 생활할 수 있도록 일정 기간 보호하면서 상담·주거·학업·자립 등을 지원하는 시설

2. 청소년자립지원관 : 일정 기간 청소년쉼터 또는 청소년회복지원시설의 지원을 받았는데도 가정·학교·사회로 복귀하여 생활할 수 없는 청소년에게 자립하여 생활할 수 있는 능력과 여건을 갖추도록 지원하는 시설

3. 청소년치료재활센터 : 학습·정서·행동상의 장애를 가진 청소년을 대상으로 정상적인 성장과 생활을 할 수 있도록 해당 청소년에게 적합한 치료·교육 및 재활을 종합적으로 지원하는 거주형 시설

4. 청소년회복지원시설 : 「소년법」 제32조제1항제1호에 따른 감호 위탁 처분을 받은 청소년에 대하여 보호자를 대신하여 그 청소년을 보호할 수 있는 자가 상담·주거·학업·자립 등 서비스를 제공하는 시설

제32조(청소년복지시설의 설치)

① 국가 또는 지방자치단체는 「청소년기본법」 제18조제1항에 따라 청소년복지시설을 설치·운영하여야 한다.

② 국가 또는 지방자치단체 외의 자는 청소년복지시설을 설치·운영하려면 해당 시설이 있는 지역을 관할하는 특별자치도지사 또는 시장·군수·구청장에게 신고하여야 한다.

③ 청소년복지시설을 설치·운영하는 자는 대통령령으로 정하는 바에 따라 청소년복지시설을 이용하는 청소년의 생명·신체에 손해가 발생하는 경우 이를 배상하기 위한 보험에 가입하여야 한다.

④ 제1항과 제2항에 따른 청소년복지시설의 설치·운영에 필요한 사항은 대통령령으로 정하고, 제2항에 따른 신고의 방법·절차에 관하여 필요한 사항은 여성가족부령으로 정한다.

제32조의2(가출청소년의 청소년쉼터 계속 이용)

청소년쉼터(가출청소년을 7일의 범위에서 일시적으로 보호하는 청소년쉼터는 제외한다)를 설치·운영하는 자는 해당 청소년쉼터에 입소한 가출청소년이 가정폭력, 친족에 의한 성폭력, 그 밖에 가정으로 복귀하여 생활하기 어려운 사유로서 대통령령으로 정하는 사유가 원인이 되어 가출한 경우에는 그 가출청소년 본인의 의사에 반하여 퇴소시켜서는 아니 된다. 다만, 해당 가출청소년이 다음 각 호의 어느 하나에 해당하는 경우에는 그러하지 아니하다.

1. 거짓 또는 부정한 방법으로 청소년쉼터에 입소한 경우
2. 청소년쉼터 안에서 현저한 질서문란 행위를 한 경우

[본조신설 2016.12.20.]

제33조(휴업·폐업 등의 신고)

국가 또는 지방자치단체 외의 자가 제32조제2항에 따라 신고한 청소년복지시설을 휴업 또는 폐업하거나 그 운영을 재개(再開)하려면 여성가족부령으로 정하는 바에 따라 미리 관할 특별자치도지사 또는 시장·군수·구청장에게 신고하여야 한다.

제34조(청소년복지시설의 종사자)

① 청소년복지시설에는 각 시설의 사업 수행 및 운영에 필요한 종사자를 두어야 한다.

② 여성가족부장관 또는 지방자치단체의 장은 청소년복지시설 종사자를 양성하고 전문성을 높이기 위한 교육·훈련을 실시하여야 한다.

③ 제1항 및 제2항에 따른 청소년복지시설 종사자의 자격 및 배치기준, 교육·훈련 등에 필요한 사항은 여성가족부령으로 정한다.

제35조(시설개선, 사업정지, 폐쇄 등)

① 특별자치도지사 또는 시장·군수·구청장은 국가 또는 지방자치단체 외의 자가 신고한 청소년복지시설이 다음 각 호의 어느 하나에 해당하면 그 시설의 개선, 1개월 이내의 사업정지, 시설의 장의 교체 또는 시설의 폐쇄를 명할 수 있다.

1. 설치기준에 미달하게 된 경우
2. 사회복지법인이나 비영리법인이 설치·운영하는 시설인 경우 그 사회복지법인이나 비영리법인의 설립허가가 취소된 경우
3. 회계 부정, 이용자에 대한 인권 침해 등 불법행위가 확인된 경우
4. 사업정지 기간에 사업을 한 경우

5. 이 법 또는 이 법에 따른 명령을 위반한 경우

② 제1항에 따른 위반행위별 처분기준은 여성가족부령으로 정한다.

제36조(청문)

특별자치도지사 또는 시장·군수·구청장은 제35조제1항에 따라 시설의 개선, 사업정지, 시설의 장의 교체 또는 시설의 폐쇄를 명하려면 청문을 하여야 한다.

제9장 보칙

제37조(비밀 누설의 금지)

청소년상담원, 청소년상담복지센터, 이주배경청소년지원센터(이하 "청소년복지지원기관"이라 한다)나 청소년복지시설에서 청소년복지 업무에 종사하거나 종사하였던 사람은 그 직무상 알게 된 비밀을 누설하여서는 아니 된다.

제38조(동일 명칭의 사용 금지)

이 법에 따른 청소년복지지원기관 또는 청소년복지시설이 아니면 한국청소년상담복지개발원, 청소년상담복지센터, 이주배경청소년지원센터 또는 청소년쉼터, 청소년자립지원관, 청소년치료재활센터의 명칭을 사용하지 못한다.

제39조(감독)

① 국가 및 지방자치단체는 필요한 경우에는 청소년복지지원기관 또는 청소년복지시설에 대하여 업무·회계 및 재산에 관한 사항의 보고 또는 자료의 제출을 명하거나, 소속 공무원으로 하여금 해당 장소에 출입하여 장부 또는 그 밖의 서류를 검사하거나 종사자에게 질문하게 할 수 있다.

② 제1항에 따라 출입·검사를 하는 공무원은 그 권한을 표시하는 증표를 지니고 이를 관계인에게 보여주어야 한다.

제40조(예산의 보조)

국가 및 지방자치단체는 예산의 범위에서 청소년복지지원기관 및 청소년복지시설, 관련 단체의 운영에 필요한 예산의 전부 또는 일부를 보조할 수 있다.

제41조(기관·시설 등의 평가)

① 여성가족부장관 및 시·도지사는 청소년복지지원기관 및 청소년복지시설 또는 이 법에 따라 청소년복지 업무를 위탁받은 기관이나 단체를 대상으로 여성가족부령으로 정하는 바에 따라 그 업무 실적을 정기적으로 평가할 수 있다. 다만, 다른 법령에 따라 성과평가 또는 경영평가를 한 경우에는 그러하지 아니하다.

② 여성가족부장관은 제1항에 따른 평가 결과를 청소년복지지원기관 및 청소년복지시설 등의 감독과 지원에 반영하는 등의 조치를 할 수 있다.

제42조(권한 등의 위임 및 위탁)

① 이 법에 따른 여성가족부장관 또는 시·도지사의 권한은 대통령령으로 정하는 바에 따라 그 일부를 각각 시·도지사 또는 시장·군수·구청장에게 위임할 수 있다.

② 이 법에 따른 국가 또는 지방자치단체의 업무는 대통령령으로 정하는 바에 따라 그 일부를 청소년단체에 위탁할 수 있다.

제42조의2(청소년복지지원기관 등의 위탁운영)

① 이 법에 따라 국가 또는 지방자치단체가 설치한 청소년복지지원기관 또는 청소년복지시설은 필요한 경우 청소년단체에 위탁하여 운영할 수 있다.

② 제1항에 따른 위탁운영의 기준 및 방법 등에 관하여 필요한 사항은 여성가족부령으로 정한다.

[본조신설 2013.5.28.]

제43조(벌칙)

① 다음 각 호의 어느 하나에 해당하는 사람은 1년 이하의 징역 또는 1천만원 이하의 벌금에 처한다.

1. 제8조를 위반하여 건강진단 결과를 공개한 사람

2. 제37조를 위반하여 비밀을 누설한 사람

② 다음 각 호의 어느 하나에 해당하는 자는 6개월 이하의 징역 또는 500만원 이하의 벌금에 처한다.

1. 제32조제2항에 따른 신고를 하지 아니하고 청소년복지시설을 설치 · 운영한 자

2. 제35조제1항에 따른 사업의 정지명령 또는 시설의 폐쇄명령을 받고도 그 사업을 하거나 시설을 운영한 자

제44조(양벌규정)

법인의 대표자나 법인 또는 개인의 대리인, 사용인, 그 밖의 종업원이 그 법인 또는 개인의 업무에 관하여 제43조의 위반행위를 하면 그 행위자를 벌하는 외에 그 법인 또는 개인에게도 해당 조문의 벌금형을 과(科)한다. 다만, 법인 또는 개인이 그 위반행위를 방지하기 위하여 해당 업무에 관하여 상당한 주의와 감독을 게을리하지 아니한 경우에는 그러하지 아니하다.

제45조(과태료)

① 다음 각 호의 어느 하나에 해당하는 자에게는 500만원 이하의 과태료를 부과한다.

1. 제38조를 위반하여 동일 명칭을 사용한 자

2. 제39조제1항에 따른 보고 또는 자료 제출을 하지 아니하거나 검사를 거부 · 방해 또는 기피한 자

② 제33조를 위반하여 휴업 · 폐업 또는 운영 재개 신고를 하지 아니한 자에게는 300만원 이하의 과태료를 부과한다.

③ 다음 각 호의 어느 하나에 해당하는 자에게는 50만원 이하의 과태료를 부과한다.

1. 제4조제2항을 위반하여 청소년증을 양도하거나 빌려준 사람 또는 양도받거나 빌린 사람

2. 제4조제3항을 위반하여 청소년증과 동일한 명칭 또는 표시의 증표를 제작하거나 사용한 자

④ 제1항부터 제3항까지의 규정에 따른 과태료는 대통령령으로 정하는 바에 따라 특별자치도 지사 또는 시장 · 군수 · 구청장이 부과 · 징수한다.

청소년복지 지원법 시행령

[시행 2017.6.21.] [대통령령 제28108호, 2017.6.13., 일부개정]

제1장 총칙

제1조(목적) 이 영은 「청소년복지 지원법」에서 위임된 사항과 그 시행에 필요한 사항을 규정함을 목적으로 한다.

제1장의2 청소년의 우대 <신설 2015.7.24.>

제1조의2(청소년의 우대) ① 법 제3조제1항 또는 제2항에 따라 이용료를 면제받거나 할인받을 수 있는 시설의 종류는 다음 각 호와 같다.

1. 「대중교통의 육성 및 이용촉진에 관한 법률」 제2조제2호에 따른 대중교통수단
2. 「청소년활동 진흥법 시행령」 제17조제1항에 따른 청소년이용시설

② 법 제3조제1항 또는 제2항에 따라 이용료를 면제받거나 할인받을 수 있는 청소년은 다음 각 호의 어느 하나에 해당하는 청소년으로 한다.

1. 9세 이상 18세 이하인 청소년
2. 「초·중등교육법」 제2조에 따른 학교에 재학 중인 18세 초과 24세 이하인 청소년

[본조신설 2015.7.24.]

제2장 청소년의 건강보장

제2조(청소년의 건강 증진 및 체력 향상을 위한 시책) 국가 및 지방자치단체는 「청소년복지 지원법」(이하 "법"이라 한다) 제5조제1항에 따른 청소년의 건강 증진과 체력 향상을 위한 시책으로서 청소년이 참가하는 체육대회를 장려하고, 청소년 스포츠 동호인 활동을 적극 지원하며, 예산

의 범위에서 체육대회 개최 및 동호인 활동에 필요한 경비를 지원할 수 있다.

제3조(청소년 건강·체력 기준의 설정·보급) 여성가족부장관은 법 제5조제2항에 따라 청소년의 건강·체력 기준을 설정하고 보급하여야 하며, 청소년의 성장 환경을 고려하여 5년 이내의 기간마다 청소년의 건강·체력 기준을 새로 설정하여야 한다.

제3장 지역사회 청소년통합지원체계 등

제4조(지역사회 청소년통합지원체계 구성 등) ① 법 제9조제1항에 따른 지역사회 청소년통합지원체계(이하 "통합지원체계"라 한다)는 다음 각 호의 기관 또는 단체(이하 "필수연계기관"이라 한다)를 반드시 포함하여 구성하여야 한다.

〈개정 2013.1.28., 2014.6.11., 2015.7.24., 2015.11.18.〉

1. 법 제29조에 따른 청소년상담복지센터 및 법 제31조에 따른 청소년복지시설
2. 「성매매방지 및 피해자보호 등에 관한 법률」 제9조제1항제2호에 따른 청소년 지원시설
3. 「청소년기본법」 제3조제8호에 따른 청소년단체
4. 「지방자치법」 제2조에 따른 지방자치단체
5. 「지방교육자치에 관한 법률」에 따른 특별시·광역시·도·특별자치도(이하 "시·도"라 한다) 교육청 및 교육지원청
6. 「초·중등교육법」 제2조에 따른 학교
7. 「경찰법」 제2조제2항에 따른 지방경찰청 및 경찰서
8. 「공공보건의료에 관한 법률」 제2조제3호에 따른 공공보건의료기관
9. 「지역보건법」 제10조에 따른 보건소(보건의료원을 포함한다)
10. 「법무부와 그 소속기관 직제」 제39조의2에 따른 청소년 비행예방센터
11. 「고용노동부와 그 소속기관 직제」 제19조 및 제23조에 따른 지방고용노동청 및 지청
12. 「학교 밖 청소년 지원에 관한 법률」 제12조제1항에 따른 학교 밖 청소년 지원센터

② 통합지원체계는 다음 각 호의 사업을 수행한다.
1. 법 제11조에 따른 지역주민단체의 위기청소년 발견·보호 및 지원을 위한 활동 지원
2. 법 제12조제2항에 따른 상담전화(이하 "상담전화"라 한다) 등의 설치·운영
3. 청소년에 대한 상담, 긴급구조, 보호, 의료지원, 학업지원 및 자활지원 등의 서비스 제공

③ 필수연계기관은 담당 업무와 관련되어 위기청소년에 대한 지원 의뢰가 있는 경우에 최우선

적으로 필요한 지원을 할 수 있도록 상호 협력하여야 한다.

④ 필수연계기관의 협력의무 등에 관한 구체적인 사항은 다음 각 호와 같다.

〈개정 2013.12.4., 2014.6.11., 2015.7.24.〉

1. 지방자치단체: 통합지원체계의 활성화를 위하여 필수연계기관의 활동을 상호 연계하거나 협력을 촉진하기 위한 조치의 추진

2. 시·도 교육청 및 교육지원청: 관할지역 안의 학교폭력, 학업중단 등 위기상황에 처한 학생에 대한 상담 지원 의뢰 및 학교 내 상담 활성화를 위한 협조

3. 각급 학교: 해당 학교의 학생이 학교폭력 등 위기상황, 학교부적응 등의 사유로 결석하거나 자퇴를 희망하는 경우 또는 그 밖에 전문적인 상담서비스의 제공이 필요하다고 판단되는 경우 상담지원 의뢰

4. 청소년비행예방센터: 위기청소년에 대한 비행예방교육 및 상담활동 협조

5. 경찰관서: 가출 등으로 위기상황에 처한 청소년을 발견한 경우 보호 의뢰 및 긴급구조를 필요로 하는 위기청소년에 대한 구조 협조

6. 지방고용노동관서: 위기청소년에 대하여 직업훈련 또는 취업지원을 요청하는 경우 이에 대한 협조

7. 공공보건의료기관 및 보건소: 위기청소년에 대하여 진료 또는 치료지원을 요청하는 경우 이에 대한 협조

8. 청소년복지시설 및 청소년지원시설: 청소년에 대한 일시·단기 또는 중장기적 보호 협조

9. 학교 밖 청소년 지원센터: 위기청소년에 대하여 「학교 밖 청소년 지원에 관한 법률」 제12조제2항에 따른 업무에 관한 지원을 요청하는 경우 이에 대한 협조

제5조(운영위원회 심의사항 등) 법 제10조제1항에 따른 지역사회 청소년통합지원체계 운영위원회(이하 "운영위원회"라 한다)의 심의 사항은 다음 각 호와 같다.

1. 법 제13조제3항에 따른 위기청소년의 가족 및 보호자에 대한 여비 등 실비 지급에 관한 사항

2. 법 제15조에 따른 특별지원 대상 청소년 선정에 관한 사항

3. 법 제19조에 따른 선도 대상 청소년 선정에 관한 사항

4. 통합지원체계 운영 실태점검 및 활성화 방안에 관한 사항

5. 필수연계기관 간 위기청소년 지원 연계의 활성화 방안에 관한 사항

6. 위기청소년의 발견 및 보호와 관련된 정책, 조례·규칙의 제정·개정의 제안에 관한 사항

7. 그 밖에 위기청소년의 발견 및 보호를 위하여 필요하다고 인정하는 사항으로서 시·도 또는 시·군·구(구는 자치구를 말한다. 이하 같다) 운영위원회 위원장이 회의에 부치는 사항

제6조(상담전화 설치 등) ① 국가 및 지방자치단체는 상담전화를 설치하여 청소년 관련 신고 접수, 상담 및 관련 기관과의 연계 체제를 갖추어야 한다.

② 상담전화는 전국적으로 같은 번호로 하루 24시간 운영하여야 한다.

③ 국가 및 지방자치단체는 인터넷, 무선통신 등 다양한 방식의 정보통신망을 통한 청소년 상담 시스템을 구축하도록 노력하여야 한다.

④ 이 영에서 규정한 사항 외에 상담전화의 설치·운영 및 정보통신망의 운영에 필요한 사항은 여성가족부장관이 정한다.

제4장 위기청소년 지원

제7조(위기청소년 특별지원 내용 등) ① 법 제14조에 따른 위기청소년에 대한 특별지원(이하 "특별지원"이라 한다)은 다음 각 호와 같다. 다만, 제1호 및 제2호에 따른 지원은 제8조제1항제3호에 해당하는 경우에만 한다. 〈개정 2013.12.4., 2015.1.6., 2015.9.15., 2015.12.30.〉

1. 청소년이 일상적인 의·식·주 등 기초생활을 유지하는 데에 필요한 기초생계비와 숙식 제공 등의 지원

2. 청소년이 신체적·정신적으로 건강하게 성장하기 위하여 요구되는 건강검진 및 치료 등을 위한 비용의 지원

3. 「초·중등교육법」 제2조에 따른 학교의 입학금 및 수업료, 「초·중등교육법 시행령」 제97조제1항제1호·제98조제1항제1호에 따른 중학교 졸업학력 검정고시 또는 고등학교 졸업학력 검정고시의 준비 등 학업을 지속하기 위하여 필요한 교육 비용의 지원

4. 취업을 위한 지식·기술·기능 등 능력을 향상시키기 위하여 필요한 훈련비의 지원

5. 폭력이나 학대 등 위기상황에 있는 청소년에게 필요한 법률상담 및 소송비용의 지원

6. 그 밖에 청소년의 건전한 성장을 위하여 필요하다고 여성가족부장관이 인정하는 비용의 지원

② 제1항에 따른 지원은 「국민기초생활 보장법」, 「긴급복지지원법」, 「의료급여법」, 「사회복지사업법」, 「성폭력방지 및 피해자보호 등에 관한 법률」, 「가정폭력방지 및 피해자보호 등에 관한 법률」 등 다른 법령에 따라 동일한 내용의 지원을 받지 않는 경우만 해당하며, 지원 내용에 따른 구체적인 금액은 여성가족부장관이 정한다.

③ 제1항에 따른 지원은 그 지원기간을 1년 이내로 하되, 필요한 경우 1년의 범위에서 한 번 연장할 수 있다. 다만, 제1항제3호 및 제4호에 따른 지원은 두 번까지 연장할 수 있다.

제8조(특별지원 대상 청소년 선정기준) ①법 제14조에 따른 특별지원 대상 청소년(이하 "특별지원 대상 청소년"이라 한다)은 해당 청소년이 속한 가구의 소득이 일정 기준금액 이하인 제1조의2제2항제1호 또는 제2호에 따른 청소년 중 다음 각 호의 어느 하나에 해당하는 위기청소년 중에서 선정한다. 〈개정 2015.7.24., 2015.12.30.〉

1. 법 제19조제1항에 따른 교육적 선도 대상자 중 비행·일탈 예방을 위하여 지원이 필요한 청소년

2. 「학교 밖 청소년 지원에 관한 법률」 제2조제2호에 따른 학교 밖 청소년

3. 보호자가 없거나 실질적으로 보호자의 보호를 받지 못하는 청소년

② 제1항에 따른 해당 청소년이 속한 가구의 소득 산정방법과 기준금액에 대해서는 가구원의 소득활동 유형, 가구원 수 및 예산사정 등을 고려하여 여성가족부장관이 정하여 고시한다. 〈신설 2015.12.30.〉

제9조(특별지원 대상 청소년 선정 등) ① 특별자치도지사 또는 시장·군수·구청장(자치구의 구청장을 말한다. 이하 같다)은 법 제15조제1항에 따른 선정신청을 받은 경우에는 운영위원회의 심의를 거쳐 신청일부터 30일 이내에 그 선정 여부와 제7조에 따른 지원 내용 등을 결정하여야 한다. 다만, 제8조에 따른 대상자 선정기준에 적합한지를 조사하기 위하여 필요한 경우에는 14일의 범위에서 그 기간을 연장할 수 있다.

② 특별자치도지사 또는 시장·군수·구청장은 제1항에 따라 다음 각 호의 사항을 조사하여야 한다.

1. 보호자의 유무 및 보호정도 등 보호자에 관한 사항

2. 청소년의 생계, 학업 및 건강상태 등 생활실태에 관한 사항

3. 청소년이 속한 가구의 소득 및 재산에 관한 사항

4. 「국민기초생활 보장법」 등 다른 법령에 따른 지원에 관한 사항

5. 그 밖에 지원의 내용을 결정하기 위하여 필요한 사항

③ 제1항에 따라 조사를 실시하는 특별자치도 또는 시·군·구 소속 공무원은 그 권한을 표시하는 증표를 지니고 이를 관계인에게 보여 주어야 한다.

④ 제1항부터 제4항까지에서 규정한 사항 외에 특별지원 대상 청소년 선정절차 등에 관하여 필요한 사항은 여성가족부령으로 정한다.

제10조(특별지원 내용 등 통보) 특별자치도지사 또는 시장·군수·구청장이 위기청소년에 대하여 특별지원 여부를 결정하였을 때에는 그 결정의 요지(특별지원을 하기로 결정한 경우에는 지원

내용 · 금액 및 기간을 포함한다)를 청소년 본인, 보호자 및 신청인에게 서면으로 통보하여야 한다.

제5장 교육적 선도

제11조(선도 내용 등) 특별자치도지사 또는 시장 · 군수 · 구청장은 법 제19조에 따라 교육적 선도를 실시할 때에는 미리 선도 대상 청소년과 상담하고, 법 제21조제1항에 따른 선도후견인이 있는 경우에는 그 의견을 들어 선도의 내용 · 방법 및 기간을 정하여야 한다. 이 경우 「초 · 중등 교육법」 제2조에 따른 학교에 재학하고 있는 선도 대상 청소년에 대해서는 학교 교육과정을 이수하는 데 지장이 없도록 하여야 한다.

제6장 청소년복지지원기관

제12조(사업계획서) 법 제22조제1항에 따른 한국청소년상담복지개발원(이하 "청소년상담원" 이라 한다)이 법 제24조제1항에 따라 여성가족부장관에게 제출하는 사업계획서에는 다음 각 호의 내용이 포함되어야 한다.

1. 사업의 목표, 사업의 수행 방침, 주요 사업의 내용 등 사업의 개요
2. 사업 수행에 필요한 예산 및 재원(財源)의 구성
3. 정부의 보조를 받으려는 경우에는 그 액수 및 사용계획
4. 사업 수행의 기대효과
5. 그 밖에 여성가족부장관이 사업계획의 타당성을 검토하기 위하여 필요하다고 정하는 사항

제13조(세입 · 세출 결산서) 청소년상담원이 법 제24조제2항에 따라 여성가족부장관에게 제출하는 세입 · 세출 결산서에는 다음 각 호의 서류를 첨부하여야 한다.

1. 사업연도의 사업계획과 집행 실적을 대비하여 작성한 서류
2. 청소년상담원 감사의 감사의견서 및 공인회계사(회계법인을 포함한다)의 감사의견서
3. 그 밖에 여성가족부장관이 결산의 내용을 확인하기 위하여 정하는 자료

제14조(청소년상담복지센터의 설치 등) ① 법 제29조제1항에 따라 설치된 청소년상담복지센터(이하 "청소년상담복지센터"라 한다)는 다음 각 호의 기능을 수행한다.

1. 청소년과 부모에 대한 상담 · 복지지원

2. 상담 · 복지 프로그램의 개발 및 운영

3. 상담 자원봉사자와 「청소년기본법」 제3조제7호에 따른 청소년지도자에 대한 교육 및 연수

4. 청소년 상담 또는 긴급구조를 위한 전화 운영

5. 청소년 폭력 · 학대 등으로 피해를 입은 청소년의 긴급구조, 법률 및 의료 지원, 일시 보호 지원

6. 청소년의 자립능력 향상을 위한 자활(自活) 및 재활(再活) 지원

7. 그 밖에 청소년상담 및 복지지원 등을 위하여 필요하다고 특별시장 · 광역시장 · 도지사 또는 특별자치도지사가 인정하는 사업

② 시 · 도 청소년상담복지센터에는 장 1명을 두고, 관리업무, 청소년 대상 실무업무, 일반 행정업무를 수행하는 직원을 두며, 일시보호시설이 설치된 경우에는 생활지도를 하는 직원을 둔다.

③ 시 · 군 · 구 청소년상담복지센터에는 장 1명을 두고, 관리업무, 청소년 대상 실무업무를 수행하는 직원을 둔다.

④ 청소년상담복지센터의 설치 · 운영 기준은 별표 1과 같고, 종사자의 자격기준은 별표 2와 같다.

제15조(이주배경청소년지원센터의 업무) 법 제30조제1항에 따른 이주배경청소년지원센터(이하 "이주배경청소년지원센터"라 한다)는 다음 각 호의 업무를 수행한다.

1. 이주배경청소년 복지에 관한 종합적 안내

2. 이주배경청소년과 그 부모에 대한 상담 및 교육

3. 이주배경청소년의 지원을 위한 인력의 양성 및 연수

4. 이주배경청소년에 대한 국민의 올바른 이해를 돕기 위한 사업

5. 이주배경청소년의 실태에 관한 조사 · 연구

6. 이주배경청소년의 사회 적응을 위한 프로그램 개발 및 보급

7. 그 밖에 이주배경청소년지원센터의 목적을 수행하기 위하여 필요한 업무

제7장 청소년복지시설

제16조(청소년복지시설의 보험 가입) 청소년복지시설을 설치 · 운영하는 자는 법 제32조제3항에 따라 다음 각 호의 기준에 해당하는 금액 이상의 보험금액의 보험에 가입하여야 한다. 이 경우 지급되는 보험금액은 실손해액(實損害額)으로 하되, 사망의 경우 실손해액이 2천만원 미만인

경우에는 2천만원으로 한다.

    1. 사망의 경우: 8천만원

    2. 부상의 경우: 「청소년활동 진흥법 시행령」 별표 2에 따른 금액

    3. 부상의 경우에 그 치료가 완료된 후 그 부상이 원인이 되어 신체장해(이하 "후유장해"라 한다)가 생긴 경우: 「청소년활동 진흥법 시행령」 별표 3에 따른 금액

    4. 부상자가 치료 중에 그 부상이 원인이 되어 사망한 경우: 제1호 및 제2호의 금액을 합산한 금액

    5. 부상자에게 그 부상이 원인이 되어 후유장해가 생긴 경우: 제2호 및 제3호의 금액을 합산한 금액

    6. 제3호의 금액을 지급한 후 해당 부상이 원인이 되어 사망한 경우: 제1호의 금액에서 제3호에 따라 지급한 금액을 뺀 금액

제17조(청소년복지시설의 설치 등) 법 제32조제4항에 따른 청소년복지시설의 설치·운영 기준은 별표 3과 같다.

제17조의2(가출청소년의 청소년쉼터 계속 이용) 법 제32조의2 각 호 외의 부분 본문에서 "대통령령으로 정하는 사유"란 가정에서 발생한 「아동복지법」 제3조제7호에 따른 아동학대를 말한다.

[본조신설 2017.6.13.]

제8장 보칙

제18조(민감정보 및 고유식별정보의 처리) 여성가족부장관 및 지방자치단체의 장(법 제6조제3항 및 제16조제3항에 따라 여성가족부장관 및 지방자치단체의 장의 업무를 위탁받은 자를 포함한다)은 다음 각 호의 사무를 수행하기 위하여 불가피한 경우 「개인정보 보호법」 제23조에 따른 건강에 관한 정보, 같은 법 시행령 제18조제2호에 따른 범죄경력자료에 해당하는 정보 및 같은 영 제19조제1호, 제2호 또는 제4호에 따른 주민등록번호, 여권번호 또는 외국인등록번호가 포함된 자료를 처리할 수 있다. 〈개정 2013.12.4.〉

    1. 법 제4조에 따른 청소년증의 발급 및 재발급 신청과 교부에 관한 업무

    2. 법 제6조에 따른 체력검사와 건강진단의 실시, 결과 통보 및 치료 등에 관한 업무

3. 법 제12조에 따른 청소년에 대한 전문가 상담에 관한 사무

4. 법 제13조에 따른 위기청소년의 가족 및 보호자에 대한 상담 및 교육에 관한 사무

5. 법 제14조에 따른 위기청소년 특별지원 및 대상 선정에 관한 사무

6. 법 제16조에 따른 청소년 가출 예방 및 보호·지원에 관한 사무

7. 삭제 〈2015.5.28.〉

8. 법 제18조에 따른 이주배경청소년의 사회 적응 및 학습능력 향상을 위한 상담 및 교육 등에 관한 사무

9. 법 제19조에 따른 교육적 선도 대상자의 선정 및 선도 실시 등에 관한 사무

[제목개정 2013.12.4.]

제19조(업무의 위탁) ① 여성가족부장관은 법 제42조제2항에 따라 법 제5조에 따른 청소년의 건강·체력 기준의 설정 및 보급에 관한 업무를 「청소년기본법」 제3조제8호에 따른 청소년단체에 위탁할 수 있다. 〈개정 2013.12.4.〉

② 여성가족부장관은 제1항에 따라 업무를 위탁한 경우에는 그 내용을 고시하여야 한다.

제19조의2(규제의 재검토) 여성가족부장관은 다음 각 호의 사항에 대하여 다음 각 호의 기준일을 기준으로 2년마다(매 2년이 되는 해의 기준일과 같은 날 전까지를 말한다) 그 타당성을 검토하여 개선 등의 조치를 하여야 한다.

1. 제17조 및 별표 3에 따른 청소년복지시설의 설치·운영 기준: 2015년 1월 1일

2. 제20조 및 별표 4에 따른 과태료의 부과기준: 2015년 1월 1일

[본조신설 2014.12.9.]

제9장 벌칙

제20조(과태료의 부과기준) 법 제45조에 따른 과태료의 부과기준은 별표 4와 같다.

부칙 〈제28108호, 2017.6.13.〉

이 영은 2017년 6월 21일부터 시행한다.

청소년복지 지원법 시행규칙

[시행 2017.7.14.] [여성가족부령 제107호, 2017.7.14., 일부개정]

제1조(목적) 이 규칙은 「청소년복지 지원법」 및 같은 법 시행령에서 위임된 사항과 그 시행에 필요한 사항을 규정함을 목적으로 한다.

제2조(청소년증의 발급신청) ① 「청소년복지 지원법」(이하 "법"이라 한다) 제4조제1항에 따라 청소년증의 발급을 신청하려는 청소년은 별지 제1호서식의 청소년증 발급신청서에 사진 1장을 첨부하여 주소지와 관계없이 특별자치도지사 또는 시장·군수·구청장(자치구의 구청장을 말한다. 이하 같다)에게 제출하여야 한다. 〈개정 2014.12.30.〉

② 제1항에 따라 신청서를 제출받은 해당 특별자치도지사 또는 시장·군수·구청장은 신청인이 청소년증 발급 전에 임시증명서로 활용하기 위하여 청소년증 발급신청 확인서 발급을 요청하는 경우에는 사진 1장을 추가로 제출받아 별지 제2호서식에 따른 청소년증 발급신청 확인서를 발급하여야 한다.

③ 제1항 또는 제4조에 따른 청소년증의 발급 또는 재발급 신청은 친권자 등 법정대리인 또는 「청소년 기본법」 제3조제6호의 청소년시설에서 청소년을 실질적으로 보호하고 있는 사람이 대리할 수 있다. 〈신설 2014.12.30.〉

제3조(청소년증의 발급) 제2조제1항에 따라 청소년증의 발급을 신청받은 특별자치도지사 또는 시장·군수·구청장은 신청인 또는 대리인을 확인하고 별지 제3호서식의 청소년증 발급대장에 해당 사항을 기록한 후 청소년증을 발급하여야 한다. 〈개정 2014.12.30.〉

제4조(청소년증의 분실 등) ① 청소년증을 발급받은 청소년은 그 청소년증을 잃어버리거나 청소년증이 훼손된 경우에는 별지 제1호서식의 청소년증 재발급신청서에 청소년증(청소년증이 훼손된 경우에만 제출한다)을 첨부하여 신청인의 주소지와 관계없이 특별자치도지사 또는 시장·군수·구청장에게 재발급을 신청할 수 있다. 〈개정 2014.12.30.〉

② 청소년증을 발급받은 청소년은 그 청소년증의 기재사항을 변경하려는 경우에는 별지 제1호

서식의 청소년증 재발급신청서에 청소년증과 기재사항의 변경내용을 증명할 수 있는 서류를 첨부하여 신청인의 주소지와 관계없이 특별자치도지사 또는 시장·군수·구청장에게 신청하여야 한다. 〈개정 2014.12.30.〉

③ 제1항 및 제2항에 따라 청소년증 발급 신청을 받은 특별자치도지사 또는 시장·군수·구청장은 신청인 또는 대리인을 확인하고 별지 제3호서식의 청소년증 발급대장에 해당 사항을 기록한 후 청소년증을 발급하여야 한다. 〈개정 2014.12.30.〉

④ 신청인이 주소지를 관할하지 아니하는 특별자치도지사 또는 시장·군수·구청장에게 청소년증 발급을 신청한 날부터 6개월 이내에 발급된 청소년증을 찾아가지 아니하는 경우에는 그 청소년증을 발급하여 보관하고 있는 특별자치도지사 또는 시장·군수·구청장은 신청인의 주소지를 관할하는 특별자치도지사 또는 시장·군수·구청장에게 청소년증을 보내야 한다.

제5조(청소년증의 파기) 특별자치도지사 또는 시장·군수·구청장은 다음 각 호의 어느 하나에 해당하는 사유가 발생하는 경우 청소년증(제1호에 해당하는 경우에는 훼손된 청소년증)을 파기하여야 한다.

1. 훼손으로 다시 청소년증 발급 신청을 받은 경우
2. 분실 등의 사유로 보관하고 있거나 제3조 또는 제4조에 따라 발급된 청소년증에 대하여 수령안내를 통지한 날부터 1년이 지난 경우

제6조(청소년증) ① 법 제4조제1항에 따른 청소년증은 별지 제4호서식과 같다.

② 제1항에 따른 청소년증을 발급하는 경우, 직인의 날인은 그 직인의 인영(印影)을 인쇄하는 것으로 갈음할 수 있다.

제7조(체력검사와 건강진단의 실시 등) ① 법 제6조제1항에 따른 체력검사 및 건강진단(이하 "건강진단등"이라 한다)은 「학교 밖 청소년 지원에 관한 법률」 제2조에 따른 학교 밖 청소년(이하 "학교 밖 청소년"이라 한다) 중 9세 이상 18세 이하의 청소년을 우선 대상으로 한다. 〈개정 2015.5.29.〉

② 건강진단등은 「청소년복지 지원법 시행령」(이하 "영"이라 한다) 제3조에 따른 청소년의 건강·체력 기준 및 「국민건강보험법 시행령」 제25조제7항에 따른 건강검진의 검사 항목·방법에 따른다. 〈개정 2015.12.31.〉

③ 여성가족부장관, 특별시장·광역시장·도지사·특별자치도지사(이하 "시·도지사"라 한다) 및 시장·군수·구청장은 건강진단등을 실시하는 경우 실시기간 및 실시장소 등 구체적인 실

시계획을 공고하여야 한다.

④ 청소년, 해당 청소년의 보호자 또는 「청소년기본법」 제3조제7항에 따른 청소년지도자(이하 "청소년지도자"라 한다)는 별지 제5호서식의 청소년 체력검사 및 건강진단 신청서를 여성가족부장관, 시·도지사 및 시장·군수·구청장에게 제출하여야 한다. 이 경우 해당 청소년의 보호자 또는 청소년지도자가 신청하는 때에는 해당 청소년의 동의를 받아야 한다.

⑤ 여성가족부장관, 시·도지사 및 시장·군수·구청장은 제4항에 따라 별지 제5호서식의 청소년 체력검사 및 건강진단 신청서를 받은 때에는 「전자정부법」 제36조제1항에 따른 행정정보 공동이용을 통하여 다음 각 호의 서류 등을 확인하여야 한다. 이 경우 해당 청소년 또는 그 보호자가 확인에 동의하지 아니하는 경우에는 해당 서류를 제출하게 하여야 한다.　　　　〈개정 2015.5.29.〉

　1. 학교 밖 청소년임을 증명하는 서류(해당하는 경우만 제출한다)

　2. 주민등록표 등본

⑥ 여성가족부장관, 시·도지사 및 시장·군수·구청장은 제4항에 따라 별지 제5호서식의 청소년 체력검사 및 건강진단 신청서를 받은 때에는 신청일부터 30일 이내에 건강진단등의 실시여부를 결정하고, 그 결과를 건강진단등의 신청을 한 사람에게 통보하여야 한다.

⑦ 여성가족부장관, 시·도지사 및 시장·군수·구청장은 건강진단등을 실시한 후 30일 이내에 그 결과를 해당 청소년에게 통보하여야 한다.

⑧ 여성가족부장관, 시·도지사 및 시장·군수·구청장은 건강진단등을 실시한 결과 질병의 치료 등이 필요한 해당 청소년에 대하여는 적절한 조치를 하여야 한다.

제8조(일정소득 이하 가족의 범위) 법 제13조제3항에서 "여성가족부령이 정하는 일정소득"이란 「국민기초생활 보장법」 제2조제11호에 따른 기준 중위소득의 100분의 60을 말한다.

〈개정 2015.12.31.〉

제9조 삭제 〈2015.12.31.〉

제10조(위기청소년 특별지원 신청) ① 법 제15조제1항에 따라 위기청소년 특별지원을 신청하려는 사람은 「국민기초생활 보장법 시행규칙」 제42조에 따라 사회복지관련 사업 및 서비스와 관련하여 보건복지부장관이 정하여 고시하는 공통서식(사회복지서비스 및 급여제공 신청서를 말한다)에 따라 특별자치도지사 또는 시장·군수·구청장에게 신청하여야 한다.

② 제1항에 따라 위기청소년 특별지원 신청을 받은 특별자치도지사 또는 시장·군수·구청장은 「전자정부법」 제36조제1항에 따른 행정정보 공동이용을 통하여 다음 각 호의 서류 등을 확

인하여야 한다. 이 경우 신청인(신청인이 속한 가구의 가구원을 포함한다)이 확인에 동의하지 아니하는 경우에는 해당 서류를 제출하게 하여야 한다. 〈개정 2015.12.31.〉

1. 영 제8조에 따른 위기청소년 특별지원 선정대상임을 증명하는 서류 또는 그 밖의 관련 자료
2. 건강보험료 납부확인서 등 영 제8조제1항에 따른 해당 청소년이 속한 가구의 소득을 확인할 수 있는 자료
3. 삭제〈2015.12.31.〉

제11조(위기청소년 특별지원 현황 관리) 특별자치도지사 또는 시장·군수·구청장은 특별지원을 받고 있거나 받은 청소년에 대해 「국민기초생활 보장법 시행규칙」 제42조에 따라 사회복지관련 사업 및 서비스와 관련하여 보건복지부장관이 정하여 고시하는 공통서식에 따라 위기청소년 특별지원 관리카드를 작성·관리하여야 한다.

제12조(선도신청) 법 제19조제1항에 따라 선도를 신청하는 때에는 특별자치도지사 또는 시장·군수·구청장에게 별지 제6호서식의 교육적 선도 지원신청서를 제출하여야 한다.

제13조(선도대상자의 선정절차 등) ① 특별자치도지사 또는 시장·군수·구청장은 제12조에 따라 선도신청을 받은 경우에는 기본적인 조사·상담을 실시하고, 선도가 필요하다고 인정되는 때에는 전문적인 조사·상담을 실시한 후 법 제10조에 따른 운영위원회의 심의를 거쳐 신청일부터 30일 이내에 선도실시 여부, 선도내용 및 선도기간 등을 결정하여야 한다. 다만, 조사·상담을 위하여 특별한 사정이 있는 경우에는 14일의 범위에서 그 기간을 연장할 수 있다.

② 제1항에 따른 기본적인 조사·상담은 다음의 사항을 대상으로 한다.
1. 비행·일탈 유무 및 비행·일탈내용에 관한 사항
2. 청소년의 가정, 학교 등 생활환경에 관한 사항
3. 그 밖에 선도여부를 결정하기 위하여 필요한 사항

③ 제1항에 따른 전문적인 조사·상담은 다음의 사항을 대상으로 한다.
1. 청소년의 인성, 적성 등에 관한 사항
2. 청소년의 장래희망, 학업 및 진로 등에 관한 사항
3. 그 밖에 선도 방향 및 기간을 결정하기 위하여 필요한 사항

제14조(선도결정 등) 특별자치도지사 또는 시장·군수·구청장은 청소년에 대한 선도를 결정하는 때에는 그 결정의 요지, 선도내용 및 선도기간 등을 서면으로 청소년 본인, 해당 청소년의 보

호자 및 학교의 장에게 각각 통보하여야 한다. 다만, 청소년 본인 또는 해당 청소년의 보호자가 선도를 신청한 경우 학교의 장에 대한 통보는 청소년 본인 또는 해당 청소년의 보호자가 동의한 경우에만 한다.

제15조(선도후견인의 임무 등) ① 법 제21조제1항에 따른 선도후견인의 임무는 다음 각 호와 같다.

1. 선도대상 청소년에 대한 상담 및 지원
2. 선도대상 청소년의 선도내용 변경, 선도기간 종료 및 연장에 관한 의견제출
3. 그 밖에 선도대상 청소년의 건강한 성장을 위한 조언

② 특별자치도지사 또는 시장·군수·구청장은 선도후견인에 대하여 예산의 범위에서 수당과 활동에 필요한 경비를 지원할 수 있다.

제16조(청소년복지시설의 설치 신고 등) ① 법 제32조제2항에 따라 국가 또는 지방자치단체 외의 자가 법 제32조제1항에 따른 청소년복지시설(이하 "청소년복지시설"이라 한다)을 설치하려는 때에는 별지 제7호서식의 청소년복지시설 설치신고서(전자문서로 된 신고서로 갈음할 수 있다)에 다음 각 호의 서류(전자문서로 갈음할 수 있다)를 첨부하여 특별자치도지사 또는 시장·군수·구청장에게 제출하여야 한다.

1. 정관(법인만 해당한다)
2. 시설운영에 필요한 재산목록(소유 또는 사용에 관한 권리를 증명하는 서류를 첨부하되, 특별자치도지사 또는 시장·군수·구청장이 「전자정부법」 제36조제1항에 따른 행정정보 공동이용을 통하여 소유 또는 사용에 관한 권리를 확인할 수 있는 경우에는 그 확인으로 첨부서류를 갈음한다)
3. 사업계획서 및 예산서
4. 청소년복지시설의 평면도(시설의 층별 및 구조별 면적을 표시하여야 한다) 및 건물의 배치도(제2항에 따라 건축물대장으로 평면도와 배치도를 확인할 수 없는 경우에만 첨부한다)
5. 청소년복지시설 종사자의 명단과 자격증 사본(자격증이 필요한 직원만 해당한다)

② 제1항에 따라 별지 제7호서식의 청소년복지시설 설치신고서를 제출받은 특별자치도지사 또는 시장·군수·구청장은 「전자정부법」 제36조제1항에 따른 행정정보 공동이용을 통하여 법인 등기사항증명서(법인인 경우만 해당한다), 건물 및 토지 등기사항증명서 및 건축물대장을 확인한 후 별지 제8호서식의 청소년복지시설 신고증을 신청인에게 교부하여야 한다.

제17조(휴업 · 폐업 등의 신고) ① 법 제33조에 따라 청소년복지시설을 휴업 또는 폐업하거나 그 운영을 재개하려는 자는 별지 제9호서식의 청소년복지시설 휴업(폐업, 운영재개) 신고서에 다음 각 호의 서류를 첨부하여 휴업(폐업, 운영재개) 1개월 전까지 해당 청소년복지시설의 소재지를 관할하는 특별자치도지사 또는 시장 · 군수 · 구청장에게 제출하여야 한다.

    1. 휴업(폐업, 운영재개) 사유서[법인인 경우에는 휴업(폐업, 운영재개)을 결의한 이사회의 회의록 사본을 말한다]

    2. 청소년복지시설을 이용하는 청소년(이하 "시설이용청소년"이라 한다)에 대한 조치계획서 (시설재개의 경우는 제외한다)

    3. 청소년복지시설 신고증(시설폐업의 경우만 해당한다)

② 특별자치도지사 또는 시장 · 군수 · 구청장은 제1항에 따라 신고를 받은 경우에는 시설이용 청소년의 권익을 보호하기 위하여 다음 각 호의 어느 하나에 해당하는 조치를 하여야 한다.

    1. 제1항제2호에 따른 조치계획의 이행여부 확인

    2. 보조금 및 후원금품 등을 받은 경우 그 사용실태 확인

    3. 그 밖에 시설이용청소년의 권익보호를 위하여 필요한 조치

제18조(청소년복지시설 종사자의 자격 및 배치기준) ① 법 제34조제3항에 따른 청소년복지시설의 종사자 직종별 자격기준은 별표 1과 같고, 청소년복지시설 종사자의 직종별 배치기준은 별표 2와 같다.

② 청소년복지시설의 종사자는 법 제34조제2항에 따라 청소년의 보호 및 지원에 관한 자질향상을 위한 교육을 받을 수 있다.

제19조(행정처분 기준) 법 제35조제2항에 따른 위반행위별 행정처분 기준은 별표 3과 같다.

제20조(검사공무원의 증표) 법 제39조제2항에 따른 검사공무원의 증표는 별지 제10호서식과 같다.

제21조(평가의 기준과 방법) ① 법 제41조제1항에 따른 청소년복지지원기관 및 청소년복지시설 또는 이 법에 따라 청소년복지 업무를 위탁받은 기관이나 단체의 업무실적에 대한 평가기준은 다음 각 호와 같다.

    1. 기관 · 시설 환경의 적정성

    2. 기관 · 시설 운영 및 인력관리의 적정성

3. 사업내용의 적정성

4. 이용자 및 입소자의 서비스 만족도

② 여성가족부장관은 법 제41조제2항에 따른 청소년복지지원기관 및 청소년복지시설 또는 이 법에 따라 청소년복지 업무를 위탁받은 기관이나 단체의 업무실적에 대한 평가는 3년 마다 실시하여야 한다.

제22조(위탁운영의 기준 및 방법 등) ① 국가 또는 지방자치단체는 법 제42조의2제1항에 따라 청소년복지지원기관 또는 청소년복지시설을 청소년단체에 위탁(국가 또는 지방자치단체가 청소년복지지원기관 또는 청소년복지시설의 운영을 목적으로 설치한 청소년단체에 위탁하는 경우는 제외한다)하여 운영하려는 경우에는 공개모집으로 그 운영을 위탁받는 자(이하 "수탁자"라 한다)를 선정하되, 수탁자의 재정적 능력, 공신력, 사업수행능력 등을 종합적으로 고려하여 선정하여야 한다.

② 제1항에 따른 수탁자의 선정에 관한 사항을 심의하기 위하여 해당 시설을 설치하려는 국가 또는 지방자치단체(이하 "위탁기관"이라 한다)에 수탁자선정심의위원회(이하 "선정위원회"라 한다)를 둔다.

③ 선정위원회는 위원장 1명을 포함한 9명 이내의 위원으로 구성하고, 위원은 다음 각 호의 어느 하나에 해당하는 사람 중에서 위탁기관의 장이 임명 또는 위촉하며, 위원장은 위원 중에서 위탁기관의 장이 지명한다.

1. 청소년복지업무를 담당하는 공무원

2. 청소년복지에 관한 학식과 경험이 풍부한 사람

3. 공익단체에서 추천한 사람

4. 그 밖에 법률전문가 등 선정위원회 참여가 필요하다고 위탁기관의 장이 인정하는 사람

④ 선정위원회는 재적위원 과반수의 출석으로 개의하고 출석위원 과반수의 찬성으로 의결한다.

⑤ 그 밖에 선정위원회의 운영에 관하여 필요한 사항은 선정위원회의 심의를 거쳐 위탁기관의 장이 정한다.

[본조신설 2013.11.29.]

제23조(위탁계약의 내용) ① 국가 또는 지방자치단체가 제22조제1항에 따라 선정된 청소년단체와 위탁계약을 체결하는 때에는 다음 각 호의 내용이 포함되어야 한다.

1. 수탁자의 성명 및 주소

2. 위탁계약기간

3. 위탁대상시설 및 업무내용

4. 수탁자의 의무 및 준수사항

5. 청소년복지지원기관 및 청소년복지시설의 안전관리에 관한 사항

6. 청소년복지지원기관 및 청소년복지시설 종사자의 고용승계에 관한 사항

7. 위탁계약의 해지에 관한 사항

8. 그 밖에 청소년복지지원기관 및 청소년복지시설의 운영에 필요하다고 인정되는 사항

② 제1항제2호에 따른 위탁계약기간은 3년 이내로 한다. 다만, 위탁기관이 필요하다고 인정하는 때에는 선정위원회의 심의를 거쳐 그 계약기간을 연장할 수 있다.

[본조신설 2013.11.29.]

제24조 삭제 〈2016.12.27.〉

부칙 〈제107호,2017.7.14.〉

이 규칙은 공포한 날부터 시행한다.

제3부

청소년 보호법

[시행 2018.3.13.] [법률 제15209호, 2017.12.12., 일부개정]

제1조(목적)

이 법은 청소년에게 유해한 매체물과 약물 등이 청소년에게 유통되는 것과 청소년이 유해한 업소에 출입하는 것 등을 규제하고 청소년을 유해한 환경으로부터 보호 · 구제함으로써 청소년이 건전한 인격체로 성장할 수 있도록 함을 목적으로 한다.

제2조(정의)

이 법에서 사용하는 용어의 뜻은 다음과 같다.

〈개정 2013.3.22., 2013.6.4., 2014.3.24., 2016.1.6., 2016.12.20., 2017.12.12.〉

1. "청소년"이란 만 19세 미만인 사람을 말한다. 다만, 만 19세가 되는 해의 1월 1일을 맞이한 사람은 제외한다.
2. "매체물"이란 다음 각 목의 어느 하나에 해당하는 것을 말한다.

   가. 「영화 및 비디오물의 진흥에 관한 법률」에 따른 영화 및 비디오물

   나. 「게임산업진흥에 관한 법률」에 따른 게임물

   다. 「음악산업진흥에 관한 법률」에 따른 음반, 음악파일, 음악영상물 및 음악영상파일

   라. 「공연법」에 따른 공연(국악공연은 제외한다)

   마. 「전기통신사업법」에 따른 전기통신을 통한 부호 · 문언 · 음향 또는 영상정보

   바. 「방송법」에 따른 방송프로그램(보도 방송프로그램은 제외한다)

   사. 「신문 등의 진흥에 관한 법률」에 따른 일반일간신문(주로 정치 · 경제 · 사회에 관한 보도 · 논평 및 여론을 전파하는 신문은 제외한다), 특수일간신문(경제 · 산업 · 과학 · 종교 분야는 제외한다), 일반주간신문(정치 · 경제 분야는 제외한다), 특수주간신문(경제 · 산업 · 과학 · 시사 · 종교 분야는 제외한다), 인터넷신문(주로 보도 · 논평 및 여론을 전파하는 기사는 제외한다) 및 인터넷뉴스서비스

   아. 「잡지 등 정기간행물의 진흥에 관한 법률」에 따른 잡지(정치 · 경제 · 사회 · 시사 · 산업 · 과학 · 종교 분야는 제외한다), 정보간행물, 전자간행물 및 그 밖의 간행물

   자. 「출판문화산업 진흥법」에 따른 간행물, 전자출판물 및 외국간행물(사목 및 아목에 해당하는 매체물은 제외한다)

   차. 「옥외광고물 등의 관리와 옥외광고산업 진흥에 관한 법률」에 따른 옥외광고물과 가

목부터 자목까지의 매체물에 수록·게재·전시되거나 그 밖의 방법으로 포함된 상업적 광고선전물

카. 그 밖에 청소년의 정신적·신체적 건강을 해칠 우려가 있어 대통령령으로 정하는 매체물

3. "청소년유해매체물"이란 다음 각 목의 어느 하나에 해당하는 것을 말한다.

가. 제7조제1항 본문 및 제11조에 따라 청소년보호위원회가 청소년에게 유해한 것으로 결정하거나 확인하여 여성가족부장관이 고시한 매체물

나. 제7조제1항 단서 및 제11조에 따라 각 심의기관이 청소년에게 유해한 것으로 심의하거나 확인하여 여성가족부장관이 고시한 매체물

4. "청소년유해약물등"이란 청소년에게 유해한 것으로 인정되는 다음 가목의 약물(이하 "청소년유해약물"이라 한다)과 청소년에게 유해한 것으로 인정되는 다음 나목의 물건(이하 "청소년유해물건"이라 한다)을 말한다.

가. 청소년유해약물

1) 「주세법」에 따른 주류

2) 「담배사업법」에 따른 담배

3) 「마약류 관리에 관한 법률」에 따른 마약류

4) 「화학물질관리법」에 따른 환각물질

5) 그 밖에 중추신경에 작용하여 습관성, 중독성, 내성 등을 유발하여 인체에 유해하게 작용할 수 있는 약물 등 청소년의 사용을 제한하지 아니하면 청소년의 심신을 심각하게 손상시킬 우려가 있는 약물로서 대통령령으로 정하는 기준에 따라 관계 기관의 의견을 들어 제36조에 따른 청소년보호위원회(이하 "청소년보호위원회"라 한다)가 결정하고 여성가족부장관이 고시한 것

나. 청소년유해물건

1) 청소년에게 음란한 행위를 조장하는 성기구 등 청소년의 사용을 제한하지 아니하면 청소년의 심신을 심각하게 손상시킬 우려가 있는 성 관련 물건으로서 대통령령으로 정하는 기준에 따라 청소년보호위원회가 결정하고 여성가족부장관이 고시한 것

2) 청소년에게 음란성·포악성·잔인성·사행성 등을 조장하는 완구류 등 청소년의 사용을 제한하지 아니하면 청소년의 심신을 심각하게 손상시킬 우려가 있는 물건으로서 대통령령으로 정하는 기준에 따라 청소년보호위원회가 결정하고 여성가족부장관이 고시한 것

3) 청소년유해약물과 유사한 형태의 제품으로 청소년의 사용을 제한하지 아니하면 청소년

의 청소년유해약물 이용습관을 심각하게 조장할 우려가 있는 물건으로서 대통령령으로 정하는 기준에 따라 청소년보호위원회가 결정하고 여성가족부장관이 고시한 것

5. "청소년유해업소"란 청소년의 출입과 고용이 청소년에게 유해한 것으로 인정되는 다음 가목의 업소(이하 "청소년 출입·고용금지업소"라 한다)와 청소년의 출입은 가능하나 고용이 청소년에게 유해한 것으로 인정되는 다음 나목의 업소(이하 "청소년고용금지업소"라 한다)를 말한다. 이 경우 업소의 구분은 그 업소가 영업을 할 때 다른 법령에 따라 요구되는 허가·인가·등록·신고 등의 여부와 관계없이 실제로 이루어지고 있는 영업행위를 기준으로 한다.

가. 청소년 출입·고용금지업소

1) 「게임산업진흥에 관한 법률」에 따른 일반게임제공업 및 복합유통게임제공업 중 대통령령으로 정하는 것

2) 「사행행위 등 규제 및 처벌 특례법」에 따른 사행행위영업

3) 「식품위생법」에 따른 식품접객업 중 대통령령으로 정하는 것

4) 「영화 및 비디오물의 진흥에 관한 법률」제2조제16호에 따른 비디오물감상실업·제한관람가비디오물소극장업 및 복합영상물제공업

5) 「음악산업진흥에 관한 법률」에 따른 노래연습장업 중 대통령령으로 정하는 것

6) 「체육시설의 설치·이용에 관한 법률」에 따른 무도학원업 및 무도장업

7) 전기통신설비를 갖추고 불특정한 사람들 사이의 음성대화 또는 화상대화를 매개하는 것을 주된 목적으로 하는 영업. 다만, 「전기통신사업법」등 다른 법률에 따라 통신을 매개하는 영업은 제외한다.

8) 불특정한 사람 사이의 신체적인 접촉 또는 은밀한 부분의 노출 등 성적 행위가 이루어지거나 이와 유사한 행위가 이루어질 우려가 있는 서비스를 제공하는 영업으로서 청소년보호위원회가 결정하고 여성가족부장관이 고시한 것

9) 청소년유해매체물 및 청소년유해약물등을 제작·생산·유통하는 영업 등 청소년의 출입과 고용이 청소년에게 유해하다고 인정되는 영업으로서 대통령령으로 정하는 기준에 따라 청소년보호위원회가 결정하고 여성가족부장관이 고시한 것

10) 「한국마사회법」제6조제2항에 따른 장외발매소(경마가 개최되는 날에 한정한다)

11) 「경륜·경정법」제9조제2항에 따른 장외매장(경륜·경정이 개최되는 날에 한정한다)

나. 청소년고용금지업소

1) 「게임산업진흥에 관한 법률」에 따른 청소년게임제공업 및 인터넷컴퓨터게임시설제

공업

2) 「공중위생관리법」에 따른 숙박업, 목욕장업, 이용업 중 대통령령으로 정하는 것

3) 「식품위생법」에 따른 식품접객업 중 대통령령으로 정하는 것

4) 「영화 및 비디오물의 진흥에 관한 법률」에 따른 비디오물소극장업

5) 「화학물질관리법」에 따른 유해화학물질 영업. 다만, 유해화학물질 사용과 직접 관련이 없는 영업으로서 대통령령으로 정하는 영업은 제외한다.

6) 회비 등을 받거나 유료로 만화를 빌려 주는 만화대여업

7) 청소년유해매체물 및 청소년유해약물등을 제작·생산·유통하는 영업 등 청소년의 고용이 청소년에게 유해하다고 인정되는 영업으로서 대통령령으로 정하는 기준에 따라 청소년보호위원회가 결정하고 여성가족부장관이 고시한 것

6. "유통"이란 매체물 또는 약물 등을 판매·대여·배포·방송·공연·상영·전시·진열·광고하거나 시청 또는 이용하도록 제공하는 행위와 이러한 목적으로 매체물 또는 약물 등을 인쇄·복제 또는 수입하는 행위를 말한다.

7. "청소년폭력·학대"란 폭력이나 학대를 통하여 청소년에게 신체적·정신적 피해를 발생하게 하는 행위를 말한다.

8. "청소년유해환경"이란 청소년유해매체물, 청소년유해약물등, 청소년유해업소 및 청소년폭력·학대를 말한다.

제3조(가정의 역할과 책임)

① 청소년에 대하여 친권을 행사하는 사람 또는 친권자를 대신하여 청소년을 보호하는 사람(이하 "친권자등"이라 한다)은 청소년이 청소년유해환경에 접촉하거나 출입하지 못하도록 필요한 노력을 하여야 하며, 청소년이 유해한 매체물 또는 유해한 약물 등을 이용하고 있거나 유해한 업소에 출입하려고 하면 즉시 제지하여야 한다.

② 친권자등은 제1항에 따른 노력이나 제지를 할 때 필요한 경우에는 청소년 보호와 관련된 상담기관과 단체 등에 상담하여야 하고, 해당 청소년이 가출하거나 비행 등을 할 우려가 있다고 인정되면 청소년 보호와 관련된 지도·단속 기관에 협조를 요청하여야 한다.

제4조(사회의 책임)

① 누구든지 청소년 보호를 위하여 다음 각 호의 조치 등 필요한 노력을 하여야 한다.

1. 청소년이 청소년유해환경에 접할 수 없도록 하거나 출입을 하지 못하도록 할 것

2. 청소년이 유해한 매체물 또는 유해한 약물 등을 이용하고 있거나 청소년폭력·학대 등을

하고 있음을 알게 되었을 때에는 이를 제지하고 선도할 것

3. 청소년에게 유해한 매체물과 유해한 약물 등이 유통되고 있거나 청소년유해업소에 청소년이 고용되어 있거나 출입하고 있음을 알게 되었을 때 또는 청소년이 청소년폭력·학대 등의 피해를 입고 있음을 알게 되었을 때에는 제21조제3항에 따른 관계기관등에 신고·고발하는 등의 조치를 할 것

② 매체물과 약물 등의 유통을 업으로 하거나 청소년유해업소의 경영을 업으로 하는 자와 이들로 구성된 단체 및 협회 등은 청소년유해매체물과 청소년유해약물등이 청소년에게 유통되지 아니하도록 하고 청소년유해업소에 청소년을 고용하거나 청소년이 출입하지 못하도록 하는 등 청소년을 보호하기 위하여 자율적인 노력을 다하여야 한다.

제5조(국가와 지방자치단체의 책무)

① 국가는 청소년 보호를 위하여 청소년유해환경의 개선에 필요한 시책을 마련하고 시행하여야 하며, 지방자치단체는 해당 지역의 청소년유해환경으로부터 청소년을 보호하기 위하여 필요한 노력을 하여야 한다.

② 국가와 지방자치단체는 전자·통신기술 및 의약품 등의 발달에 따라 등장하는 새로운 형태의 매체물과 약물 등이 청소년의 정신적·신체적 건강을 해칠 우려가 있음을 인식하고, 이들 매체물과 약물 등으로부터 청소년을 보호하기 위하여 필요한 기술개발과 연구사업의 지원, 국가 간의 협력체제 구축 등 필요한 노력을 하여야 한다.

③ 국가와 지방자치단체는 청소년 관련 단체 등 민간의 자율적인 유해환경 감시·고발 활동을 장려하고 이에 필요한 지원을 할 수 있으며 민간의 건의사항을 관련 시책에 반영할 수 있다.

④ 국가와 지방자치단체는 청소년을 보호하기 위하여 청소년유해환경을 규제할 때 그 의무를 충실히 수행하여야 한다.

제6조(다른 법률과의 관계)

이 법은 청소년유해환경의 규제에 관한 형사처벌을 할 때 다른 법률보다 우선하여 적용한다.

제7조(청소년유해매체물의 심의 · 결정)

① 청소년보호위원회는 매체물이 청소년에게 유해한지를 심의하여 청소년에게 유해하다고 인정되는 매체물을 청소년유해매체물로 결정하여야 한다. 다만, 다른 법령에 따라 해당 매체물의 윤리성 · 건전성을 심의할 수 있는 기관(이하 "각 심의기관"이라 한다)이 있는 경우에는 예외로 한다.

② 청소년보호위원회는 매체물이 청소년에게 유해한지를 각 심의기관에서 심의하지 아니하는 경우 청소년 보호를 위하여 필요하다고 인정할 때에는 심의를 하도록 요청할 수 있다.

③ 청소년보호위원회는 제1항 단서에도 불구하고 다음 각 호의 어느 하나에 해당하는 매체물에 대하여는 청소년에게 유해한지를 심의하여 유해하다고 인정하는 경우에는 그 매체물을 청소년유해매체물로 결정할 수 있다.

   1. 각 심의기관이 심의를 요청한 매체물

   2. 청소년에게 유해한지에 대하여 각 심의기관의 심의를 받지 아니하고 유통되는 매체물

④ 청소년보호위원회나 각 심의기관은 매체물 심의 결과 그 매체물의 내용이 「형법」 등 다른 법령에 따라 유통이 금지되는 내용이라고 판단하는 경우에는 지체 없이 관계 기관에 형사처벌이나 행정처분을 요청하여야 한다. 다만, 각 심의기관별로 해당 법령에 따로 절차가 있는 경우에는 그 절차에 따른다.

⑤ 청소년보호위원회나 각 심의기관은 다음 각 호의 어느 하나에 해당하는 매체물에 대하여는 신청을 받거나 직권으로 매체물의 종류, 제목, 내용 등을 특정하여 청소년유해매체물로 결정할 수 있다.

   1. 제작 · 발행의 목적 등에 비추어 청소년이 아닌 자를 상대로 제작 · 발행된 매체물

   2. 매체물 각각을 청소년유해매체물로 결정하여서는 청소년에게 유통되는 것을 차단할 수 없는 매체물

⑥ 청소년보호위원회 심의 · 결정의 절차 등에 필요한 사항은 대통령령으로 정한다.

제8조(등급 구분 등)

① 청소년보호위원회와 각 심의기관은 제7조에 따라 매체물을 심의 · 결정하는 경우 청소년유해매체물로 심의 · 결정하지 아니한 매체물에 대하여는 그 매체물의 특성, 청소년 유해의 정

도, 이용시간과 장소 등을 고려하여 이용 대상 청소년의 나이에 따른 등급을 구분할 수 있다.

〈개정 2015.6.22.〉

② 제1항에 따른 등급 구분의 종류 및 방법 등에 필요한 사항은 대통령령으로 정한다.

〈개정 2015.6.22.〉

제9조(청소년유해매체물의 심의 기준)

① 청소년보호위원회와 각 심의기관은 제7조에 따른 심의를 할 때 해당 매체물이 다음 각 호의
어느 하나에 해당하는 경우에는 청소년유해매체물로 결정하여야 한다.

1. 청소년에게 성적인 욕구를 자극하는 선정적인 것이거나 음란한 것

2. 청소년에게 포악성이나 범죄의 충동을 일으킬 수 있는 것

3. 성폭력을 포함한 각종 형태의 폭력 행위와 약물의 남용을 자극하거나 미화하는 것

4. 도박과 사행심을 조장하는 등 청소년의 건전한 생활을 현저히 해칠 우려가 있는 것

5. 청소년의 건전한 인격과 시민의식의 형성을 저해(沮害)하는 반사회적 · 비윤리적인 것

6. 그 밖에 청소년의 정신적 · 신체적 건강에 명백히 해를 끼칠 우려가 있는 것

② 제1항에 따른 기준을 구체적으로 적용할 때에는 사회의 일반적인 통념에 따르며 그 매체물
이 가지고 있는 문학적 · 예술적 · 교육적 · 의학적 · 과학적 측면과 그 매체물의 특성을 함께
고려하여야 한다.

③ 청소년 유해 여부에 관한 구체적인 심의 기준과 그 적용에 필요한 사항은 대통령령으로 정한
다.

제10조(심의 결과의 조정)

청소년보호위원회는 청소년 보호와 관련하여 각 심의기관이 동일한 매체물을 심의한 결과에
상당한 차이가 있을 경우 그 심의 결과의 조정을 요구할 수 있으며 요구를 받은 각 심의기관은 특
별한 사유가 없으면 그 요구에 따라야 한다.

제11조(청소년유해매체물의 자율 규제)

① 매체물의 제작자 · 발행자, 유통행위자 또는 매체물과 관련된 단체는 자율적으로 청소년 유
해 여부를 결정하고 결정한 내용의 확인을 청소년보호위원회나 각 심의기관에 요청할 수 있
다.

② 제1항에 따른 확인 요청을 받은 청소년보호위원회 또는 각 심의기관은 심의 결과 그 결정 내
용이 적합한 경우에는 이를 확인하여야 하며, 청소년보호위원회는 필요한 경우 이를 각 심의

기관에 위탁하여 처리할 수 있다.

③ 제2항에 따라 청소년보호위원회나 각 심의기관이 확인을 한 경우에는 해당 매체물에 확인 표시를 부착할 수 있다.

④ 매체물의 제작자·발행자, 유통행위자 또는 매체물과 관련된 단체는 청소년에게 유해하다고 판단하는 매체물에 대하여 제13조에 따른 청소년유해표시에 준하는 표시를 하거나 제14조에 따른 포장에 준하는 포장을 하여야 한다.

⑤ 청소년보호위원회나 각 심의기관은 제4항에 따라 청소년유해표시 또는 포장을 한 매체물을 발견한 경우 청소년 유해 여부를 결정하여야 한다.

⑥ 매체물의 제작자·발행자, 유통행위자 또는 매체물과 관련된 단체가 제4항에 따라 청소년유해표시 또는 포장을 한 매체물은 청소년보호위원회나 각 심의기관의 최종 결정이 있을 때까지 이 법에 따른 청소년유해매체물로 본다.

⑦ 정부는 자율 규제의 활성화를 위하여 매체물의 제작자·발행자, 유통행위자 또는 매체물과 관련된 단체에 청소년유해매체물 심의 기준 등에 관한 교육 및 관련 정보와 자료를 제공할 수 있다.

⑧ 제1항부터 제6항까지에 따른 청소년 유해 여부의 결정과 확인의 절차 및 방법 등에 필요한 사항은 대통령령으로 정한다.

제12조(청소년유해매체물의 재심의)

① 매체물의 제작자·발행자나 유통행위자는 제7조에 따른 청소년보호위원회의 심의·결정에 이의가 있는 경우 심의·결정의 결과를 통지받은 날부터 30일 이내에 청소년보호위원회에 재심의를 청구할 수 있다.

② 제1항에 따른 재심의 청구는 제7조에 따른 심의·결정의 효력 및 제21조에 따른 청소년유해매체물 고시 절차의 진행에 영향을 주지 아니한다.

③ 청소년보호위원회는 제1항에 따른 재심의 청구를 받은 날부터 30일 이내에 심의·결정하여 그 결과를 청구인에게 통보하여야 한다. 다만, 30일 이내에 재심의 결정을 하기 어려운 경우에는 청소년보호위원회의 의결을 거쳐 30일의 범위에서 그 기간을 연장할 수 있다.

〈개정 2012.1.17.〉

④ 제1항에 따른 재심의 청구 및 결정 등에 필요한 사항은 여성가족부령으로 정한다.

제13조(청소년유해표시 의무)

① 표시(이하 "청소년유해표시"라 한다)를 하여야 한다. 다만, 다른 법령에서 청소년유해표시

를 하여야 할 자를 따로 정한 경우에는 해당 법령에서 정하는 바에 따른다.

〈개정 2013.3.22.〉

1. 청소년유해매체물이 「영화 및 비디오물의 진흥에 관한 법률」에 따른 영화인 경우: 「영화 및 비디오물의 진흥에 관한 법률」 제2조제9호라목에 따른 영화상영업자

2. 청소년유해매체물이 「영화 및 비디오물의 진흥에 관한 법률」에 따른 비디오물인 경우: 해당 비디오물을 제작·수입·복제한 자 또는 제공하는 자

3. 청소년유해매체물이 「게임산업진흥에 관한 법률」에 따른 게임물인 경우: 해당 게임물을 제작·수입·복제한 자 또는 제공하는 자

4. 청소년유해매체물이 「음악산업진흥에 관한 법률」에 따른 음반, 음악파일, 음악영상물 및 음악영상파일인 경우: 해당 음반, 음악파일, 음악영상물 및 음악영상파일을 제작·수입·복제한 자 또는 제공하는 자

5. 청소년유해매체물이 「공연법」에 따른 공연(국악공연은 제외한다)인 경우: 「공연법」 제2조제3호에 따른 공연자 중 공연을 주재(主宰)하는 자

6. 청소년유해매체물이 「전기통신사업법」에 따른 전기통신을 통한 부호·문언·음향 또는 영상 정보인 경우: 해당 부호·문언·음향 또는 영상 정보를 제공하는 자

7. 청소년유해매체물이 「방송법」에 따른 방송프로그램인 경우: 「방송법」 제2조제3호에 따른 방송사업자

8. 청소년유해매체물이 「신문 등의 진흥에 관한 법률」에 따른 신문, 인터넷신문인 경우: 「신문 등의 진흥에 관한 법률」 제2조제7호에 따른 발행인

9. 청소년유해매체물이 「잡지 등 정기간행물의 진흥에 관한 법률」에 따른 잡지, 정보간행물, 전자간행물, 기타간행물인 경우: 해당 잡지, 정보간행물, 전자간행물, 기타간행물을 제작·수입·발행한 자 또는 제공하는 자

10. 청소년유해매체물이 「출판문화산업 진흥법」에 따른 간행물, 전자출판물, 외국간행물인 경우: 해당 간행물, 전자출판물, 외국간행물을 제작·수입·발행한 자 또는 제공하는 자

11. 청소년유해매체물이 광고선전물 중 간행물에 포함된 것인 경우: 해당 간행물의 표시의무자

② 제1항에 따른 청소년유해표시의 종류와 시기·방법, 그 밖에 필요한 사항은 대통령령으로 정한다.

〈개정 2013.3.22.〉

제14조(포장 의무)

① 청소년유해매체물은 포장하여야 한다. 이 경우 매체물의 특성으로 인하여 포장할 수 없는 것

은 포장에 준하는 보호조치를 마련하여 시행하여야 한다.

② 제1항에 따라 포장을 하여야 할 매체물의 종류, 포장에 준하는 보호조치, 포장의무자, 포장방법, 그 밖에 포장에 필요한 사항은 대통령령으로 정한다.

제15조(표시 · 포장의 훼손 금지)

누구든지 제13조에 따른 청소년유해표시와 제14조에 따른 포장을 훼손하여서는 아니 된다.

제16조(판매 금지 등)

① 청소년유해매체물로서 대통령령으로 정하는 매체물을 판매 · 대여 · 배포하거나 시청 · 관람 · 이용하도록 제공하려는 자는 그 상대방의 나이 및 본인 여부를 확인하여야 하고, 청소년에게 판매 · 대여 · 배포하거나 시청 · 관람 · 이용하도록 제공하여서는 아니 된다.

② 제13조에 따라 청소년유해표시를 하여야 할 매체물은 청소년유해표시가 되지 아니한 상태로 판매나 대여를 위하여 전시하거나 진열하여서는 아니 된다.

③ 제14조에 따라 포장을 하여야 할 매체물은 포장을 하지 아니한 상태로 판매나 대여를 위하여 전시하거나 진열하여서는 아니 된다.

④ 제1항에 따른 상대방의 나이 및 본인 여부의 확인방법, 그 밖에 청소년유해매체물의 판매 금지 등에 필요한 사항은 대통령령으로 정한다.

제17조(구분 · 격리 등)

① 청소년유해매체물은 청소년에게 유통이 허용된 매체물과 구분 · 격리하지 아니하고서는 판매나 대여를 위하여 전시하거나 진열하여서는 아니 된다.

② 청소년유해매체물로서 제2조제2호가목부터 다목까지 및 사목부터 자목까지에 해당하는 매체물은 자동기계장치 또는 무인판매장치를 통하여 유통시킬 목적으로 전시하거나 진열하여서는 아니 된다. 다만, 다음 각 호의 어느 하나에 해당하는 경우에는 예외로 한다.

1. 자동기계장치나 무인판매장치를 설치하는 자가 이를 이용하는 청소년의 청소년유해매체물 구입 행위 등을 제지할 수 있는 경우

2. 청소년 출입 · 고용금지업소 안에 설치하는 경우

③ 제1항 및 제2항에 따른 구분 · 격리의 방법 등에 필요한 사항은 대통령령으로 정한다.

제18조(방송시간 제한)

청소년유해매체물로서 제2조제2호바목에 해당하는 매체물과 같은 호 차목 · 카목에 해당하는

매체물 중 방송을 이용하는 매체물은 대통령령으로 정하는 시간에는 방송하여서는 아니 된다.

제19조(광고선전 제한)

① 청소년유해매체물로서 제2조제2호차목에 해당하는 매체물 중 「옥외광고물 등의 관리와 옥외광고산업 진흥에 관한 법률」에 따른 옥외광고물을 다음 각 호의 어느 하나에 해당하는 장소에 공공연하게 설치·부착 또는 배포하여서는 아니 되며, 상업적 광고선전물을 청소년의 접근을 제한하는 기능이 없는 컴퓨터 통신을 통하여 설치·부착 또는 배포하여서도 아니 된다.

〈개정 2016.1.6.〉

　　1. 청소년 출입·고용금지업소 외의 업소
　　2. 일반인들이 통행하는 장소

② 청소년유해매체물로서 제2조제2호차목에 해당하는 매체물(「옥외광고물 등의 관리와 옥외광고산업 진흥에 관한 법률」에 따른 옥외광고물은 제외한다)은 청소년을 대상으로 판매·대여·배포하거나 시청·관람 또는 이용하도록 제공하여서는 아니 된다.〈개정 2016.1.6.〉

③ 제1항과 제2항에 따른 광고선전의 제한 방법과 제한 장소, 그 밖에 광고 제한에 필요한 사항은 대통령령으로 정한다.

제20조(청소년유해매체물의 결정 취소)

청소년보호위원회와 각 심의기관은 청소년유해매체물이 더 이상 청소년에게 유해하지 아니하다고 인정할 때에는 제7조에 따른 청소년유해매체물의 결정을 취소하여야 한다.

제21조(청소년유해매체물 결정 등의 통보·고시)

① 각 심의기관은 청소년유해매체물의 결정, 확인 또는 결정 취소를 한 경우 청소년유해매체물의 목록과 그 사유를 청소년보호위원회에 통보하여야 한다.

② 여성가족부장관은 청소년보호위원회와 각 심의기관이 결정, 확인 또는 결정 취소한 청소년유해매체물의 목록과 그 사유 및 효력 발생 시기를 구체적으로 밝힌 목록표(이하 "청소년유해매체물 목록표"라 한다)를 고시하여야 한다.

③ 여성가족부장관은 청소년유해매체물 목록표를 각 심의기관, 청소년 또는 매체물과 관련이 있는 중앙행정기관, 지방자치단체, 청소년 보호와 관련된 지도·단속 기관, 그 밖에 청소년 보호를 위한 관련 단체 등(이하 "관계기관등"이라 한다)에 통보하여야 하고, 필요한 경우 매체물의 유통을 업으로 하는 개인·법인·단체에 통보할 수 있으며, 친권자등의 요청이 있는 경우 친권자등에게 통지할 수 있다.

④ 제2항 및 제3항에 따른 청소년유해매체물 목록표의 고시 및 통보 등에 필요한 사항은 여성가족부령으로 정한다.

제22조(외국 매체물에 대한 특례)

누구든지 외국에서 제작 · 발행된 매체물로서 제9조의 심의 기준에 해당하는 청소년유해매체물(번역, 번안, 편집, 자막삽입 등을 한 경우를 포함한다)을 영리를 목적으로 청소년을 대상으로 유통하게 하거나 이와 같은 목적으로 소지하여서는 아니 된다.

제23조(정보통신망을 통한 청소년유해매체물 제공자 등의 공표)

① 여성가족부장관은 「정보통신망 이용촉진 및 정보보호 등에 관한 법률」 제2조제1항제1호에 따른 정보통신망을 이용하여 청소년유해매체물을 제작 · 발행하거나 유통하는 자가 다음 각 호의 어느 하나에 해당하는 경우 해당 청소년유해매체물의 제작자 · 발행자나 유통행위자 등의 업체명 · 대표자명 · 위반행위의 내용 등을 공표할 수 있다.
  1. 청소년유해매체물임을 표시하지 아니하고 청소년유해매체물을 청소년에게 제공한 경우
  2. 청소년유해매체물의 광고를 청소년에게 전송하거나 청소년 접근을 제한하는 조치 없이 공개적으로 전시한 경우
② 여성가족부장관은 제1항에 따라 정보를 공표하기 전에 정보 공표 대상자에게 의견제출의 기회를 주어야 한다.
③ 제1항에 따른 공표의 방법과 절차 등에 필요한 사항은 대통령령으로 정한다.

제3장   청소년의 인터넷게임 중독 예방

제24조(인터넷게임 이용자의 친권자등의 동의)

① 「게임산업진흥에 관한 법률」에 따른 게임물 중 「정보통신망 이용촉진 및 정보보호 등에 관한 법률」 제2조제1항제1호에 따른 정보통신망을 통하여 실시간으로 제공되는 게임물(이하 "인터넷게임"이라 한다)의 제공자(「전기통신사업법」 제22조에 따라 부가통신사업자로 신고한 자를 말하며, 같은 조 제1항 후단 및 제4항에 따라 신고한 것으로 보는 경우를 포함한

다. 이하 같다)는 회원으로 가입하려는 사람이 16세 미만의 청소년일 경우에는 친권자등의 동의를 받아야 한다.

② 제1항의 친권자등의 동의에 필요한 사항은 「게임산업진흥에 관한 법률」에서 정하는 바에 따른다.

제25조(인터넷게임 제공자의 고지 의무)

① 인터넷게임의 제공자는 16세 미만의 청소년 회원가입자의 친권자등에게 해당 청소년과 관련된 다음 각 호의 사항을 알려야 한다.

1. 제공되는 게임의 특성·등급(「게임산업진흥에 관한 법률」제21조에 따른 게임물의 등급을 말한다)·유료화정책 등에 관한 기본적인 사항
2. 인터넷게임 이용시간
3. 인터넷게임 이용 등에 따른 결제정보

② 제1항에 따른 고지에 필요한 사항은 「게임산업진흥에 관한 법률」에서 정하는 바에 따른다.

제26조(심야시간대의 인터넷게임 제공시간 제한)

① 인터넷게임의 제공자는 16세 미만의 청소년에게 오전 0시부터 오전 6시까지 인터넷게임을 제공하여서는 아니 된다.

② 여성가족부장관은 문화체육관광부장관과 협의하여 제1항에 따른 심야시간대 인터넷게임의 제공시간 제한대상 게임물의 범위가 적절한지를 대통령령으로 정하는 바에 따라 2년마다 평가하여 개선 등의 조치를 하여야 한다.

③ 제2항에 따른 평가의 방법 및 절차 등에 필요한 사항은 「게임산업진흥에 관한 법률」에서 정하는 바에 따른다.

[시행일:2013.5.20.] 제26조제1항의 개정규정에 따른 인터넷게임 중 심각한 인터넷게임 중독의 우려가 없는 것으로서 대통령령으로 정하는 기기를 이용한 인터넷게임에 대한 심야시간대 제공시간 제한에 관한 부분

제27조(인터넷게임 중독 등의 피해 청소년 지원)

① 여성가족부장관은 관계 중앙행정기관의 장과 협의하여 인터넷게임 중독(인터넷게임의 지나친 이용으로 인하여 인터넷게임 이용자가 일상생활에서 쉽게 회복할 수 없는 신체적·정신적·사회적 기능 손상을 입은 것을 말한다) 등 매체물의 오용·남용으로 신체적·정신적·사회적 피해를 입은 청소년에 대하여 예방·상담 및 치료와 재활 등의 서비스를 지원할

수 있다.

② 제1항에 따른 지원에 관하여 구체적인 사항은 대통령령으로 정한다.

제4장 청소년유해약물등, 청소년유해행위 및 청소년유해업소 등의 규제

제28조(청소년유해약물등의 판매 · 대여 등의 금지)

① 누구든지 청소년을 대상으로 청소년유해약물등을 판매 · 대여 · 배포(자동기계장치 · 무인판매장치 · 통신장치를 통하여 판매 · 대여 · 배포하는 경우를 포함한다)하거나 무상으로 제공하여서는 아니 된다. 다만, 교육 · 실험 또는 치료를 위한 경우로서 대통령령으로 정하는 경우는 예외로 한다.

② 누구든지 청소년의 의뢰를 받아 청소년유해약물등을 구입하여 청소년에게 제공하여서는 아니 된다.

③ 청소년유해약물등을 판매 · 대여 · 배포하고자 하는 자는 그 상대방의 나이 및 본인 여부를 확인하여야 한다. 〈개정 2018.1.16.〉

④ 다음 각 호의 어느 하나에 해당하는 자가 청소년유해약물 중 주류나 담배(이하 "주류등"이라 한다)를 판매 · 대여 · 배포하는 경우 그 업소(자동기계장치 · 무인판매장치를 포함한다)에 청소년을 대상으로 주류등의 판매 · 대여 · 배포를 금지하는 내용을 표시하여야 한다. 다만, 청소년 출입 · 고용금지업소는 제외한다. 〈신설 2014.3.24.〉

  1. 「주세법」에 따른 주류소매업의 영업자

  2. 「담배사업법」에 따른 담배소매업의 영업자

  3. 그 밖에 대통령령으로 정하는 업소의 영업자

⑤여성가족부장관은 청소년유해약물등 목록표를 작성하여 청소년유해약물등과 관련이 있는 관계기관등에 통보하여야 하고, 필요한 경우 약물 유통을 업으로 하는 개인 · 법인 · 단체에 통보할 수 있으며, 친권자등의 요청이 있는 경우 친권자등에게 통지할 수 있다.

〈개정 2014.3.24.〉

⑥ 다음 각 호의 어느 하나에 해당하는 자는 청소년유해약물등에 대하여 청소년유해표시를 하여야 한다. 〈개정 2013.3.22., 2014.3.24.〉

1. 청소년유해약물을 제조 · 수입한 자

2. 청소년유해물건을 제작 · 수입한 자

⑦ 제5항에 따른 청소년유해약물등 목록표의 작성 방법, 통보 시기, 통보 대상, 그 밖에 필요한 사항은 여성가족부령으로 정한다. 〈개정 2014.3.24.〉

⑧ 제4항에 따른 표시의 문구, 크기와 제6항에 따른 청소년유해표시의 종류와 시기 · 방법, 그 밖에 필요한 사항은 대통령령으로 정한다. 〈신설 2013.3.22., 2014.3.24.〉

⑨ 청소년유해약물등의 포장에 관하여는 제14조 및 제15조를 준용한다. 이 경우 "청소년유해매체물" 및 "매체물"은 각각 "청소년유해약물등"으로 본다. 〈신설 2013.3.22., 2014.3.24.〉

[시행일:2015.3.25.] 제28조제4항, 제28조제8항의 개정규정 중 주류등의 판매 · 대여 · 배포를 금지하는 내용의 표시에 관한 사항

제29조(청소년 고용 금지 및 출입 제한 등)

① 청소년유해업소의 업주는 청소년을 고용하여서는 아니 된다. 청소년유해업소의 업주가 종업원을 고용하려면 미리 나이를 확인하여야 한다.

② 청소년 출입 · 고용금지업소의 업주와 종사자는 출입자의 나이를 확인하여 청소년이 그 업소에 출입하지 못하게 하여야 한다.

③ 제2조제5호나목2)의 숙박업을 운영하는 업주는 종사자를 배치하거나 대통령령으로 정하는 설비 등을 갖추어 출입자의 나이를 확인하고 제30조제8호의 우려가 있는 경우에는 청소년의 출입을 제한하여야 한다. 〈신설 2016.12.20.〉

④ 청소년유해업소의 업주와 종사자는 제1항부터 제3항까지에 따른 나이 확인을 위하여 필요한 경우 주민등록증이나 그 밖에 나이를 확인할 수 있는 증표(이하 이 항에서 "증표"라 한다)의 제시를 요구할 수 있으며, 증표 제시를 요구받고도 정당한 사유 없이 증표를 제시하지 아니하는 사람에게는 그 업소의 출입을 제한할 수 있다. 〈개정 2016.12.20.〉

⑤ 제2항에도 불구하고 청소년이 친권자등을 동반할 때에는 대통령령으로 정하는 바에 따라 출입하게 할 수 있다. 다만, 「식품위생법」에 따른 식품접객업 중 대통령령으로 정하는 업소의 경우에는 출입할 수 없다. 〈개정 2016.12.20.〉

⑥ 청소년유해업소의 업주와 종사자는 그 업소에 대통령령으로 정하는 바에 따라 청소년의 출입과 고용을 제한하는 내용을 표시하여야 한다. 〈개정 2016.12.20.〉

제30조(청소년유해행위의 금지)

누구든지 청소년에게 다음 각 호의 어느 하나에 해당하는 행위를 하여서는 아니 된다.

1. 영리를 목적으로 청소년으로 하여금 신체적인 접촉 또는 은밀한 부분의 노출 등 성적 접대 행위를 하게 하거나 이러한 행위를 알선 · 매개하는 행위

2. 영리를 목적으로 청소년으로 하여금 손님과 함께 술을 마시거나 노래 또는 춤 등으로 손님 의 유흥을 돋우는 접객행위를 하게 하거나 이러한 행위를 알선 · 매개하는 행위

3. 영리나 흥행을 목적으로 청소년에게 음란한 행위를 하게 하는 행위

4. 영리나 흥행을 목적으로 청소년의 장애나 기형 등의 모습을 일반인들에게 관람시키는 행위

5. 청소년에게 구걸을 시키거나 청소년을 이용하여 구걸하는 행위

6. 청소년을 학대하는 행위

7. 영리를 목적으로 청소년으로 하여금 거리에서 손님을 유인하는 행위를 하게 하는 행위

8. 청소년을 남녀 혼숙하게 하는 등 풍기를 문란하게 하는 영업행위를 하거나 이를 목적으로 장소를 제공하는 행위

9. 주로 차 종류를 조리 · 판매하는 업소에서 청소년으로 하여금 영업장을 벗어나 차 종류를 배달하는 행위를 하게 하거나 이를 조장하거나 묵인하는 행위

제31조(청소년 통행금지 · 제한구역의 지정 등)

① 특별자치시장 · 특별자치도지사 · 시장 · 군수 · 구청장(구청장은 자치구의 구청장을 말하며, 이하 "시장 · 군수 · 구청장"이라 한다)은 청소년 보호를 위하여 필요하다고 인정할 경우 청 소년의 정신적 · 신체적 건강을 해칠 우려가 있는 구역을 청소년 통행금지구역 또는 청소년 통행제한구역으로 지정하여야 한다.　　　　　　　　　　　　　　　　　〈개정 2013.3.22.〉

② 시장 · 군수 · 구청장은 청소년 범죄 또는 탈선의 예방 등 특별한 이유가 있으면 대통령령으 로 정하는 바에 따라 시간을 정하여 제1항에 따라 지정된 구역에 청소년이 통행하는 것을 금 지하거나 제한할 수 있다.

③ 제1항과 제2항에 따른 청소년 통행금지구역 또는 통행제한구역의 구체적인 지정기준과 선 도 및 단속 방법 등은 조례로 정하여야 한다. 이 경우 관할 경찰관서 및 학교 등 해당 지역의 관계 기관과 지역 주민의 의견을 반영하여야 한다.

④ 시장 · 군수 · 구청장 및 관할 경찰서장은 청소년이 제2항을 위반하여 청소년 통행금지구역 또는 통행제한구역을 통행하려고 할 때에는 통행을 막을 수 있으며, 통행하고 있는 청소년은 해당 구역 밖으로 나가게 할 수 있다.

제32조(청소년에 대하여 가지는 채권의 효력 제한)

① 제30조에 따른 행위를 한 자가 그 행위와 관련하여 청소년에 대하여 가지는 채권은 그 계약

의 형식이나 명목에 관계없이 무효로 한다.

② 제2조제5호가목3) 및 나목3)에 따른 업소의 업주가 고용과 관련하여 청소년에 대하여 가지는 채권은 그 계약의 형식이나 명목에 관계없이 무효로 한다.

 청소년 보호 사업의 추진

제33조(청소년보호종합대책의 수립 등)

① 여성가족부장관은 3년마다 관계 중앙행정기관의 장 및 지방자치단체의 장과 협의하여 청소년유해환경으로부터 청소년을 보호하기 위한 종합대책(이하 이 조에서 "종합대책"이라 한다)을 수립·시행하여야 한다.

② 여성가족부장관은 종합대책의 추진상황을 매년 점검하여야 하고, 이를 위하여 관계 기관 점검회의를 운영할 수 있다.

③ 여성가족부장관은 종합대책 수립 및 제2항에 따른 점검회의 운영을 위하여 필요한 자료를 관계 기관의 장에게 요청할 수 있다. 이 경우 관계 기관의 장은 정당한 사유가 없으면 이에 따라야 한다.

④ 여성가족부장관은 종합대책의 효과적 수립·시행을 위하여 청소년의 유해환경에 대한 접촉 실태 조사를 정기적으로 실시하여야 하고, 관계 중앙행정기관 또는 지방자치단체의 장과 협력하여 청소년유해환경에 대한 종합적인 점검 및 단속 등을 실시할 수 있다.

⑤ 종합대책의 수립·시행과 제2항에 따른 점검회의의 운영 등에 필요한 사항은 대통령령으로 정한다.

제34조(청소년의 유해환경에 대한 대응능력 제고 등)

① 여성가족부장관은 관계 중앙행정기관의 장과 협의하여 청소년의 유해환경에 대한 대응능력 제고와 청소년의 매체물 오용·남용으로 인한 피해의 예방 및 해소 등을 위하여 다음 각 호의 사업을 추진할 수 있다.

1. 청소년의 유해환경에 대한 대응능력 제고를 위한 교육 및 프로그램의 개발과 보급

2. 청소년의 유해환경에 대한 대응능력 제고와 관련된 전문인력의 양성

3. 청소년의 매체물 이용과 관련한 상담 및 안내

4. 매체물 오용·남용으로 피해를 입은 청소년에 대한 전문적 상담과 치료 등

5. 청소년유해약물 피해 예방 및 피해를 입은 청소년에 대한 치료와 재활

② 여성가족부장관은 제1항 각 호의 사업을 청소년 보호를 목적으로 하는 법인 또는 단체에 위탁하여 실시할 수 있다. 이 경우 여성가족부장관은 예산의 범위에서 사업 수행에 필요한 경비의 전부 또는 일부를 지원할 수 있다.

제34조의2(환각물질 중독치료 등)

① 여성가족부장관은 다음 각 호의 사항을 지원하기 위하여 중독정신의학 또는 청소년정신의학 전문의 등의 인력과 관련 장비를 갖춘 시설 또는 기관을 청소년 환각물질 중독 전문 치료기관(이하 "청소년 전문 치료기관"이라 한다)으로 지정·운영할 수 있다. 이 경우 판별 검사, 치료와 재활에 필요한 비용의 전부 또는 일부를 지원할 수 있다.

1. 환각물질 흡입 청소년의 중독 여부 판별 검사

2. 환각물질 중독으로 판명된 청소년에 대한 치료와 재활

② 여성가족부장관은 환각물질 흡입 청소년에 대하여 본인, 친권자 등 대통령령으로 정하는 사람의 신청, 「소년법」에 따른 법원의 보호처분결정 또는 검사의 조건부기소유예처분 등이 있는 경우 청소년 전문 치료기관에서 중독 여부를 판별하기 위한 검사를 받도록 지원할 수 있다. 이 경우 검사 기간은 1개월 이내로 한다.

③ 여성가족부장관은 환각물질 중독자로 판명된 청소년에 대하여 본인, 친권자 등 대통령령으로 정하는 사람의 신청, 「소년법」에 따른 법원의 보호처분결정 또는 검사의 조건부기소유예처분 등이 있는 경우 청소년 전문 치료기관에서 치료와 재활을 받도록 지원할 수 있다. 이 경우 치료 및 재활 기간은 6개월 이내로 하되, 3개월의 범위에서 연장할 수 있다.

④ 여성가족부장관은 제2항 및 제3항에 따른 결정을 하는 경우에 정신과 전문의 등에게 자문할 수 있다.

⑤ 청소년 전문 치료기관의 장과 그 종사자 또는 그 직에 있었던 사람은 직무상 알게 된 비밀을 누설하여서는 아니 된다.

⑥ 제1항부터 제4항까지의 규정에 따른 청소년 전문 치료기관의 지정·운영, 중독 판별 검사 및 치료와 재활, 친권자 등의 신청 및 자문, 그 밖에 필요한 사항은 대통령령으로 정한다.

[본조신설 2014.5.28.]

제35조(청소년 보호 · 재활센터의 설치 · 운영)

① 여성가족부장관은 청소년유해환경으로부터 청소년을 보호하고 피해 청소년의 치료와 재활을 지원하기 위하여 청소년 보호 · 재활센터(이하 "청소년 보호 · 재활센터"라 한다)를 설치 · 운영할 수 있다.

② 여성가족부장관은 청소년 보호 · 재활센터의 설치 · 운영을 청소년 보호를 목적으로 하는 법인 또는 단체에 위탁할 수 있다. 이 경우 청소년 보호 · 재활센터의 설치 · 운영에 필요한 경비의 전부 또는 일부를 지원할 수 있다.

③ 청소년 보호 · 재활센터의 설치 · 운영에 필요한 세부사항은 대통령령으로 정한다.

제6장 청소년보호위원회

제36조(청소년보호위원회의 설치)

다음 각 호의 사항에 관하여 심의 · 결정하기 위하여 여성가족부장관 소속으로 청소년보호위원회(이하 이 장에서 "위원회"라 한다)를 둔다.

　1. 청소년유해매체물, 청소년유해약물등, 청소년유해업소 등의 심의 · 결정 등에 관한 사항

　2. 제54조제1항에 따른 과징금 부과에 관한 사항

　3. 여성가족부장관이 청소년보호를 위하여 필요하다고 인정하여 심의를 요청한 사항

　4. 그 밖에 다른 법률에서 위원회가 심의 · 결정하도록 정한 사항

제37조(위원회의 구성)

①위원회는 위원장 1명을 포함한 11명 이내의 위원으로 구성하되, 고위공무원단에 속하는 공무원 중 여성가족부장관이 지명하는 청소년 업무 담당 공무원 1명을 당연직 위원으로 한다.

②위원회의 위원장은 청소년 관련 경험과 식견이 풍부한 사람 중에서 여성가족부장관의 제청으로 대통령이 임명하고, 그 밖의 위원은 다음 각 호의 어느 하나에 해당하는 사람 중에서 위원장의 추천을 받아 여성가족부장관의 제청으로 대통령이 임명하거나 위촉한다.

　1. 판사, 검사 또는 변호사로 5년 이상 재직한 사람

　2. 대학이나 공인된 연구기관에서 부교수 이상 또는 이에 상당하는 직에 있거나 있었던 사람

으로서 청소년 관련 분야를 전공한 사람

3. 3급 또는 3급 상당 이상의 공무원이나 고위공무원단에 속하는 공무원과 공공기관에서 이에 상당하는 직에 있거나 있었던 사람으로서 청소년 관련 업무에 실무 경험이 있는 사람

4. 청소년 시설·단체 및 각급 교육기관 등에서 청소년 관련 업무를 10년 이상 담당한 사람

제38조(위원장의 직무 및 회의)

① 위원장은 위원회를 대표하고 위원회의 업무를 총괄한다.

② 위원장이 부득이한 사유로 직무를 수행할 수 없을 때에는 위원장이 지명한 위원이 그 직무를 대행한다.

③ 위원장은 위원회의 회의를 소집하고 그 의장이 된다.

④ 위원회의 회의는 재적위원 과반수의 출석으로 개의하고, 출석위원 과반수의 찬성으로 의결한다.

제39조(위원의 임기)

① 위원의 임기는 2년으로 하며, 연임할 수 있다.

② 당연직 위원이 아닌 위원에 결원이 생겼을 때에는 결원된 날부터 30일 이내에 보궐위원을 임명하거나 위촉하여야 하며, 보궐위원의 임기는 전임자 임기의 남은 기간으로 한다. 다만, 전임자 임기의 남은 기간이 3개월 미만이고 재임 중인 위원의 수가 8명 이상인 경우에는 보궐위원을 선임하지 아니할 수 있다. 〈개정 2013.3.22.〉

제40조(위원의 직무상 독립과 신분보장)

① 위원은 직무와 관련하여 외부의 지시나 간섭을 받지 아니한다.

② 위원은 다음 각 호의 어느 하나에 해당하는 경우가 아니면 본인의 의사에 반하여 면직되지 아니한다.

1. 금고 이상의 형을 선고받은 경우

2. 장기간의 심신쇠약으로 직무를 수행할 수 없게 된 경우

제41조(회의 및 운영)

이 법에서 정한 사항 외에 위원회의 운영에 필요한 사항은 대통령령으로 정한다.

제41조의2(유해매체물 심의 분과위원회)

① 여성가족부장관은 청소년보호위원회의 청소년유해매체물 심의 · 결정을 지원하기 위하여 유해매체물 심의 분과위원회를 둘 수 있다.

② 제1항에 따른 분과위원회의 구성과 운영 등에 필요한 사항은 대통령령으로 정한다.

[본조신설 2012.1.17.]

 **제7장 보칙**

제42조(보고 등)

여성가족부장관 또는 시장 · 군수 · 구청장은 이 법에서 정하고 있는 사항의 이행 및 위반 여부를 확인하기 위하여 필요하다고 인정하면 청소년유해매체물과 청소년유해약물등을 유통하는 자와 청소년유해업소의 업주 등에게 대통령령으로 정하는 바에 따라 필요한 보고와 자료 제출을 요구할 수 있다.

제43조(검사 및 조사 등)

① 여성가족부장관 또는 시장 · 군수 · 구청장은 이 법에서 정하고 있는 사항의 이행 및 위반 여부를 확인하기 위하여 필요하다고 인정하면 소속 공무원으로 하여금 청소년유해매체물 및 청소년유해약물등의 유통과 청소년의 청소년유해업소 고용 및 출입 등에 관련된 장부, 서류, 장소, 그 밖에 필요한 물건을 검사 · 조사하게 할 수 있으며, 대통령령으로 정하는 장소에서 당사자 · 이해관계인 또는 참고인의 진술을 듣게 할 수 있다.

② 여성가족부장관 또는 시장 · 군수 · 구청장은 필요하다고 인정하면 특별한 학식 · 경험이 있는 자에게 감정을 의뢰할 수 있다.

③ 제1항에 따라 업무를 수행하는 공무원은 그 권한을 표시하는 증표를 지니고 이를 관계인에게 보여주어야 한다.

제44조(수거 · 파기)

① 여성가족부장관 또는 시장 · 군수 · 구청장은 청소년유해매체물 및 청소년유해약물등이 다

음 각 호의 어느 하나에 해당하면 소유자나 유통에 종사하는 자에게 그 청소년유해매체물 또는 청소년유해약물등의 수거를 명할 수 있다. 〈개정 2013.3.22., 2014.3.24.〉

1. 제13조제1항 및 제28조제6항에 따른 청소년유해표시가 되어 있지 아니하거나 제14조(제28조제9항에서 준용하는 경우를 포함한다)에 따라 포장되지 아니하고 유통되고 있는 경우

2. 청소년에게 유해한지에 대하여 각 심의기관의 심의를 받지 아니하고 유통되고 있는 매체물로서 청소년유해매체물로 결정된 경우

② 여성가족부장관 또는 시장·군수·구청장은 제1항에 따른 수거명령을 받을 자를 알 수 없거나 수거명령을 받은 자가 이에 따르지 아니할 경우에는 대통령령으로 정하는 바에 따라 청소년유해매체물 또는 청소년유해약물등을 직접 수거하거나 파기할 수 있다.

③ 여성가족부장관, 시장·군수·구청장 또는 관할 경찰서장은 청소년이 소유하거나 소지하는 청소년유해약물등과 청소년유해매체물을 수거하여 폐기하거나 그 밖에 필요한 처분을 할 수 있다.

④ 여성가족부장관, 시장·군수·구청장 또는 관할 경찰서장은 제3항에 따른 처분을 한 경우에는 그 품명·수량·소유자 또는 소지자 및 그 처분 내용 등을 관계 장부에 적어야 한다.

⑤ 제1항부터 제3항까지에 따른 수거·파기 등에 필요한 사항은 대통령령으로 정한다.

제45조(시정명령)

① 여성가족부장관 또는 시장·군수·구청장은 다음 각 호의 어느 하나에 해당하는 자에게 그 시정을 명할 수 있다. 〈개정 2013.3.22., 2014.3.24., 2016.1.6., 2016.12.20.〉

1. 제13조제1항 및 제28조제6항을 위반하여 청소년유해매체물 또는 청소년유해약물등에 청소년유해표시를 하지 아니한 자

2. 제14조(제28조제9항에서 준용하는 경우를 포함한다)를 위반하여 청소년유해매체물 또는 청소년유해약물등을 포장하지 아니한 자

3. 영리를 목적으로 제16조제2항을 위반하여 청소년유해매체물을 청소년유해표시가 되지 아니한 상태에서 판매나 대여를 위하여 전시하거나 진열한 자

4. 영리를 목적으로 제16조제3항을 위반하여 청소년유해매체물을 포장하지 아니한 상태에서 판매나 대여를 위하여 전시하거나 진열한 자

5. 영리를 목적으로 제17조제1항을 위반하여 청소년유해매체물을 구분·격리하지 아니하고 판매나 대여를 위하여 전시하거나 진열한 자

6. 영리를 목적으로 제17조제2항을 위반하여 청소년유해매체물로서 제2조제2호가목부터 다목까지 및 사목부터 자목까지에 해당하는 매체물을 자동기계장치나 무인판매장치를 통하

여 유통시킬 목적으로 전시하거나 진열한 자

7. 제19조제1항을 위반하여 청소년유해매체물로서 제2조제2호차목에 해당하는 매체물 중 「옥외광고물 등의 관리와 옥외광고산업 진흥에 관한 법률」에 따른 옥외광고물을 청소년 출입·고용금지업소 외의 업소나 일반인들이 통행하는 장소에 공공연하게 설치·부착 또는 배포한 자 또는 상업적 광고선전물을 청소년의 접근을 제한하는 기능이 없는 컴퓨터 통신을 통하여 설치·부착 또는 배포한 자

7의2. 제28조제4항을 위반하여 주류등의 판매·대여·배포를 금지하는 내용을 표시하지 아니한 자

8. 제29조제6항을 위반하여 청소년유해업소에 청소년의 출입과 고용을 제한하는 내용을 표시하지 아니한 자

② 제1항에 따른 시정명령의 종류·절차 및 그 이행 등에 필요한 사항은 대통령령으로 정한다.

[시행일:2015.3.25.] 제45조제1항제7호의2의 개정규정 중 주류등의 판매·대여·배포를 금지하는 내용의 표시에 관한 사항

제46조(처분의 이유 명시)

여성가족부장관 또는 시장·군수·구청장은 제44조와 제45조에 따른 처분을 할 때에는 대통령령으로 정하는 바에 따라 처분의 이유를 구체적으로 밝혀야 한다.

제47조(관계 행정기관의 장의 협조)

① 여성가족부장관은 이 법의 시행을 위하여 필요하다고 인정할 때에는 관계 행정기관의 장의 의견을 들을 수 있다.

② 여성가족부장관은 이 법에 따른 의무를 반드시 이행하도록 하기 위하여 필요하다고 인정할 때에는 관계 행정기관의 장에게 필요한 협조를 의뢰할 수 있다.

제48조(민간단체에 대한 행정적 지원 등)

① 여성가족부장관 또는 지방자치단체의 장은 청소년유해환경 개선활동을 수행하는 민간단체에 행정적·재정적 지원을 할 수 있으며, 지방자치단체의 장은 필요한 경우 효율적인 업무 수행을 위하여 대통령령으로 정하는 바에 따라 청소년유해환경으로부터 청소년을 보호하는 활동을 하고 있음을 나타내는 증표를 발급할 수 있다.

② 제1항에 따른 민간단체의 구체적인 종류 등은 여성가족부령으로 정한다.

제49조(신고)

① 다음 각 호의 어느 하나에 해당하는 경우에는 누구든지 그 사실을 시장·군수·구청장에게 신고하여야 한다.

  1. 청소년에게 유해하다고 생각되는 매체물과 약물 등이 청소년에게 유통되고 있는 것을 발견하였을 때

  2. 청소년에게 유해한 업소에 청소년이 고용되어 있거나 출입하고 있는 것을 발견하였을 때

  3. 그 밖에 이 법을 위반하는 사실이 있다고 인정할 때

② 시장·군수·구청장은 제1항에 따른 신고의 활성화를 위하여 필요한 시책을 시행하여야 하며 필요한 경우 신고자 포상 등을 할 수 있다.

제50조(선도·보호조치 대상 청소년의 통보)

① 여성가족부장관, 시장·군수·구청장 및 관할 경찰서장은 제16조제1항, 제28조제1항, 제29조제1항·제2항, 제30조제1호부터 제3호까지 및 제7호부터 제9호까지를 위반하는 행위를 적극적으로 유발하게 하거나 나이를 속이는 등 그 위반행위의 원인을 제공한 청소년에 대하여는 친권자등에게 그 사실을 통보하여야 한다.

② 여성가족부장관, 시장·군수·구청장 및 관할 경찰서장은 제1항의 청소년 중 그 내용·정도 등을 고려하여 선도·보호조치가 필요하다고 인정되는 청소년에 대하여는 소속 학교의 장(학생인 경우만 해당한다) 및 친권자등에게 그 사실을 통보하여야 한다.

제51조(지방청소년사무소의 설치 등)

특별시장·광역시장·특별자치시장·도지사 또는 특별자치도지사는 그 관할 구역의 청소년을 보호하기 위하여 조례로 정하는 바에 따라 지방청소년사무소를 설치하거나 그 밖에 필요한 조치를 할 수 있다.　〈개정 2013.3.22.〉

제52조(권한의 위탁)

여성가족부장관은 이 법에 따른 권한의 일부를 대통령령으로 정하는 바에 따라 청소년 보호, 매체물 또는 약물 등과 관련된 비영리법인 또는 단체에 위탁할 수 있다.

제53조(벌칙 적용 시의 공무원 의제)

청소년보호위원회의 사무에 종사하는 사람 중 공무원이 아닌 위원 또는 직원은 「형법」 제129조부터 제132조까지 및 「특정범죄 가중처벌 등에 관한 법률」 제2조를 적용할 때에는 공무원으

로 본다.

제54조(과징금)

① 여성가족부장관은 제2조제2호사목·아목에 따른 매체물을 발행하거나 수입한 자가 제9조제1항 각 호의 심의 기준에 저촉되는 매체물을 제13조 및 제14조에 준하는 청소년유해표시 또는 포장을 하지 아니하고 해당 청소년유해매체물의 결정·고시 전에 유통하였거나 유통 중일 때에는 그 매체물을 발행하거나 수입한 자에게 2천만원 이하의 과징금을 부과·징수할 수 있다.

② 시장·군수·구청장은 제58조 각 호의 어느 하나 또는 제59조 각 호의 어느 하나에 해당하는 행위로 인하여 이익을 취득한 자에게 대통령령으로 정하는 바에 따라 1천만원 이하의 과징금을 부과·징수할 수 있다. 다만, 다른 법률에 따라 영업허가 취소, 영업소 폐쇄, 영업정지 또는 과징금 부과 등의 처분이 이루어진 경우에는 과징금을 부과·징수하지 아니한다.

③ 시장·군수·구청장은 제58조제1호·제3호·제4호 또는 제59조제6호·제8호에 해당하는 행위로 인하여 이익을 취득한 자에 대하여 과징금을 부과하는 경우 청소년이 위·변조 또는 도용된 신분증을 사용하여 그 행위자로 하여금 청소년인 사실을 알지 못하게 한 사정 또는 행위자에게 폭행 또는 협박을 하여 청소년임을 확인하지 못하게 한 사정이 인정되면 대통령령으로 정하는 바에 따라 과징금을 부과·징수하지 아니할 수 있다. 〈신설 2016.3.2.〉

④ 제1항 또는 제2항에 따른 과징금을 기한까지 납부하지 아니한 경우에는 여성가족부장관 또는 시장·군수·구청장이 국세 체납처분의 예 또는 「지방세외수입금의 징수 등에 관한 법률」에 따라 징수한다. 〈개정 2013.8.6., 2016.3.2.〉

⑤ 여성가족부장관 또는 시장·군수·구청장은 다음 각 호의 어느 하나에 해당하는 사유로 과징금의 전액을 한꺼번에 납부하기 어렵다고 인정하는 경우에는 그 납부기한을 연장하거나 분할납부하게 할 수 있다. 〈개정 2016.3.2.〉

1. 자연재해 또는 화재 등으로 재산에 큰 손실을 입은 경우

2. 영업에 큰 손실을 입어 중대한 위기에 처한 경우

3. 과징금을 한꺼번에 납부하면 생계가 곤란할 것으로 예상되는 경우

4. 그 밖에 제1호부터 제3호까지에 준하는 사유가 있는 경우

⑥ 제1항, 제2항 및 제4항에 따라 과징금으로 징수한 금액은 징수 주체가 사용하되, 다음 각 호의 용도로 사용하여야 한다. 〈개정 2016.3.2.〉

1. 청소년유해환경 개선을 위한 프로그램의 개발과 보급

2. 청소년에게 유익한 매체물의 제작과 지원

3. 민간의 청소년 선도·보호사업 및 청소년유해환경 개선을 위한 시민운동 지원

4. 그 밖에 청소년 선도·보호를 위한 사업으로서 대통령령으로 정하는 사업

⑦ 제1항, 제2항, 제4항 및 제5항에 따른 과징금의 부과기준, 과징금의 부과 및 납부방법, 그 밖에 과징금의 부과·징수에 필요한 사항은 대통령령으로 정한다. 〈개정 2016.3.2.〉

제8장 벌칙

제55조(벌칙)

제30조제1호의 위반행위를 한 자는 1년 이상 10년 이하의 징역에 처한다.

제56조(벌칙)

제30조제2호 또는 제3호의 위반행위를 한 자는 10년 이하의 징역에 처한다.

제57조(벌칙)

제30조제4호부터 제6호까지의 위반행위를 한 자는 5년 이하의 징역에 처한다.

제58조(벌칙)

다음 각 호의 어느 하나에 해당하는 자는 3년 이하의 징역 또는 3천만원 이하의 벌금에 처한다.

〈개정 2016.3.2., 2016.12.20.〉

1. 영리를 목적으로 제16조제1항을 위반하여 청소년에게 청소년유해매체물을 판매·대여·배포하거나 시청·관람·이용하도록 제공한 자

2. 영리를 목적으로 제22조를 위반하여 청소년을 대상으로 청소년유해매체물을 유통하게 한 자

3. 제28조제1항을 위반하여 청소년에게 제2조제4호가목4)·5)의 청소년유해약물 또는 같은 호 나목1)·2)의 청소년유해물건을 판매·대여·배포(자동기계장치·무인판매장치·통신장치를 통하여 판매·대여·배포한 경우를 포함한다)한 자

4. 제29조제1항을 위반하여 청소년을 청소년유해업소에 고용한 자

5. 제30조제7호부터 제9호까지의 위반행위를 한 자

6. 제44조제1항을 위반하여 청소년유해매체물 또는 청소년유해약물등을 수거하지 아니한 자

제59조(벌칙)

다음 각 호의 어느 하나에 해당하는 자는 2년 이하의 징역 또는 2천만원 이하의 벌금에 처한다.
〈개정 2013.3.22., 2014.3.24., 2016.1.6., 2016.3.2., 2016.12.20.〉

1. 제13조제1항 및 제28조제6항을 위반하여 청소년유해매체물 또는 청소년유해약물등에 청소년유해표시를 하지 아니한 자

2. 제14조(제28조제9항에서 준용하는 경우를 포함한다)를 위반하여 청소년유해매체물 또는 청소년유해약물등을 포장하지 아니한 자

3. 제18조를 위반하여 청소년유해매체물을 방송한 자

4. 제19조제1항을 위반하여 청소년유해매체물로서 제2조제2호차목에 해당하는 매체물 중 「옥외광고물 등의 관리와 옥외광고산업 진흥에 관한 법률」에 따른 옥외광고물을 청소년 출입·고용금지업소 외의 업소나 일반인들이 통행하는 장소에 공공연하게 설치·부착 또는 배포한 자 또는 상업적 광고선전물을 청소년의 접근을 제한하는 기능이 없는 컴퓨터 통신을 통하여 설치·부착 또는 배포한 자

5. 제26조를 위반하여 심야시간대에 16세 미만의 청소년에게 인터넷게임을 제공한 자

6. 제28조제1항을 위반하여 청소년에게 제2조제4호가목1)·2)의 청소년유해약물 또는 같은 호 나목3)의 청소년유해물건을 판매·대여·배포(자동기계장치·무인판매장치·통신장치를 통하여 판매·대여·배포한 경우를 포함한다)하거나 영리를 목적으로 무상 제공한 자

7. 제28조제2항을 위반하여 청소년의 의뢰를 받아 제2조제4호가목1)·2)의 청소년유해약물을 구입하여 청소년에게 제공한 자

7의2. 제28조제4항을 위반하여 주류등의 판매·대여·배포를 금지하는 내용을 표시하지 아니한 자

8. 제29조제2항을 위반하여 청소년을 청소년 출입·고용금지업소에 출입시킨 자

9. 제29조제6항을 위반하여 청소년유해업소에 청소년의 출입과 고용을 제한하는 내용을 표시하지 아니한 자

[시행일:2015.3.25.] 제59조제7호의2의 개정규정 중 주류등의 판매·대여·배포를 금지하는 내용의 표시에 관한 사항

제60조(벌칙)

제15조(제28조제9항에서 준용하는 경우를 포함한다)

를 위반하여 청소년유해매체물이나 청소년유해약물등의 청소년유해표시 또는 포장을 훼손한 자는 500만원 이하의 벌금에 처한다. 〈개정 2013.3.22., 2014.3.24.〉

제61조(벌칙)

① 제34조의2제5항을 위반하여 직무상 알게 된 비밀을 누설한 사람은 2년 이하의 징역 또는 2천만원 이하의 벌금에 처한다. 〈개정 2015.6.22.〉

② 제43조를 위반하여 관계 공무원의 검사 및 조사를 거부 · 방해 또는 기피한 사람은 300만원 이하의 벌금에 처한다.

[전문개정 2014.5.28.]

제62조(양벌규정)

법인의 대표자나 법인 또는 개인의 대리인, 사용인, 그 밖의 종업원이 그 법인 또는 개인의 업무에 관하여 제55조부터 제57조까지의 어느 하나에 해당하는 위반행위를 하면 그 행위자를 벌하는 외에 그 법인 또는 개인을 5천만원 이하의 벌금에 처하고, 제58조부터 제61조까지의 어느 하나에 해당하는 위반행위를 하면 그 행위자를 벌하는 외에 그 법인 또는 개인에게도 해당 조문의 벌금형을 과(科)한다. 다만, 법인 또는 개인이 그 위반행위를 방지하기 위하여 해당 업무에관하여 상당한 주의와 감독을 게을리하지 아니한 경우에는 그러하지 아니하다.

제63조(형의 감경)

제59조의 죄를 범한 자가 제45조에 따른 시정명령을 받고 이를 이행하면 그 형을 감경할 수 있다.

제64조(과태료)

① 제45조제1항제1호 · 제2호 · 제7호 · 제7호의2 · 제8호에 대한 시정명령을 이행하지 아니한 자에게는 500만원 이하의 과태료를 부과한다. 〈개정 2014.3.24.〉

② 다음 각 호의 어느 하나에 해당하는 자에게는 100만원 이하의 과태료를 부과한다.

1. 제42조에 따른 보고와 자료 제출을 요구받고도 요구에 따르지 아니한 자 또는 거짓으로 보고하거나 자료를 제출한 자

2. 제45조제1항제3호부터 제6호까지에 따른 시정명령을 이행하지 아니한 자

③ 제1항 및 제2항에 따른 과태료는 대통령령으로 정하는 바에 따라 여성가족부장관 또는 시장 · 군수 · 구청장이 부과 · 징수한다.

청소년 보호법 시행령

[시행 2017.6.21.] [대통령령 제28133호, 2017.6.20., 일부개정]

제1조(목적) 이 영은 「청소년 보호법」에서 위임된 사항과 그 시행에 필요한 사항을 규정함을 목적으로 한다.

제2조(매체물의 범위) 「청소년 보호법」(이하 "법"이라 한다) 제2조제2호카목에서 "대통령령으로 정하는 매체물"이란 사무실·가정 등 옥내(屋內)에 배포되는 광고용의 전단(傳單) 및 이와 유사한 광고 선전물을 말한다.

제3조(청소년유해약물의 결정기준) 법 제2조제4호가목5)에서 "대통령령으로 정하는 기준"이란 다음 각 호의 어느 하나에 해당하는 것을 말한다.

    1. 청소년의 정신기능에 영향을 미쳐 판단력 장애 등 일시적 또는 영구적 정신장애를 초래할 수 있는 약물일 것

    2. 청소년의 신체기능에 영향을 미쳐 정상적인 신체발육에 장애를 초래할 수 있는 약물일 것.

    3. 습관성, 중독성, 내성(耐性) 또는 금단증상 등을 유발함으로써 청소년의 정상적인 심신발달에 장애를 초래할 수 있는 약물일 것

제4조(청소년유해물건의 결정기준) ① 법 제2조제4호나목1)에서 "대통령령으로 정하는 기준"이란 다음 각 호의 어느 하나에 해당하는 것을 말한다.

    1 청소년이 사용할 경우 성 관련 신체부위의 훼손 등 신체적 부작용을 초래할 우려가 있는 물건일 것

    2. 청소년에게 인격 비하, 수간(獸姦) 등 반인륜적 성의식을 조장할 우려가 있는 물건일 것

    3. 청소년에게 음란성이나 비정상적인 성적 호기심을 유발할 우려가 있거나 지나치게 성적 자극에 빠지게 할 우려가 있는 물건일 것

② 법 제2조제4호나목2)에서 "대통령령으로 정하는 기준"이란 다음 각 호의 어느 하나에 해당하는 것을 말한다.

1. 물건의 형상·구조·기능 등이 청소년의 사용을 제한하지 아니하면 청소년의 생명·신체·재산에 해를 끼칠 우려가 있는 물건일 것

2. 물건의 형상·구조·기능 등이 청소년에게 포악성 또는 범죄의 충동을 일으킬 수 있는 것 또는 성적인 욕구를 자극하는 선정적이거나 음란한 것으로서 청소년의 건전한 심신발달에 장애를 초래할 우려가 있는 물건일 것

③ 법 제2조제4호나목3)에서 "대통령령으로 정하는 기준"이란 다음 각 호의 어느 하나에 해당하는 것을 말한다. 〈신설 2017.6.20.〉

1. 해당 물건을 매개로 청소년유해약물을 이용할 우려가 있을 것

2. 청소년유해약물과 형상·구조·기능이 유사하여 해당 물건의 반복적 이용이 청소년유해약물의 이용으로 이어질 우려가 있을 것

제5조(청소년 출입·고용금지업소의 범위) ① 법 제2조제5호가목1)에서 "대통령령으로 정하는 것"이란 다음 각 호의 어느 하나에 해당하는 영업을 말한다.

1. 일반게임제공업

2. 복합유통게임제공업. 다만, 둘 이상의 업종(1개의 기기에서 게임, 노래연습, 영화감상 등 다양한 콘텐츠를 제공하는 경우는 제외한다)을 같은 장소에서 영업하는 경우로서 제1호의 업소 및 법 제2조제5호가목2)부터 9)까지의 청소년 출입·고용금지업소가 포함되지 아니한 업소는 청소년의 출입을 허용한다.

② 법 제2조제5호가목3)에서 "대통령령으로 정하는 것"이란 단란주점영업 및 유흥주점영업을 말한다.

③ 법 제2조제5호가목5)에서 "대통령령으로 정하는 것"이란 노래연습장업을 말한다. 다만, 청소년실을 갖춘 노래연습장업의 경우에는 청소년실에 한정하여 청소년의 출입을 허용한다.

④ 법 제2조제5호가목9)에서 "청소년의 출입과 고용이 청소년에게 유해하다고 인정되는 영업으로서 대통령령으로 정하는 기준"이란 다음 각 호의 어느 하나에 해당하는 것을 말한다.

1. 영업의 형태나 목적이 주로 성인을 대상으로 한 술·노래·춤의 제공 등 유흥접객행위가 이루어지는 영업일 것

2. 주로 성인용의 매체물을 유통하는 영업일 것

3. 청소년유해매체물·청소년유해약물등을 제작·생산·유통하는 영업 중 청소년의 출입·고용이 청소년의 심신발달에 장애를 초래할 우려가 있는 영업일 것

제6조(청소년고용금지업소의 범위) ① 법 제2조제5호나목2)에서 "대통령령으로 정하는 것"이

란 다음 각 호의 어느 하나에 해당하는 영업을 말한다.

1. 숙박업. 다만, 「관광진흥법」 제3조제1항제2호나목에 따른 휴양 콘도미니엄업과 「농어촌정비법」 또는 「국제회의산업 육성에 관한 법률」을 적용받는 숙박시설에 의한 숙박업은 제외한다.

2. 목욕장업 중 안마실을 설치하여 영업을 하거나 개별실(個別室)로 구획하여 하는 영업

3. 이용업. 다만, 다른 법령에 따라 취업이 금지되지 아니한 남자 청소년을 고용하는 경우는 제외한다.

② 법 제2조제5호나목3)에서 "대통령령으로 정하는 것"이란 다음 각 호의 어느 하나에 해당하는 영업을 말한다.

1. 휴게음식점영업으로서 주로 차 종류를 조리·판매하는 영업 중 종업원에게 영업장을 벗어나 차 종류 등을 배달·판매하게 하면서 소요 시간에 따라 대가를 받게 하거나 이를 조장 또는 묵인하는 형태로 운영되는 영업

2. 일반음식점영업 중 음식류의 조리·판매보다는 주로 주류의 조리·판매를 목적으로 하는 소주방·호프·카페 등의 형태로 운영되는 영업

③ 법 제2조제5호나목5)에서 "대통령령으로 정하는 영업"이란 「화학물질관리법」 제27조제5호에 따른 유해화학물질 사용업 중 유해화학물질을 직접 사용하지 아니하는 장소에서 이루어지는 영업을 말한다. 〈개정 2014.12.9.〉

④ 법 제2조제5호나목7)에서 "대통령령으로 정하는 기준"이란 다음 각 호의 어느 하나에 해당하는 것을 말한다.

1. 청소년유해매체물 또는 청소년유해약물등을 제작·생산·유통하는 영업으로서 청소년이 고용되어 근로할 경우에 청소년유해매체물 또는 청소년유해약물등에 쉽게 접촉되어 고용 청소년의 건전한 심신발달에 장애를 초래할 우려가 있는 영업일 것

2. 외관상 영업행위가 성인·청소년 모두를 대상으로 하지만 성인 대상의 영업이 이루어짐으로써 고용 청소년에게 유해한 근로행위를 요구할 것이 우려되는 영업일 것

제7조(청소년유해매체물의 심의·결정 및 통보) ① 법 제36조에 따른 청소년보호위원회(이하 "청소년보호위원회"라 한다) 및 법 제7조제1항 단서에 따른 다른 법령에 따라 해당 매체물의 윤리성·건전성을 심의할 수 있는 기관(이하 "각 심의기관"이라 한다)은 법 제7조제1항·제3항 및 제5항에 따라 매체물을 청소년유해매체물로 결정하였을 때에는 지체 없이 그 이유를 명시하여 법 제13조제1항에 따른 청소년유해표시를 하여야 할 의무자와 제14조제2항에 따라 청소년유해매체물을 포장하여야 할 의무자에게 각각 그 사실을 통보하여야 한다. 이 경우 통보는 우편으로 하는 것

을 원칙으로 하되, 주소불명 등으로 우편에 의한 통보가 불가능한 경우에는 청소년유해매체물의 결정 내용을 여성가족부 또는 각 심의기관의 인터넷 홈페이지에 게시하여야 한다.

〈개정 2013.9.17.〉

② 청소년보호위원회는 법 제7조제2항에 따라 심의를 요청하는 경우에 해당 매체물이 둘 이상의 기관에 관계되는 매체물인 경우에는 관계되는 각 심의기관의 의견을 들어 주로 관련되는 심의기관에 심의를 요청하여야 한다.

③ 다음 각 호의 어느 하나에 해당하는 자는 청소년에게 유해한 매체물이 유통되고 있다고 인정하는 경우에는 여성가족부령으로 정하는 바에 따라 해당 매체물을 청소년유해매체물로 결정하여 줄 것을 청소년보호위원회 또는 각 심의기관에 신청할 수 있다. 이 경우 청소년보호위원회는 해당 매체물이 각 심의기관의 소관에 속하는 것이면 각 심의기관에 그 결정을 의뢰하여야 한다.

1. 법 제21조제3항에 따른 관계기관등

2. 해당 매체물이 청소년에게 유해하다고 인정하는 30명 이상의 서명을 받은 자

3. 매체물의 소비자 또는 이용자를 보호하기 위한 목적으로 국가 또는 지방자치단체에 허가 · 등록 · 신고 등을 한 비영리민간단체

④ 제3항에 따라 신청을 받은 청소년보호위원회 또는 각 심의기관은 해당 매체물이 청소년유해매체물인지 여부를 신속히 결정하여 신청인에게 그 결과를 지체 없이 서면으로 통지하여야 한다.

제8조(등급 구분의 종류 · 방법) ① 청소년보호위원회와 각 심의기관은 법 제8조제1항에 따라 청소년유해매체물로 심의 · 결정되지 아니한 매체물에 대하여 다음 각 호의 구분에 따라 매체물의 등급을 구분할 수 있다. 다만, 각 심의기관에서 소관 매체물에 대하여 별도로 등급을 구분하고 있는 경우에는 그러하지 아니하다.

1. 9세 이상 가: 9세 이상 청소년이 이용할 수 있는 매체물

2. 12세 이상 가: 12세 이상 청소년이 이용할 수 있는 매체물

3. 15세 이상 가: 15세 이상 청소년이 이용할 수 있는 매체물

② 제1항에 따른 등급 구분의 기준은 청소년보호위원회 또는 각 심의기관이 정한다.

③ 삭제〈2016.1.6.〉

제9조(청소년유해매체물의 심의 기준) 법 제9조제3항에 따른 청소년 유해매체물의 구체적인 심의 기준은 별표 2와 같다.

제10조(유해매체물의 자율규제) ① 법 제11조제1항 · 제4항 및 제6항의 규정에 따른 매체물과

관련된 단체는 다음 각 호와 같다.

    1. 매체물의 창작·제작 및 유통과 관련된 단체·협회 또는 이들로 구성된 협의체

    2. 그 밖에 매체물의 유해 여부를 심의할 수 있는 자체 심의기구를 두고 있는 법인 또는 단체

  ② 법 제11조제1항에 따른 매체물의 제작자·발행자, 유통행위자 또는 매체물과 관련된 단체(이하 "자율규제단체등"이라 한다)가 청소년 유해 여부의 확인을 요청하려는 경우에는 여성가족부령으로 정하는 신청서에 관계 서류를 첨부하여 청소년보호위원회 또는 각 심의기관에 제출하여야 한다.

  ③ 제2항에 따라 매체물에 대한 청소년 유해 여부의 확인 요청을 받은 청소년보호위원회 또는 각 심의기관은 해당 매체물에 대하여 청소년유해매체물 여부에 관한 확인을 하였을 때에는 지체 없이 그 이유를 명시하여 법 제13조제1항에 따른 청소년유해표시 의무자와 제14조에 따른 포장의무자에게 그 사실을 통보하여야 한다. 이 경우 통보의 방법에 관하여는 제7조제1항 후단을 준용한다.　　　　　　　　　　　　　　　　　　　　　　　　　〈개정 2013.9.17.〉

  ④ 법 제11조제6항에서 "청소년보호위원회나 각 심의기관의 최종 결정이 있을 때"란 청소년보호위원회 또는 각 심의기관이 청소년유해매체물로 결정 또는 확인하고 여성가족부장관이 법 제21조에 따라 청소년유해매체물로 고시한 날을 말한다.

제11조(자율규제단체등의 지원) 청소년보호위원회와 각 심의기관은 자율규제단체등의 자율심의를 활성화하고 그 전문성을 높이기 위하여 필요한 경우에는 자율규제단체등에 대하여 다음 각 호의 지원을 할 수 있다.　　　　　　　　　　　　　　　　　　　　　〈개정 2016.1.6.〉

    1. 자율규제단체등이 적용할 심의 기준 및 방법 등에 관한 교육·홍보

    2. 자율규약의 제정·개정

    3. 그 밖에 자율심의 활성화와 전문성 강화를 위하여 필요하다고 인정하는 사항

제12조 삭제 〈2013.9.17.〉

제13조(청소년유해표시의 종류·방법) ① 법 제13조제1항에 따른 청소년유해표시 의무자는 법 제21조제2항에 따른 청소년유해매체물의 고시가 있으면 지체 없이 별표 4에서 정하는 바에 따라 누구나 쉽게 알아볼 수 있는 방법으로 청소년유해표시를 하여야 한다. 다만, 다른 법령에서 유해시방법을 정하고 있는 경우에는 그 법령에서 정하는 바에 따른다.　　　　〈개정 2013.9.17.〉

  ② 청소년유해표시가 되지 아니한 청소년유해매체물을 유통의 목적으로 소지하고 있는 자는 법 제13조제1항에 따른 청소년유해표시 의무자에게 지체 없이 청소년유해표시를 하여 줄 것을 요

구하거나 직접 청소년유해표시를 하여 유통시킬 수 있다. 〈개정 2013.9.17.〉

제14조(청소년유해매체물의 포장) ① 법 제14조제1항 전단에 따라 포장하여야 할 청소년유해매체물은 다음 각 호의 어느 하나에 해당하는 것으로 한다. 다만, 해당 매체물을 대여하여 반환받는 것에 대해서는 그러하지 아니하다.

1. 법 제2조제2호사목에 해당하는 것(인터넷신문 및 인터넷뉴스서비스는 제외한다)
2. 법 제2조제2호아목에 해당하는 것(전자간행물은 제외한다)
3. 법 제2조제2호자목에 해당하는 것(전자출판물은 제외한다)

② 제1항에 따른 청소년유해매체물을 포장하여야 할 의무자는 이를 발행하거나 제작·수입한 자로 한다.

③ 제2항에 따른 포장의무자는 법 제21조에 따른 청소년유해매체물의 고시가 있는 경우에는 지체 없이 청소년유해매체물을 포장하여야 한다.

④ 청소년유해매체물의 포장은 포장에 이용된 용지 등을 뜯거나 훼손하지 아니하고는 그 내용물을 열람할 수 없는 방법으로 하여야 한다. 이 경우 청소년보호위원회 및 각 심의기관이 매체물의 겉표지가 법 제9조에 따른 심의 기준에 따라 청소년에게 유해한 것으로 따로 결정하여 여성가족부장관이 고시하는 매체물에 대해서는 제호를 제외한 겉표지의 내용이 보이지 아니하도록 불투명한 용지를 사용하여 포장하여야 한다.

⑤ 포장이 되어 있지 아니한 청소년유해매체물을 유통의 목적으로 소지하고 있는 자는 제2항에 따른 포장의무자에게 지체 없이 포장을 하여 줄 것을 요구하거나 직접 포장을 하여 유통시킬 수 있다.

제15조(포장에 준하는 보호조치) ① 법 제14조제1항 후단에 따라 포장에 준하는 보호조치를 하여야 할 청소년유해매체물은 법 제2조제2호마목에 따른 매체물, 같은 호 사목에 따른 인터넷신문·인터넷뉴스서비스, 같은 호 아목에 따른 전자간행물 및 같은 호 자목에 따른 전자출판물 등 전자적 형태로 정보통신망을 통하여 유통되는 것을 말한다.

② 제1항에 따른 청소년유해매체물에 법 제14조제1항 후단에 따른 포장에 준하는 보호조치를 하여야 하는 자는 영리를 목적으로 「전기통신사업법」 제2조제8호에 따른 전기통신사업자가 제공하는 전기통신역무를 이용하여 전자적 형태의 청소년유해매체물을 제공하거나 제공을 매개하는 자로 한다.

③ 법 제14조제1항 후단에 따른 포장에 준하는 보호조치는 법 제16조제1항에 따라 매체물 이용자의 나이 및 본인 여부를 확인하기 전에 제공되는 매체물의 정보를 통하여 청소년에게 유해한 부

호 · 문언 · 음향 또는 영상정보 등이 제공되지 않도록 하는 것으로 한다.

제16조(판매 금지 등) 법 제16조제1항에 따라 청소년에게 판매 · 대여 · 배포하거나 시청 · 관람 · 이용(이하 "판매등"이라 한다)에 제공하는 것이 금지되는 청소년유해매체물은 법 제2조제2호 가목부터 마목까지 및 사목부터 카목까지의 규정에 해당하는 청소년유해매체물을 말한다.

제17조(나이 및 본인 여부 확인방법) ①법 제16조제1항에 따라 청소년유해매체물을 판매등에 제공하는 경우에는 다음 각 호의 어느 하나에 해당하는 수단이나 방법으로 그 상대방의 나이 및 본인 여부를 확인하여야 한다. 〈개정 2016.1.6.〉

　　1. 대면(對面)을 통한 신분증 확인이나 팩스 또는 우편으로 수신한 신분증 사본 확인

　　2. 「전자서명법」 제2조제8호에 따른 공인인증서

　　3. 「정보통신망 이용촉진 및 정보보호 등에 관한 법률」 제23조의2제2항에 따른 주민등록번호를 사용하지 아니하고 본인을 확인하는 방법

　　4. 「개인정보 보호법」 제24조제2항에 따라 주민등록번호를 사용하지 아니하고 회원으로 가입할 수 있는 방법

　　5. 신용카드를 통한 인증

　　6. 휴대전화를 통한 인증. 이 경우 휴대전화를 통한 문자전송, 음성 자동응답 등의 방법을 추가하여 나이 및 본인 여부를 확인하여야 한다.

　②제1항에도 불구하고 정보통신망(「정보통신망 이용촉진 및 정보보호 등에 관한 법률」 제2조제1항제1호에 따른 정보통신망을 말한다)을 통하여 전자적 형태의 청소년유해매체물을 판매등에 제공하는 인터넷 사이트 등에 회원으로 가입한 상대방에 대하여 제1항에 따라 그 상대방의 나이 및 본인 여부를 확인한 경우에는 그 확인 후 1년까지는 해당 인터넷 사이트 등에 가입된 회원임을 확인하는 방법으로 제1항에 따른 확인을 갈음할 수 있다. 〈신설 2016.1.6.〉

제18조(구분 · 격리 방법) ① 법 제17조제1항에 따라 청소년유해매체물을 구분 · 격리하여야 하는 자는 청소년유해매체물이 구분 · 격리된 장소 또는 시설에 별표 5에 따른 방법으로 청소년에 대하여 해당 매체물의 판매나 대여가 금지된 것임을 나타내는 표시를 부착하여야 한다.

　② 청소년유해매체물을 구분 · 격리하여 전시 · 진열할 장소 또는 시설은 그 업소에서 영업자가 육안으로 확인할 수 있으면서 청소년의 이용을 통제하기 가장 쉬운 곳이어야 한다.

제19조(청소년 시청 보호시간대) ① 법 제18조에 따라 청소년유해매체물을 방송해서는 아니

되는 방송시간은 평일은 오전 7시부터 오전 9시까지와 오후 1시부터 오후 10시까지로 하고, 토요일과 「관공서의 공휴일에 관한 규정」 제2조에 따른 공휴일 및 여성가족부장관이 정하여 고시하는 「초·중등교육법」 제2조에 따른 초등학교·중학교·고등학교의 방학기간에는 오전 7시부터 오후 10시까지로 한다. 다만, 「방송법」에 따른 방송 중 시청자와의 계약에 의하여 채널별로 대가를 받고 제공하는 방송의 경우에는 오후 6시부터 오후 10시까지로 한다.

② 제1항에 따른 방송시간에 방송되는 청소년유해매체물의 예고 방송에는 법 제9조제1항 각 호에 따른 내용을 포함해서는 아니 된다.

제20조(정보통신망을 통한 청소년유해매체물 제공자 등의 공표) ① 여성가족부장관이 법 제23조제1항에 따라 청소년유해매체물의 제작자·발행자 또는 유통행위자 등의 업체명·대표자명·위반행위의 내용 등을 공표하려는 경우에는 청소년보호위원회의 심의·의결을 거쳐야 한다.

② 제1항에 따른 공표는 관보에 게재하거나 여성가족부 인터넷 홈페이지에 게시하는 방법으로 한다.

③ 여성가족부장관은 제1항에 따른 청소년보호위원회의 심의·의결을 하기 20일 전까지 정보 공표 대상자에게 해당 공표에 대한 의견을 제출할 것을 통지하여야 하고, 정보 공표 대상자는 통지를 받은 날부터 10일 이내에 서면으로 의견을 제출하여야 한다.

제21조(인터넷게임 제공시간 제한에 관한 평가 및 개선 등 조치) ① 여성가족부장관은 법 제26조제1항에 따른 심야시간대 제공이 제한되는 인터넷게임물의 범위가 적절한지를 평가하기 위하여 다음 각 호의 사항을 고려한 평가기준을 마련하고 그에 따른 평가 및 개선방안을 수립하여야 한다.

1. 게임의 유형, 내용 및 사용하는 기기 등을 고려한 평가 대상 게임물

2. 게임물의 과도한 이용을 유발하는 요인 등 평가 사항

② 여성가족부장관은 제1항에 따른 평가를 위하여 청소년 인터넷게임 중독(인터넷게임의 지나친 이용으로 인하여 인터넷게임 이용자가 일상생활에서 쉽게 회복할 수 없는 신체적·정신적·사회적 기능 손상을 입은 것을 말한다. 이하 같다) 예방에 관하여 전문지식과 식견이 있는 사람으로서 청소년·정보통신·게임·교육·상담·의료 등의 분야에 종사하는 전문가 및 문화체육관광부 소속 공무원 등 15명 이내로 구성된 평가자문단을 여성가족부에 둘 수 있다.

③ 여성가족부장관은 제1항 및 제2항에 따라 평가한 결과에 따라 심야시간대 인터넷게임의 제공시간 제한 대상 게임물의 범위를 조정하는 등 개선 등의 조치를 하여야 한다.

④ 여성가족부장관은 제1항에 따른 기준과 제3항에 따라 조치한 내용을 고시하여야 한다.

제22조(심각한 인터넷게임 중독의 우려가 없는 기기) 법률 제11048호 청소년보호법 전부개정법률 부칙 제1조 단서에서 "제26조제1항의 개정규정에 따른 인터넷게임 중 심각한 인터넷게임 중독의 우려가 없는 것으로서 대통령령으로 정하는 기기"란 다음 각 호의 어느 하나에 해당하는 기기를 말한다.

1. 「전기통신사업법」 제5조제3항제1호에 따른 기간통신사업자가 제공하는 이동통신 서비스를 이용하는 이동통신 단말기기

2. 「전기통신사업법」 제5조제3항제1호에 따른 기간통신사업자가 무선으로 제공하는 기간통신역무를 이용할 수 있는 휴대용 정보 단말기기

3. 「게임산업진흥에 관한 법률」 제25조제1항제4호에 따른 게임기기 자체만으로는 오락을 할 수 없는 기기. 다만, 「정보통신망 이용촉진 및 정보보호 등에 관한 법률」 제2조제1항제1호에 따른 정보통신망을 통하여 게임물을 유료로 제공받는 경우는 제외한다.

제23조(인터넷게임 중독 등의 피해 청소년 지원) ① 여성가족부장관은 법 제27조제1항에 따라 다음 각 호의 사업을 할 수 있다.

1. 청소년의 인터넷게임 중독 여부 진단
2. 청소년의 인터넷게임 중독 예방을 위한 교육·상담 및 프로그램 개발·운영
3. 인터넷게임 중독 청소년의 치료·재활을 위한 프로그램의 개발·운영
4. 인터넷게임 중독 청소년의 치료·재활을 위하여 협력하는 병원의 지정
5. 「청소년기본법」 제22조에 따른 청소년상담사 등에 대한 인터넷게임 중독 전문상담 교육

② 여성가족부장관은 제1항 각 호의 사업을 수행하기 위하여 관련 기관 및 단체의 장에게 자료의 제출 등 협조를 요청할 수 있다.

③ 여성가족부장관은 제1항 각 호의 사업을 「청소년기본법」 제3조제8호에 따른 청소년단체 중 청소년 보호를 주된 사업으로 하는 단체에 위탁할 수 있다.

제24조(청소년유해약물등의 판매·대여 등) 법 제28조제1항 단서에서 "대통령령으로 정하는 경우"란 다음 각 호의 경우를 말한다.

1. 청소년의 친권자·후견인·교사, 직장의 감독자 그 밖에 해당 청소년을 보호·감독할 수 있는 실질적인 지위에 있는 자가 청소년유해약물등을 교육 또는 실험용으로 사용할 것임을 전화 등을 통하여 확인한 경우

2. 「의료법」 제18조에 따라 의사나 치과의사로부터 발급받은 처방전에 청소년유해약물등이 포함되어 있는 경우

제25조(청소년유해약물등의 청소년유해표시) ① 법 제28조제4항 각 호 외의 부분 본문에 따른 주류 또는 담배의 판매 · 대여 · 배포 금지내용의 표시문구 및 크기 등은 별표 6과 같다.

〈신설 2015.3.17.〉

② 법 제28조제6항에 따른 청소년유해표시 의무자는 별표 7에서 정하는 바에 따라 누구나 쉽게 알아볼 수 있는 방법으로 청소년유해표시를 하여야 한다. 다만, 다른 법령에서 유해표시방법을 정하고 있는 경우에는 그 법령에 따른다.　　　　　　〈개정 2013.9.17., 2015.3.17.〉

③ 청소년유해표시가 되지 아니한 청소년유해약물등을 유통의 목적으로 소지하고 있는 자는 법 제28조제6항에 따른 청소년유해표시 의무자에게 지체 없이 청소년유해표시를 하여 줄 것을 요구하거나 직접 청소년유해표시를 하여 유통시킬 수 있다.　　　　〈개정 2013.9.17., 2015.3.17.〉

제26조(청소년유해약물등의 포장) ① 법 제28조제9항에 따라 포장하여야 할 청소년유해약물등은 법 제2조제4호나목1)에 해당하는 청소년유해물건으로 한다.　　〈개정 2013.9.17., 2015.3.17.〉

② 제1항에 따른 청소년유해물건을 포장하여야 하는 의무자는 이를 제작하거나 수입한 자로 한다.

③ 청소년유해물건의 포장은 포장에 이용되는 용지 등을 뜯거나 훼손하지 아니하고는 그 내용물을 알 수 없는 방법으로 하여야 한다.

④ 포장이 되어 있지 아니한 청소년유해약물등을 유통의 목적으로 소지하고 있는 자는 제2항에 따른 포장의무자에게 지체 없이 포장을 하여 줄 것을 요구하거나 직접 포장을 하여 유통시킬 수 있다.

제27조(친권자등을 동반한 청소년의 출입 허용 등) ① 법 제29조제3항에서 "대통령령으로 정하는 설비"란 다음 각 호의 어느 하나에 해당하는 신분증으로 출입자의 나이를 확인하고, 해당 신분증의 진위여부를 지문대조, 안면대조 등의 전자식별방식으로 확인할 수 있는 설비를 말한다.

〈신설 2017.6.20.〉

1. 「주민등록법」 에 따른 주민등록증
2. 「도로교통법」 에 따른 자동차 운전면허증
3. 「여권법」 에 따른 여권
4. 「출입국관리법」 에 따른 외국인등록증
5. 「장애인복지법」 에 따른 장애인등록증

② 법 제29조제5항 본문에 따라 청소년이 청소년에 대하여 친권을 행사하는 사람 또는 친권자를 대신하여 청소년을 보호하는 사람(이하 "친권자등"이라 한다)을 동반한 경우에는 청소년 출

입·고용금지업소의 업주 및 종사자는 청소년과 친권자등과의 관계를 확인하여야 한다.

〈개정 2017.6.20.〉

③ 법 제29조제5항 단서에서 "대통령령으로 정하는 업소"란 단란주점영업소 및 유흥주점영업소를 말한다.

〈개정 2017.6.20.〉

제28조(청소년 출입·고용 제한 표시) 법 제29조제6항에 따라 청소년 출입·고용금지업소(청소년실을 갖춘 노래연습장업소를 제외한다)의 업주 및 종사자는 해당 업소의 출입구 중 가장 잘 보이는 곳에 별표 8에 따른 방법으로 청소년의 출입·이용과 고용을 제한하는 내용의 표지를 부착하여야 한다.

〈개정 2017.6.20.〉

제29조(청소년 통행금지구역 등의 설정) 법 제31조에 따른 청소년 통행금지구역은 청소년의 통행을 24시간 금지하는 구역으로 하고, 청소년 통행제한구역은 청소년의 통행을 일정 시간 제한하는 구역으로 한다. 다만, 친권자, 후견인, 교사 그 밖에 해당 청소년을 보호할 수 있는 보호자를 동반하는 때에는 통행할 수 있다.

제30조(청소년보호종합대책의 수립·시행) ① 법 제33조제1항에 따른 청소년 유해환경으로부터 청소년을 보호하기 위한 대책(이하 "종합대책"이라 한다)에는 다음 각 호의 사항이 포함되어야 한다.

1. 청소년유해매체물·청소년유해약물등의 규제, 청소년유해업소로부터 청소년의 보호 등 청소년유해환경의 개선에 관한 사항
2. 인터넷의 건전성 확보 및 인터넷 중독 예방·치료와 재활에 관한 사항
3. 청소년폭력·학대 등 청소년을 대상으로 한 유해행위 예방에 관한 사항
4. 청소년유해환경에 대한 점검·단속에 관한 사항
5. 그 밖에 청소년 보호를 위해 여성가족부장관이 필요하다고 인정하는 사항

② 여성가족부장관은 법 제33조제3항에 따라 종합대책을 수립하기 위하여 필요한 경우 관계 중앙행정기관의 장 및 지방자치단체의 장에게 소관별 대책을 수립하고 이를 제출하여 줄 것을 요청할 수 있다.

③ 여성가족부장관, 관계 중앙행정기관의 장 및 지방자치단체의 장은 종합대책에 따른 연도별 시행계획을 수립·시행하고, 여성가족부장관은 관계 중앙행정기관의 장 및 지방자치단체의 장에게 연도별 시행계획 및 전년도 추진실적을 통보하여 줄 것을 요청할 수 있다.

제31조(청소년보호종합대책 점검회의 구성 및 운영 등) ① 여성가족부장관은 법 제33조제2항에 따라 종합대책을 효과적으로 추진하고 관계 기관 간의 협력을 도모하기 위하여 매년 1회 이상 점검회의를 소집한다.

② 제1항에 따른 점검회의의 위원장은 여성가족부차관이 되고, 위원은 관계 중앙행정기관의 장이 소속 고위공무원단에 속하는 공무원 중에서 지명하는 사람과 특별시장·광역시장·특별자치시장·도지사·특별자치도지사가 소속 국장급 공무원 중에서 지명하는 사람으로 한다.

〈개정 2013.9.17.〉

제31조의2(청소년 전문 치료기관의 지정) ① 여성가족부장관은 법 제34조의2제1항에 따라 다음 각 호의 인력, 장비 및 시설을 갖춘 의료기관(「의료법」 제3조에 따른 의료기관을 말한다. 이하 같다)을 청소년 환각물질 중독 전문 치료기관(이하 "청소년 전문 치료기관"이라 한다)으로 지정할 수 있다.

1. 중독정신의학 전문의 또는 청소년정신의학 전문의
2. 심리검사에 필요한 인력
3. 혈청분석기 및 뇌파검사기
4. 그 밖에 환각물질 중독 청소년의 치료와 재활에 필요한 것으로서 여성가족부장관이 정하여 고시하는 시설 및 장비

② 여성가족부장관은 제1항에 따라 청소년 전문 치료기관을 지정하려는 경우에는 지정계획을 수립하여 공고하여야 한다.

③ 청소년 전문 치료기관으로 지정받으려는 의료기관은 여성가족부령으로 정하는 지정신청서에 다음 각 호의 서류를 첨부하여 여성가족부장관에게 제출하여야 한다.

1. 청소년 환각물질 중독 치료·재활 관련 사업계획서
2. 제1항 각 호의 인력, 장비 및 시설의 보유현황을 확인할 수 있는 서류

④ 여성가족부장관은 제3항에 따라 지정신청을 한 의료기관을 청소년 전문 치료기관으로 지정하는 경우에는 여성가족부령으로 정하는 지정서를 발급하여야 한다.

⑤ 제4항에 따른 지정의 유효기간은 3년으로 한다.

⑥ 제4항에 따라 청소년 전문 치료기관으로 지정받은 의료기관이 재지정을 받으려는 경우에는 제5항에 따른 유효기간이 만료되기 3개월 전까지 여성가족부장관에게 재지정을 신청하여야 한다. 이 경우 재지정의 기준·절차 및 유효기간에 관하여는 제1항 및 제3항부터 제5항까지의 규정을 준용한다.

⑦ 여성가족부장관은 청소년 전문 치료기관으로 지정받은 의료기관에 대하여 재지정을 받으려

면 유효기간이 만료되기 3개월 전까지 재지정을 신청하여야 한다는 사실을 유효기간이 만료되기 6개월 전까지 알려 주어야 한다.

[본조신설 2015.5.26.]

제31조의3(청소년 전문 치료기관의 지정 취소) ① 여성가족부장관은 청소년 전문 치료기관으로 지정받은 의료기관이 다음 각 호의 어느 하나에 해당하는 경우에는 그 지정을 취소할 수 있다. 다만, 제1호에 해당하는 경우에는 지정을 취소하여야 한다.

1. 거짓이나 그 밖의 부정한 방법으로 지정을 받은 경우

2. 제31조의2제1항에 따른 지정기준에 적합하지 아니하게 된 경우

② 청소년 전문 치료기관의 장은 제1항에 따라 지정이 취소된 경우에는 지정서를 여성가족부장관에게 반납하여야 한다.

[본조신설 2015.5.26.]

제31조의4(환각물질 중독 판별 검사) ① 법 제34조의2제2항 전단에서 "본인, 친권자 등 대통령령으로 정하는 사람"이란 다음 각 호의 어느 하나에 해당하는 사람을 말한다.

1. 본인

2. 친권자

3. 직계존속

4. 미성년후견인

② 제1항에 따른 사람은 법 제34조의2제2항 전단에 따라 환각물질 중독 여부 판별 검사를 신청하려는 경우에는 여성가족부령으로 정하는 판별 검사 신청서를 여성가족부장관에게 제출하여야 한다.

③ 법원 또는 검사는 법 제34조의2제2항 전단에 따라 「소년법」에 따른 법원의 보호처분결정 또는 검사의 조건부기소유예처분 등을 받은 청소년에 대하여 필요하다고 인정되는 경우에는 여성가족부장관에게 환각물질 중독 여부 판별 검사를 의뢰할 수 있다.

④ 여성가족부장관은 제2항에 따른 신청을 받거나 제3항에 따른 의뢰를 받은 경우에는 판별 검사 실시 여부를 결정하고, 그 결과를 신청인 또는 의뢰인에게 알려야 한다.

⑤ 여성가족부장관은 제4항에 따라 판별 검사를 실시하기로 결정한 경우에는 청소년 전문 치료기관의 장에게 해당 청소년에 대한 환각물질 중독 여부 판별 검사를 실시하여 줄 것을 요청하여야 한다.

⑥ 청소년 전문 치료기관의 장은 제5항에 따른 요청을 받은 경우에는 해당 청소년에 대한 환각

물질 중독 여부 판별 검사를 실시하여야 하며, 그 결과를 판별 검사 완료일부터 7일 이내에 여성가족부장관에게 보고하고 신청인 또는 의뢰인에게 알려야 한다.

[본조신설 2015.5.26.]

제31조의5(환각물질 중독 치료 및 재활) ① 법 제34조의2제3항 전단에서 "본인, 친권자 등 대통령령으로 정하는 사람"이란 다음 각 호의 어느 하나에 해당하는 사람을 말한다.

1. 본인

2. 친권자

3. 직계존속

4. 미성년후견인

② 제1항에 따른 사람은 법 제34조의2제3항 전단에 따라 환각물질 중독 치료 및 재활을 신청하려는 경우에는 여성가족부령으로 정하는 환각물질 중독 치료 및 재활 신청서를 여성가족부장관에게 제출하여야 한다.

③ 법원 또는 검사는 법 제34조의2제3항 전단에 따라 「소년법」에 따른 법원의 보호처분결정 또는 검사의 조건부기소유예처분 등을 받은 청소년에 대하여 필요하다고 인정되는 경우에는 여성가족부장관에게 환각물질 중독 치료 및 재활을 의뢰할 수 있다.

④ 여성가족부장관은 제2항에 따른 신청을 받거나 제3항에 따른 의뢰를 받은 경우에는 치료 및 재활 실시 여부를 결정하고, 그 결과를 신청인 또는 의뢰인에게 알려야 한다.

⑤ 여성가족부장관은 제4항에 따라 치료 및 재활을 실시하기로 결정한 경우에는 청소년 전문 치료기관의 장에게 해당 청소년에 대한 치료 및 재활을 실시하여 줄 것을 요청하여야 한다.

⑥ 청소년 전문 치료기관의 장은 제5항의 요청에 따라 환각물질 중독 청소년에 대하여 치료 및 재활을 실시한 경우에는 그 결과를 치료 및 재활 기간(제8항 및 제9항에 따라 치료 및 재활 기간을 연장한 경우에는 연장한 기간을 말한다. 이하 이 항에서 같다)이 끝나기 10일 전까지 여성가족부장관에게 보고하고 신청인 또는 의뢰인에게 알려야 한다.

⑦ 제6항에도 불구하고 청소년 전문 치료기관의 장은 치료 및 재활 기간이 끝나기 전에 해당 청소년이 완치되었다고 인정하는 경우에는 그 결과를 치료 및 재활이 종료된 날부터 10일 이내에 여성가족부장관에게 보고하고 신청인 또는 의뢰인에게 알려야 한다.

⑧ 청소년 전문 치료기관의 장은 법 제34조의2제3항 후단에 따라 치료 및 재활 기간을 연장할 필요가 있는 경우에는 그 기간이 끝나기 10일 전까지 여성가족부령으로 정하는 치료 및 재활 기간 연장 요청서를 여성가족부장관에게 제출하여야 한다.

⑨ 여성가족부장관은 제8항에 따른 요청서를 제출받은 경우에는 치료 및 재활 기간 연장 여부

를 결정하고, 그 결과를 청소년 전문 치료기관의 장과 신청인 또는 의뢰인에게 알려야 한다.
　[본조신설 2015.5.26.]

　　제32조(청소년 보호 · 재활센터의 사업) 법 제35조제1항에 따른 청소년 보호 · 재활센터는 다음 각 호의 사업을 시행한다.
　　1. 학습 · 정서 · 행동상의 장애를 가진 청소년에 대한 보호 · 상담 및 치료 · 재활 지원
　　2. 약물 또는 인터넷 중독 청소년에 대한 보호 · 상담 및 치료 · 재활 지원
　　3. 청소년유해환경으로 인한 피해 청소년 실태 파악 및 지원을 위한 조사 · 연구, 치료 프로그램 개발 및 자료 구축 · 관리
　　4. 그 밖에 청소년유해환경으로 인한 피해 예방, 상담 및 치료 · 재활을 위해 필요하다고 여성가족부장관이 인정하는 사항

　　제33조(청소년보호위원회의 운영 등) ① 청소년보호위원회 위원장은 위원회를 소집하고 그 의장이 된다.
　　② 제1항에 따라 청소년보호위원회 위원장이 회의를 소집하려는 경우에는 회의 개최 5일 전까지 회의의 일시 · 장소 및 안건을 각 위원에게 문서(전자문서를 포함한다)로 통지하여야 한다. 다만, 긴급한 경우에는 그러하지 아니하다.
　　③ 이해관계인 및 관련 전문가 등의 의견 청취, 의결서 작성 등 청소년보호위원회 심의 · 결정의 전문성과 효율성을 높이기 위하여 필요한 사항은 청소년보호위원회 위원장이 청소년보호위원회의 의결을 거쳐 정할 수 있다.
　　④ 청소년보호위원회의 회의는 공개한다. 다만, 청소년보호위원회가 필요하다고 인정하는 경우에는 공개하지 아니할 수 있다.
　　⑤ 위원회에 출석하는 위원에게는 예산의 범위에서 수당과 여비를 지급할 수 있다. 다만, 공무원인 위원이 그 소관 업무와 직접적으로 관련되어 출석하는 경우에는 그러하지 아니하다.

　　제34조(유해매체물 심의분과위원회의 구성 및 운영 등) ① 법 제41조의2에 따른 유해매체물 심의 분과위원회(이하 "심의분과위원회"라 한다)는 매체물별로 둘 수 있다.
　　② 심의분과위원회는 위원장 1명을 포함하여 13명 이내의 위원으로 구성한다.
　　③ 심의분과위원회의 위원은 해당 매체물 또는 청소년 분야에 관하여 전문지식과 식견을 갖춘 사람 중에서 여성가족부장관이 위촉하고, 위원장은 위원 중에서 호선(互選)한다.
　　④ 심의분과위원회 위원의 임기는 2년으로 한다.

⑤ 심의분과위원회 회의는 재적위원 과반수의 출석으로 개의(開議)하고, 출석위원 과반수의 찬성으로 의결한다.

⑥ 제1항부터 제5항까지에서 규정한 사항 외에 심의분과위원회의 구성 및 운영 등에 필요한 사항은 심의분과위원회의 의결을 거쳐 위원장이 정한다.

제35조(위원의 해촉) 여성가족부장관은 심의분과위원회의 위원이 다음 각 호의 어느 하나에 해당하는 경우 그 위원을 해촉할 수 있다.

1. 심신 장애로 인하여 직무를 수행할 수 없게 된 경우
2. 직무와 관련한 형사 사건으로 기소된 경우
3. 직무 태만, 품위 손상, 그 밖의 사유로 위원으로서 직무를 수행하기에 적합하지 아니하다고 인정하는 경우

제36조(보고 등) 여성가족부장관 또는 시장·군수·구청장(자치구의 구청장을 말한다. 이하 같다)이 법 제42조에 따라 보고 또는 자료 제출을 요구할 때에는 다음 각 호의 사항이 기재된 서면으로 하여야 한다.

1. 법 제42조에 따라 확인하려는 사항과 관련하여 보고 또는 제출하여야 할 내용 및 자료의 내역
2. 보고 또는 자료 제출의 일시
3. 보고 또는 제출하여야 할 자료

제37조(검사 및 조사의 장소) 법 제43조제1항에서 "대통령령으로 정하는 장소"란 사업자 또는 사업자 단체의 사무소·사업장과 여성가족부장관 또는 시장·군수·구청장이 지정하는 장소를 말한다.

제38조(수거 의무자 등) ① 여성가족부장관 또는 시장·군수·구청장은 법 제44조제1항에 따라 청소년유해매체물 및 청소년유해약물등에 대한 수거를 명할 때에는 해당 청소년유해매체물 및 청소년유해약물등의 소유자에게 그 수거를 명하되, 소유자를 알 수 없는 경우에는 유통 행위자에게 명하여야 한다.

② 여성가족부장관 또는 시장·군수·구청장은 제1항에 따른 수거명령을 할 때에는 다음 각 호의 사항을 기재한 서면으로 하여야 한다.

1. 위반행위의 내용

2. 수거하는 사유

3. 수거방법 및 수거기간

4. 수거하지 아니할 경우에는 여성가족부장관 또는 시장·군수·구청장이 직접 수거하거나 파기할 수 있다는 사실

③ 여성가족부장관 또는 시장·군수·구청장은 법 제44조제2항에 따라 청소년유해매체물 및 청소년유해약물등을 파기하려면 해당 청소년유해매체물 및 청소년유해약물등을 영치하고 7일 이상의 공고 절차를 거쳐야 한다.

제39조(시정명령의 종류 등) ① 여성가족부장관 또는 시장·군수·구청장은 법 제45조에 따라 시정명령을 할 때에는 다음 각 호의 사항을 명시한 서면으로 하여야 한다.

1. 위반행위의 내용

2. 시정명령의 내용

3. 시정명령을 하는 사유

4. 시정기간

② 제1항에 따른 시정명령의 종류는 별표 9와 같다.

제40조(증표 발급) 지방자치단체의 장은 법 제48조제1항에 따라 청소년유해환경 개선활동을 수행하는 민간의 감시·고발 단체에 청소년유해환경 감시활동을 하고 있음을 나타내는 증표로서 여성가족부령으로 정하는 청소년유해환경감시단 운영기관 지정서를 발급할 수 있다.

제41조(신고방법) ① 법 제49조에 따른 신고는 서면·구두 또는 그 밖의 방법으로 할 수 있으며, 다음 각 호의 사항이 포함되어야 한다.

1. 신고인의 성명·주소와 전화번호

2. 피신고인의 주소 또는 업소의 명칭 및 위치

3. 피신고인의 위반행위 내용

4. 그 밖에 위반행위의 내용을 명백히 할 수 있는 사항

② 제1항에 따른 신고를 접수한 공무원은 신고 접수대장에 신고 내용을 기록하여야 하며, 신고 내용을 외부에 누설해서는 아니 된다.

제42조(선도·보호조치 대상 청소년의 통보 등) ① 법 제50조제1항에 따라 여성가족부장관, 시장·군수·구청장 및 관할 경찰서장이 법 위반사실을 친권자등에게 통보하여야 하는 청소년은

다음 각 호와 같다.

    1. 청소년유해업소의 업주 또는 종사자 등 법 준수 의무자를 강박(强迫)하는 방법으로 위반행위의 원인을 제공한 청소년

    2. 신분증 위조·변조 등의 방법으로 나이를 속이는 등 적극적인 방법으로 위반행위의 원인을 제공한 청소년

② 여성가족부장관, 시장·군수·구청장 및 관할 경찰서장은 법 제50조제2항에 따라 선도·보호조치가 필요하다고 인정되는 청소년(이하 "선도·보호조치 대상 청소년"이라 한다)을 결정하는 경우 청소년지도자, 청소년상담가, 의사, 변호사 등 청소년 관련 전문가의 의견을 들을 수 있다.

③ 법 제50조에 따라 여성가족부장관, 시장·군수·구청장 및 관할 경찰서장이 위반행위의 원인을 제공한 청소년 또는 선도·보호조치 대상 청소년(이하 "통보대상 청소년"이라 한다)을 친권자등이나 소속 학교의 장(학생인 경우만 해당한다)에게 통보하는 경우에는 다음 각 호의 사항을 포함하여야 한다.

    1. 통보대상 청소년의 성명·주소와 전화번호

    2. 통보대상 청소년이 법 위반행위의 원인을 제공한 사실을 증명할 수 있는 사항

    3. 선도·보호조치 대상 청소년의 경우에는 선도·보호조치가 필요하다고 인정된 사실

④ 제3항에 따라 통보를 받은 친권자등 또는 소속 학교의 장은 통보대상 청소년의 인권을 침해할 수 있는 조치를 하여서는 아니 된다.

⑤ 통보대상 청소년을 통보한 여성가족부장관, 시장·군수·구청장 및 관할 경찰서장, 통보를 받은 친권자등 또는 소속 학교의 장은 통보대상 청소년의 인적 사항이 외부에 공개되지 아니하도록 하여야 한다.

제43조(지방청소년사무소의 업무 협조) 여성가족부장관은 법 제51조에 따른 지방청소년사무소에 대하여 청소년 보호 사무처리의 기본방침을 통보하여야 하며, 업무상 필요한 경우에는 자료 제출 그 밖에 필요한 사항의 협조를 요청할 수 있다.

제44조(과징금의 부과기준) ① 법 제54조제1항에 따라 과징금을 부과하는 위반행위의 종류에 따른 과징금의 금액은 별표 10과 같다.

② 법 제54조제2항에 따라 과징금을 부과하는 위반행위의 종류에 따른 과징금의 금액은 별표 11과 같다.

③ 여성가족부장관 또는 시장·군수·구청장은 위반행위의 내용·정도·기간, 위반행위로 인하여 얻은 이익 등을 고려하여 제1항 또는 제2항에 따른 과징금 금액의 2분의 1의 범위에서 이를

감경할 수 있다.

④ 시장·군수·구청장이 법 제54조제3항에 따라 과징금을 부과·징수하지 아니할 수 있는 경우는 과징금 부과·징수 대상자가 청소년의 신분증 위조·변조 또는 도용으로 청소년인 사실을 알지 못하였거나 폭행 또는 협박으로 인하여 청소년임을 확인하지 못한 사정이 인정되어 불기소처분이나 선고유예 판결을 받은 경우로 한다. 〈신설 2016.7.19.〉

제45조(과징금의 부과 및 납부) ① 여성가족부장관 또는 시장·군수·구청장(이하 "과징금 부과권자"라 한다)은 법 제54조에 따라 과징금을 부과할 때에는 위반행위의 종류와 과징금의 금액을 분명하게 적은 서면으로 알려야 한다.

② 제1항에 따라 통지를 받은 자는 통지를 받은 날부터 20일 이내에 과징금을 내야 한다. 다만, 천재지변이나 그 밖의 부득이한 사유로 그 기간에 과징금을 납부할 수 없을 때에는 그 사유가 없어진 날부터 7일 이내에 내야 한다.

③ 제2항에 따라 과징금을 받은 수납기관은 영수증을 납부자에게 내주어야 한다.

④ 과징금의 수납기관은 제2항에 따라 과징금을 받았을 때에는 지체 없이 그 사실을 과징금 부과권자에게 통보하여야 한다.

⑤ 과징금의 징수절차는 여성가족부령으로 정한다.

제46조(과징금 납부기한의 연장 또는 분할납부) ① 법 제54조제5항에 따라 과징금 납부기한을 연장하거나 분할납부하려는 자는 그 납부기한의 10일 전까지 여성가족부령으로 정하는 바에 따라 과징금 납부기한의 연장 또는 분할납부 신청서에 그 사유를 증명하는 서류를 첨부하여 과징금 부과권자에게 제출하여야 한다. 〈개정 2016.7.19.〉

② 과징금 부과권자는 제1항에 따른 납부기한의 연장 또는 분할납부를 신청받은 경우에는 신청을 받은 날부터 7일 이내에 여성가족부령으로 정하는 바에 따라 납부기한의 연장 또는 분할납부의 허용 여부를 신청인에게 통지하여야 한다.

③ 법 제54조제5항에 따른 과징금 납부기한의 연장은 그 납부기한의 다음 날부터 1년을 초과할 수 없다. 〈개정 2016.7.19.〉

④ 법 제54조제5항에 따라 분할납부를 하는 경우에는 분할된 납부기한간의 간격은 3개월을 초과할 수 없으며, 분할 횟수는 4회를 초과할 수 없다. 〈개정 2016.7.19.〉

⑤ 과징금 부과권자는 법 제54조제5항에 따라 납부기한이 연장되거나 분할납부가 허용된 과징금 납부의무자가 다음 각 호의 어느 하나에 해당하게 된 때에는 그 납부기한의 연장 또는 분할납부 결정을 취소하고 한꺼번에 징수할 수 있다. 〈개정 2016.7.19.〉

1. 분할납부하기로 결정된 과징금을 그 납부기한까지 내지 아니하였을 때

2. 강제집행이나 경매가 개시된 경우, 파산선고를 받은 경우, 법인이 해산된 경우, 국세 체납처분 또는 지방세 체납처분을 받은 경우 등 즉시 징수하지 아니하면 과징금의 전부 또는 나머지를 징수할 수 없다고 인정될 때

제47조(과징금의 용도) 법 제54조제6항제4호에서 "대통령령으로 정하는 사업"이란 다음 각 호의 사업을 말한다. 〈개정 2016.7.19.〉

1. 법 제35조제1항에 따른 청소년 보호 · 재활센터의 운영

2. 청소년유해환경 신고자에 대한 포상

3. 그 밖에 과징금 부과권자가 인정하는 청소년 보호사업

제47조의2(규제의 재검토) 여성가족부장관은 다음 각 호의 사항에 대하여 다음 각 호의 기준일을 기준으로 5년마다(매 5년이 되는 해의 기준일과 같은 날 전까지를 말한다) 그 타당성을 검토하여 개선 등의 조치를 하여야 한다.

1. 제3조에 따른 청소년유해약물의 결정기준: 2014년 1월 1일

2. 제4조에 따른 청소년유해물건의 결정기준: 2014년 1월 1일

3. 제5조에 따른 청소년 출입 · 고용금지업소의 범위: 2015년 7월 1일

4. 제6조에 따른 청소년 고용금지업소의 범위: 2015년 7월 1일

5. 제18조제1항 및 별표 5에 따른 청소년유해매체물 구분 · 격리 방법: 2014년 1월 1일

[전문개정 2016.12.30.]

제48조(과태료의 부과기준) 법 제64조제3항에 따른 과태료의 부과기준은 별표 12와 같다.

부칙 〈제28133호, 2017.6.20.〉

이 영은 2017년 6월 21일부터 시행한다.

청소년 보호법 시행규칙

[시행 2017.7.31.] [여성가족부령 제108호, 2017.7.31., 타법개정]

제1조(목적) 이 규칙은 「청소년 보호법」 및 같은 법 시행령에서 위임된 사항과 그 시행에 필요한 사항을 규정함을 목적으로 한다.

제2조(청소년유해매체물 등의 고시) 「청소년 보호법」 (이하 "법"이라 한다) 제2조제3호·제4호 및 제5호에 따른 청소년유해매체물·청소년유해약물등 및 청소년유해업소의 고시는 관보에 게재하여야 한다.

제3조(청소년유해매체물 결정 신청서) 법 제7조 및 「청소년 보호법 시행령」 (이하 "영"이라 한다) 제7조제3항에 따라 매체물을 청소년유해매체물로 결정하여 줄 것을 신청하려는 자는 별지 제1호서식의 청소년유해매체물 결정 신청서에 다음 각 호의 서류 등을 첨부하여 법 제36조에 따른 청소년보호위원회(이하 "청소년보호위원회"라 한다) 또는 법 제7조제1항 단서의 다른 법령에 따라 해당 매체물의 윤리성·건전성을 심의할 수 있는 기관(이하 "각 심의기관"이라 한다)에 제출하여야 한다.

    1. 해당 매체물이 청소년에게 유해하다고 인정되는 사유를 기재한 서류

    2. 해당 매체물

    3. 30명 이상의 서명을 받은 서면(영 제7조제3항제2호에 해당하는 자만 첨부한다)

제4조(청소년 유해 여부 확인 신청서) 법 제11조제1항에 따라 매체물제작자·발행자, 유통행위자 또는 매체물과 관련된 단체(이하 "자율규제단체등"이라 한다)가 청소년보호위원회 또는 각 심의기관에 매체물에 대한 청소년 유해 여부의 확인을 요청하려는 경우에는 별지 제2호서식의 청소년 유해 여부 확인 신청서에 다음 각 호의 서류 및 매체물을 첨부하여야 한다.

    1. 자율규제단체등이 청소년 유해 여부를 결정한 내용을 기재한 서류

    2. 확인을 요청하려는 매체물

제5조(청소년유해매체물 재심의 청구 및 결정 등) ① 법 제12조제1항에 따라 재심의를 청구하려는 자는 별지 제3호서식의 청소년유해매체물 재심의 청구서를 청소년보호위원회에 제출하여야 한다.

② 제1항에 따라 재심의를 청구한 자는 청소년보호위원회의 재심의를 위한 회의에 출석하여 의견을 진술할 수 있다.

③ 청소년보호위원회는 재심의하여 결정한 결과를 재심의를 청구한 자에게 서면으로 통보하여야 한다.

제6조(청소년유해매체물의 결정 취소) 청소년보호위원회 및 각 심의기관이 법 제20조에 따라 청소년유해매체물의 결정을 취소한 경우 여성가족부장관은 지체 없이 그 이유를 명시한 서면으로 영 제12조에 따른 청소년유해표시 의무자와 영 제14조제2항에 따른 포장 의무자에게 그 사실을 통보하고, 관보에 고시하여야 한다.

제7조(청소년유해매체물 목록표의 작성·통보) ① 여성가족부장관은 법 제21조제2항에 따라 별지 제4호서식부터 별지 제8호서식까지의 청소년유해매체물 목록표를 작성하여 관보에 고시하여야 한다.

② 법 제21조제3항에 따라 여성가족부장관이 청소년유해매체물 목록표를 통보하여야 하는 관계기관등은 별표 1과 같다.

제8조(청소년유해약물등 목록표의 작성·통보) ① 여성가족부장관은 법 제28조제5항에 따라 별지 제9호서식의 청소년유해약물 목록표와 별지 제10호서식의 청소년유해물건 목록표를 작성하여 관보에 고시하여야 한다.　　　　　　　　　　　　　　　　　　　　　　〈개정 2015.3.10.〉

② 법 제28조제5항에 따라 여성가족부장관이 청소년유해약물등 목록표를 통보하여야 하는 관계기관등은 별표 2와 같다.　　　　　　　　　　　　　　　　　　　　〈개정 2015.3.10.〉

제8조의2(청소년 환각물질 중독 전문 치료기관 지정신청서 등) ① 영 제31조의2제3항에 따른 청소년 환각물질 중독 전문 치료기관 지정신청서는 별지 제10호의2서식에 따른다.

② 영 제31조의2제4항에 따른 청소년 환각물질 중독 전문 치료기관 지정서는 별지 제10호의3서식에 따른다.

[본조신설 2015.5.29.]

제8조의3(환각물질 중독 판별 검사 신청서) 영 제31조의4제2항에 따른 환각물질 중독 판별 검사 신청서는 별지 제10호의4서식에 따른다.

[본조신설 2015.5.29.]

제8조의4(환각물질 중독 치료 및 재활 신청서 등) ① 영 제31조의5제2항에 따른 환각물질 중독 치료 및 재활 신청서는 별지 제10호의4서식에 따른다.

② 영 제31조의5제8항에 따른 환각물질 중독 치료 및 재활 기간 연장 요청서는 별지 제10호의5서식에 따른다.

[본조신설 2015.5.29.]

제9조(민간의 감시 · 고발 단체) ① 시장 · 군수 · 구청장(자치구의 구청장을 말한다)은 법 제48조제1항 및 영 제40조에 따라 청소년유해환경 개선활동을 수행하는 학교 관련 단체 또는 시민단체를 청소년유해환경감시단 운영기관으로 지정할 수 있다.

② 법 제48조제2항에 따른 민간단체의 종류는 학교 관련 청소년유해환경감시단과 시민단체 청소년유해환경감시단으로 한다.

제10조(증표) 영 제40조에 따른 청소년유해환경감시단 운영기관 지정서는 별지 제11호서식과 같다.

제11조(과징금의 징수절차) 영 제45조제5항에 따른 과징금의 징수절차에 관하여는 「국고금 관리법 시행규칙」을 준용한다. 이 경우 납입고지서에는 이의신청의 방법 및 기간을 함께 기재하여야 한다.

제12조(과징금 납부기한의 연장 또는 분할납부의 신청 등) ① 영 제46조제1항에 따른 과징금 납부기한의 연장 또는 분할납부의 신청은 별지 제12호서식의 과징금 납부기한 연장 신청서 또는 별지 제13호서식의 과징금 분할납부 신청서에 따른다.

② 영 제46조제2항에 따른 과징금 납부기한의 연장 또는 분할납부의 허용 여부에 대한 통지는 별지 제14호서식의 과징금 납부기한 연장 허용 통지서 또는 별지 제15호서식의 과징금 분할납부 허용 통지서에 따른다.

부칙 <제108호, 2017.7.31.>

이 규칙은 공포한 날부터 시행한다.

제4부

청소년활동 진흥법

[시행 2018.6.13.] [법률 제15211호, 2017.12.12., 일부개정]

제1장 총칙

제1조(목적)

이 법은 「청소년기본법」 제47조제2항에 따라 다양한 청소년활동을 적극적으로 진흥하기 위하여 필요한 사항을 정함을 목적으로 한다.

[전문개정 2014.1.21.]

제2조(정의)

이 법에서 사용하는 용어의 뜻은 다음과 같다.

1. "청소년활동"이란 「청소년기본법」 제3조제3호에 따른 청소년활동을 말한다.

2. "청소년활동시설"이란 청소년수련활동, 청소년교류활동, 청소년문화활동 등 청소년활동에 제공되는 시설로서 제10조에 따른 시설을 말한다.

3. "청소년수련활동"이란 청소년이 청소년활동에 자발적으로 참여하여 청소년 시기에 필요한 기량과 품성을 함양하는 교육적 활동으로서 「청소년기본법」 제3조제7호에 따른 청소년지도자(이하 "청소년지도자"라 한다)와 함께 청소년수련거리에 참여하여 배움을 실천하는 체험활동을 말한다.

4. "청소년교류활동"이란 청소년이 지역 간, 남북 간, 국가 간의 다양한 교류를 통하여 공동체의식 등을 함양하는 체험활동을 말한다.

5. "청소년문화활동"이란 청소년이 예술활동, 스포츠활동, 동아리활동, 봉사활동 등을 통하여 문화적 감성과 더불어 살아가는 능력을 함양하는 체험활동을 말한다.

6. "청소년수련거리"란 청소년수련활동에 필요한 프로그램과 이와 관련되는 사업을 말한다.

7. "숙박형 청소년수련활동"이란 19세 미만의 청소년(19세가 되는 해의 1월 1일을 맞이한 사람은 제외한다. 이하 같다)을 대상으로 청소년이 자신의 주거지에서 떠나 제10조제1호의 청소년수련시설 또는 그 외의 다른 장소에서 숙박·야영하거나 제10조제1호의 청소년수련시설 또는 그 외의 다른 장소로 이동하면서 숙박·야영하는 청소년수련활동을 말한다.

8. "비숙박형 청소년수련활동"이란 19세 미만의 청소년을 대상으로 제10조제1호의 청소년수련시설 또는 그 외의 다른 장소에서 실시하는 청소년수련활동으로서 실시하는 날에 끝나거나 숙박 없이 2회 이상 정기적으로 실시하는 청소년수련활동을 말한다.

[전문개정 2014.1.21.]

제3조(관계 기관의 협조)

① 여성가족부장관 및 지방자치단체의 장은 학생인 청소년의 청소년활동 진흥을 위하여 필요하면 「청소년기본법」 제48조에 따라 교육부, 특별시 · 광역시 · 특별자치시 · 도 · 특별자치도 교육청 및 지역교육청(이하 "교육청"이라 한다)과 협의를 할 수 있다.

② 제1항에 따른 협의를 요청받은 관계 기관은 특별한 사유가 없으면 그 요청에 따라야 한다.

[전문개정 2014.1.21.]

제4조(청소년운영위원회)

① 제10조제1호의 청소년수련시설(이하 "수련시설"이라 한다)을 설치 · 운영하는 개인 · 법인 · 단체 및 제16조제3항에 따른 위탁운영단체(이하 "수련시설운영단체"라 한다)는 청소년활동을 활성화하고 청소년의 참여를 보장하기 위하여 청소년으로 구성되는 청소년운영위원회를 운영하여야 한다. 〈개정 2017.12.12.〉

② 수련시설운영단체의 대표자는 청소년운영위원회의 의견을 수련시설 운영에 반영하여야 한다.

③ 제1항에 따른 청소년운영위원회의 구성 · 운영 등에 필요한 사항은 대통령령으로 정한다.

[전문개정 2014.1.21.]

제2장 청소년활동의 보장

제5조(청소년활동의 지원)

① 청소년은 다양한 청소년활동에 주체적이고 자발적으로 참여하여 자신의 꿈과 희망을 실현할 충분한 기회와 지원을 받아야 한다.

② 국가 및 지방자치단체는 청소년활동을 활성화하는 데 필요한 청소년활동시설, 청소년활동프로그램, 청소년지도자 등을 위한 시책을 수립 · 시행하여야 한다.

③ 국가 및 지방자치단체는 개인 · 법인 또는 단체가 청소년활동을 지원하려는 경우에는 그에 필요한 행정적 · 재정적 지원을 할 수 있다.

[전문개정 2014.1.21.]

제6조(한국청소년활동진흥원의 설치)

① 「청소년기본법」 제3조제2호에 따른 청소년육성(이하 "청소년육성"이라 한다)을 위한 다음 각 호의 사업을 하기 위하여 한국청소년활동진흥원(이하 "활동진흥원"이라 한다)을 설치한다. 〈개정 2016.3.2., 2017.3.21.〉

  1. 청소년활동, 「청소년기본법」 제3조제4호에 따른 청소년복지, 같은 법 제3조제5호에 따른 청소년보호에 관한 종합적 안내 및 서비스 제공

  2. 청소년육성에 필요한 정보 등의 종합적 관리 및 제공

  3. 청소년수련활동 인증위원회 등 청소년수련활동 인증제도의 운영

  4. 청소년 자원봉사활동의 활성화

  5. 청소년활동 프로그램의 개발과 보급

  6. 국가가 설치하는 수련시설의 유지·관리 및 운영업무의 수탁

  7. 국가 및 지방자치단체가 개발한 주요 청소년수련거리의 시범운영

  8. 청소년활동시설이 실시하는 국제교류 및 협력사업에 대한 지원

  9. 청소년지도자의 연수

  9의2. 제9조의2에 따른 숙박형등 청소년수련활동 계획의 신고 지원에 대한 컨설팅 및 교육

  10. 제18조의3에 따른 수련시설 종합 안전·위생점검에 대한 지원

  11. 수련시설의 안전에 관한 컨설팅 및 홍보

  11의2. 제18조의2에 따른 안전교육의 지원

  12. 그 밖에 여성가족부장관이 지정하거나 활동진흥원의 목적을 수행하기 위하여 필요한 사업

② 활동진흥원은 법인으로 한다.

③ 활동진흥원은 그 주된 사무소의 소재지에서 설립등기를 함으로써 성립한다.

[전문개정 2014.1.21.]

제6조의2(정관)

활동진흥원의 정관에는 다음 각 호의 사항이 포함되어야 한다.

  1. 목적

  2. 명칭

  3. 주된 사무소의 소재지

  4. 사업에 관한 사항

  5. 임원 및 직원에 관한 사항

6. 이사회에 관한 사항

7. 재산 및 회계에 관한 사항

8. 정관의 변경에 관한 사항

[본조신설 2010.5.17.]

제6조의3(임원)

① 활동진흥원에 이사장을 포함한 15명 이내의 이사와 감사 1명을 둔다.

② 이사장은 「공공기관의 운영에 관한 법률」 제29조에 따른 임원추천위원회(이하 "임원추천위원회"라 한다)가 복수로 추천한 사람 중에서 여성가족부장관이 임명한다.

③ 상임이사는 활동진흥원 이사장이 임명한다.

④ 비상임이사(활동진흥원의 정관에 따라 당연히 비상임이사로 선임되는 사람은 제외한다)는 여성가족부장관이 임명한다.

⑤ 감사는 임원추천위원회가 복수로 추천하여 「공공기관의 운영에 관한 법률」 제8조에 따른 공공기관운영위원회의 심의·의결을 거친 사람 중에서 기획재정부장관이 임명한다.

⑥ 이사장의 임기는 3년, 이사와 감사의 임기는 각각 2년으로 하되, 1년을 단위로 연임할 수 있다.

[본조신설 2010.5.17.]

제6조의4(사업계획서 등의 제출)

① 활동진흥원은 대통령령으로 정하는 바에 따라 사업계획서 및 예산서를 작성하여 매 사업연도 시작 전까지 여성가족부장관에게 제출하여야 한다.

② 활동진흥원은 회계연도가 종료된 때에는 지체 없이 그 회계연도의 결산서를 작성하고 감사원규칙에서 정하는 바에 따라 공인회계사나 회계법인을 선정하여 회계감사를 받아 매 회계연도 종료 후 2개월 이내에 여성가족부장관에게 제출하여야 한다.

[본조신설 2010.5.17.]

제6조의5(자료의 요청 등)

① 활동진흥원은 제6조제1항제2호의 사업을 수행하기 위하여 필요할 때에는 공공기관 등에 대하여 간행물이나 자료의 제공을 요청할 수 있다. 이 경우 상당한 대가를 지급하여야 한다.

② 활동진흥원은 제1항에 따라 제공된 간행물이나 자료를 제공받은 목적 외의 용도로 사용하여서는 아니 된다.

③ 제6조제1항제2호의 사업에 종사하는 임직원 및 임직원이었던 사람은 직무상 알게 된 비밀을 누설하여서는 아니 된다.

[전문개정 2014.1.21.]

제6조의6(보조금 등)

① 정부는 예산의 범위에서 활동진흥원의 사업 및 운영에 드는 경비를 보조할 수 있다.

② 개인ㆍ법인 또는 단체는 활동진흥원의 사업 또는 운영을 지원하기 위하여 금전이나 그 밖의 재산을 출연(出捐) 또는 기부할 수 있다.

[본조신설 2010.5.17.]

제6조의7(「민법」의 준용)

활동진흥원에 관하여 이 법과 「공공기관의 운영에 관한 법률」에서 정한 사항 외에는 「민법」 중 재단법인에 관한 규정을 준용한다.

[본조신설 2010.5.17.]

제6조의8(유사명칭의 사용금지)

이 법에 따른 활동진흥원이 아닌 자는 한국청소년활동진흥원 또는 이와 유사한 명칭을 사용하지 못한다.

[본조신설 2010.5.17.]

제6조의9(벌칙 적용 시의 공무원 의제)

제6조제1항제2호의 사업에 종사하는 사람은 「형법」 제129조부터 제132조까지의 규정에 따른 벌칙을 적용할 때에는 공무원으로 본다.

[전문개정 2014.1.21.]

제7조(지방청소년활동진흥센터의 설치 등)

① 특별시ㆍ광역시ㆍ특별자치시ㆍ도ㆍ특별자치도(이하 "시ㆍ도"라 한다) 및 시ㆍ군ㆍ구(자치구를 말한다. 이하 같다)는 해당 지역의 청소년활동을 진흥하기 위하여 지방청소년활동진흥센터를 설치ㆍ운영할 수 있다.

② 제1항에 따른 지방청소년활동진흥센터(이하 "지방청소년활동진흥센터"라 한다)는 다음 각 호의 사업을 수행한다.

1. 지역 청소년활동의 요구에 관한 조사

2. 지역 청소년 자원봉사활동의 활성화

3. 청소년수련활동 인증제도의 지원

4. 인증받은 청소년수련활동의 홍보와 지원

5. 청소년활동 프로그램의 개발과 보급

6. 청소년활동에 대한 교육과 홍보

7. 제9조의2에 따른 숙박형등 청소년수련활동 계획의 신고에 대한 지원

8. 제9조의4에 따른 정보공개에 대한 지원

9. 그 밖에 청소년활동을 위하여 필요한 사업

③ 지방청소년활동진흥센터는 제2항에 따른 사업을 수행하는 경우 활동진흥원과 연계·협력한다.

④ 국가 및 지방자치단체는 예산의 범위에서 지방청소년활동진흥센터의 운영에 필요한 경비의 전부 또는 일부를 지원할 수 있다.

[전문개정 2014.1.21.]

제8조(청소년활동 정보의 제공 등)

① 활동진흥원과 지방청소년활동진흥센터는 청소년의 요구를 수용하여 청소년의 발달단계와 여건에 맞는 프로그램과 정보를 상시 안내하고 제공하여야 한다.

② 활동진흥원과 지방청소년활동진흥센터는 제1항에 따른 사업을 시행하기 위하여 해당 지역 청소년의 활동 요구를 정기적으로 조사하고, 그 결과를 그 지역의 청소년활동시설과 「청소년기본법」 제3조제8호에 따른 청소년단체(이하 "청소년단체"라 한다)에 제공하여야 한다.

[전문개정 2014.1.21.]

제9조(학교와의 협력 등)

① 활동진흥원과 지방청소년활동진흥센터는 「청소년기본법」 제48조에 따라 학교 및 평생교육시설과의 협력체제를 구축하여야 한다.

② 활동진흥원과 지방청소년활동진흥센터는 해당 지역 각급학교 및 평생교육시설에서 필요로 하는 청소년활동 관련 사항을 지원할 수 있다.

③ 활동진흥원과 지방청소년활동진흥센터는 제2항에 따라 매년 1회 이상 상호 협의하여 청소년수련거리를 개발하고, 해당 지역의 수련시설에 이를 보급하여야 한다.

④ 활동진흥원과 지방청소년활동진흥센터는 학생인 청소년을 위한 청소년수련거리를 개발할

때 필요하면 교육청 및 각급학교에 관련 자료를 요청할 수 있다. 이 경우 관계 기관은 특별한 사유가 없으면 그 요청에 적극 협조하여야 한다.

[전문개정 2014.1.21.]

제9조의2(숙박형등 청소년수련활동 계획의 신고)

① 숙박형 청소년수련활동 및 비숙박형 청소년수련활동(이하 "숙박형등 청소년수련활동"이라 한다)을 주최하려는 자는 여성가족부령으로 정하는 절차와 방법에 따라 특별자치시장·특별자치도지사·시장·군수·구청장(자치구의 구청장을 말한다. 이하 같다)에게 그 계획을 신고하여야 한다. 다만, 다음 각 호의 경우는 제외한다.

  1. 다른 법률에서 지도·감독 등을 받는 비영리 법인 또는 비영리 단체가 운영하는 경우

  2. 청소년이 부모 등 보호자와 함께 참여하는 경우

  3. 종교단체가 운영하는 경우

  4. 비숙박형 청소년수련활동 중 제36조제2항에 따라 인증을 받아야하는 활동이 아닌 경우

② 숙박형등 청소년수련활동을 주최하려는 자는 제1항에 따른 신고가 수리되기 전에는 모집활동을 하여서는 아니 된다.

③ 특별자치시장·특별자치도지사·시장·군수·구청장은 다음 각 호의 어느 하나에 해당하는 사람이 숙박형등 청소년수련활동을 운영 또는 보조하려는 경우에는 신고를 수리하여서는 아니 된다.

  1. 「아동복지법」 제17조 위반에 따른 같은 법 제71조제1항의 죄, 「성폭력범죄의 처벌 등에 관한 특례법」 제2조에 따른 성폭력범죄 또는 「아동·청소년의 성보호에 관한 법률」 제2조제2호에 따른 아동·청소년대상 성범죄를 범하여 형 또는 치료감호를 선고받고 그 형 또는 치료감호의 전부 또는 일부의 집행이 끝나거나 집행이 유예·면제된 날부터 10년이 지나지 아니한 사람

  2. 「청소년기본법」 제21조제3항에 따라 청소년지도사가 될 수 없는 사람

④ 특별자치시장·특별자치도지사·시장·군수·구청장은 관계 기관의 장에게 제3항에 따른 범죄경력 등을 확인하기 위한 자료의 제공을 요청할 수 있다. 이 경우 관계 기관의 장은 정당한 사유가 없으면 그 요청에 따라야 한다.

⑤ 특별자치시장·특별자치도지사·시장·군수·구청장은 숙박형등 청소년수련활동 계획의 신고를 수리한 때에는 그 계획을 여성가족부장관에게 통보하여야 한다.

⑥ 여성가족부장관은 제5항에 따라 통보받은 숙박형등 청소년수련활동 계획에 보완이 필요하다고 인정될 때에는 그 계획을 통보한 특별자치시장·특별자치도지사·시장·군수·구청

장에게 보완사항을 통보하여야 한다.

⑦ 제6항에 따라 보완사항을 통보받은 특별자치시장 · 특별자치도지사 · 시장 · 군수 · 구청장은 그 내용을 숙박형등 청소년수련활동 주최자에게 통보하여야 한다.

[전문개정 2014.1.21.]

제9조의3(건강상태 확인 및 의료조치 의무 등)

① 제9조의2에 따라 신고를 한 자(이하 "신고자"라 한다)는 여성가족부령으로 정하는 방법에 따라 해당 청소년활동에 참가하려는 청소년의 건강상태를 확인하여야 한다. 이 경우 해당 청소년활동에 참가하려는 청소년 및 보호자(친권자, 법정대리인 또는 사실상 청소년을 양육하는 사람을 말한다. 이하 같다)가 해당 청소년의 건강상태를 서면으로 보증한 때에는 신고자가 건강상태를 확인한 것으로 본다.

② 신고자는 해당 청소년활동에 참가하는 청소년에게 질병 · 사고 또는 재해 등으로 인하여 의료조치가 필요하거나 참가자가 요청할 경우 다음 각 호의 시설에서 신속하고 적정한 치료를 받도록 하여야 한다.

1. 「응급의료에 관한 법률」 제2조제5호에 따른 응급의료기관

2. 「의료법」 제3조에 따른 의료기관

3. 「약사법」 제2조제3호에 따른 약국

[본조신설 2013.5.28.]

제9조의4(숙박형등 청소년수련활동 관련 정보의 공개)

① 특별자치시장 · 특별자치도지사 · 시장 · 군수 · 구청장은 제9조의2에 따라 숙박형등 청소년수련활동 계획의 신고를 수리한 경우에는 여성가족부령으로 정하는 절차와 방법에 따라 해당 내용을 인터넷 홈페이지 등을 이용하여 공개하여야 한다.

② 여성가족부장관은 제1항에 따른 공개를 위하여 온라인 종합정보제공시스템을 구축 · 운영하여야 한다.

③ 여성가족부장관은 제2항에 따른 종합정보제공시스템의 운영을 활동진흥원에 위탁할 수 있다.

[전문개정 2014.1.21.]

제9조의5(숙박형등 청소년수련활동 관련 정보의 표시 · 고지)

제9조의2에 따라 숙박형등 청소년수련활동 계획의 신고가 수리된 자는 모집활동 및 계약을 할

경우 여성가족부령으로 정하는 바에 따라 다음 각 호의 사항을 표시하고 고지하여야 한다.

    1. 제36조에 따라 인증을 받은 청소년수련활동인지 여부

    2. 이 법 또는 다른 법률에 따른 안전관리 기준의 충족 여부

    3. 제25조에 따른 보험 등 관련 보험의 가입 여부 및 보험의 종류와 약관

[본조신설 2014.1.21.]

제9조의6(숙박형등 청소년수련활동의 제한)

이 법 또는 다른 법률에 따라 신고 · 등록 · 인가 · 허가를 받지 아니한 단체 및 개인은 숙박형 청소년수련활동, 비숙박형 청소년수련활동 중 제36조제2항에 따라 참가 인원이 일정 규모 이상이거나 위험도가 높은 청소년수련활동을 하여서는 아니 된다. 다만, 청소년이 부모 등 보호자와 함께 참여하는 경우 또는 종교단체가 운영하는 경우에는 그러하지 아니하다.

[본조신설 2014.1.21.]

제9조의7(관계 기관과의 협력)

① 특별자치시장 · 특별자치도지사 · 시장 · 군수 · 구청장은 제9조의2에 따라 숙박형등 청소년수련활동 계획의 신고를 수리한 후 필요할 경우에는 그 사실을 관계 기관에 알려 필요한 조치를 요청하여야 한다.

② 제1항에 따라 요청을 받은 관계 기관은 특별한 사정이 없으면 다음 각 호의 조치를 위한 준비를 하여야 한다. 〈개정 2014.5.20.〉

    1. 내수면, 해수면 등에서 이루어지는 청소년수련활동인 경우 「수상레저안전법」 제45조에 따른 안전점검

    2. 제36조제2항 본문에 따른 청소년수련활동인 경우 「119구조 · 구급에 관한 법률」 제3조에 따른 구조 · 구급활동

    3. 제9조의2에 따라 신고 수리된 숙박형등 청소년수련활동인 경우 「경찰관 직무집행법」 제4조 및 제5조에 따른 보호조치 등과 위험발생의 방지

    4. 그 밖에 다른 법률에서 정하는 안전에 관련한 조치

[본조신설 2014.1.21.]

제10조(청소년활동시설의 종류)

청소년활동시설의 종류는 다음 각 호와 같다.

1. 청소년수련시설
   가. 청소년수련관: 다양한 청소년수련거리를 실시할 수 있는 각종 시설 및 설비를 갖춘 종합수련시설
   나. 청소년수련원: 숙박기능을 갖춘 생활관과 다양한 청소년수련거리를 실시할 수 있는 각종 시설과 설비를 갖춘 종합수련시설
   다. 청소년문화의 집: 간단한 청소년수련활동을 실시할 수 있는 시설 및 설비를 갖춘 정보 · 문화 · 예술 중심의 수련시설
   라. 청소년특화시설: 청소년의 직업체험, 문화예술, 과학정보, 환경 등 특정 목적의 청소년활동을 전문적으로 실시할 수 있는 시설과 설비를 갖춘 수련시설
   마. 청소년야영장: 야영에 적합한 시설 및 설비를 갖추고, 청소년수련거리 또는 야영편의를 제공하는 수련시설
   바. 유스호스텔: 청소년의 숙박 및 체류에 적합한 시설 · 설비와 부대 · 편익시설을 갖추고, 숙식편의 제공, 여행청소년의 활동지원(청소년수련활동 지원은 제11조에 따라 허가된 시설 · 설비의 범위에 한정한다)을 기능으로 하는 시설
2. 청소년이용시설: 수련시설이 아닌 시설로서 그 설치 목적의 범위에서 청소년활동의 실시와 청소년의 건전한 이용 등에 제공할 수 있는 시설

[전문개정 2014.1.21.]

제11조(수련시설의 설치 · 운영 등)

① 국가 및 지방자치단체는 「청소년기본법」 제18조제1항에 따라 다음 각 호와 같은 수련시설을 설치 · 운영하여야 한다.

1. 국가는 둘 이상의 시 · 도 또는 전국의 청소년이 이용할 수 있는 국립청소년수련시설을 설치 · 운영하여야 한다.
2. 특별시장 · 광역시장 · 특별자치시장 · 도지사 · 특별자치도지사(이하 "시 · 도지사"라 한다) 및 시장 · 군수 · 구청장은 각각 제10조제1호가목에 따른 청소년수련관을 1개소 이상

설치 · 운영하여야 한다.

　3. 시 · 도지사 및 시장 · 군수 · 구청장은 읍 · 면 · 동에 제10조제1호다목에 따른 청소년문화
　　의 집을 1개소 이상 설치 · 운영하여야 한다.

　4. 시 · 도지사 및 시장 · 군수 · 구청장은 제10조제1호라목부터 바목까지의 규정에 따른 청소
　　년특화시설 · 청소년야영장 및 유스호스텔을 설치 · 운영할 수 있다.

② 국가는 제1항제2호부터 제4호까지의 규정에 따른 수련시설의 설치 · 운영 경비의 전부 또는
　일부를 예산의 범위에서 보조할 수 있다.

③ 수련시설을 설치 · 운영하려는 개인 · 법인 또는 단체는 특별자치시장 · 특별자치도지사 · 시
　장 · 군수 · 구청장의 허가를 받아야 한다. 허가받은 사항 중 대규모의 부지 변경, 건축 연면
　적의 증감 등 대통령령으로 정하는 중요 사항을 변경하려는 경우에도 또한 같다.

④ 국가 또는 지방자치단체는 제3항에 따른 허가를 받아 수련시설을 설치 · 운영하는 자(이하 "
　수련시설 설치 · 운영자"라 한다)에게 예산의 범위에서 그 설치 및 운영에 필요한 경비의 일
　부를 보조할 수 있다.

[전문개정 2014.1.21.]

제12조(수련시설의 허가 요건)

① 제11조제3항에 따라 수련시설의 허가를 받으려는 자는 다음 각 호의 요건을 모두 갖추어야
　한다.

　1. 제17조 · 제18조 및 제19조에 따른 시설기준 · 안전기준 및 운영기준에 적합할 것
　2. 해당 시설의 설치 · 운영에 필요한 자금을 조달할 능력이 있을 것
　3. 해당 시설의 설치에 필요한 부동산을 소유하거나 사용할 수 있는 권한이 있을 것
　4. 그 밖에 여성가족부령으로 정하는 기준에 적합할 것

② 특별자치시장 · 특별자치도지사 · 시장 · 군수 · 구청장은 제11조제3항에 따라 수련시설을
　허가할 때 그 시설이 제1항에 따른 허가 요건 중 여성가족부령으로 정하는 경미한 사항을 충
　족하지 못한 경우에는 일정한 기간을 정하여 이를 보완할 것을 조건으로 허가할 수 있다.

[전문개정 2014.1.21.]

제13조(수련시설의 등록)

① 수련시설을 운영하려는 자는 이를 운영하기 전에 그 시설의 소재지를 관할하는 특별자치시
　장 · 특별자치도지사 · 시장 · 군수 · 구청장에게 등록하여야 한다. 등록한 사항 중 여성가족
　부령으로 정하는 중요 사항을 변경하려는 경우에도 또한 같다.　　　　　　〈개정 2014.1.21.〉

② 삭제 〈2007.7.27.〉

③ 제1항에 따른 등록 등에 필요한 사항은 대통령령으로 정한다. 〈개정 2014.1.21.〉

제14조(수련시설의 운영대표자)

① 수련시설 설치 · 운영자 또는 제16조에 따른 위탁운영단체는 대통령령으로 정하는 자격을 갖춘 사람을 그 수련시설의 운영대표자로 선임하여야 한다. 다만, 대통령령으로 정하는 수련시설에 대해서는 운영대표자를 선임하지 아니할 수 있다.

② 제1항에도 불구하고 수련시설을 설치 · 운영하는 개인 · 법인 또는 단체의 대표자(이하 "수련시설의 대표자"라 한다) 또는 제16조에 따른 위탁운영단체의 대표자가 제1항에 따른 운영대표자의 자격을 갖춘 경우에는 운영대표자가 될 수 있다.

③ 국가 및 지방자치단체는 제1항 및 제2항에 따른 운영대표자에 대하여 대통령령으로 정하는 바에 따라 연수를 실시할 수 있다.

[전문개정 2014.1.21.]

제15조(결격사유)

다음 각 호의 어느 하나에 해당하는 사람은 수련시설의 대표자(법인의 경우에는 임원을 포함한다) 또는 운영대표자가 될 수 없다.

　　1. 미성년자 · 피성년후견인 또는 피한정후견인

　　2. 파산선고를 받고 복권되지 아니한 사람

　　3. 금고 이상의 형을 선고받고 그 집행이 끝나거나 집행을 받지 아니하기로 확정된 후 2년이 지나지 아니한 사람

　　4. 금고 이상의 형의 집행유예를 선고받고 그 유예기간 중에 있는 사람

　　5. 법원의 판결 또는 법률에 따라 자격이 상실되거나 정지된 사람

　　6. 제22조에 따라 허가 또는 등록이 취소된 수련시설의 대표자로서 허가 또는 등록이 취소된 날부터 2년이 지나지 아니한 사람

[전문개정 2014.1.21.]

제16조(수련시설 운영의 위탁)

① 국가 또는 지방자치단체, 제11조제3항에 따라 허가를 받은 수련시설 설치 · 운영자는 수련시설의 효율적 운영을 위하여 청소년단체에 그 운영을 위탁할 수 있다.

② 제1항에 따라 수련시설의 운영을 위탁할 때에는 위탁 업무의 내용, 위탁 계약의 기간 · 조

건·해지 등에 관한 사항이 포함된 위탁계약서를 작성하여야 한다. 〈신설 2017.12.12.〉

③ 국가 또는 지방자치단체는 제1항에 따라 수련시설의 운영을 위탁받은 청소년단체(이하 "위탁운영단체"라 한다)에 예산의 범위에서 그 위탁된 수련시설의 운영에 필요한 경비를 지원할 수 있다. 〈개정 2017.12.12.〉

④ 위탁운영단체 및 그 대표자와 임원에 관하여는 제14조 및 제15조를 준용한다.

〈개정 2017.12.12.〉

[전문개정 2014.1.21.]

제16조의2(수련시설 운영 위탁계약의 해지)

① 국가 또는 지방자치단체는 위탁운영단체가 다음 각 호의 어느 하나에 해당하는 경우에는 위탁계약을 해지할 수 있다. 다만, 제1호에 해당하는 경우에는 위탁계약을 해지하여야 한다.

1. 거짓이나 그 밖의 부정한 방법으로 위탁계약을 체결한 경우

2. 제16조제3항에 따라 지원받은 경비를 목적 외로 사용한 경우

3. 제18조의3제1항에 따른 종합 안전·위생점검 또는 제19조의2제1항에 따른 종합평가를 정당한 사유 없이 거부·방해 또는 기피한 경우

4. 고의 또는 중대한 과실로 제20조의2제1항 각 호의 어느 하나에 해당하는 사유가 발생한 경우

② 국가 또는 지방자치단체와 위탁운영단체는 위탁계약으로 정하는 바에 따라 계약을 해지할 수 있다.

③ 국가 또는 지방자치단체는 제1항 또는 제2항에 따라 위탁계약을 해지하려면 해당 위탁운영단체에 의견진술의 기회를 주어야 한다.

④ 국가 또는 지방자치단체는 제1항에 따라 위탁계약이 해지된 위탁운영단체에 그 해지된 날부터 2년 동안 해당 수련시설의 운영을 위탁하여서는 아니 된다.

[본조신설 2017.12.12.]

제17조(수련시설의 시설기준)

① 수련시설은 청소년이 다양한 활동을 통하여 기량과 품성을 함양하는데 적합한 시설·설비를 갖추어야 한다.

② 수련시설의 종류별 시설기준에 관하여 필요한 사항은 여성가족부령으로 정한다.

〈개정 2005.3.24., 2007.7.27., 2008.2.29., 2010.1.18.〉

제18조(수련시설의 안전점검 등)

① 수련시설의 운영대표자는 시설에 대하여 정기 안전점검 및 수시 안전점검을 실시하여야 한다.

② 수련시설의 운영대표자는 제1항에 따라 정기 안전점검 및 수시 안전점검을 실시한 후 그 결과를 특별자치시장·특별자치도지사·시장·군수·구청장에게 제출하여야 한다.

③ 제2항에 따른 결과를 받은 특별자치시장·특별자치도지사·시장·군수·구청장은 필요한 경우 수련시설의 운영대표자에게 시설의 보완 또는 개수(改修)·보수(補修)를 요구할 수 있다. 이 경우 수련시설의 운영대표자는 그 요구에 따라야 한다.

④ 국가 또는 지방자치단체는 예산의 범위에서 제1항부터 제3항까지의 규정에 따른 안전점검이나 시설의 보완 및 개수·보수에 드는 비용의 전부 또는 일부를 보조할 수 있다.

⑤ 제1항 및 제2항에 따른 정기 안전점검 및 수시 안전점검을 받아야 하는 시설의 범위·시기, 안전점검기관, 안전점검 절차 및 안전기준은 대통령령으로 정한다.

[전문개정 2014.1.21.]

제18조의2(안전교육)

수련시설 설치·운영자 또는 위탁운영단체는 수련시설의 이용자에게 여성가족부령으로 정하는 바에 따라 해당 수련시설의 이용 및 청소년수련활동에 관한 안전교육을 실시하여야 한다.

[본조신설 2014.1.21.]

[종전 제18조의2는 제18조의3으로 이동 〈2014.1.21.〉]

제18조의3(감독기관의 종합 안전·위생점검)

① 여성가족부장관 또는 특별자치시장·특별자치도지사·시장·군수·구청장은 수련시설의 안전과 위생관리를 위하여 정기적으로 수련시설에 대한 종합 안전·위생점검을 실시하고 그 결과를 공개하여야 한다. 〈개정 2015.2.3., 2017.3.21.〉

② 여성가족부장관 또는 특별자치시장·특별자치도지사·시장·군수·구청장은 제1항에 따른 종합 안전·위생점검을 실시하려면 미리 수련시설의 운영대표자에게 그 종합 안전·위생점검의 절차, 방법 및 기간을 통보하여야 한다. 〈신설 2017.12.12.〉

③ 여성가족부장관 또는 특별자치시장·특별자치도지사·시장·군수·구청장은 제2항에 따른 통보를 할 때 또는 그 통보 후에 수련시설의 운영대표자에게 제1항에 따른 종합 안전·위생점검에 필요한 자료의 제출을 요구할 수 있다. 이 경우 수련시설의 운영대표자는 정당한 사유가 없으면 그 요구에 따라야 한다. 〈신설 2017.12.12.〉

④ 국가 및 지방자치단체는 제1항에 따른 종합 안전·위생점검 결과에 따라 수련시설의 운영대 표자에게 시설의 보완 또는 개수·보수, 위생상태의 개선을 요구할 수 있다. 이 경우 운영대 표자는 특별한 사정이 없으면 그 요구에 따라야 한다. 〈개정 2017.3.21., 2017.12.12.〉

⑤ 제1항에 따른 종합 안전·위생점검의 주기, 절차, 방법 및 점검결과의 공개 등에 필요한 사항 은 대통령령으로 정한다. 〈개정 2015.2.3., 2017.3.21., 2017.12.12.〉

[전문개정 2014.1.21.]

[제목개정 2017.3.21.]

[제18조의2에서 이동 〈2014.1.21.〉]

제18조의4(수련시설의 종사자 등에 대한 안전교육)

① 여성가족부장관은 수련시설의 운영대표자 및 종사자의 안전관리 역량을 강화하고 수련시설 에서의 안전사고를 예방하기 위하여 수련시설의 운영대표자와 그 종사자를 대상으로 안전 교육을 실시할 수 있다.

② 제1항에 따른 안전교육의 내용·방법·횟수 등에 필요한 사항은 여성가족부령으로 정한다.

[본조신설 2016.3.2.]

제19조(수련시설의 운영기준)

① 수련시설의 운영대표자는 그 종사자에 대하여 연 1회 이상 수련시설의 운영·안전·위생 등 에 관한 교육을 실시하여야 한다.

② 수련시설의 운영대표자는 제1항에 따라 교육을 실시한 후 그 결과를 여성가족부장관 및 특 별자치시장·특별자치도지사·시장·군수·구청장에게 제출하여야 한다.

③ 수련시설의 청소년수련거리 운영, 생활지도, 시설의 관리 및 운영, 종사자교육 등 운영기준 은 수련시설 종류별로 여성가족부령으로 정한다.

[전문개정 2014.1.21.]

제19조의2(수련시설의 종합평가 등)

① 여성가족부장관은 수련시설의 전문성 강화와 운영의 개선 등을 위하여 시설 운영 및 관리 체 계, 활동프로그램 운영 등 수련시설 전반에 대한 종합평가를 정기적으로 실시하고 그 결과를 공개하여야 한다.

② 여성가족부장관은 제1항에 따른 종합평가를 실시하려면 미리 수련시설의 운영대표자에게 그 종합평가의 절차, 방법 및 기간을 통보하여야 한다. 〈신설 2017.12.12.〉

③ 여성가족부장관은 제2항에 따른 통보를 할 때 또는 그 통보 후에 수련시설의 운영대표자에게 제1항에 따른 종합평가에 필요한 자료의 제출을 요구할 수 있다. 이 경우 수련시설의 대표자는 정당한 사유가 없으면 그 요구에 따라야 한다. 〈신설 2017.12.12.〉

④ 국가 및 지방자치단체는 제1항에 따른 종합평가의 결과 우수한 수련시설에 대하여 포상 등을 실시할 수 있다. 〈개정 2017.12.12.〉

⑤ 여성가족부장관은 제1항에 따른 종합평가의 결과에 따라 수련시설의 운영대표자에게 미흡사항에 대한 개선이나 그 밖의 필요한 조치를 하도록 요구할 수 있다. 〈개정 2017.12.12.〉

⑥ 여성가족부장관은 제1항에 따른 종합평가의 결과를 교육부장관 등 관계 기관의 장에게 알려야 한다. 〈개정 2017.12.12.〉

⑦ 제1항에 따른 종합평가의 주기 · 방법 · 절차 및 평가결과의 공개 등에 필요한 사항은 여성가족부령으로 정한다. 〈개정 2017.12.12.〉

[본조신설 2014.1.21.]

제20조(시정명령)

특별자치시장 · 특별자치도지사 · 시장 · 군수 · 구청장은 수련시설 설치 · 운영자 또는 위탁운영단체가 이 법 또는 이 법에 따른 명령을 위반하거나 그 수련시설이 제17조의 시설기준, 제18조의 안전기준 및 제19조의 운영기준에 미달한 경우에는 그 시정을 명할 수 있다.

[전문개정 2014.1.21.]

제20조의2(운영 중지 명령)

① 특별자치시장 · 특별자치도지사 · 시장 · 군수 · 구청장은 수련시설의 운영 또는 청소년활동 중에 다음 각 호의 어느 하나에 해당하는 사유가 발생한 경우에는 수련시설 설치 · 운영자 또는 위탁운영단체, 숙박형등 청소년수련활동 주최자에게 3개월 이내의 기간을 정하여 시설운영 또는 활동의 중지를 명할 수 있다.

1. 시설이 붕괴되거나 붕괴할 우려가 있는 등 안전 확보가 현저히 미흡한 경우

2. 숙박형등 청소년수련활동의 실시 중 참가자 또는 이용자의 생명 또는 신체에 심각한 피해를 입히는 사고가 발생한 경우

3. 「성폭력범죄의 처벌 등에 관한 특례법」 제2조의 성폭력범죄 또는 「아동 · 청소년의 성보호에 관한 법률」 제2조제2호 및 제3호의 아동 · 청소년대상 성범죄 및 아동 · 청소년대상 성폭력범죄가 발생한 경우

4. 「아동복지법」 제17조의 금지행위가 발생한 경우

② 제1항에 따른 행정처분의 자세한 기준은 그 위반행위의 유형과 정도 등을 고려하여 여성가족부령으로 정한다.

[본조신설 2014.1.21.]

제21조(금지행위)

수련시설 설치 · 운영자 또는 위탁운영단체는 다음 각 호의 행위를 하여서는 아니 된다.

1. 정당한 사유 없이 청소년의 수련시설 이용을 제한하는 행위
2. 청소년활동이 아닌 용도로 수련시설을 이용하는 행위. 다만, 대통령령으로 정하는 용도로 이용하는 경우는 제외한다.
3. 청소년단체가 아닌 자에게 수련시설을 위탁하여 운영하게 하는 행위

[전문개정 2014.1.21.]

제22조(허가 또는 등록의 취소)

특별자치시장 · 특별자치도지사 · 시장 · 군수 · 구청장은 수련시설 설치 · 운영자가 다음 각 호의 어느 하나에 해당하는 경우에는 그 수련시설의 허가 또는 등록을 취소할 수 있다. 다만, 제1호 또는 제2호에 해당하는 경우에는 허가 또는 등록을 취소하여야 한다.   〈개정 2016.5.29.〉

1. 거짓이나 그 밖의 부정한 방법으로 허가를 받거나 등록을 한 경우
2. 최근 2년 이내에 제72조제2항제8호에 따른 과태료처분을 2회 이상 받고 다시 같은 호에 따른 위반행위를 한 경우
3. 정당한 사유 없이 수련시설의 허가를 받거나 등록을 한 후 1년 이내에 그 수련시설의 설치 착수 또는 운영을 시작하지 아니하거나 특별자치시장 · 특별자치도지사 · 시장 · 군수 · 구청장이 정하는 기간에 수련시설의 등록을 하지 아니한 경우
4. 고의 또는 중대한 과실로 제20조의2제1항 각 호의 사유가 발생한 경우
5. 제19조의2에 따른 종합평가에서 가장 낮은 등급을 연속하여 3회 이상 받은 경우

[전문개정 2014.1.21.]

제23조(청문)

특별자치시장 · 특별자치도지사 · 시장 · 군수 · 구청장은 제22조에 따른 허가 또는 등록을 취소하려면 청문을 하여야 한다.

[전문개정 2014.1.21.]

제24조(이용료 및 수련비용)

① 수련시설 설치·운영자 및 위탁운영단체는 수련시설을 이용하는 자로부터 이용료를 받을 수 있다.

② 제36조제1항부터 제3항까지의 규정에 따라 인증받은 청소년수련활동을 실시하는 자는 그 청소년수련활동에 참여하는 청소년으로부터 수련비용을 받을 수 있다.

[전문개정 2014.1.21.]

제25조(보험 가입)

① 제9조의2에 따라 숙박형등 청소년수련활동 계획을 신고하려는 자, 수련시설 설치·운영자 또는 위탁운영단체는 청소년활동의 운영 또는 수련시설의 설치·운영과 관련하여 청소년활동 참가자 및 수련시설의 이용자에게 발생한 생명·신체 등의 손해를 배상하기 위하여 보험에 가입하여야 한다.

② 제1항에 따른 보험에 가입하여야 할 수련시설의 종류 및 보험금액 등은 대통령령으로 정한다.

[전문개정 2014.1.21.]

제26조(수련시설의 승계)

① 제11조제3항에 따라 허가받은 수련시설이 양도·양수, 상속 또는 증여되거나 수련시설을 설치한 법인이 합병되었을 때에는 그 양수인, 상속인, 증여를 받은 자, 합병 후 존속하는 법인 또는 합병으로 설립되는 법인은 수련시설의 허가 및 등록에 따른 권리·의무를 승계한다.

② 다음 각 호의 어느 하나에 해당하는 절차에 따라 여성가족부령으로 정하는 수련시설의 주요 부분을 인수한 자는 수련시설의 허가 또는 등록에 따른 권리·의무를 승계한다.

〈개정 2016.12.27.〉

1. 「민사집행법」에 따른 경매
2. 「채무자 회생 및 파산에 관한 법률」에 따른 환가(換價)
3. 「국세징수법」·「관세법」 또는 「지방세징수법」에 따른 압류재산의 매각
4. 그 밖에 제1호부터 제3호까지의 어느 하나에 준하는 절차

[전문개정 2014.1.21.]

제27조(수련시설운영의 휴지·폐지 등)

① 수련시설 설치·운영자가 시설의 운영을 휴지(休止), 재개(再開), 폐지(閉止)하려는 경우에

는 여성가족부령으로 정하는 바에 따라 특별자치시장 · 특별자치도지사 · 시장 · 군수 · 구청
장에게 신고하여야 한다.

② 특별자치시장 · 특별자치도지사 · 시장 · 군수 · 구청장은 국가 또는 지방자치단체의 특별한
지원을 받은 수련시설로서 대통령령으로 정하는 시설에 대해서는 시설운영의 휴지 또는 폐
지를 제한할 수 있다.

[전문개정 2014.1.21.]

제28조(수련시설 건립 시 타당성의 사전 검토)

① 국가 및 지방자치단체는 제11조제1항에 따라 설치되는 수련시설이 청소년활동에 적합하도
록 하기 위하여 입지 조건, 내부 구조, 그 밖의 설계사항 등 건립의 타당성에 관한 사항을 포
함한 기본계획을 수립하고, 관련 설계사항을 사전에 심의한 후 시행하여야 한다.

② 제1항에 따른 기본계획 및 관련 설계사항의 심의 과정에는 청소년 관련 전문가 및 청소년이
참여할 수 있다.

③ 제1항 및 제2항의 심의 과정에 관하여 필요한 사항은 대통령령으로 정한다.

[전문개정 2014.1.21.]

제29조 삭제 〈2016.5.29.〉

제30조(민간인의 참여 유도)

① 국가 및 지방자치단체는 개인 · 법인 또는 단체가 수련시설을 쉽게 설치할 수 있도록 토
지 · 금융 · 세제 또는 그 밖의 행정절차상의 지원을 할 수 있다.

② 개인 · 법인 또는 단체는 국가 및 지방자치단체가 설치하는 수련시설에 대하여 토지 · 금전
등을 출연할 수 있다. 이 경우 출연자의 성명 등을 그 수련시설의 명칭으로 할 수 있다.

[전문개정 2014.1.21.]

제31조(수련시설의 이용)

① 수련시설을 운영하는 자는 청소년단체가 청소년활동을 위하여 시설 이용을 요청할 때에는
특별한 사유가 없으면 그 요청에 따라야 한다.

② 수련시설을 운영하는 자는 청소년활동에 지장을 주지 아니하는 범위에서 다음 각 호의 용도
로 수련시설을 제공할 수 있다.

　1. 법인 · 단체 또는 직장 등에서 실시하는 단체연수활동 등에 제공하는 경우

2. 「평생교육법」에 따른 평생교육의 실시를 위하여 제공하는 경우

3. 유스호스텔 및 청소년야영장에서 여성가족부령으로 정하는 범위에서 개별적인 숙박·야영 편의 등을 제공하는 경우

4. 해당 수련시설에 설치된 관리실·사무실 등을 청소년단체의 활동공간으로 제공하는 경우

5. 그 밖에 여성가족부령으로 정하는 용도로 이용하는 경우

③ 제2항제1호 및 제2호에 따른 이용은 여성가족부령으로 정하는 이용 범위를 초과할 수 없다.

[전문개정 2014.1.21.]

제32조(청소년이용시설)

① 제10조제2호의 청소년이용시설을 설치·운영하는 국가·지방자치단체 또는 그 밖의 공공기관 등은 그가 설치·운영하는 시설을 그 시설의 운영에 지장을 주지 아니하는 범위에서 청소년활동에 제공하여야 한다.

② 국가 또는 지방자치단체는 청소년이용시설을 설치·운영하는 개인·법인 또는 단체에 청소년활동 프로그램을 제공하거나 그 밖에 필요한 지원을 할 수 있다.

③ 국가 또는 지방자치단체는 예산의 범위에서 청소년이용시설의 운영에 필요한 경비의 일부를 보조할 수 있다.

④ 청소년이용시설의 종류 등에 관하여 필요한 사항은 대통령령으로 정한다.

[전문개정 2014.1.21.]

제33조(다른 법률에 따른 인·허가 등의 의제)

① 제11조제3항에 따라 수련시설의 허가를 받은 경우에는 다음 각 호의 허가·인가·해제·지정 또는 신고를 받은 것으로 본다.

1. 「국토의 계획 및 이용에 관한 법률」 제56조·제86조 및 제88조에 따른 개발행위의 허가, 도시·군계획시설사업 시행자의 지정 및 실시계획의 인가

2. 「자연공원법」 제20조 및 제23조에 따른 공원사업 시행의 허가, 공원구역에서의 행위의 허가

3. 「농지법」 제34조에 따른 농지전용허가

4. 「초지법」 제23조제2항 및 제3항에 따른 초지전용의 허가 및 신고

5. 「산지관리법」 제14조 및 제15조에 따른 산지전용허가 및 산지전용신고, 같은 법 제15조의2에 따른 산지일시사용허가·신고

6. 「산림보호법」 제9조제1항 및 같은 조 제2항제1호에 따른 산림보호구역(산림유전자원보

호구역은 제외한다)에서의 행위의 허가

7. 「사방사업법」 제14조 및 제20조에 따른 사방지에서의 입목·죽의 벌채 등의 허가 및 사방지 지정의 해제

8. 「수도법」 제52조에 따른 전용상수도 설치의 인가

9. 「사도법」 제4조에 따른 사도의 개설허가

② 제13조에 따라 수련시설을 등록한 경우에는 그 수련시설에 대한 다음 각 호의 신고 또는 통보를 한 것으로 본다.

1. 「체육시설의 설치·이용에 관한 법률」 제20조에 따른 체육시설업의 신고

2. 「공중위생관리법」 제3조에 따른 공중위생영업 중 이용업 및 미용업의 신고

3. 「식품위생법」 제37조 및 제88조에 따른 식품접객업 중 휴게음식점영업·일반음식점영업의 신고 및 집단급식소의 설치·운영의 신고

③ 특별자치시장·특별자치도지사·시장·군수·구청장은 제11조제3항에 따라 수련시설의 허가를 하거나 제13조에 따라 수련시설의 등록을 할 때에는 제1항 각 호 및 제2항 각 호에 따른 관계 법령에의 적합 여부에 관하여 미리 소관 행정기관의 장과 협의하여야 한다. 다만, 제52조제2항에 따라 협의된 사항에 대해서는 그러하지 아니하다.

④ 소관 행정기관의 장은 제3항에 따른 협의를 요청받은 날부터 다음 각 호의 기간 내에 의견을 제출하여야 한다. ⟨신설 2017.3.21.⟩

1. 제1항에 따른 협의 기간: 20일

2. 제2항에 따른 협의 기간: 10일

⑤ 소관 행정기관의 장이 제4항에서 정한 기간 내에 의견을 제출하지 아니하면 의견이 없는 것으로 본다. ⟨신설 2017.3.21.⟩

⑥ 특별자치시장·특별자치도지사·시장·군수·구청장은 제13조에 따라 수련시설의 등록증을 발급하였을 때에는 등록증을 발급한 날부터 15일 이내에 제3항에 따라 협의한 행정기관의 장에게 이를 통보하여야 한다. ⟨개정 2017.3.21.⟩

[전문개정 2014.1.21.]

제33조의2(보고 등)

① 특별자치시장·특별자치도지사·시장·군수·구청장은 다음 각 호의 사항을 여성가족부령으로 정하는 바에 따라 여성가족부장관에게 보고하여야 한다.

1. 제11조제1항에 따라 지방자치단체가 설치·운영하는 수련시설 의 현황

2. 제12조 및 제13조제1항에 따른 허가 및 등록의 현황

3. 제9조의2에 따른 숙박형등 청소년수련활동 계획의 신고 현황

4. 제18조에 따른 수련시설의 정기 및 수시 안전점검 결과

② 여성가족부장관은 수련시설 설치 · 운영자, 청소년이용시설을 설치 · 운영하는 자 및 숙박형 등 청소년수련활동 운영자에게 청소년 이용률 현황, 운영프로그램 현황, 그 밖에 여성가족부 령으로 정하는 자료의 제출을 요청할 수 있다.

[전문개정 2014.1.21.]

제4장 청소년수련활동의 지원

제34조(청소년수련거리의 개발 · 보급)

① 국가 및 지방자치단체는 청소년수련활동에 필요한 청소년수련거리를 그 이용대상 · 나 이 · 이용장소 등을 종합적으로 고려하여 유형별로 균형 있게 개발 · 보급하여야 한다.

② 국가 및 지방자치단체는 청소년의 발달원리와 선호도에 근거하여 청소년수련거리를 전문적 으로 개발하여야 한다.

[전문개정 2014.1.21.]

제35조(청소년수련활동 인증제도의 운영)

① 국가는 청소년수련활동이 청소년의 균형 있는 성장에 기여할 수 있도록 그 내용과 수준을 향 상시키기 위하여 청소년수련활동 인증제도를 운영하여야 한다.

② 국가는 청소년수련활동 인증제도를 운영하기 위하여 청소년수련활동 인증위원회(이하 "인 증위원회"라 한다)를 활동진흥원에 설치 · 운영하여야 한다.

③ 인증위원회는 위원장과 부위원장 각 1명을 포함한 15명 이내의 위원으로 구성한다.

〈신설 2015.2.3.〉

④ 인증위원회의 위원은 다음 각 호에 해당하는 사람으로 한다. 이 경우 제3호에 해당하는 사람 이 1명 이상 포함되어야 한다. 〈신설 2015.2.3.〉

1. 여성가족부와 교육부의 고위공무원단에 속하는 일반직공무원 또는 이에 상당하는 특정직 공무원 중에서 해당 기관의 장이 각각 지명하는 사람

2. 활동진흥원의 이사장

3. 청소년활동의 안전에 관한 전문자격이나 전문지식을 가진 사람 중에서 여성가족부장관이 위촉하는 사람

4. 그 밖에 청소년활동에 관한 지식과 경험이 풍부한 사람 중에서 여성가족부장관이 위촉하는 사람

⑤ 국가는 제36조에 따라 인증을 받은 청소년수련활동(이하 "인증수련활동"이라 한다)을 공개하여야 하며, 인증수련활동에 참여한 청소년의 활동기록을 유지·관리하고, 청소년이 요청하는 경우에는 이를 제공하여야 한다. 〈개정 2015.2.3.〉

⑥ 인증위원회의 구성·운영, 청소년의 활동기록의 유지 및 관리 등에 필요한 사항은 대통령령으로 정한다. 〈개정 2015.2.3.〉

[전문개정 2014.1.21.]

제36조(청소년수련활동의 인증 절차)

① 국가와 지방자치단체 또는 개인·법인·단체 등은 청소년수련활동에 필요한 프로그램을 개발하여 실시하려는 경우에는 인증위원회에 그 인증을 신청할 수 있다.

② 제1항에도 불구하고 위탁·재위탁을 포함하여 여성가족부령으로 정하는 바에 따라 참가 인원이 일정 규모 이상이거나 위험도가 높은 청소년수련활동을 주최하려는 자는 그 청소년수련활동에 대하여 미리 인증위원회의 인증을 받아야 한다. 다만, 다음 각 호의 어느 하나에 해당하는 단체가 회원을 대상으로 수련활동을 실시하는 경우에는 그러하지 아니하다.

1. 「스카우트활동 육성에 관한 법률」에 따른 스카우트주관단체

2. 「스카우트활동 육성에 관한 법률」에 따른 걸스카우트주관단체

3. 「한국청소년연맹 육성에 관한 법률」에 따라 운영되는 한국청소년연맹

4. 「한국해양소년단연맹육성에관한법률」에 따라 운영되는 한국해양소년단연맹

5. 「한국4에이치활동 지원법」에 따라 운영되는 4에이치활동 주관단체

6. 「대한적십자사 조직법」에 따라 운영되는 청소년적십자

7. 그 밖에 여성가족부령으로 정하는 단체

③ 제1항 및 제2항에 따라 인증을 신청하려는 자는 청소년지도자와 다음 각 호의 어느 하나에 해당하는 인력(이하 "전문인력"이라 한다)을 갖추어야 한다. 다만, 청소년지도자가 전문인력에 해당하는 경우에는 전문인력을 갖춘 것으로 본다.

1. 여성가족부령으로 정하는 응급처치에 관한 교육을 이수한 사람

2. 청소년활동의 안전에 필요한 전문자격이나 전문지식을 가진 사람으로서 여성가족부령으

로 정하는 사람

④ 제1항 및 제2항에 따라 인증을 신청하려는 자는 청소년수련활동에 필요한 프로그램을 진행하는 활동의 장소·시기·목적·대상·내용·진행방법·평가·자원조달·청소년지도자 및 전문인력 등에 관한 사항을 작성하여 인증위원회에 제출하여야 한다.

⑤ 인증위원회는 제1항 및 제2항에 따른 인증을 할 때에는 현장방문 등 필요한 방법으로 인증신청의 내용을 확인할 수 있다.

⑥ 인증위원회는 인증신청의 내용을 확인한 결과 제4항에 따른 신청사항이 누락되거나 신청사항을 보완할 필요가 있는 경우에는 대통령령으로 정하는 바에 따라 20일 이내의 기간을 정하여 보완을 요구할 수 있다.

⑦ 제1항부터 제5항까지의 규정에 따른 청소년수련활동 인증의 절차와 방법 등에 관하여 필요한 사항은 대통령령으로 정한다.

[전문개정 2014.1.21.]

제36조의2(인증의 사후 관리)

① 인증위원회는 제36조에 따라 인증을 하는 경우 인증의 유효기간을 설정할 수 있다.

② 인증위원회는 인증수련활동의 실시에 대하여 인증사항의 이행 여부를 확인할 수 있다.

③ 인증위원회는 제2항에 따른 확인 결과 인증수련활동의 내용과 실제로 실시되는 청소년수련활동의 내용에 차이가 있는 경우에는 이를 시정하도록 요구할 수 있다.

④ 제1항부터 제3항까지의 규정에 따른 인증의 유효기간, 이행 여부 확인 및 시정 요구에 관하여 필요한 사항은 여성가족부령으로 정한다.

[전문개정 2014.1.21.]

제36조의3(인증의 취소 등)

① 인증위원회는 청소년수련활동을 인증받은 자가 다음 각 호의 어느 하나에 해당하는 경우에는 그 인증을 취소하거나 6개월 이내의 기간을 정하여 그 인증의 정지를 명할 수 있다. 다만, 제1호의 경우에는 그 인증을 취소하여야 한다.

1. 거짓이나 그 밖의 부정한 방법으로 인증을 받은 경우

2. 인증을 받은 후 정당한 사유 없이 1년 이상 계속하여 인증수련활동을 실시하지 아니한 경우

3. 인증수련활동의 내용과 실제로 실시되는 청소년수련활동의 내용에 중요한 차이가 있는 경우로서 그 원인이 인증받은 자의 고의나 중대한 과실로 인한 경우

② 인증위원회는 인증을 받은 자가 제1항에 따른 정지명령을 위반하여 정지기간 중 인증수련활

동을 실시하였을 때에는 그 인증을 취소할 수 있다.

③ 제1항에 따른 행정처분의 세부기준은 그 위반행위의 종류와 위반 정도 등을 고려하여 여성 가족부령으로 정한다.

[전문개정 2014.1.21.]

제37조(인증수련활동의 결과 통보 등)

① 인증수련활동을 실시한 자는 인증수련활동이 끝난 후 대통령령으로 정하는 바에 따라 인증 위원회에 그 결과를 통보하여야 한다.

② 제1항에 따른 통보를 받은 인증위원회는 그 결과를 활동진흥원과 지방청소년활동진흥센터 에서 기록으로 유지·관리될 수 있도록 조치하여야 한다.

③ 청소년이용시설을 설치·운영하여 인증수련활동을 실시하는 개인·법인·단체 등은 다음 각 호의 어느 하나에 해당하는 경우에는 5년 이내에 청소년수련활동의 인증을 인증위원회에 신청할 수 없다.

1. 제1항에 따른 인증수련활동 실시 결과를 거짓으로 통보한 경우

2. 제36조의3에 따라 인증이 취소된 경우

3. 인증을 받은 사항이 아닌 다른 청소년수련활동을 실시한 경우

[전문개정 2014.1.21.]

제38조(유사명칭의 사용 금지)

제36조의3에 따라 인증이 취소되거나 인증위원회의 인증을 받지 아니한 경우에는 인증수련활 동이나 청소년수련활동의 인증 등 인증을 받았음을 나타내는 표시를 하거나 이와 유사한 표시를 하여서는 아니 된다.

[전문개정 2014.1.21.]

제39조(청소년수련활동의 위탁 제한)

① 청소년수련활동을 실시하는 자(청소년수련활동의 일부를 수탁 받은 자도 포함한다)가 청소 년수련활동을 위탁하려는 경우에는 이 법 또는 다른 법률에 따라 신고·등록·인가·허가 를 받은 법인·단체 및 개인에게만 위탁하여야 한다.

② 제1항에 따라 청소년수련활동을 위탁하는 경우에도 해당 청소년수련활동의 전부 또는 여성 가족부령으로 정하는 중요 프로그램을 위탁하여서는 아니 된다.

[본조신설 2014.1.21.]

[종전 제39조는 제40조로 이동 〈2014.1.21.〉]

제40조(한국청소년수련시설협회)

① 수련시설 설치 · 운영자 및 위탁운영단체는 수련시설의 운영 · 발전을 위하여 여성가족부장관의 인가를 받아 다음 각 호의 사업을 하는 한국청소년수련시설협회(이하 "시설협회"라 한다)를 설립할 수 있다.

  1. 시설협회의 회원인 수련시설 설치 · 운영자 및 위탁운영단체가 실시하는 사업과 활동에 대한 협력 및 지원

  2. 청소년지도자의 연수 · 권익증진 및 교류사업

  3. 청소년수련활동의 활성화 및 수련시설의 안전에 관한 홍보 및 실천운동

  4. 청소년수련활동에 대한 조사 · 연구 · 지원사업

  5. 제41조에 따른 지방청소년수련시설협회에 대한 지원

  6. 그 밖에 수련시설의 운영 · 발전을 위하여 필요하다고 여성가족부장관이 인정하는 사업

② 시설협회는 법인으로 한다.

③ 시설협회는 그 주된 사무소의 소재지에서 설립등기를 함으로써 성립한다.

④ 국가는 예산의 범위에서 시설협회의 운영경비의 전부 또는 일부를 지원할 수 있다.

⑤ 시설협회는 제1항에 따른 사업의 일부를 대통령령으로 정하는 바에 따라 제41조에 따른 지방청소년수련시설협회에 위탁할 수 있다.

⑥ 시설협회에 관하여는 이 법에서 규정한 것을 제외하고는 「민법」 중 사단법인에 관한 규정을 준용한다.

[전문개정 2014.1.21.]

[제39조에서 이동 〈2014.1.21.〉]

제41조(지방청소년수련시설협회)

① 특정 지역을 활동범위로 하는 수련시설은 시설의 효율적인 운영 · 발전을 위하여 그 지역을 관할하는 시 · 도의 조례로 정하는 바에 따라 시 · 도지사의 승인을 받아 지방청소년수련시설협회를 설치할 수 있다.

② 지방자치단체는 예산의 범위에서 해당 지방청소년수련시설협회의 운영경비의 일부를 지원할 수 있다.

[전문개정 2014.1.21.]

[제40조에서 이동 〈2014.1.21.〉

제42조 삭제 〈2010.5.17.〉

제43조 삭제 〈2010.5.17.〉

제44조 삭제 〈2010.5.17.〉

제45조 삭제 〈2010.5.17.〉

제46조 삭제 〈2010.5.17.〉

제47조(청소년수련지구의 지정 등)
① 특별자치시장·특별자치도지사·시장·군수·구청장은 청소년활동을 지원하기 위하여 필요한 경우 명승고적지, 역사유적지 또는 자연경관이 수려한 지역으로서 청소년활동에 적합하고 이용이 편리한 지역을 청소년수련지구(이하 "수련지구"라 한다)로 지정할 수 있다.
② 특별자치시장·특별자치도지사·시장·군수·구청장은 제1항에 따라 수련지구를 지정하거나 그 지정 내용을 변경하려면 관계 행정기관의 장과 협의하여야 한다. 다만, 대통령령으로 정하는 경미한 사항을 변경하는 경우에는 그러하지 아니하다.
③ 특별자치시장·특별자치도지사·시장·군수·구청장은 제1항에 따라 수련지구를 지정하였을 때에는 수련지구의 구역, 면적, 지정 연월일, 그 밖에 필요한 사항을 고시하여야 한다.
④ 수련지구의 지정 절차, 수련지구에 설치하여야 하는 시설의 종류·범위 및 면적, 수련지구에 설치할 수 없는 시설 등에 관하여 필요한 사항은 대통령령으로 정한다.
[전문개정 2014.1.21.]

제48조(수련지구조성계획)
① 특별자치시장·특별자치도지사·시장·군수·구청장은 제47조제1항에 따라 수련지구를 지정한 경우에는 수련지구조성계획(이하 "조성계획"이라 한다)을 수립·시행하여야 한다.
② 법인 또는 단체는 수련지구를 지정한 특별자치시장·특별자치도지사·시장·군수·구청장의 승인을 받아 대통령령으로 정하는 규모 이하의 조성계획을 수립·시행할 수 있다.
③ 제1항 및 제2항에 따른 조성계획은 자연 상태를 최대한 보존할 수 있도록 수립하여야 한다.
④ 특별자치시장·특별자치도지사·시장·군수·구청장은 제1항 및 제2항에 따라 조성계획을 수립하거나 승인하였을 때에는 그 조성계획을 대통령령으로 정하는 바에 따라 고시하여야

한다.

⑤ 국가는 제1항 및 제2항에 따른 조성계획의 시행에 필요한 비용의 일부를 보조할 수 있다.

[전문개정 2014.1.21.]

제49조(둘 이상의 시·군·구에 걸치는 수련지구의 지정 등)

특별자치시장·특별자치도지사·시장·군수·구청장은 관할지역이 아닌 인근지역을 포함하여 수련지구로 지정하거나 조성계획을 수립 또는 승인하려는 경우에는 해당 인근지역을 관할하는 특별자치시장·특별자치도지사·시장·군수·구청장과 협의하여야 한다.

[전문개정 2014.1.21.]

제50조(수용 및 사용)

① 제11조제1항에 따라 수련시설을 설치하는 국가와 지방자치단체 또는 조성계획의 시행자는 조성계획 시행에 필요한 토지·건축물 또는 그 밖의 토지 정착물이나 이에 대한 소유권 외의 권리를 수용하거나 사용할 수 있다.

② 제1항에 따른 수용 및 사용에 관하여는 「공익사업을 위한 토지 등의 취득 및 보상에 관한 법률」을 적용한다.

[전문개정 2014.1.21.]

제51조(조성계획에 따른 시설 설치 등)

① 수련지구에 설치하는 수련시설이나 그 밖의 시설은 제48조제1항 및 제2항에 따라 조성계획을 수립한 자가 설치한다. 다만, 조성계획을 수립한 자 외의 자가 그 조성계획을 수립한 자의 승낙을 받은 경우에는 수련지구에 수련시설이나 그 밖의 시설을 설치할 수 있다.

② 제1항에 따라 수련시설이나 그 밖의 시설을 설치하는 자(특별자치시장·특별자치도지사·시장·군수·구청장은 제외한다)는 제11조제3항에 따른 수련시설의 허가를 받은 것으로 본다.

[전문개정 2014.1.21.]

제52조(다른 법률에 따른 인·허가 등의 의제)

① 제48조제1항 및 제2항에 따라 조성계획을 수립하거나 조성계획의 승인을 받은 경우에는 다음 각 호의 허가·인가·면허·해제·신고 또는 지정을 받은 것으로 본다.

1. 「국토의 계획 및 이용에 관한 법률」 제86조 및 제88조에 따른 도시·군계획시설사업 시

행자의 지정 및 실시계획의 인가

2. 「수도법」 제52조에 따른 전용상수도 설치의 인가

3. 「하수도법」 제16조에 따른 공공하수도의 공사시행 또는 유지의 허가

4. 「공유수면 관리 및 매립에 관한 법률」 제8조에 따른 공유수면의 점용·사용허가, 같은 법 제17조에 따른 점용·사용 실시계획의 승인 또는 신고, 같은 법 제28조에 따른 공유수면의 매립면허

5. 「하천법」 제30조에 따른 하천의 공사시행 또는 유지·보수의 허가, 같은 법 제33조에 따른 하천의 점용허가, 같은 법 제50조에 따른 하천수의 사용허가

6. 「도로법」 제36조에 따른 도로의 공사시행 또는 유지의 허가, 같은 법 제61조에 따른 도로의 점용허가

7. 「항만법」 제9조제2항에 따른 항만공사 시행의 허가

8. 「사도법」 제4조에 따른 사도의 개설허가

9. 「산지관리법」 제14조 및 제15조에 따른 산지전용허가 및 산지전용신고, 같은 법 제15조의2에 따른 산지일시사용허가·신고

10. 「산림보호법」 제9조제1항 및 같은 조 제2항제1호에 따른 산림보호구역(산림유전자원보호구역은 제외한다)에서의 행위의 허가

11. 「농지법」 제34조에 따른 농지전용허가

12. 「초지법」 제23조제2항 및 제3항에 따른 초지전용의 허가 및 신고

13. 「사방사업법」 제14조 및 제20조에 따른 사방지에서의 입목·죽의 벌채 등의 허가 및 사방지 지정의 해제

14. 「자연공원법」 제20조 및 제23조에 따른 공원사업 시행 및 공원시설 관리의 허가, 공원구역에서의 행위의 허가

② 특별자치시장·특별자치도지사·시장·군수·구청장은 제48조제1항 및 제2항에 따라 조성계획을 수립하거나 승인할 때에는 제1항 각 호에 따른 관계 법령에의 적합 여부에 관하여 미리 소관 행정기관의 장과 협의하여야 한다.

③ 소관 행정기관의 장은 제2항에 따른 협의를 요청받은 날부터 20일 이내에 의견을 제출하여야 한다. 〈신설 2017.3.21.〉

④ 소관 행정기관의 장이 제3항에서 정한 기간 내에 의견을 제출하지 아니하면 의견이 없는 것으로 본다. 〈신설 2017.3.21.〉

[전문개정 2014.1.21.]

제53조(청소년교류활동의 진흥)

① 국가 및 지방자치단체는 청소년교류활동 진흥시책을 개발·시행하여야 한다.

② 국가 및 지방자치단체는 청소년활동시설과 청소년단체 등에 대하여 청소년교류활동을 장려하기 위한 다양한 형태의 청소년교류활동 프로그램을 개발하여 운영하게 할 수 있다.

③ 국가 및 지방자치단체는 예산의 범위에서 제2항에 따른 청소년교류활동 프로그램의 개발·운영에 필요한 경비의 전부 또는 일부를 지원할 수 있다.

[전문개정 2014.1.21.]

제54조(국제청소년교류활동의 지원)

① 국가 및 지방자치단체는 정부·지방자치단체·국제기구 또는 민간 등이 주관하는 국제청소년교류활동을 지원하기 위한 시행계획을 수립하고 이를 추진하여야 한다.

② 국가는 다른 국가와 청소년교류협정을 체결하여 국제청소년교류활동이 지속적으로 발전할 수 있는 기반을 조성하여야 한다.

③ 국가 및 지방자치단체는 민간기구가 국제청소년교류활동을 시행할 때에는 이를 지원할 수 있다.

제55조(지방자치단체의 자매도시협정 등)

① 지방자치단체는 자매도시협정을 체결할 때에는 청소년교류활동에 관한 사항을 포함하도록 노력하여야 한다.

② 지방자치단체는 청소년 교류를 위하여 청소년단체 등 민간기구의 활동을 지원할 수 있다.

[전문개정 2014.1.21.]

제56조(교포청소년교류활동의 지원)

① 국가 및 지방자치단체는 교포청소년의 모국방문·문화체험 및 국내 청소년과의 청소년교류활동을 지원하고 장려하여야 한다.

② 국가는 청소년단체 또는 「청소년기본법」 제3조제6호에 따른 청소년시설이 주관하는 교포청소년교류활동의 확대·발전을 위하여 행정적·재정적 지원을 할 수 있다.

[전문개정 2014.1.21.]

제57조(청소년교류활동의 사후 지원)

  국가 및 지방자치단체는 청소년교류활동을 통한 성과가 지속되고 발전 · 향상되기 위한 시책을 마련하여야 한다.

  [전문개정 2014.1.21.]

제58조(청소년교류센터의 설치 · 운영)

  ① 국가는 제53조부터 제57조까지의 업무를 효율적으로 지원하기 위하여 청소년교류센터를 설치 · 운영할 수 있다.

  ② 청소년교류센터의 운영은 대통령령으로 정하는 바에 따라 청소년단체 등에 위탁할 수 있으며, 이 경우 운영에 필요한 경비를 지원할 수 있다.

  [전문개정 2014.1.21.]

제59조(남 · 북청소년교류활동의 제도적 지원)

  ① 국가는 남 · 북청소년 교류에 관한 기본계획을 수립하고, 남 · 북청소년이 교류할 수 있는 제도적 여건을 조성하여야 한다.

  ② 국가는 남 · 북청소년 교류를 위한 기반을 조성하기 위하여 필요한 체계적인 통일교육을 실시할 수 있다.

  [전문개정 2014.1.21.]

제6장 청소년문화활동의 지원

제60조(청소년문화활동의 진흥)

  ① 국가 및 지방자치단체는 청소년문화활동 프로그램 개발, 문화시설 확충 등 청소년문화활동에 대한 청소년의 참여 기반을 조성하는 시책을 개발 · 시행하여야 한다.

  ② 국가 및 지방자치단체는 제1항에 따른 시책을 수립 · 시행할 때에는 문화예술 관련 단체, 청

소년동아리단체, 봉사활동단체 등이 청소년문화활동 진흥에 적극적이고 자발적으로 참여할 수 있도록 하여야 한다.

③ 국가 및 지방자치단체는 제2항에 따른 자발적 참여에 대해서는 예산의 범위에서 그 경비의 전부 또는 일부를 지원할 수 있다.

[전문개정 2014.1.21.]

제61조(청소년문화활동의 기반 구축)

① 국가 및 지방자치단체는 다양한 영역에서 청소년문화활동이 활성화될 수 있도록 기반을 구축하여야 한다.

② 문화예술 관련 단체 등 각종 지역사회의 문화기관은 청소년문화활동의 기반 구축을 위하여 적극 협력하여야 한다.

[전문개정 2014.1.21.]

제62조(전통문화의 계승)

국가 및 지방자치단체는 전통문화가 청소년문화활동에 구현될 수 있도록 필요한 시책을 수립·시행하여야 한다.

[전문개정 2014.1.21.]

제63조(청소년축제의 발굴지원)

국가 및 지방자치단체는 청소년축제를 장려하는 시책을 수립하여 시행하여야 한다.

제64조(청소년동아리활동의 활성화)

① 국가 및 지방자치단체는 청소년이 자율적으로 참여하여 조직하고 운영하는 다양한 형태의 동아리활동을 적극 지원하여야 한다.

② 청소년활동시설은 제1항에 따른 동아리활동에 필요한 장소 및 장비 등을 제공하고 지원할 수 있다.

[전문개정 2014.1.21.]

제65조(청소년의 자원봉사활동의 활성화)

국가 및 지방자치단체는 청소년의 자원봉사활동을 활성화할 수 있는 기반을 조성하여야 한다.

[전문개정 2014.1.21.]

제66조(조세 감면 등)

① 국가는 활동진흥원·지방청소년활동진흥센터·청소년활동시설·시설협회 및 지방청소년 수련시설협회 등에 대하여 「조세특례제한법」에서 정하는 바에 따라 조세를 감면할 수 있고, 「부가가치세법」에서 정하는 바에 따라 부가가치세를 감면할 수 있다.

② 국가는 활동진흥원·지방청소년활동진흥센터·청소년활동시설·시설협회 및 지방청소년 수련시설협회 등에 출연 또는 기부된 재산에 대해서는 「조세특례제한법」에서 정하는 바에 따라 소득 계산의 특례를 적용할 수 있다.

③ 국가는 활동진흥원·지방청소년활동진흥센터·청소년활동시설·시설협회 및 지방청소년 수련시설협회가 수입하는 청소년활동에 직접 사용되는 실험·실습·시청각 기자재 또는 그 밖의 필요한 용품에 대해서는 「관세법」에서 정하는 바에 따라 관세를 감면할 수 있다.

[전문개정 2014.1.21.]

제67조(감독)

① 국가 및 지방자치단체는 청소년활동 진흥을 위하여 필요한 경우 활동진흥원·지방청소년활동진흥센터·청소년활동시설 및 숙박형등 청소년수련활동 운영기관의 업무·회계 및 재산에 관한 사항을 보고하게 하거나 소속 공무원으로 하여금 그 장부·서류 또는 그 밖의 물건을 검사하게 할 수 있다.

② 제1항에 따라 검사를 하는 공무원은 그 권한을 표시하는 증표를 지니고 이를 관계인에게 보여주어야 한다.

[전문개정 2014.1.21.]

제68조(수수료)

다음 각 호의 어느 하나에 해당하는 자는 여성가족부령으로 정하는 바에 따라 수수료를 내야 한다.

1. 제11조제3항에 따라 수련시설의 설치·운영 허가를 신청하는 자
2. 제13조제1항에 따라 수련시설의 등록을 신청하는 자(국가 또는 지방자치단체가 등록하는 경우는 제외한다)
3. 제48조제2항에 따라 조성계획의 승인을 신청하는 자

[전문개정 2014.1.21.]

제69조(권한의 위임 등)

이 법에 따른 여성가족부장관의 권한은 그 일부를 대통령령으로 정하는 바에 따라 시·도지사에게 위임하거나 청소년단체에 위탁할 수 있다.

[전문개정 2014.1.21.]

제8장 **벌칙**

제70조(벌칙)

① 다음 각 호의 어느 하나에 해당하는 자는 2년 이하의 징역 또는 2천만원 이하의 벌금에 처한다.

1. 제6조의5제3항을 위반하여 직무상 알게 된 비밀을 누설한 자
2. 제11조제3항에 따른 허가를 받지 아니하고 수련시설을 설치·운영하거나 변경한 자
3. 제22조에 따라 허가 또는 등록의 취소를 받은 자로서 계속하여 해당 수련시설을 운영한 자
4. 제48조제2항에 따른 승인을 받지 아니하고 조성계획을 시행한 자

② 다음 각 호의 어느 하나에 해당하는 자는 1년 이하의 징역 또는 1천만원 이하의 벌금에 처한다.

1. 제9조의6을 위반하여 이 법 또는 다른 법률에 따라 신고·등록·인가·허가를 받지 아니하고 숙박형등 청소년수련활동을 실시한 자
2. 제20조의2에 따른 시설 운영 중지 또는 활동의 중지 명령을 위반한 자
3. 제39조를 위반하여 청소년수련활동을 위탁한 자

[전문개정 2014.1.21.]

제71조(양벌규정)

법인의 대표자나 법인 또는 개인의 대리인, 사용인, 그 밖의 종업원이 그 법인 또는 개인의 업무에 관하여 제70조의 위반행위를 하면 그 행위자를 벌하는 외에 그 법인 또는 개인에게도 해당 조

문의 벌금형을 과(科)한다. 다만, 법인 또는 개인이 그 위반행위를 방지하기 위하여 해당 업무에 관하여 상당한 주의와 감독을 게을리하지 아니한 경우에는 그러하지 아니하다.

[전문개정 2010.5.17.]

제72조(과태료)

① 다음 각 호의 어느 하나에 해당하는 자에게는 500만원 이하의 과태료를 부과한다.

　　1. 제6조의8을 위반하여 한국청소년활동진흥원 또는 이와 유사한 명칭을 사용한 자

　　2. 제67조제1항에 따른 보고를 하지 아니하거나 검사를 거부·방해 또는 기피한 자

② 다음 각 호의 어느 하나에 해당하는 자에게는 300만원 이하의 과태료를 부과한다.

〈개정 2017.12.12.〉

　　1. 제9조의2제1항을 위반하여 신고를 하지 아니하거나 거짓 또는 그 밖의 부정한 방법으로 신고한 자

　　2. 제9조의2제2항을 위반하여 청소년수련활동의 모집을 한 자

　　3. 제9조의3제2항을 위반하여 필요한 의료조치를 하지 아니한 자

　　4. 제9조의5를 위반하여 표시 또는 고지를 하지 아니한 자

　　5. 제13조제1항을 위반하여 등록을 하지 아니하고 수련시설을 운영한 자

　　6. 제14조제1항을 위반하여 운영대표자를 선임하지 아니한 자(제16조제4항에 따라 준용되는 경우를 포함한다)

　　7. 제18조의2를 위반하여 안전교육을 실시하지 아니한 자

　　7의2. 제18조의3제3항 후단을 위반하여 자료 제출의 요구에 따르지 아니한 자

　　7의3. 제19조의2제3항 후단을 위반하여 자료 제출의 요구에 따르지 아니한 자

　　8. 제20조에 따른 시정명령을 위반한 자

　　9. 제21조를 위반하여 같은 조 각 호의 행위를 한 자

　　10. 제25조를 위반하여 보험에 가입하지 아니한 자

　　11. 제27조제1항에 따른 신고를 하지 아니하고 수련시설을 휴지, 재개 또는 폐지한 자

　　12. 제38조를 위반하여 인증을 받지 아니하고 인증수련활동이나 청소년수련활동의 인증 등 인증을 받았음을 나타내는 표시를 하거나 이와 유사한 표시를 한 자

③ 제1항 및 제2항에 따른 과태료는 대통령령으로 정하는 바에 따라 여성가족부장관 또는 특별자치시장·특별자치도지사·시장·군수·구청장이 부과·징수한다.

[전문개정 2014.1.21.]

부칙 〈제15211호, 2017.12.12.〉

제1조(시행일)

이 법은 공포 후 6개월이 경과한 날부터 시행한다.

제2조(수련시설 운영 위탁계약의 해지에 관한 적용례)

제16조의2제1항의 개정규정은 이 법 시행 후 최초로 위탁계약을 체결하는 경우부터 적용한다.

청소년활동 진흥법 시행령

[시행 2018.1.1.] [대통령령 제28471호, 2017.12.12., 타법개정]

제1장 총칙

제1조(목적) 이 영은 「청소년활동 진흥법」에서 위임된 사항과 그 시행에 필요한 사항을 규정함을 목적으로 한다.

[전문개정 2014.7.21.]

제2조(지방청소년활동진흥협의회) ① 「청소년활동 진흥법」(이하 "법"이라 한다) 제3조제1항에 따른 협의를 원활하게 수행하기 위하여 지방자치단체의 장은 특별시·광역시·특별자치시·도·특별자치도 교육청 및 교육지원청의 관계 공무원 등이 참석하는 지방청소년활동진흥협의회(이하 "지방협의회"라 한다)를 구성하여 운영할 수 있다.

② 지방협의회의 구성 및 운영에 관한 구체적인 사항은 조례로 정한다.

[전문개정 2014.7.21.]

제3조(청소년운영위원회의 구성·운영) ① 법 제4조제1항에 따른 청소년운영위원회(이하 "운영위원회"라 한다)는 10명 이상 20명 이하의 청소년으로 구성하여야 한다.

② 위원의 임기는 1년으로 한다.

③ 위원장은 위원 중에서 호선(互選)한다.

④ 위원장은 운영위원회를 대표하고, 운영위원회의 직무를 총괄한다.

⑤ 위원장이 부득이한 사유로 직무를 수행할 수 없는 경우에는 위원장이 미리 지명한 위원이 그 직무를 대행한다.

⑥ 위원장은 필요시 회의를 소집하며, 그 의장이 된다.

⑦ 이 영에 규정된 것 외에 운영위원회의 운영에 필요한 사항은 위원회의 의결을 거쳐 위원장이 정한다.

⑧ 국가 및 지방자치단체는 예산의 범위에서 운영위원회의 운영에 필요한 경비를 지원할 수 있다.

[전문개정 2014.7.21.]

제2장 청소년활동의 보장 <신설 2010.8.11.>

제4조(사업계획서) 법 제6조제1항에 따른 한국청소년활동진흥원(이하 "활동진흥원"이라 한다)이 법 제6조의4제1항에 따라 여성가족부장관에게 제출하는 사업계획서에는 다음 각 호의 사항이 포함되어야 한다.

1. 목표 · 방침 · 주요사업 · 소요예산 및 재원구성 등이 포함된 사업의 개요
2. 교부받으려는 보조금액 및 그 사용 계획
3. 사업의 효과 및 그 밖의 참고사항

[본조신설 2010.8.11.]

제4조의2(세입 · 세출결산서) 활동진흥원이 법 제6조의4제2항에 따라 매 회계연도의 세입 · 세출결산서를 여성가족부장관에게 제출하는 경우에는 다음 각 호의 서류를 첨부하여야 한다.

1. 해당 연도의 사업계획과 집행실적 대비표
2. 활동진흥원 감사의 감사의견서 및 공인회계사나 회계법인의 감사의견서
3. 그 밖에 결산의 내용을 확인할 수 있는 참고자료

[전문개정 2014.7.21.]

제3장 청소년활동시설

제5조(청소년수련시설의 설치 · 운영에 관한 허가) 법 제11조제3항에 따라 청소년수련시설(이하 "수련시설"이라 한다) 설치 · 운영의 허가(제6조에 따른 중요 사항 변경의 경우를 포함한다. 이하 같다)를 받으려는 자는 허가신청서에 여성가족부령으로 정하는 서류를 첨부하여 관할 특별자치시장 · 특별자치도지사 · 시장 · 군수 · 구청장(구청장은 자치구의 구청장을 말하며, 이하 "시장 · 군수 · 구청장"이라 한다)에게 제출하여야 한다.

[전문개정 2014.7.21.]

제6조(수련시설의 중요 사항 변경) 법 제11조제3항 후단에서 "대규모의 부지 변경, 건축 연

면적의 증감 등 대통령령으로 정하는 중요 사항"이란 다음 각 호의 사항을 말한다.

1. 부지면적의 100분의 20을 초과하는 면적의 증감

2. 건축연면적의 100분의 20을 초과하는 면적의 증감

3. 법 제33조제1항에 따라 허가 · 인가 · 해제 · 지정 또는 신고를 받은 것으로 보는 내용의 변경

4. 수련시설 안에 다른 법률에 따라 허가 등을 받거나, 신고를 하여 운영하는 영업의 신설 또는 폐지

5. 그 밖에 수련시설의 시설기준 중 여성가족부령으로 정하는 중요 사항의 변경

[전문개정 2014.7.21.]

제7조(수련시설의 등록) ① 법 제13조에 따라 수련시설을 등록(변경등록을 포함한다. 이하 같다)하려는 자는 등록신청서에 여성가족부령으로 정하는 서류를 첨부하여 관할 시장 · 군수 · 구청장에게 제출하여야 한다.

② 제1항의 등록신청서를 받은 시장 · 군수 · 구청장은 허가된 내용과의 일치 여부를 확인하여 그 내용을 등록대장에 기록한 후 등록증을 신청인에게 교부하여야 하며, 교부한 날부터 15일 이내에 특별시 · 광역시 · 특별자치시 · 도 또는 특별자치도의 교육감에게 등록 사실을 통지하여야 한다.

③ 법 제11조제1항에 따라 수련시설을 설치한 국가 및 지방자치단체는 수련시설이 위치한 지역을 관할하는 시장 · 군수 · 구청장에게 소관 수련시설의 관련 사항을 등록대장에 기록하여 줄 것을 요청하여야 한다. 이 경우 요청을 받은 시장 · 군수 · 구청장은 그 요청에 따라 기록하여야 한다.

④ 제3항에 따라 등록을 할 때 필요한 서류, 등록증 및 교육감에 대한 통지는 제1항 및 제2항을 준용한다.

[전문개정 2014.7.21.]

제8조(수련시설의 운영대표자의 자격) ① 법 제14조제1항 본문에서 "대통령령으로 정하는 자격을 갖춘 사람"이란 다음 각 호의 어느 하나에 해당하는 사람을 말한다.

1. 1급 청소년지도사 자격증 소지자

2. 2급 청소년지도사 자격증 취득 후 청소년육성업무에 3년 이상 종사한 사람

3. 3급 청소년지도사 자격증 취득 후 청소년육성업무에 5년 이상 종사한 사람

4. 「초 · 중등교육법」 제21조에 따른 정교사 자격증 소지자 중 청소년육성업무에 5년 이상 종사한 사람

5. 청소년육성업무에 8년 이상 종사한 사람

6. 7급 이상의 일반직공무원 또는 이에 상당하는 별정직공무원(고위공무원단에 속하는 일반 직공무원 또는 별정직공무원을 포함한다)으로서 청소년육성업무에 3년 이상 종사한 사람

7. 제6호 외의 공무원 중 청소년육성업무에 5년 이상 종사한 사람

② 제1항제2호부터 제7호까지의 규정에 따른 청소년육성업무에 종사한 경력에 관하여는 여성 가족부령으로 정한다.

[전문개정 2014.7.21.]

제9조(시범수련시설의 지정 및 육성) ① 여성가족부장관과 지방자치단체의 장은 수련시설 설치 · 운영의 활성화 및 청소년수련거리의 보급 · 확산을 위하여 관할구역에서 다음 중 어느 하나에 해당하는 수련시설을 시범수련시설로 지정하여 육성할 수 있다.

1. 시설 · 설비내용이 우수하고 청소년수련거리의 운영에 모범이 되는 수련시설

2. 국가 및 지방자치단체 등에서 개발 · 보급하는 청소년수련거리의 시범적용을 담당할 수련 시설

3. 그 밖에 특별히 육성할 필요성이 있다고 인정되는 수련시설

② 국가 및 지방자치단체는 제1항에 따라 지정된 시범수련시설(이하 "시범수련시설"이라 한다) 에 대해서는 다른 수련시설에 우선하여 수련시설의 설치 · 운영경비 등을 지원할 수 있다.

③ 여성가족부장관과 지방자치단체의 장은 시범수련시설의 지정 및 육성에 관한 업무를 관련 전문기관에 위탁하여 실시할 수 있다.

④ 시범수련시설의 지정 및 육성 · 지원에 관하여 그 밖에 필요한 사항은 여성가족부장관이 정한다.

[전문개정 2014.7.21.]

제10조(수련시설 안전점검) ① 법 제18조제5항에 따른 정기 · 수시 안전점검을 받아야 하는 수련시설의 범위는 법 제10조제1호에 따른 수련시설로 한다.

② 법 제18조제5항에 따른 안전기준은 별표 1과 같다.

[전문개정 2014.7.21.]

제11조(감독기관의 종합 안전 · 위생점검 절차 등) ① 여성가족부장관 또는 시장 · 군수 · 구청장은 법 제18조의3제1항에 따른 수련시설에 대한 종합 안전 · 위생점검을 2년마다 1회 이상 실시하여야 한다. 〈개정 2017.9.19.〉

② 여성가족부장관은 수련시설의 종합 안전 · 위생점검을 위하여 필요한 경우 시장 · 군수 · 구

청장과 합동으로 제1항에 따른 종합 안전·위생점검을 실시할 수 있다. 〈개정 2017.9.19.〉

③ 제1항에 따른 종합 안전·위생점검의 분야 및 내용은 별표 1의2와 같다. 〈개정 2017.9.19.〉

④ 제1항 및 제2항에 따라 실시한 종합 안전·위생점검의 결과는 다음 각 호의 구분에 따라 공개하여야 한다. 〈신설 2015.8.3., 2017.9.19.〉

　　1. 제1항에 따라 실시한 종합 안전·위생점검의 결과: 종합 안전·위생점검을 실시한 해당 기관의 인터넷 홈페이지 및 여성가족부장관이 지정하는 인터넷 홈페이지에 공개

　　2. 제2항에 따라 실시한 종합 안전·위생점검의 결과: 여성가족부의 인터넷 홈페이지 및 여성가족부장관이 지정하는 인터넷 홈페이지에 공개

[전문개정 2014.7.21.]

[제목개정 2017.9.19.]

제12조(수련시설의 이용) 법 제21조제2호 단서에서 "대통령령으로 정하는 용도로 이용하는 경우"란 수련시설을 청소년활동에 지장이 없는 범위에서 법 제31조제2항 각 호의 용도로 이용하는 경우를 말한다.

[전문개정 2014.7.21.]

제13조(보험가입) ① 법 제25조에 따라 보험에 가입하여야 하는 수련시설은 법 제10조제1호에 따른 수련시설로 한다. 다만, 건축연면적이 1천 제곱미터 이하인 청소년문화의 집은 제외한다.

② 법 제25조제2항에 따른 보험금액은 다음 각 호의 기준에 해당하는 금액 이상의 것이어야 한다. 이 경우 지급보험금액은 실손해액으로 하되, 사망의 경우 실손해액이 2천만원 미만인 경우에는 2천만원으로 한다.

　　1. 사망의 경우에는 8천만원

　　2. 부상의 경우에는 별표 2에서 정하는 금액

　　3. 부상의 경우 그 치료가 완료된 후 해당 부상이 원인이 되어 신체장해(이하 "후유장해"라 한다)가 생긴 경우에는 별표 3에서 정하는 금액

　　4. 부상자가 치료 중에 해당 부상이 원인이 되어 사망한 경우에는 제1호 및 제2호의 금액을 합산한 금액

　　5. 부상자에게 해당 부상이 원인이 되어 후유장해가 생긴 경우에는 제2호 및 제3호의 금액을 합산한 금액

　　6. 제3호의 금액을 지급한 후 해당 부상이 원인이 되어 사망한 경우에는 제1호의 금액에서 제3호에 따라 지급한 금액을 공제한 금액

[전문개정 2014.7.21.]

제14조(수련시설의 휴지 · 폐지 제한) 법 제27조제2항에서 "대통령령으로 정하는 시설"이란 다음 각 호의 수련시설을 말한다.

    1. 법 제11조제4항에 따라 국가 또는 지방자치단체로부터 경비의 지원을 받아 설치한 수련시설

    2. 「청소년 기본법」 제53조에 따른 청소년육성기금의 지원 또는 융자를 받아 설치한 수련시설

[전문개정 2014.7.21.]

제15조(수련시설 건립심의위원회) ① 국가 및 지방자치단체는 법 제28조제2항에 따라 심의 과정에 청소년 관련 전문가 및 청소년이 참여할 수 있도록 하기 위하여 소관 수련시설 건립 시 수련시설건립심의위원회(이하 "심의위원회"라 한다)를 구성하여 운영하여야 한다.

② 심의위원회의 위원은 5명 이상 10명 이하로 구성하며, 위원 중 청소년 및 청소년 전문가의 참여 비율은 각각 5분의 1 이상으로 한다.

③ 위원장은 위원 중에서 호선한다.

④ 위원장은 심의위원회를 대표하고, 심의위원회의 직무를 총괄한다.

⑤ 위원장이 부득이한 사유로 직무를 수행할 수 없는 경우에는 위원장이 미리 지명한 위원이 그 직무를 대행한다.

⑥ 위원장은 필요시 회의를 소집하며, 그 의장이 된다.

⑦ 회의는 재적위원 과반수의 출석으로 개의(開議)하고, 출석위원 과반수의 찬성으로 의결한다.

⑧ 수련시설을 설치하는 국가 및 지방자치단체에서는 수요자 요구조사, 운영계획 및 건축물의 설계계획 등을 포함한 기본계획을 심의위원회에 제출하여 심의하도록 하고, 심의 결과는 수련시설의 설계 및 건축 시 반영하여야 한다.

⑨ 심의위원회는 심의에 필요한 경우 현장 확인을 실시할 수 있다.

⑩ 이 영에 규정된 것 외에 심의위원회의 운영에 필요한 사항은 심의위원회의 의결을 거쳐 위원장이 정한다.

[전문개정 2014.7.21.]

제16조 삭제 〈2016.8.29.〉

제17조(청소년이용시설의 종류 등) ① 법 제32조제4항에 따른 청소년이용시설의 종류는 다음 각 호와 같다. 〈개정 2015.7.20.〉

1. 「문화예술진흥법」 제2조제1항제3호의 문화시설

2. 「과학관의 설립 · 운영 및 육성에 관한 법률」 제2조제1호의 과학관

3. 「체육시설의 설치 · 이용에 관한 법률」 제2조제1호의 체육시설

4. 「평생교육법」 제2조제2호의 평생교육기관

5. 「산림문화 · 휴양에 관한 법률」 제13조, 제14조 및 제19조에 따른 자연휴양림

6. 「수목원 · 정원의 조성 및 진흥에 관한 법률」 제2조제1호의 수목원

7. 「사회복지사업법」 제2조제5호의 사회복지관

8. 시민회관 · 어린이회관 · 공원 · 광장 · 둔치, 그 밖에 이와 유사한 공공용시설로서 청소년 활동 또는 청소년들이 이용하기에 적합한 시설

9. 그 밖에 다른 법령에 따라 청소년활동과 관련되어 설치된 시설

② 시장 · 군수 · 구청장은 제1항에 따른 청소년이용시설 중 상시 또는 정기적으로 청소년의 이용에 제공할 수 있는 시설로서 청소년지도사를 배치한 시설에 대해서는 그 설치 · 운영자의 신청을 받아 청소년이용권장시설로 지정할 수 있다.

③ 국가 또는 지방자치단체는 제2항에 따라 지정된 청소년이용권장시설에 대해서는 다른 청소년이용시설에 우선하여 법 제32조제3항에 따른 지원을 할 수 있다.

④ 제2항 및 제3항에 따른 청소년이용권장시설의 지정신청 · 지정절차, 그 밖에 필요한 사항은 여성가족부령으로 정한다.

[전문개정 2014.7.21.]

제18조 삭제 〈2017.9.19.〉

제4장 청소년수련활동의 지원

제19조(청소년수련활동 인증위원회의 구성 · 운영 등) ① 삭제 〈2015.8.3.〉

② 삭제〈2015.8.3.〉

③ 법 제35조제2항에 따른 청소년수련활동 인증위원회(이하 "인증위원회"라 한다)의 위원 중 같은 조 제4항제3호 및 제4호에 해당하는 위원의 임기는 3년으로 한다. 〈개정 2015.8.3.〉

④ 인증위원회의 위원장과 부위원장은 위원 중에서 호선한다. 〈개정 2015.8.3.〉

⑤ 위원장은 인증위원회를 대표하고, 인증위원회의 직무를 총괄한다.

⑥ 위원장이 부득이한 사유로 직무를 수행할 수 없는 경우에는 부위원장이 그 직무를 대행하며, 위원장 및 부위원장이 모두 부득이한 사유로 직무를 수행할 수 없는 경우에는 위원장이 미리 지명한 위원이 그 직무를 대행한다.

⑦ 위원장은 필요시 회의를 소집하고, 그 의장이 된다.

⑧ 인증위원회의 업무를 효율적으로 수행하기 위하여 필요한 경우에는 소위원회를 둘 수 있으며, 소위원회의 설치 · 운영 등 인증위원회의 운영에 필요한 사항은 인증위원회의 의결을 거쳐 위원장이 정한다.

[전문개정 2014.7.21.]

제20조(활동기록 유지 · 관리 등) ① 국가는 법 제35조제5항에 따른 인증수련활동(이하 "인증수련활동"이라 한다)에 참여한 청소년의 활동기록을 확인하는 등의 절차를 거쳐 해당 활동이 끝난 후 20일이 경과한 날부터 그 기록을 제공할 수 있도록 하여야 한다. 〈개정 2015.8.3.〉

② 국가는 법 제35조제5항에 따라 활동참여 청소년의 기록 자료가 효율적으로 유지 · 관리 · 제공될 수 있도록 종합관리체계를 구축하여야 하며, 수련활동 참여기록이 청소년 본인의 동의 없이 공개 또는 유출되지 아니하도록 하는 등의 필요한 조치를 하여야 한다. 〈개정 2015.8.3.〉

[전문개정 2014.7.21.]

제21조(인증신청 · 절차 및 방법 등) ① 법 제36조제1항 또는 제2항에 따라 수련활동의 인증을 받으려는 자는 참가자 모집 또는 활동실시 시작 45일 이전에 인증위원회에 인증을 요청하여야 한다.

② 인증위원회는 제1항에 따른 인증을 요청받은 경우에는 인증위원회에서 정하는 인증기준에 따라 심사하고, 인증을 요청한 자에게 그 결과를 통지하여야 한다.

③ 인증위원회는 제2항에 따른 심사를 위하여 필요한 경우에 인증을 요청한 자의 의견을 들을 수 있으며, 보완 또는 개선이 필요하다고 판단되는 경우에는 이를 보완 또는 개선하도록 요구할 수 있다.

④ 제3항의 보완 또는 개선의 요구를 받은 자는 10일 이내에 그 보완 또는 개선사항을 제출하여야 한다.

⑤ 인증위원회는 제3항에 따른 보완 또는 개선을 요구받고도 정당한 사유 없이 이에 응하지 아니하는 경우에는 인증요청서를 반려할 수 있다.

[전문개정 2014.7.21.]

제22조(인증심사의 효율성 제고) ① 인증위원회는 제21조제2항에 따른 인증심사의 효율성을 제고하기 위하여 청소년활동에 대한 전문적 지식과 경험을 가진 사람 중에서 인증심사원을 선발하여 활용할 수 있다.

② 제1항에 따른 인증심사원의 선발과 활용, 그 밖에 필요한 사항은 여성가족부령으로 정한다.

[전문개정 2014.7.21.]

제23조(수련활동 내용 등의 기록 및 통보) ① 인증수련활동을 실시한 활동시설 및 개인, 법인·단체는 법 제37조제1항에 따라 청소년이 참여한 수련활동에 관하여 개별 청소년의 인적사항, 활동참여 일자·시간, 장소, 주관기관, 수련활동 내용 등을 기록하여야 한다.

② 인증수련활동을 실시한 활동시설 및 개인, 법인·단체는 제1항에 따른 개별 청소년의 활동 기록 및 인증수련활동 결과를 해당 인증수련활동이 끝난 후 15일 이내에 인증위원회에 통보하여야 한다.

[전문개정 2014.7.21.]

제24조(지방청소년수련시설협회 위탁사업) 법 제40조제5항에 따라 지방청소년수련시설협회(이하 "지방시설협회"라 한다)에 위탁할 수 있는 사업은 다음 각 호와 같다.

1. 지방시설협회에 소속된 수련시설이 수행하는 사업과 활동에 대한 협력 및 지원
2. 지방시설협회에 소속된 수련시설에서 종사하는 사람의 연수, 권익증진 및 교류사업
3. 지방시설협회에 소속된 수련시설의 수련활동의 활성화 및 수련시설의 안전에 관한 홍보 및 실천운동
4. 지방시설협회에 소속된 수련시설의 수련활동에 대한 조사·연구·지원사업
5. 그 밖에 수련시설의 운영·발전을 위하여 필요하다고 여성가족부장관이 인정하는 지방시설협회 소관 사업

[전문개정 2014.7.21.]

제25조 삭제 〈2010.8.11.〉

제26조 삭제 〈2010.8.11.〉

제27조(청소년수련지구의 지정 절차 등) 시장·군수·구청장이 법 제47조제1항 및 제2항에 따라 청소년수련지구(이하 "수련지구"라 한다)를 지정함에 있어 관계 행정기관의 장과 협의하려

는 경우에는 협의요청서에 다음 각 호의 서류를 첨부하여 관계 행정기관의 장에게 송부하여야 한다. 이 경우 협의요청서를 받은 관계 행정기관의 장은 특별한 사유가 없는 한 협의요청서를 받은 날부터 40일 이내에 이에 대한 의견을 회신하여야 한다.

1. 수련지구의 지정사유 설명서

2. 수련지구로 지정할 구역의 지번 및 지적조서

3. 「국토의 계획 및 이용에 관한 법률」, 그 밖의 다른 법률에 따라 지역·지구 등으로 지정된 지역에 수련지구를 지정하는 경우 그 법률에서 해당 행정기관의 장과 협의하도록 규정된 경우에는 그 협의에 필요한 서류

4. 수련지구로 지정하는 지역의 도면(축척 2만5천분의 1 이상)

[전문개정 2014.7.21.]

제28조(경미한 사항의 변경) 법 제47조제2항 단서에서 "대통령령으로 정하는 경미한 사항의 변경"이란 다음 각 호의 어느 하나에 해당하는 사항을 말한다.

1. 지적조사 또는 지적측량의 결과에 의한 면적의 정정 등으로 인한 면적의 변경

2. 수련지구 지정면적의 100분의 10 이내의 변경. 다만, 「국토의 계획 및 이용에 관한 법률」, 그 밖의 다른 법률에 따라 지역·지구 등으로 지정된 지역에 있는 수련지구의 지정면적 변경의 경우는 제외한다.

[전문개정 2014.7.21.]

제29조(수련지구 내 필수시설 및 금지시설) ① 법 제47조제4항에 따른 수련지구에 설치하여야 하는 시설의 종류·범위 및 면적은 별표 4와 같다.

② 법 제47조제4항에 따른 수련지구에 설치할 수 없는 시설은 다음 각 호와 같다. 〈개정 2014.12.9.〉

1. 「식품위생법 시행령」 제21조제8호다목 및 라목에 따른 단란주점영업 및 유흥주점영업을 하기 위한 시설

2. 「공중위생관리법」 제2조제3호의 목욕장업 중 여성가족부령으로 정하는 영업을 하기 위한 시설

3. 「사행행위 등 규제 및 처벌특례법」 제2조제1항제2호의 사행행위영업을 하기 위한 시설

4. 「체육시설의 설치·이용에 관한 법률」 제10조제1항제2호에 따른 무도학원업 및 무도장업을 하기 위한 시설

5. 「화학물질관리법」 제27조에 따른 유해화학물질 영업을 하기 위한 시설

6. 「산업집적활성화 및 공장설립에 관한 법률」 제2조제1호의 공장. 다만, 수련지구의 관리 또는 청소년수련활동을 위하여 필요한 시설로서 여성가족부령으로 정하는 것은 제외한다.

7. 「폐기물관리법」 제2조제8호의 폐기물처리시설. 다만, 수련지구의 관리 또는 청소년수련 활동을 위하여 필요한 시설로서 여성가족부령으로 정하는 것은 제외한다.

8. 그 밖에 수련지구조성 목적에 적합하지 아니한 시설로서 특별자치시·특별자치 도·시·군·구(자치구를 말한다) 조례에서 정하는 것

③ 수련지구에서의 시설의 설치는 법 제48조에 따라 수립된 수련지구조성계획(이하 "조성계획" 이라 한다)에 따라 설치하여야 한다.

[전문개정 2014.7.21.]

제30조(법인·단체의 조성계획 승인신청) ① 법 제48조제2항에 따라 법인 또는 단체가 수 립·시행할 수 있는 조성계획은 수련지구의 면적이 3백만 제곱미터 이하인 경우로 한정한다.

② 조성계획의 승인신청을 하려는 법인 또는 단체는 여성가족부령으로 정하는 사항이 포함된 조성계획승인신청서 및 제5조에 따라 수련시설 설치·운영의 허가신청을 하는 경우 첨부하여야 하는 서류를 시장·군수·구청장에게 제출하여야 한다.

[전문개정 2014.7.21.]

제31조(조성계획의 고시) ① 법 제48조제4항에 따라 시장·군수·구청장이 고시하는 조성계 획에는 다음 각 호의 사항이 포함되어야 한다.

1. 수련지구의 명칭

2. 수련지구의 위치 및 면적

3. 수련지구의 조성목적과 그 개요

4. 조성계획의 시행자(법인·단체의 경우에는 법인·단체의 명칭·주소 및 대표자의 성 명·주소)

5. 시행기간(착공 및 준공예정일을 포함한다)

6. 조성계획의 시행으로 토지 등의 수용 또는 사용이 필요한 경우, 수용 또는 사용할 토지 등 에 대한 소재지·지번·지적·면적·소유권 및 소유권 외의 권리의 명세와 그 소유자 및 권리자의 성명·주소

7. 조성계획 및 도면의 비치장소

② 제1항에 따른 조성계획은 고시하여야 하며, 법 제48조제1항 또는 제2항에 따라 수립되거나 승인된 조성계획 및 도면을 1개월 이상 갖추어 두고 일반인이 볼 수 있도록 하여야 한다.

[전문개정 2014.7.21.]

제5장 청소년교류활동의 지원

제32조(국제청소년교류활동의 지원) ① 국가 및 지방자치단체는 법 제54조제1항에 따라 국제청소년교류활동의 지원에 관한 시행계획의 수립·추진을 위하여 필요한 경우에는 공공기관, 사회단체, 청소년단체 등의 장에게 사전 협의와 협조를 요청할 수 있다.

② 국가 및 지방자치단체는 제1항에 따른 시행계획을 수립한 경우에는 이를 관계 공공기관, 사회단체, 청소년단체 등에 통보하여야 한다.

③ 여성가족부장관은 법 제54조제2항에 따라 외교부장관과 협의하여 청소년교류협정의 체결을 연차적으로 확대하고 다변화하여야 한다.

[전문개정 2014.7.21.]

제6장 보칙 <신설 2012.1.6.>

제33조(업무의 위탁) 여성가족부장관은 법 제69조에 따라 법 제18조의4에 따른 수련시설의 운영대표자와 그 종사자에 대한 안전교육 업무를 활동진흥원에 위탁한다.

[본조신설 2016.8.29.]

[종전 제33조는 제33조의2로 이동 <2016.8.29.>]

제33조의2(고유식별정보의 처리) ① 여성가족부장관 또는 지방자치단체의 장(해당 권한이 위임·위탁된 경우에는 그 권한을 위임·위탁받은 자를 포함한다)은 다음 각 호의 사무를 수행하기 위하여 불가피한 경우 「개인정보 보호법 시행령」 제19조제1호 또는 제2호에 따른 주민등록번호 또는 여권번호(여권번호의 경우에는 제8호만 해당한다)가 포함된 자료를 처리할 수 있다.

1. 법 제5조에 따른 청소년활동의 지원에 필요한 청소년 활동내용 등의 기록관리 및 제공 등에 관한 사무

2. 법 제9조의2에 따른 숙박형등 청소년수련활동 계획의 신고에 관한 사무

3. 법 제11조제3항에 따른 청소년수련시설의 허가에 관한 사무

4. 법 제13조에 따른 청소년수련시설의 등록에 관한 사무

5. 법 제15조에 따른 결격사유 확인에 관한 사무

6. 법 제27조에 따른 청소년수련시설의 휴지 · 재개 · 폐지에 관한 사무

7. 법 제35조에 따른 청소년수련활동의 인증에 관한 사무

8. 법 제53조 및 제54조에 따른 청소년교류활동의 진흥 및 지원에 관한 사무

9. 법 제65조에 따른 청소년자원봉사활동의 활성화에 관한 사무

10. 제17조제2항에 따른 청소년이용권장시설 지정에 관한 사무

② 다음 각 호에 해당하는 기관은 다음 각 호의 구분에 따른 사무를 수행하기 위하여 불가피한 경우 「개인정보 보호법 시행령」 제19조제1호 또는 제2호에 따른 주민등록번호 또는 여권번호 (여권번호의 경우에는 제3호만 해당한다)가 포함된 자료를 처리할 수 있다.

1. 활동진흥원: 활동진흥원의 사업에 필요한 청소년 활동내용 등의 기록관리 및 제공 등에 관한 사무

2. 법 제7조에 따른 지방청소년활동진흥센터: 법 제7조제2항에 따른 지방청소년활동진흥센터의 사업에 필요한 청소년 활동내용 등의 기록관리 및 제공 등에 관한 사무

3. 법 제58조에 따른 청소년교류센터: 법 제53조 및 제54조에 따른 청소년교류활동의 진흥 및 지원에 관한 사무

[전문개정 2014.7.21.]

[제33조에서 이동, 종전 제33조의2는 제33조의3으로 이동 〈2016.8.29.〉]

제33조의3(규제의 재검토) 여성가족부장관은 다음 각 호의 사항에 대하여 다음 각 호의 기준일을 기준으로 3년마다(매 3년이 되는 해의 기준일과 같은 날 전까지를 말한다) 그 타당성을 검토하여 개선 등의 조치를 하여야 한다. 〈개정 2014.12.9.〉

1. 제7조에 따른 수련시설의 등록에 관한 사항: 2014년 1월 1일

2. 제10조 및 별표 1에 따른 수련시설 안전기준: 2014년 1월 1일

3. 제14조에 따른 수련시설의 휴지 · 폐지 제한에 관한 사항: 2014년 1월 1일

4. 삭제〈2017.12.12.〉

5. 삭제〈2017.12.12.〉

6. 삭제〈2017.12.12.〉

7. 제29조 및 별표 4에 따른 수련지구 내 필수시설 및 금지시설: 2015년 1월 1일

[본조신설 2013.12.30.]

[제33조의2에서 이동 〈2016.8.29.〉]

제7장 벌칙

제34조(과태료의 부과기준) ① 법 제72조제1항 및 제2항에 따른 과태료의 부과기준은 별표 5와 같다.

② 삭제〈2013.11.20.〉

[전문개정 2010.8.11.]

부칙 〈제28471호, 2017.12.12.〉

제1조(시행일) 이 영은 2018년 1월 1일부터 시행한다.

제2조 생략

[시행 2017.1.1.] [여성가족부령 제104호, 2016.12.27., 타법개정]

제1조(목적) 이 규칙은 「청소년활동 진흥법」 및 같은 법 시행령에서 위임된 사항과 그 시행에 필요한 사항을 규정함을 목적으로 한다.

[전문개정 2014.7.21.]

제1조의2(숙박형등 청소년수련활동 계획의 신고 등) ① 「청소년활동 진흥법」(이하 "법"이라 한다) 제9조의2제1항에 따라 숙박형등 청소년수련활동 계획을 신고하려는 자는 별지 제1호서식의 숙박형등 청소년수련활동 계획 신고서에 다음 각 호의 서류를 첨부하여 참가자 모집 14일 전까지 관할 특별자치시장·특별자치도지사·시장·군수·구청장(구청장은 자치구의 구청장을 말하며, 이하 "시장·군수·구청장"이라 한다)에게 제출하여야 한다.

　　1. 별표 1의 숙박형등 청소년수련활동 프로그램 운영기준을 준수한 청소년수련활동 운영계획서(법 제36조에 따라 인증을 받은 청소년수련활동의 경우는 제외한다)

　　2. 별지 제2호서식의 주최자·운영자·보조자 명단

　　3. 별지 제3호서식의 청소년수련활동 세부내역서

　　4. 법 제25조에 따른 보험가입 사실을 증명할 수 있는 서류

② 제1항에 따른 신고를 받은 시장·군수·구청장은 별지 제4호서식의 숙박형등 청소년수련활동 계획 신고증명서를 발급하고, 별지 제5호서식의 숙박형등 청소년수련활동 계획 신고관리대장을 작성·관리하여야 한다.

③ 제1항에 따라 숙박형등 청소년수련활동 계획을 신고한 자는 신고한 내용의 변경이 필요한 경우에는 별지 제1호서식의 숙박형등 청소년수련활동 계획 신고서에 그 사유 및 관련 서류를 첨부하여 청소년수련활동 시작 3일 전까지 시장·군수·구청장에게 제출하여야 한다.

[전문개정 2014.7.21.]

제1조의3(건강상태 확인 방법) 제1조의2에 따라 숙박형등 청소년수련활동 계획을 신고한 자는 법 제9조의3제1항에 따라 해당 청소년수련활동에 참가하려는 청소년의 건강상태를 확인하기

위하여 해당 프로그램 활동을 시작하기 전까지 다음 각 호의 서류 중 어느 하나를 제출받아 이를 확인하여야 한다.

1. 「건강검진기본법」 제14조에 따른 검진기관에서 발행한 건강진단서
2. 별지 제6호서식의 건강상태 확인서(개인)
3. 별지 제6호의2서식의 건강상태 확인서(단체)

[전문개정 2014.7.21.]

제1조의4(숙박형등 청소년수련활동 정보의 공개) 숙박형등 청소년수련활동 계획 또는 계획 변경의 신고를 수리한 시장·군수·구청장은 법 제9조의4제1항에 따라 지체 없이 별지 제3호서 식의 청소년수련활동 세부내역서의 내용을 여성가족부장관이 지정하는 인터넷 홈페이지에 공개 하여야 한다.

[전문개정 2014.7.21.]

제1조의5(숙박형등 청소년수련활동 관련 정보의 표시·고지 방법 등) 숙박형등 청소년수련 활동 계획 또는 계획변경의 신고가 수리된 자는 법 제9조의5에 따라 모집활동 및 계약을 하는 경 우 인쇄물, 게시판 또는 인터넷 홈페이지 등 참가자가 잘 볼 수 있는 곳에 다음 각 호의 사항을 표 시·고지하고, 필요한 경우에는 참가자 등에게 그 내용을 설명하여야 한다.

1. 법 제18조의3 또는 다른 법률에 따른 안전점검의 실시일자, 실시기관 및 안전점검의 내용 등 안전점검에 관한 사항
2. 법 제25조에 따라 가입한 보험상품명, 보험금액, 보험가입기간 등 보험가입에 관한 사항
3. 법 제36조에 따라 인증을 받은 청소년수련활동인 경우 인증번호 및 인증유효기간 등 청소 년수련활동의 인증에 관한 사항

[본조신설 2014.7.21.]

제2조(청소년수련시설 설치·운영의 허가서류 등) ① 「청소년활동 진흥법 시행령」(이하 " 영"이라 한다) 제5조에 따른 청소년수련시설(이하 "수련시설"이라 한다)의 허가신청서는 별지 제7 호서식에 따르며, 다음 각 호에 해당하는 서류를 첨부하여야 한다.

1. 별표 2에서 정하는 내용이 포함된 설치·운영계획서
2. 법 제33조제3항에 따른 협의에 필요한 서류
3. 부동산의 소유권 또는 사용권을 증명할 수 있는 서류

② 제1항에 따른 신청서를 제출받은 담당 공무원은 「전자정부법」 제36조제1항에 따른 행정

정보의 공동이용을 통하여 법인 등기사항증명서(법인의 경우에만 해당된다)의 내용을 확인하여야 한다.

③ 시장·군수·구청장은 제1항에 따른 허가신청서를 받은 경우에는 특별한 사유가 없는 한 허가신청서를 접수한 날부터 45일 이내에 처리하여야 하며, 그 기간 내에 처리가 곤란한 경우에는 처리기간 만료 7일 전까지 신청인에게 그 사유를 알려야 한다.

[전문개정 2014.7.21.]

제3조 삭제 〈2016.12.27.〉

제4조(조건부허가) 법 제12조제2항에서 "여성가족부령으로 정하는 경미한 사항"이란 수련시설의 시설기준 중 시설·설비의 면적이나 수량 등이 일부 미달된 경우로서 수련시설의 등록 전까지 보완이 가능한 경우를 말한다.　　　　　　　　　　　　　　〈개정 2016.12.27.〉

[전문개정 2014.7.21.]

제5조(등록신청서류 등) ① 영 제7조제1항에 따른 청소년수련시설등록신청서는 별지 제8호서식에 따르며, 다음 각 호에 해당하는 서류를 첨부하여야 한다. 다만, 제2호, 제3호 및 제6호의 서류는 제2조제1항에 따라 제출된 서류와 그 내용이 같은 경우에는 이를 생략한다.

　1. 별지 제9호서식의 청소년수련시설 시설별일람표

　2. 운영계획서

　3. 시설의 평면도 및 배치도

　4. 청소년지도사 명단 및 자격증 사본

　5. 해당 수련시설에 다른 법령의 규정에 따라 허가·인가·승인 등을 받았거나 등록 또는 신고한 시설이 있는 경우에는 그 허가서 등의 사본

　6. 부동산의 소유권 또는 사용권을 증명할 수 있는 서류

　7. 영 제8조제1항에 따른 운영대표자의 자격을 증명할 수 있는 서류

　8. 전기안전점검확인서(「전기사업법」 제66조의2제1항에 따른 전기안전점검을 받아야 하는 경우에만 해당한다)

　9. 「도시가스사업법」 제15조제6항 또는 「액화석유가스의 안전관리 및 사업법」 제27조제2항에 따른 완성검사증명서(도시가스 또는 액화석유가스 사용시설의 경우에만 해당한다)

② 제1항에 따른 신청서를 제출받은 담당 공무원은 「전자정부법」 제36조제1항에 따른 행정정보의 공동이용을 통하여 법인 등기사항증명서(법인의 경우에만 해당된다)의 내용을 확인하여

야 한다. 다만, 제2조제2항에 따라 확인한 서류와 그 내용이 같은 경우에는 이를 확인하지 아니할 수 있다.

③ 영 제7조제1항에 따른 등록을 한 자가 등록사항을 변경하려는 경우에는 별지 제8호서식의 청소년수련시설 변경등록 신청서에 변경사항과 관련된 서류를 첨부하여 시장·군수·구청장에게 제출하여야 한다.

④ 영 제7조제2항에 따른 청소년수련시설등록증 및 청소년수련시설등록대장은 각각 별지 제10호서식 및 별지 제11호서식에 따른다.

[전문개정 2014.7.21.]

제5조의2(수련시설의 중요 사항 변경 등록) 법 제13조제1항 후단에서 "여성가족부령으로 정하는 중요 사항을 변경하려는 경우"란 다음 각 호의 어느 하나에 해당하는 경우를 말한다.

1. 운영대표자의 변경
2. 수련시설 종류의 변경
3. 법 제26조에 따른 수련시설의 승계에 따른 설치·운영자의 변경

[본조신설 2014.7.21.]

제6조(등록증의 재교부신청) 영 제7조제2항에 따라 등록증을 교부받은 자가 그 등록증을 잃어버리거나 등록증이 헐어 못쓰게 된 경우에는 별지 제8호서식의 청소년수련시설 등록증재교부 신청서에 따라 관할 시장·군수·구청장에게 재교부를 신청할 수 있다.

[전문개정 2014.7.21.]

제7조(수련시설 운영대표자의 청소년육성업무 종사경력) 영 제8조제2항에 따른 청소년육성업무 종사경력은 다음 각 호의 어느 하나에 해당하는 경력을 말한다. 〈개정 2008.1.28.〉

1. 수련시설에서 청소년지도업무에 종사한 경력
2. 청소년단체에서 청소년지도·연구업무에 종사한 경력
3. 국가 또는 지방자치단체의 청소년육성관련부서에서 근무한 경력
4. 「초·중등교육법」 제2조에 따른 각급 학교에서 청소년단체활동 지도교사로 종사한 경력

[제목개정 2008.1.28.]

제8조(수련시설의 시설기준) 법 제17조제2항에 따른 수련시설의 시설기준은 별표 3과 같다.

[전문개정 2014.7.21.]

제8조의2(수련시설의 안전점검) 영 제10조제2항에 따른 수련시설 안전점검의 세부적인 사항은 별표 4에 따른다. 〈개정 2013.11.19.〉

[본조신설 2008.1.28.]

제8조의3(안전교육) 법 제18조의2에 따라 수련시설 설치·운영자 또는 위탁운영단체는 수련시설의 이용자 및 청소년수련활동에 참여하는 청소년에게 다음 각 호의 안전교육을 실시하여야 한다.

　1. 수련시설 이용 시 유의사항 및 비상시 행동요령에 관한 사항

　2. 청소년수련활동 유형별 안전사고 예방에 관한 사항

　3. 성폭력·성희롱 예방 및 대처요령에 관한 사항

　4. 그 밖의 해당 수련시설의 이용 및 청소년수련활동에 필요한 안전에 관한 사항

[본조신설 2014.7.21.]

제8조의4(안전교육의 내용·방법 등) ① 법 제18조의4제1항에 따른 안전교육의 내용은 다음 각 호와 같다.

　1. 청소년수련활동 및 수련시설의 안전관련 법령

　2. 청소년수련활동 안전사고 예방 및 관리

　3. 수련시설의 안전점검 및 위생관리

　4. 그 밖에 수련시설 종사자 등의 안전관리 역량 강화 및 안전사고 예방을 위하여 필요한 사항

② 제1항의 안전교육은 「이러닝(전자학습)산업 발전 및 이러닝 활용 촉진에 관한 법률」 제2조제1호에 따른 이러닝(이하 "이러닝"이라 한다), 집합교육 또는 이러닝과 집합교육을 혼합한 방법으로 실시할 수 있다.

③ 제1항의 안전교육은 매년 1회 이상 실시한다.

[본조신설 2016.9.2.]

제9조(수련시설의 운영기준) 법 제19조제3항에 따른 수련시설의 운영기준은 별표 5와 같다.

[전문개정 2014.7.21.]

제9조의2(수련시설의 종합평가 방법 등) ① 여성가족부장관은 법 제19조의2제1항에 따른 수

련시설에 대한 종합평가를 2년마다 1회 이상 실시하여야 한다.

② 제1항에 따른 종합평가는 수련시설의 관리 · 운영, 청소년수련활동 프로그램의 내용 · 전문성, 시설 · 설비 및 안전관리 등을 평가기준으로 하여 서면, 전산입력 등의 방법으로 평가하되, 필요한 경우 현장평가를 할 수 있다.

③ 여성가족부장관은 제1항에 따른 종합평가 결과를 교육부장관 및 지방자치단체의 장 등 관계기관에 통보하고, 여성가족부 홈페이지 또는 여성가족부장관이 지정하는 인터넷 홈페이지에 공개하여야 한다.

④ 제1항부터 제3항까지에서 규정한 사항 외에 수련시설의 종합평가에 관하여 필요한 사항은 여성가족부장관이 정하여 고시한다.

[본조신설 2014.7.21.]

제9조의3(운영 중지 명령의 행정처분 기준) 법 제20조의2제2항에 따른 행정처분의 기준은 별표 6과 같다.

[본조신설 2014.7.21.]

제10조(허가 또는 등록의 취소처분 후 조치) ① 시장 · 군수 · 구청장은 법 제22조에 따라 수련시설의 허가 또는 등록을 취소한 경우에는 별지 제12호서식의 수련시설 허가 · 등록 취소처분 기록대장에 그 처분내용을 기록 · 유지하여야 한다.

② 시장 · 군수 · 구청장이 법 제22조에 따라 수련시설의 허가 또는 등록을 취소한 경우에는 그 처분내용을 해당 특별시 · 광역시 · 특별자치시 · 도 또는 특별자치도의 교육감에게 알려야 한다.

[전문개정 2014.7.21.]

제11조(수련시설 승계) 법 제26조제2항 각 호 외의 부분에서 "여성가족부령으로 정하는 수련시설의 주요 부분"이란 수련시설의 토지 및 건물을 말한다.

[전문개정 2014.7.21.]

제12조(수련시설의 휴지 · 재개 · 폐지신고) ① 법 제27조에 따라 수련시설을 휴지(休止), 재개(再開) 또는 폐지(閉止)하려는 자는 별지 제13호서식의 청소년수련시설 휴지 · 재개 · 폐지신고서에 청소년수련시설등록증을 첨부하여 휴지 · 재개 · 폐지 예정일 30일 전까지 관할 시장 · 군수 · 구청장에게 제출하여야 한다.

② 시장 · 군수 · 구청장은 수련시설의 휴지 · 재개 · 폐지신고를 받은 경우에는 그 내용을 신고

인 및 해당 특별시 · 광역시 · 특별자치시 · 도 또는 특별자치도의 교육감에 통지하여야 하며, 등록대장에 휴지 · 재개 · 폐지사실을 기재하여야 한다.

[전문개정 2014.7.21.]

제13조(수련시설의 이용범위) ① 법 제31조제2항제3호에서 "여성가족부령으로 정하는 범위" 및 같은 조 제3항에서 "여성가족부령으로 정하는 이용 범위"란 해당 수련시설을 이용한 청소년 외의 연간이용자 수가 그 수련시설 연간이용가능인원 수의 100분의 40 이내인 범위를 말하되, 가족이 청소년과 함께 수련시설을 이용한 경우 그 가족은 청소년 외의 연간이용자 수에 포함시키지 아니한다. 다만, 전년도의 외국인 이용자가 연간 5만명 이상인 유스호스텔의 경우에는 100분의 60 이내인 범위를 말한다.

② 법 제31조제2항제5호에서 "여성가족부령으로 정하는 용도로 이용하는 경우"란 청소년 외의 자에게 다음 각 호의 용도로 수련시설을 제공하는 경우를 말한다.

  1. 당일에 한하는 일시적인 집회에의 사용
  2. 청소년수련원, 청소년야영장 및 유스호스텔에서 생활관 또는 숙박실 외의 부대 · 편익시설 등의 사용
  3. 청소년수련관, 청소년문화의 집 및 청소년특화시설에서 청소년의 이용이 적은 시간대의 사용

[전문개정 2014.7.21.]

제14조(청소년이용권장시설의 지정) ① 영 제17조제4항에 따라 청소년이용권장시설의 지정을 신청하려는 자는 별지 제14호서식의 청소년이용권장시설 지정신청서를 시장 · 군수 · 구청장에게 제출하여야 한다.

② 시장 · 군수 · 구청장은 청소년이용권장시설 지정신청을 한 시설부터 반경(半徑) 50미터 이내에 「청소년 보호법」 제2조제5호에 따른 청소년유해업소 또는 그 밖에 청소년의 이용에 적합하지 아니한 시설이 있는지 여부를 고려하여 지정 여부를 결정하여야 한다.

③ 시장 · 군수 · 구청장은 청소년이용권장시설의 지정신청을 받은 날부터 7일 이내에 그 지정 여부를 결정하고 별지 제15호서식의 청소년이용권장시설 지정서를 교부하여야 한다.

[전문개정 2014.7.21.]

제14조의2(보고 등) ① 법 제33조의2에 따라 시장 · 군수 · 구청장(특별자치시장 및 특별자치도지사는 제외한다)은 다음 각 호에 해당하는 사항을 반기별로 반기 종료 후 15일 이내에 특별시

장 · 광역시장 · 도지사에게 제출하여야 한다.

    1. 지방자치단체가 설치 · 운영하는 수련시설의 현황

    2. 수련시설의 허가 · 변경허가 및 허가취소에 관한 사항

    3. 수련시설 등록 및 변경등록에 관한 사항

    4. 별지 제16호서식의 청소년시설 운영현황

    5. 수련시설의 휴지 · 재개 · 폐지신고에 관한 사항

    6. 청소년이용권장시설 지정에 관한 사항

    7. 수련지구의 지정 및 수련지구조성계획의 승인에 관한 사항

    8. 숙박형등 청소년수련활동 계획 신고현황

    9. 수련시설의 안전점검 결과

② 특별시장 · 광역시장 · 특별자치시장 · 도지사 및 특별자치도지사는 제1항 각 호에 해당하는 사항을 매년 1월 31일까지 여성가족부장관에게 보고하여야 한다.

[전문개정 2014.7.21.]

제15조(인증심사원의 자격 및 선발 등) ① 법 제35조제2항에 따른 청소년수련활동인증위원회 (이하 "인증위원회"라 한다)는 다음 각 호의 어느 하나에 해당하는 자격요건을 갖춘 사람 중에서 영 제22조제2항에 따른 인증심사원(이하 "인증심사원"이라 한다)을 선발한다.

    1. 1급 또는 2급 청소년지도사 자격 소지자

    2. 청소년활동분야에서 5년 이상의 실무경력이 있는 사람

② 인증심사원이 되려는 사람은 인증위원회에서 실시하는 면접 등 절차를 거쳐 선발한다.

③ 인증심사원이 되려는 사람은 인증기준, 인증절차 등 인증심사와 관련된 내용을 중심으로 인증위원회가 실시하는 직무연수를 40시간 이상 받아야 한다.

④ 인증심사원은 2년마다 20시간 이상의 직무연수를 이수하여야 한다.

[전문개정 2014.7.21.]

제15조의2(인증을 받아야 하는 청소년수련활동) 법 제36조제2항 각 호 외의 부분 본문에 따라 인증을 받아야 하는 청소년수련활동은 다음 각 호와 같다.

    1. 청소년 참가인원이 150명 이상인 청소년수련활동

    2. 별표 7의 위험도가 높은 청소년수련활동

[본조신설 2014.7.21.]

[종전 제15조의2는 제15조의5로 이동 〈2014.7.21.〉]

제15조의3(인증을 받아야 하는 청소년수련활동의 예외) 법 제36조제2항제7호에서 "여성가족부령으로 정하는 단체"란 「청소년 기본법」 제3조제8호의 청소년단체를 말한다.

[본조신설 2014.7.21.]

[종전 제15조의3은 제15조의6으로 이동 〈2014.7.21.〉]

제15조의4(전문인력 요건) 법 제36조제3항제1호 및 제2호에 따른 전문인력은 다음 각 호와 같다.

1. 「응급의료에 관한 법률」 제14조에 따른 교육 수료자 및 같은 법 제36조에 따른 응급구조사
2. 「대한적십자사 조직법」 제7조제4호에 따라 대한적십자사가 수행하는 응급구호사업 전문 종사자 및 관련 교육과정을 이수한 사람
3. 「재난 및 안전관리기본법 시행령」 제66조의2제1항제1호다목에 해당하는 전문인력
4. 「수상레저안전법」 제48조제1항제5호에 따른 인명구조요원
5. 그 밖에 인증위원회에서 지정하는 응급처치 또는 청소년수련활동의 안전에 필요한 전문자격이나 전문자격에 관한 분야의 교육과정을 이수한 사람

[본조신설 2014.7.21.]

[종전 제15조의4는 제15조의7로 이동 〈2014.7.21.〉]

제15조의5(인증수련활동의 사후관리) ① 법 제36조의2제1항에 따른 인증수련활동의 유효기간은 인증받은 날부터 4년 이내로 한다. 다만, 유효기간의 연장이 필요한 경우 인증위원회의 의결을 거쳐 그 기간을 연장할 수 있다.

② 제1항에 따라 유효기간을 연장하려는 자는 인증위원회에서 정하는 유효기간연장신청서를 작성하여 인증위원회에 제출하여야 한다.

③ 법 제36조의2제2항에 따라 인증위원회는 인증수련활동에 대하여 이행 여부를 확인할 수 있으며, 이행확인의 절차에 대하여는 인증위원회의 규정으로 정한다.

④ 법 제36조의2제3항에 따른 시정요구에 대하여 시정을 한 자는 그 결과를 인증위원회에 제출하여야 하며, 시정요구 및 시정결과의 제출에 필요한 절차는 인증위원회의 규정으로 정한다.

[전문개정 2014.7.21.]

[제15조의2에서 이동 〈2014.7.21.〉]

제15조의6(인증의 취소 등에 대한 의견제출) ① 법 제36조의3제1항 각 호에 따라 인증위원회가 인증을 취소하거나 정지하려는 경우에는 30일 이상의 기간을 정하여 인증의 취소 또는 정지처

분 대상자에게 의견을 제출할 기회를 주어야 한다. 이 경우 지정된 날까지 의견을 제출하지 아니하면 의견이 없는 것으로 본다.

② 제1항에 따른 대상자는 인증위원회에 출석하여 의견을 진술하거나 문서(전자문서를 포함한다. 이하 같다)로 의견을 제출할 수 있다.

[전문개정 2014.7.21.]

[제15조의3에서 이동 〈2014.7.21.〉]

제15조의7(인증의 취소 등 행정처분) ① 인증위원회는 법 제36조의3제1항 및 제2항에 따라 행정처분을 한 경우에는 별지 제17호서식의 행정처분기록대장에 그 내용을 기록·관리하여야 한다.

② 법 제36조의3제3항에 따른 행정처분의 기준은 별표 8과 같다.

[전문개정 2014.7.21.]

[제15조의4에서 이동 〈2014.7.21.〉]

제15조의8(위탁 제한 중요 프로그램의 범위) 법 제39조제2항에서 "여성가족부령으로 정하는 중요 프로그램"이란 다음 각 호의 어느 하나에 해당하는 것을 말한다.

1. 청소년수련활동의 명칭 및 구성 내용 등으로 볼 때 해당 활동을 대표하거나 활동의 주제가 되는 프로그램
2. 운영 시간이 전체 청소년수련활동 프로그램 운영 시간의 2분의 1 이상을 차지하는 프로그램(위탁하려는 프로그램이 둘 이상인 경우 각 프로그램 운영 시간을 모두 합한 시간이 전체 청소년수련활동 프로그램 운영 시간의 2분의 1 이상을 차지하는 경우 그 프로그램 모두를 말한다)

[본조신설 2014.7.21.]

제16조(청소년수련지구 내 시설) ① 영 제29조제2항제6호 단서에서 "여성가족부령으로 정하는 것"이란 청소년 교육용으로 사용하는 시설을 말한다.

② 영 제29조제2항제7호 단서에서 "여성가족부령으로 정하는 것"이란 법 제47조제1항에 따른 청소년수련지구(이하 "수련지구"라 한다)에서 발생되는 쓰레기 등의 처리를 위한 시설을 말한다.

[전문개정 2014.7.21.]

제17조(법인·단체의 조성계획 승인신청) 영 제30조제2항에 따라 수련지구조성계획승인신청서에 포함되어야 할 사항은 다음과 같다.

1. 수련지구의 명칭 · 위치 및 면적

2. 수련지구 조성의 기본계획

3. 영 제29조제1항에 따른 시설의 종류에 따라 구분된 토지이용계획

4. 조감도

5. 지번 · 지목 · 면적 · 소유자 및 「국토의 계획 및 이용에 관한 법률」 제2조제15호부터 제
   17호까지의 규정에 따른 용도지역 · 용도지구 또는 용도구역이 표시된 토지조서

6. 자금조달계획

7. 환경오염의 예방 및 저감대책

8. 다음 각 목의 사항이 포함된 시설계획

   가. 시설물배치계획(축척 6백분의 1부터 6천분의 1까지의 지적도에 시설물의 수량, 건축
      연면적 및 건축물의 층수 등을 표시하여야 한다)

   나. 조경계획(식재계획 · 조경시설 및 조경구조물 설치계획이 포함되어야 한다)

9. 다음 각 목의 사항이 포함된 운영계획

   가. 시설물관리계획

   나. 수련지구 관리조직에 관한 사항

10. 수련지구조성계획 시행일정

11. 법 제52조제2항에 따른 협의에 필요한 서류

[전문개정 2014.7.21.]

제18조 삭제 〈2008.1.28.〉

제19조(검사공무원의 증표) 법 제67조제2항에 따른 검사공무원의 증표는 별지 제18호서식에
따른다.

[전문개정 2014.7.21.]

제20조(수수료) ① 법 제68조에 따른 수수료는 별표 9와 같다.

② 제1항에 따른 수수료 중 수련지구 조성계획 승인에 따른 수수료는 해당 지방자치단체의 수
입증지로 납부하여야 한다.

[전문개정 2014.7.21.]

제21조(규제의 재검토) ①여성가족부장관은 다음 각 호의 사항에 대하여 다음 각 호의 기준일

을 기준으로 3년마다(매 3년이 되는 해의 기준일과 같은 날 전까지를 말한다) 그 타당성을 검토하여 개선 등의 조치를 하여야 한다. 〈개정 2014.12.12.〉

    1. 제8조 및 별표 3에 따른 수련시설의 시설기준: 2014년 1월 1일

    2. 제9조 및 별표 5에 따른 수련시설의 운영기준: 2014년 1월 1일

    3. 제15조의2에 따라 인증을 받아야 하는 청소년수련활동의 종류: 2014년 7월 22일

    ② 여성가족부장관은 다음 각 호의 사항에 대하여 2015년 1월 1일을 기준으로 2년마다(매 2년이 되는 해의 기준일과 같은 날 전까지를 말한다) 그 타당성을 검토하여 개선 등의 조치를 하여야 한다. 〈신설 2014.12.12.〉

    1. 제1조의2에 따른 숙박형등 청소년수련활동 계획의 신고 등

    2. 제1조의3에 따른 건강상태 확인 방법

    3. 제2조에 따른 청소년수련시설 설치·운영의 허가서류 등

    4. 삭제〈2016.12.27.〉

    5. 삭제〈2016.12.27.〉

[전문개정 2014.7.21.]

제22조 삭제 〈2008.9.29.〉

부칙 〈제104호,2016.12.27.〉

이 규칙은 2017년 1월 1일부터 시행한다.

제5부

한국청소년연맹 육성에 관한 법률

시행 2011.5.19.] [법률 제10661호, 2011.5.19., 일부개정]

제1조(목적)

이 법은 대한민국 청소년에 대한 전인교육(全人敎育)과 훈련을 통하여 새로운 민족관과 국가관을 정립시켜 조국통일과 민족 웅비(雄飛)의 새 역사 창조에 이바지할 수 있는 민족주체세력을 양성함과 동시에 세계로 향한 진취적 기상을 북돋우기 위하여 설립된 사단법인 한국청소년연맹을 지원·육성함으로써 민족의 번영과 국가·사회 발전에 이바지함을 목적으로 한다.

[전문개정 2011.5.19.]

제2조(협조 및 지원)

국가 또는 지방자치단체는 한국청소년연맹의 조직과 활동에 필요한 편의를 제공하는 등 협조·지원할 수 있다.

[전문개정 2011.5.19.]

제3조(활동 조정)

여성가족부장관은 국가시책에 따라 필요하다고 인정할 때에는 한국청소년연맹의 활동 내용과 방법의 일부를 수정·조정할 수 있다.

[전문개정 2011.5.19.]

제4조(국유재산·공유재산의 대부 및 시설지원 등)

① 국가 또는 지방자치단체는 한국청소년연맹의 육성을 위하여 필요한 경우에는 「국유재산법」 또는 「공유재산 및 물품 관리법」 등의 규정에도 불구하고 국유재산·공유재산, 학교시설 및 군사시설을 그 용도에 지장을 주지 아니하는 범위에서 무상으로 대부 또는 양여하거나 사용·수익하게 할 수 있다.

② 제1항에 따라 무상으로 대부 또는 양여하거나 사용·수익하게 하는 경우에 그 내용과 조건은 해당 재산의 중앙관서의 장 또는 지방자치단체의 장과 한국청소년연맹 간의 계약에 따른다.

[전문개정 2011.5.19.]

제5조(보조 등)

① 국가 또는 지방자치단체는 한국청소년연맹에 그 조직과 활동에 필요한 운영경비와 시설비 및 국내외 행사에 필요한 경비를 보조할 수 있다.

② 개인·법인 또는 단체는 한국청소년연맹의 시설 및 운영을 지원하기 위하여 금전이나 그 밖의 재산을 기부할 수 있다.

[전문개정 2011.5.19.]

제6조(조세 감면 등)

① 정부는 한국청소년연맹에 대하여 「조세특례제한법」에서 정하는 바에 따라 조세를 감면할 수 있다.

② 제5조제2항에 따라 한국청소년연맹에 기부한 금전이나 그 밖의 재산에 대하여는 「조세특례제한법」에서 정하는 바에 따라 소득계산의 특례를 적용할 수 있다.

[전문개정 2011.5.19.]

제7조(예산 등의 보고)

한국청소년연맹은 매 회계연도 시작 전에 다음 해의 예산서 및 사업계획서를 작성하여 여성가족부장관에게 보고하여야 한다. 이를 변경할 때에도 같다.

[전문개정 2011.5.19.]

제8조(결산 등의 보고 등)

① 한국청소년연맹은 매 회계연도의 세입·세출 결산보고서와 사업실적보고서를 작성하여 다음 해 1월 31일까지 여성가족부장관에게 보고하여야 한다.

② 제1항의 세입·세출 결산보고서에는 여성가족부장관이 지정하는 공인회계사의 감사보고서를 첨부한다.

[전문개정 2011.5.19.]

제9조(업무검사 등)

여성가족부장관은 감독에 필요한 경우에는 한국청소년연맹에 그 업무사항에 관한 자료 및 보고서의 제출을 명하거나 소속 공무원으로 하여금 그 업무를 검사하게 할 수 있다.

[전문개정 2011.5.19.]

제10조(유사 명칭의 사용금지)

누구든지 한국청소년연맹 또는 이와 유사한 명칭을 사용할 수 없다.

[전문개정 2011.5.19.]

제11조(과태료)

① 제10조를 위반한 자에게는 200만원 이하의 과태료를 부과한다.

② 제1항에 따른 과태료는 여성가족부장관이 부과 · 징수한다.

[전문개정 2010.5.17.]

제12조 삭제 〈2010.5.17.〉

부칙 〈제10661호,2011.5.19.〉

이 법은 공포한 날부터 시행한다.

제6부

아동 · 청소년의 성보호에 관한 법률

[시행 2018.7.17.] [법률 제15352호, 2018.1.16., 일부개정]

제1조(목적)

이 법은 아동 · 청소년대상 성범죄의 처벌과 절차에 관한 특례를 규정하고 피해아동 · 청소년을 위한 구제 및 지원 절차를 마련하며 아동 · 청소년대상 성범죄자를 체계적으로 관리함으로써 아동 · 청소년을 성범죄로부터 보호하고 아동 · 청소년이 건강한 사회구성원으로 성장할 수 있도록 함을 목적으로 한다.

제2조(정의)

이 법에서 사용하는 용어의 뜻은 다음과 같다. 〈개정 2012.12.18., 2014.1.28., 2018.1.16.〉

1. "아동 · 청소년"이란 19세 미만의 자를 말한다. 다만, 19세에 도달하는 연도의 1월 1일을 맞이한 자는 제외한다.

2. "아동 · 청소년대상 성범죄"란 다음 각 목의 어느 하나에 해당하는 죄를 말한다.

　가. 제7조부터 제15조까지의 죄

　나. 아동 · 청소년에 대한 「성폭력범죄의 처벌 등에 관한 특례법」 제3조부터 제15조까지의 죄

　다. 아동 · 청소년에 대한 「형법」 제297조, 제297조의2 및 제298조부터 제301조까지, 제301조의2, 제302조, 제303조, 제305조, 제339조 및 제342조(제339조의 미수범에 한정한다)의 죄

　라. 아동 · 청소년에 대한 「아동복지법」 제17조제2호의 죄

3. "아동 · 청소년대상 성폭력범죄"란 아동 · 청소년대상 성범죄에서 제11조부터 제15조까지의 죄를 제외한 죄를 말한다.

3의2. "성인대상 성범죄"란 「성폭력범죄의 처벌 등에 관한 특례법」 제2조에 따른 성폭력범죄를 말한다. 다만, 아동 · 청소년에 대한 「형법」 제302조 및 제305조의 죄는 제외한다.

4. "아동 · 청소년의 성을 사는 행위"란 아동 · 청소년, 아동 · 청소년의 성(性)을 사는 행위를 알선한 자 또는 아동 · 청소년을 실질적으로 보호 · 감독하는 자 등에게 금품이나 그 밖의 재산상 이익, 직무 · 편의제공 등 대가를 제공하거나 약속하고 다음 각 목의 어느 하나에 해당하는 행위를 아동 · 청소년을 대상으로 하거나 아동 · 청소년으로 하여금 하게 하는 것을 말한다.

가. 성교 행위

나. 구강·항문 등 신체의 일부나 도구를 이용한 유사 성교 행위

다. 신체의 전부 또는 일부를 접촉·노출하는 행위로서 일반인의 성적 수치심이나 혐오감을 일으키는 행위

라. 자위 행위

5. "아동·청소년이용음란물"이란 아동·청소년 또는 아동·청소년으로 명백하게 인식될 수 있는 사람이나 표현물이 등장하여 제4호의 어느 하나에 해당하는 행위를 하거나 그 밖의 성적 행위를 하는 내용을 표현하는 것으로서 필름·비디오물·게임물 또는 컴퓨터나 그 밖의 통신매체를 통한 화상·영상 등의 형태로 된 것을 말한다.

6. "피해아동·청소년"이란 제2호나목부터 라목까지, 제7조부터 제14조(제13조제1항의 죄는 제외한다)까지의 죄의 피해자가 된 아동·청소년을 말한다.

7. "대상아동·청소년"이란 제13조제1항의 죄의 상대방이 된 아동·청소년을 말한다.

8. "온라인서비스제공자"란 다른 사람들이 정보통신망(「정보통신망 이용촉진 및 정보보호 등에 관한 법률」 제2조제1항제1호의 정보통신망을 말한다. 이하 같다)을 통하여 온라인 자료를 이용할 수 있도록 서비스를 제공하는 자로서 대통령령으로 정하는 자를 말한다.

9. "등록정보"란 법무부장관이 「성폭력범죄의 처벌 등에 관한 특례법」 제42조제1항의 등록대상자에 대하여 같은 법 제44조제1항에 따라 등록한 정보를 말한다.

제3조(해석상·적용상의 주의)

이 법을 해석·적용할 때에는 아동·청소년의 권익을 우선적으로 고려하여야 하며, 이해관계인과 그 가족의 권리가 부당하게 침해되지 아니하도록 주의하여야 한다.

제4조(국가와 지방자치단체의 의무)

① 국가와 지방자치단체는 아동·청소년대상 성범죄를 예방하고, 아동·청소년을 성적 착취와 학대 행위로부터 보호하기 위하여 필요한 조사·연구·교육 및 계도와 더불어 법적·제도적 장치를 마련하며 필요한 재원을 조달하여야 한다.

② 국가는 아동·청소년에 대한 성적 착취와 학대 행위가 국제적 범죄임을 인식하고 범죄 정보의 공유, 범죄 조사·연구, 국제사법 공조, 범죄인 인도 등 국제협력을 강화하는 노력을 하여야 한다.

제5조(사회의 책임)

　모든 국민은 아동 · 청소년이 이 법에서 정한 범죄의 상대방이나 피해자가 되거나 이 법에서 정한 범죄를 저지르지 아니하도록 사회 환경을 정비하고 아동 · 청소년을 보호 · 선도 · 교육하는 데에 최선을 다하여야 한다.

제6조(홍보영상의 제작 · 배포 · 송출)

① 여성가족부장관은 아동 · 청소년대상 성범죄의 예방과 계도, 피해자의 치료와 재활 등에 관한 홍보영상을 제작하여 「방송법」 제2조제23호의 방송편성책임자에게 배포하여야 한다.

② 여성가족부장관은 「방송법」 제2조제3호가목의 지상파방송사업자(이하 "방송사업자"라 한다)에게 같은 법 제73조제4항에 따라 대통령령으로 정하는 비상업적 공익광고 편성비율의 범위에서 제1항의 홍보영상을 채널별로 송출하도록 요청할 수 있다.

③ 방송사업자는 제1항의 홍보영상 외에 독자적인 홍보영상을 제작하여 송출할 수 있다. 이 경우 여성가족부장관에게 필요한 협조 및 지원을 요청할 수 있다.

제2장　아동 · 청소년대상 성범죄의 처벌과 절차에 관한 특례

제7조(아동 · 청소년에 대한 강간 · 강제추행 등)

① 폭행 또는 협박으로 아동 · 청소년을 강간한 사람은 무기징역 또는 5년 이상의 유기징역에 처한다.

② 아동 · 청소년에 대하여 폭행이나 협박으로 다음 각 호의 어느 하나에 해당하는 행위를 한 자는 5년 이상의 유기징역에 처한다.

　1. 구강 · 항문 등 신체(성기는 제외한다)의 내부에 성기를 넣는 행위

　2. 성기 · 항문에 손가락 등 신체(성기는 제외한다)의 일부나 도구를 넣는 행위

③ 아동 · 청소년에 대하여 「형법」 제298조의 죄를 범한 자는 2년 이상의 유기징역 또는 1천만원 이상 3천만원 이하의 벌금에 처한다.

④ 아동 · 청소년에 대하여 「형법」 제299조의 죄를 범한 자는 제1항부터 제3항까지의 예에 따른다.

⑤ 위계(僞計) 또는 위력으로써 아동·청소년을 간음하거나 아동·청소년을 추행한 자는 제1항부터 제3항까지의 예에 따른다.

⑥ 제1항부터 제5항까지의 미수범은 처벌한다.

제8조(장애인인 아동·청소년에 대한 간음 등)

① 19세 이상의 사람이 장애 아동·청소년(「장애인복지법」 제2조제1항에 따른 장애인으로서 신체적인 또는 정신적인 장애로 사물을 변별하거나 의사를 결정할 능력이 미약한 13세 이상의 아동·청소년을 말한다. 이하 이 조에서 같다)을 간음하거나 장애 아동·청소년으로 하여금 다른 사람을 간음하게 하는 경우에는 3년 이상의 유기징역에 처한다.

② 19세 이상의 사람이 장애 아동·청소년을 추행한 경우 또는 장애 아동·청소년으로 하여금 다른 사람을 추행하게 하는 경우에는 10년 이하의 징역 또는 1천500만원 이하의 벌금에 처한다.

제9조(강간 등 상해·치상)

제7조의 죄를 범한 사람이 다른 사람을 상해하거나 상해에 이르게 한 때에는 무기징역 또는 7년 이상의 징역에 처한다.

제10조(강간 등 살인·치사)

① 제7조의 죄를 범한 사람이 다른 사람을 살해한 때에는 사형 또는 무기징역에 처한다.

② 제7조의 죄를 범한 사람이 다른 사람을 사망에 이르게 한 때에는 사형, 무기징역 또는 10년 이상의 징역에 처한다.

제11조(아동·청소년이용음란물의 제작·배포 등)

① 아동·청소년이용음란물을 제작·수입 또는 수출한 자는 무기징역 또는 5년 이상의 유기징역에 처한다.

② 영리를 목적으로 아동·청소년이용음란물을 판매·대여·배포·제공하거나 이를 목적으로 소지·운반하거나 공연히 전시 또는 상영한 자는 10년 이하의 징역에 처한다.

③ 아동·청소년이용음란물을 배포·제공하거나 공연히 전시 또는 상영한 자는 7년 이하의 징역 또는 5천만원 이하의 벌금에 처한다.

④ 아동·청소년이용음란물을 제작할 것이라는 정황을 알면서 아동·청소년을 아동·청소년이용음란물의 제작자에게 알선한 자는 3년 이상의 징역에 처한다.

⑤아동·청소년이용음란물임을 알면서 이를 소지한 자는 1년 이하의 징역 또는 2천만원 이하의 벌금에 처한다.

⑥제1항의 미수범은 처벌한다

제12조(아동·청소년 매매행위)

①아동·청소년의 성을 사는 행위 또는 아동·청소년이용음란물을 제작하는 행위의 대상이 될 것을 알면서 아동·청소년을 매매 또는 국외에 이송하거나 국외에 거주하는 아동·청소년을 국내에 이송한 자는 무기징역 또는 5년 이상의 징역에 처한다.

②제1항의 미수범은 처벌한다.

제13조(아동·청소년의 성을 사는 행위 등)

①아동·청소년의 성을 사는 행위를 한 자는 1년 이상 10년 이하의 징역 또는 2천만원 이상 5천만원 이하의 벌금에 처한다.

②아동·청소년의 성을 사기 위하여 아동·청소년을 유인하거나 성을 팔도록 권유한 자는 1년 이하의 징역 또는 1천만원 이하의 벌금에 처한다.

제14조(아동·청소년에 대한 강요행위 등)

①다음 각 호의 어느 하나에 해당하는 자는 5년 이상의 유기징역에 처한다.

  1. 폭행이나 협박으로 아동·청소년으로 하여금 아동·청소년의 성을 사는 행위의 상대방이 되게 한 자

  2. 선불금(先拂金), 그 밖의 채무를 이용하는 등의 방법으로 아동·청소년을 곤경에 빠뜨리거나 위계 또는 위력으로 아동·청소년으로 하여금 아동·청소년의 성을 사는 행위의 상대방이 되게 한 자

  3. 업무·고용이나 그 밖의 관계로 자신의 보호 또는 감독을 받는 것을 이용하여 아동·청소년으로 하여금 아동·청소년의 성을 사는 행위의 상대방이 되게 한 자

  4. 영업으로 아동·청소년을 아동·청소년의 성을 사는 행위의 상대방이 되도록 유인·권유한 자

②제1항제1호부터 제3호까지의 죄를 범한 자가 그 대가의 전부 또는 일부를 받거나 이를 요구 또는 약속한 때에는 7년 이상의 유기징역에 처한다.

③아동·청소년의 성을 사는 행위의 상대방이 되도록 유인·권유한 자는 7년 이하의 징역 또는 5천만원 이하의 벌금에 처한다.

④ 제1항과 제2항의 미수범은 처벌한다.

제15조(알선영업행위 등)

① 다음 각 호의 어느 하나에 해당하는 자는 7년 이상의 유기징역에 처한다.

1. 아동 · 청소년의 성을 사는 행위의 장소를 제공하는 행위를 업으로 하는 자

2. 아동 · 청소년의 성을 사는 행위를 알선하거나 정보통신망에서 알선정보를 제공하는 행위를 업으로 하는 자

3. 제1호 또는 제2호의 범죄에 사용되는 사실을 알면서 자금 · 토지 또는 건물을 제공한 자

4. 영업으로 아동 · 청소년의 성을 사는 행위의 장소를 제공 · 알선하는 업소에 아동 · 청소년을 고용하도록 한 자

② 다음 각 호의 어느 하나에 해당하는 자는 7년 이하의 징역 또는 5천만원 이하의 벌금에 처한다.

1. 영업으로 아동 · 청소년의 성을 사는 행위를 하도록 유인 · 권유 또는 강요한 자

2. 아동 · 청소년의 성을 사는 행위의 장소를 제공한 자

3. 아동 · 청소년의 성을 사는 행위를 알선하거나 정보통신망에서 알선정보를 제공한 자

4. 영업으로 제2호 또는 제3호의 행위를 약속한 자

③ 아동 · 청소년의 성을 사는 행위를 하도록 유인 · 권유 또는 강요한 자는 5년 이하의 징역 또는 3천만원 이하의 벌금에 처한다.

제16조(피해자 등에 대한 강요행위)

폭행이나 협박으로 아동 · 청소년대상 성범죄의 피해자 또는 「아동복지법」 제3조제3호에 따른 보호자를 상대로 합의를 강요한 자는 7년 이하의 유기징역에 처한다.

제17조(온라인서비스제공자의 의무)

① 자신이 관리하는 정보통신망에서 아동 · 청소년이용음란물을 발견하기 위하여 대통령령으로 정하는 조치를 취하지 아니하거나 발견된 아동 · 청소년이용음란물을 즉시 삭제하고, 전송을 방지 또는 중단하는 기술적인 조치를 취하지 아니한 온라인서비스제공자는 3년 이하의 징역 또는 2천만원 이하의 벌금에 처한다. 다만, 온라인서비스제공자가 정보통신망에서 아동 · 청소년이용음란물을 발견하기 위하여 상당한 주의를 게을리하지 아니하였거나 발견된 아동 · 청소년이용음란물의 전송을 방지하거나 중단시키고자 하였으나 기술적으로 현저히 곤란한 경우에는 그러하지 아니하다.

② 「저작권법」 제104조에 따른 특수한 유형의 온라인서비스제공자는 이용자가 컴퓨터 등에 저장된 저작물 등을 검색하거나 업로드 또는 다운로드를 할 경우 해당 화면이나 전송프로그램에 아동·청소년이용음란물을 제작·배포·소지한 자는 처벌을 받을 수 있다는 내용이 명확하게 표현된 경고문구를 대통령령으로 정하는 바에 따라 표시하여야 한다.

제18조(신고의무자의 성범죄에 대한 가중처벌)

제34조제2항 각 호의 기관·시설 또는 단체의 장과 그 종사자가 자기의 보호·감독 또는 진료를 받는 아동·청소년을 대상으로 성범죄를 범한 경우에는 그 죄에 정한 형의 2분의 1까지 가중처벌한다.

제19조(「형법」상 감경규정에 관한 특례)

음주 또는 약물로 인한 심신장애 상태에서 아동·청소년대상 성폭력범죄를 범한 때에는 「형법」 제10조제1항·제2항 및 제11조를 적용하지 아니할 수 있다.

제20조(공소시효에 관한 특례)

① 아동·청소년대상 성범죄의 공소시효는 「형사소송법」 제252조제1항에도 불구하고 해당 성범죄로 피해를 당한 아동·청소년이 성년에 달한 날부터 진행한다.

② 제7조의 죄는 디엔에이(DNA)증거 등 그 죄를 증명할 수 있는 과학적인 증거가 있는 때에는 공소시효가 10년 연장된다.

③ 13세 미만의 사람 및 신체적인 또는 정신적인 장애가 있는 사람에 대하여 다음 각 호의 죄를 범한 경우에는 제1항과 제2항에도 불구하고 「형사소송법」 제249조부터 제253조까지 및 「군사법원법」 제291조부터 제295조까지에 규정된 공소시효를 적용하지 아니한다.

1. 「형법」 제297조(강간), 제298조(강제추행), 제299조(준강간, 준강제추행), 제301조(강간 등 상해·치상) 또는 제301조의2(강간등 살인·치사)의 죄

2. 제9조 및 제10조의 죄

3. 「성폭력범죄의 처벌 등에 관한 특례법」 제6조제2항, 제7조제2항, 제8조, 제9조의 죄

④ 다음 각 호의 죄를 범한 경우에는 제1항과 제2항에도 불구하고 「형사소송법」 제249조부터 제253조까지 및 「군사법원법」 제291조부터 제295조까지에 규정된 공소시효를 적용하지 아니한다.

1. 「형법」 제301조의2(강간등 살인·치사)의 죄(강간등 살인에 한정한다)

2. 제10조제1항의 죄

3. 「성폭력범죄의 처벌 등에 관한 특례법」 제9조제1항의 죄

제21조(형벌과 수강명령 등의 병과)

① 법원은 아동·청소년대상 성범죄를 범한 「소년법」 제2조의 소년에 대하여 형의 선고를 유예하는 경우에는 반드시 보호관찰을 명하여야 한다.

② 법원은 아동·청소년대상 성범죄를 범한 자에 대하여 유죄판결을 선고하거나 약식명령을 고지하는 경우에는 500시간의 범위에서 재범예방에 필요한 수강명령 또는 성폭력 치료 프로그램의 이수명령(이하 "이수명령"이라 한다)을 병과(併科)하여야 한다. 다만, 수강명령 또는 이수명령을 부과할 수 없는 특별한 사정이 있는 경우에는 그러하지 아니하다. 〈개정 2018.1.16.〉

③ 아동·청소년대상 성범죄를 범한 자에 대하여 제2항의 수강명령은 형의 집행을 유예할 경우에 그 집행유예기간 내에서 병과하고, 이수명령은 벌금 이상의 형을 선고하거나 약식명령을 고지할 경우에 병과한다. 다만, 이수명령은 아동·청소년대상 성범죄자가 「특정 범죄자에 대한 보호관찰 및 전자장치 부착 등에 관한 법률」 제9조의2제1항제4호에 따른 성폭력 치료 프로그램의 이수명령을 부과받은 경우에는 병과하지 아니한다. 〈개정 2018.1.16.〉

④ 법원이 아동·청소년대상 성범죄를 범한 사람에 대하여 형의 집행을 유예하는 경우에는 제2항에 따른 수강명령 외에 그 집행유예기간 내에서 보호관찰 또는 사회봉사 중 하나 이상의 처분을 병과할 수 있다.

⑤ 제2항에 따른 수강명령 또는 이수명령은 형의 집행을 유예할 경우에는 그 집행유예기간 내에, 벌금형을 선고할 경우에는 형 확정일부터 6개월 이내에, 징역형 이상의 실형(實刑)을 선고할 경우에는 형기 내에 각각 집행한다. 다만, 수강명령 또는 이수명령은 아동·청소년대상 성범죄를 범한 사람이 「성폭력범죄의 처벌 등에 관한 특례법」 제16조에 따른 수강명령 또는 이수명령을 부과받은 경우에는 병과하지 아니한다.

⑥ 제2항에 따른 수강명령 또는 이수명령이 형의 집행유예 또는 벌금형과 병과된 경우에는 보호관찰소의 장이 집행하고, 징역형 이상의 실형과 병과된 경우에는 교정시설의 장이 집행한다. 다만, 징역형 이상의 실형과 병과된 수강명령 또는 이수명령을 모두 이행하기 전에 석방 또는 가석방되거나 미결구금일수 산입 등의 사유로 형을 집행할 수 없게 된 경우에는 보호관찰소의 장이 남은 수강명령 또는 이수명령을 집행한다.

⑦ 제2항에 따른 수강명령 또는 이수명령은 다음 각 호의 내용으로 한다.

  1. 일탈적 이상행동의 진단·상담

  2. 성에 대한 건전한 이해를 위한 교육

3. 그 밖에 성범죄를 범한 사람의 재범예방을 위하여 필요한 사항

⑧ 보호관찰소의 장 또는 교정시설의 장은 제2항에 따른 수강명령 또는 이수명령 집행의 전부 또는 일부를 여성가족부장관에게 위탁할 수 있다.

⑨ 보호관찰, 사회봉사, 수강명령 및 이수명령에 관하여 이 법에 규정한 사항 외의 사항에 대하여는 「보호관찰 등에 관한 법률」을 준용한다.

제21조의2(재범여부 조사)

① 법무부장관은 제21조제2항에 따라 수강명령 또는 이수명령을 선고받아 그 집행을 마친 사람에 대하여 그 효과를 평가하기 위하여 아동·청소년대상 성범죄 재범여부를 조사할 수 있다.

② 법무부장관은 제1항에 따른 재범여부 조사를 위하여 수강명령 또는 이수명령의 집행을 마친 때부터 5년 동안 관계 기관의 장에게 그 사람에 관한 범죄경력자료 및 수사경력자료를 요청할 수 있다.

[본조신설 2016.5.29.]

제22조(판결 전 조사)

① 법원은 피고인에 대하여 제21조에 따른 보호관찰, 사회봉사, 수강명령 또는 이수명령을 부과하거나 제56조에 따른 취업제한 명령을 부과하기 위하여 필요하다고 인정하면 그 법원의 소재지 또는 피고인의 주거지를 관할하는 보호관찰소의 장에게 피고인의 신체적·심리적 특성 및 상태, 정신성적 발달과정, 성장배경, 가정환경, 직업, 생활환경, 교우관계, 범행동기, 병력(病歷), 피해자와의 관계, 재범위험성 등 피고인에 관한 사항의 조사를 요구할 수 있다.

〈개정 2018.1.16.〉

② 제1항의 요구를 받은 보호관찰소의 장은 지체 없이 이를 조사하여 서면으로 해당 법원에 알려야 한다. 이 경우 필요하다고 인정하면 피고인이나 그 밖의 관계인을 소환하여 심문하거나 소속 보호관찰관에게 필요한 사항을 조사하게 할 수 있다.

③ 법원은 제1항의 요구를 받은 보호관찰소의 장에게 조사진행상황에 관한 보고를 요구할 수 있다

제23조(친권상실청구 등)

① 아동·청소년대상 성범죄 사건을 수사하는 검사는 그 사건의 가해자가 피해아동·청소년의 친권자나 후견인인 경우에 법원에 「민법」 제924조의 친권상실선고 또는 같은 법 제940조의 후견인 변경 결정을 청구하여야 한다. 다만, 친권상실선고 또는 후견인 변경 결정을 하여

서는 아니 될 특별한 사정이 있는 경우에는 그러하지 아니하다.

② 다음 각 호의 기관·시설 또는 단체의 장은 검사에게 제1항의 청구를 하도록 요청할 수 있다. 이 경우 청구를 요청받은 검사는 요청받은 날부터 30일 내에 해당 기관·시설 또는 단체의 장에게 그 처리 결과를 통보하여야 한다.

　1. 「아동복지법」 제45조에 따른 아동보호전문기관

　2. 「성폭력방지 및 피해자보호 등에 관한 법률」 제10조의 성폭력피해상담소 및 같은 법 제12조의 성폭력피해자보호시설

　3. 「청소년복지 지원법」 제29조제1항에 따른 청소년상담복지센터 및 같은 법 제31조제1호에 따른 청소년쉼터

③ 제2항 각 호 외의 부분 후단에 따라 처리 결과를 통보받은 기관·시설 또는 단체의 장은 그 처리 결과에 대하여 이의가 있을 경우 통보받은 날부터 30일 내에 직접 법원에 제1항의 청구를 할 수 있다.

제24조(피해아동·청소년의 보호조치 결정)

법원은 아동·청소년대상 성범죄 사건의 가해자에게 「민법」 제924조에 따라 친권상실선고를 하는 경우에는 피해아동·청소년을 다른 친권자 또는 친족에게 인도하거나 제45조 또는 제46조의 기관·시설 또는 단체에 인도하는 등의 보호조치를 결정할 수 있다. 이 경우 그 아동·청소년의 의견을 존중하여야 한다.

제25조(수사 및 재판 절차에서의 배려)

① 수사기관과 법원 및 소송관계인은 아동·청소년대상 성범죄를 당한 피해자의 나이, 심리 상태 또는 후유장애의 유무 등을 신중하게 고려하여 조사 및 심리·재판 과정에서 피해자의 인격이나 명예가 손상되거나 사적인 비밀이 침해되지 아니하도록 주의하여야 한다.

② 수사기관과 법원은 아동·청소년대상 성범죄의 피해자를 조사하거나 심리·재판할 때 피해자가 편안한 상태에서 진술할 수 있는 환경을 조성하여야 하며, 조사 및 심리·재판 횟수는 필요한 범위에서 최소한으로 하여야 한다.

제26조(영상물의 촬영·보존 등)

① 아동·청소년대상 성범죄 피해자의 진술내용과 조사과정은 비디오녹화기 등 영상물 녹화장치로 촬영·보존하여야 한다.

② 제1항에 따른 영상물 녹화는 피해자 또는 법정대리인이 이를 원하지 아니하는 의사를 표시

한 때에는 촬영을 하여서는 아니 된다. 다만, 가해자가 친권자 중 일방인 경우는 그러하지 아니하다.

③ 제1항에 따른 영상물 녹화는 조사의 개시부터 종료까지의 전 과정 및 객관적 정황을 녹화하여야 하고, 녹화가 완료된 때에는 지체 없이 그 원본을 피해자 또는 변호사 앞에서 봉인하고 피해자로 하여금 기명날인 또는 서명하게 하여야 한다.

④ 검사 또는 사법경찰관은 피해자가 제1항의 녹화장소에 도착한 시각, 녹화를 시작하고 마친 시각, 그 밖에 녹화과정의 진행경과를 확인하기 위하여 필요한 사항을 조서 또는 별도의 서면에 기록한 후 수사기록에 편철하여야 한다.

⑤ 검사 또는 사법경찰관은 피해자 또는 법정대리인이 신청하는 경우에는 영상물 촬영과정에서 작성한 조서의 사본을 신청인에게 교부하거나 영상물을 재생하여 시청하게 하여야 한다.

⑥ 제1항부터 제4항까지의 절차에 따라 촬영한 영상물에 수록된 피해자의 진술은 공판준비기일 또는 공판기일에 피해자 또는 조사과정에 동석하였던 신뢰관계에 있는 자의 진술에 의하여 그 성립의 진정함이 인정된 때에는 증거로 할 수 있다.

⑦ 누구든지 제1항에 따라 촬영한 영상물을 수사 및 재판의 용도 외에 다른 목적으로 사용하여서는 아니 된다.

제27조(증거보전의 특례)

① 아동 · 청소년대상 성범죄의 피해자, 그 법정대리인 또는 경찰은 피해자가 공판기일에 출석하여 증언하는 것에 현저히 곤란한 사정이 있을 때에는 그 사유를 소명하여 제26조에 따라 촬영된 영상물 또는 그 밖의 다른 증거물에 대하여 해당 성범죄를 수사하는 검사에게 「형사소송법」 제184조제1항에 따른 증거보전의 청구를 할 것을 요청할 수 있다.

② 제1항의 요청을 받은 검사는 그 요청이 상당한 이유가 있다고 인정하는 때에는 증거보전의 청구를 하여야 한다.

제28조(신뢰관계에 있는 사람의 동석)

① 법원은 아동 · 청소년대상 성범죄의 피해자를 증인으로 신문하는 경우에 검사, 피해자 또는 법정대리인이 신청하는 경우에는 재판에 지장을 줄 우려가 있는 등 부득이한 경우가 아니면 피해자와 신뢰관계에 있는 사람을 동석하게 하여야 한다.

② 제1항은 수사기관이 제1항의 피해자를 조사하는 경우에 관하여 준용한다.

③ 제1항 및 제2항의 경우 법원과 수사기관은 피해자와 신뢰관계에 있는 사람이 피해자에게 불리하거나 피해자가 원하지 아니하는 경우에는 동석하게 하여서는 아니 된다.

제29조(서류 · 증거물의 열람 · 등사)

아동 · 청소년대상 성범죄의 피해자, 그 법정대리인 또는 변호사는 재판장의 허가를 받아 소송 계속 중의 관계 서류 또는 증거물을 열람하거나 등사할 수 있다.

제30조(피해아동 · 청소년 등에 대한 변호사선임의 특례)

① 아동 · 청소년대상 성범죄의 피해자 및 그 법정대리인은 형사절차상 입을 수 있는 피해를 방어하고 법률적 조력을 보장하기 위하여 변호사를 선임할 수 있다.

② 제1항에 따른 변호사에 관하여는 「성폭력범죄의 처벌 등에 관한 특례법」 제27조제2항부터 제6항까지를 준용한다.

제31조(비밀누설 금지)

① 아동 · 청소년대상 성범죄의 수사 또는 재판을 담당하거나 이에 관여하는 공무원 또는 그 직에 있었던 사람은 피해아동 · 청소년 또는 대상아동 · 청소년의 주소 · 성명 · 연령 · 학교 또는 직업 · 용모 등 그 아동 · 청소년을 특정할 수 있는 인적사항이나 사진 등 또는 그 아동 · 청소년의 사생활에 관한 비밀을 공개하거나 타인에게 누설하여서는 아니 된다.

② 제45조 및 제46조의 기관 · 시설 또는 단체의 장이나 이를 보조하는 자 또는 그 직에 있었던 자는 직무상 알게 된 비밀을 타인에게 누설하여서는 아니 된다.

③ 누구든지 피해아동 · 청소년 및 대상아동 · 청소년의 주소 · 성명 · 연령 · 학교 또는 직업 · 용모 등 그 아동 · 청소년을 특정하여 파악할 수 있는 인적사항이나 사진 등을 신문 등 인쇄물에 싣거나 「방송법」 제2조제1호에 따른 방송(이하 "방송"이라 한다) 또는 정보통신망을 통하여 공개하여서는 아니 된다.

④ 제1항부터 제3항까지를 위반한 자는 7년 이하의 징역 또는 5천만원 이하의 벌금에 처한다. 이 경우 징역형과 벌금형은 병과할 수 있다.

제32조(양벌규정)

법인의 대표자나 법인 또는 개인의 대리인, 사용인, 그 밖의 종업원이 그 법인 또는 개인의 업무에 관하여 제11조제3항 · 제5항, 제14조제3항, 제15조제2항 · 제3항 또는 제31조제3항의 어느 하나에 해당하는 위반행위를 하면 그 행위자를 벌하는 외에 그 법인 또는 개인에게도 해당 조문의 벌금형을 과(科)하고, 제11조제1항 · 제2항 · 제4항 · 제6항, 제12조, 제14조제1항 · 제2항 · 제4항 또는 제15조제1항의 어느 하나에 해당하는 위반행위를 하면 그 행위자를 벌하는 외에 그 법인 또는 개인을 5천만원 이하의 벌금에 처한다. 다만, 법인 또는 개인이 그 위반행위를 방지하기 위하여 해당 업무에 관하여 상당한 주의와 감독을 게을리하지 아니한 경우에는 그러하지 아니하다.

제33조(내국인의 국외범 처벌)

국가는 국민이 대한민국 영역 외에서 아동 · 청소년대상 성범죄를 범하여 「형법」 제3조에 따라 형사처벌하여야 할 경우에는 외국으로부터 범죄정보를 신속히 입수하여 처벌하도록 노력하여야 한다.

제3장 아동 · 청소년대상 성범죄의 신고 · 응급조치와 지원

제34조(아동 · 청소년대상 성범죄의 신고)

① 누구든지 아동 · 청소년대상 성범죄의 발생 사실을 알게 된 때에는 수사기관에 신고할 수 있다.

② 다음 각 호의 어느 하나에 해당하는 기관 · 시설 또는 단체의 장과 그 종사자는 직무상 아동 · 청소년대상 성범죄의 발생 사실을 알게 된 때에는 즉시 수사기관에 신고하여야 한다.

〈개정 2014.1.21., 2018.1.16.〉

1. 「유아교육법」 제2조제2호의 유치원
2. 「초 · 중등교육법」 제2조의 학교 및 「고등교육법」 제2조의 학교
3. 「의료법」 제3조의 의료기관
4. 「아동복지법」 제3조제10호의 아동복지시설
5. 「장애인복지법」 제58조의 장애인복지시설
6. 「영유아보육법」 제2조제3호의 어린이집
7. 「학원의 설립 · 운영 및 과외교습에 관한 법률」 제2조제1호의 학원 및 같은 조 제2호의 교습소
8. 「성매매방지 및 피해자보호 등에 관한 법률」 제5조의 성매매피해자등을 위한 지원시설 및 같은 법 제10조의 성매매피해상담소
9. 「한부모가족지원법」 제19조에 따른 한부모가족복지시설
10. 「가정폭력방지 및 피해자보호 등에 관한 법률」 제5조의 가정폭력 관련 상담소 및 같은

법 제7조의 가정폭력피해자 보호시설

11. 「성폭력방지 및 피해자보호 등에 관한 법률」 제10조의 성폭력피해상담소 및 같은 법 제12조의 성폭력피해자보호시설

12. 「청소년활동 진흥법」 제2조제2호의 청소년활동시설

13. 「청소년복지 지원법」 제29조제1항에 따른 청소년상담복지센터 및 같은 법 제31조제1호에 따른 청소년쉼터

14. 「청소년 보호법」 제35조의 청소년 보호·재활센터

③ 다른 법률에 규정이 있는 경우를 제외하고는 누구든지 신고자 등의 인적사항이나 사진 등 그 신원을 알 수 있는 정보나 자료를 출판물에 게재하거나 방송 또는 정보통신망을 통하여 공개하여서는 아니 된다.

제35조(신고의무자에 대한 교육)

① 관계 행정기관의 장은 제34조제2항 각 호의 기관·시설 또는 단체의 장과 그 종사자의 자격 취득 과정에 아동·청소년대상 성범죄 예방 및 신고의무와 관련된 교육내용을 포함시켜야 한다.

② 여성가족부장관은 제34조제2항 각 호의 기관·시설 또는 단체의 장과 그 종사자에 대하여 성범죄 예방 및 신고의무와 관련된 교육을 실시할 수 있다.

③ 제2항의 교육에 필요한 사항은 대통령령으로 정한다.

제36조(피해아동·청소년의 보호)

아동·청소년대상 성범죄를 저지른 자가 피해아동·청소년과 「가정폭력범죄의 처벌 등에 관한 특례법」 제2조제2호의 가정구성원인 관계에 있는 경우로서 피해아동·청소년을 보호할 필요가 있는 때에는 같은 법 제5조, 제8조, 제29조 및 제49조부터 제53조까지의 규정을 준용한다.

제37조(피해아동·청소년 등의 상담 및 치료)

① 국가는 피해아동·청소년 등의 신체적·정신적 회복을 위하여 제46조의 상담시설 또는 「성폭력방지 및 피해자보호 등에 관한 법률」 제27조의 성폭력 전담의료기관으로 하여금 다음 각 호의 사람에게 상담이나 치료프로그램(이하 "상담·치료프로그램"이라 한다)을 제공하도록 요청할 수 있다.

1. 피해아동·청소년

2. 피해아동·청소년의 보호자 및 형제·자매

3. 그 밖에 대통령령으로 정하는 사람

② 제1항에 따라 상담 · 치료프로그램 제공을 요청받은 기관은 정당한 이유 없이 그 요청을 거부할 수 없다.

제4장 아동 · 청소년의 선도보호 등

제38조(대상아동 · 청소년에 대한 수사 등)

① 「성매매알선 등 행위의 처벌에 관한 법률」 제21조제1항에도 불구하고 대상아동 · 청소년에 대하여는 보호 및 재활을 위하여 처벌하지 아니한다.

② 사법경찰관은 대상아동 · 청소년을 발견한 경우 신속하게 사건을 수사한 후 「소년법」에 따라 가정법원소년부 또는 지방법원소년부(이하 "법원 소년부"라 한다)의 보호사건으로 처리하는 것이 상당한지에 관한 의견을 첨부하여 지체 없이 검사에게 송치하여야 한다.

③ 검사 또는 사법경찰관은 대상아동 · 청소년을 발견한 경우 특별한 사정이 없으면 그 사실을 대상아동 · 청소년의 법정대리인 또는 사실상 그 아동 · 청소년을 보호하는 자(이하 "법정대리인 등"이라 한다)에게 통지하여야 한다.

④ 대상아동 · 청소년의 법정대리인 등 또는 제34조제2항 각 호에 해당하는 기관 · 시설 또는 단체의 장은 대상아동 · 청소년을 발견한 경우에는 이를 관할 법원 소년부에 통고를 할 수 있다.

제39조(소년부 송치)

① 검사는 제38조제2항에 따라 송치된 사건의 성질 · 동기 및 결과와 행위자의 성행(性行) 등을 고려하여 대상아동 · 청소년에게 「소년법」에 따른 보호처분을 하는 것이 상당하다고 인정하는 때에는 그 사건을 관할 법원 소년부에 송치할 수 있다.

② 검사는 제1항에 따른 소년부 송치 여부를 검토한 결과 소년부 송치가 적절하지 아니한 경우 대상아동 · 청소년에 대한 보호 또는 재활이 필요하다고 인정하는 때에는 대상아동 · 청소년으로 하여금 필요한 교육과정이나 상담과정을 마치게 하여야 한다.

③ 제2항에 따른 교육과정이나 상담과정에 관하여 필요한 사항은 대통령령으로 정한다.

제40조(대상아동 · 청소년 등에 대한 보호처분)

① 제39조제1항 또는 제44조제1항에 따라 사건을 송치받은 법원 소년부 판사는 그 아동 · 청소년에게 다음 각 호의 어느 하나에 해당하는 보호처분을 할 수 있다.

1. 「소년법」 제32조제1항 각 호의 보호처분

2. 「청소년 보호법」 제35조의 청소년 보호 · 재활센터에 선도보호를 위탁하는 보호처분

② 제1항제1호에 따라 대상아동 · 청소년에 대하여 「소년법」 제32조제1항제4호 또는 제5호의 보호관찰처분을 하는 경우에는 수강명령을 동시에 명할 수 있다.

③ 제1항제2호에 따른 위탁의 기간은 6개월로 하되, 법원 소년부 판사는 결정으로 6개월의 범위에서 1차에 한하여 그 기간을 연장할 수 있다.

④ 법원 소년부 판사는 제3항에 따른 위탁기간이 만료하지 아니하는 경우에도 필요하다고 인정하는 때에는 결정으로써 그 위탁을 종료할 수 있다.

⑤ 제2항에 따라 법원이 수강명령을 병과한 경우 보호관찰소의 장은 수강명령 집행을 여성가족부장관에게 위탁할 수 있다.

제41조(피해아동 · 청소년 등을 위한 조치의 청구)

검사는 성범죄의 피해를 받은 아동 · 청소년을 위하여 지속적으로 위해의 배제와 보호가 필요하다고 인정하는 경우 법원에 제1호의 보호관찰과 함께 제2호부터 제5호까지의 조치를 청구할 수 있다. 다만, 「특정 범죄자에 대한 보호관찰 및 전자장치 부착 등에 관한 법률」 제9조의2제1항제2호 및 제3호에 따라 가해자에게 특정지역 출입금지 등의 준수사항을 부과하는 경우에는 그러하지 아니하다.

1. 가해자에 대한 「보호관찰 등에 관한 법률」에 따른 보호관찰

2. 피해를 받은 아동 · 청소년의 주거 등으로부터 가해자를 분리하거나 퇴거하는 조치

3. 피해를 받은 아동 · 청소년의 주거, 학교 등으로부터 100미터 이내에 가해자 또는 가해자의 대리인의 접근을 금지하는 조치

4. 「전기통신기본법」 제2조제1호의 전기통신이나 우편물을 이용하여 가해자가 피해를 받은 아동 · 청소년 또는 그 보호자와 접촉을 하는 행위의 금지

5. 제45조에 따른 보호시설에 대한 보호위탁결정 등 피해를 받은 아동 · 청소년의 보호를 위하여 필요한 조치

제42조(피해아동 · 청소년 등에 대한 보호처분의 판결 등)

① 법원은 제41조에 따른 보호처분의 청구가 이유 있다고 인정할 때에는 6개월의 범위에서 기

간을 정하여 판결로 보호처분을 선고하여야 한다.

② 제41조 각 호의 보호처분은 병과할 수 있다.

③ 검사는 제1항에 따른 보호처분 기간의 연장이 필요하다고 인정하는 경우 법원에 그 기간의 연장을 청구할 수 있다. 이 경우 보호처분 기간의 연장 횟수는 3회 이내로 하고, 연장기간은 각각 6개월 이내로 한다.

④ 보호처분 청구사건의 판결은 아동 · 청소년대상 성범죄 사건의 판결과 동시에 선고하여야 한다.

⑤ 피해자 또는 법정대리인은 제41조제1호 및 제2호의 보호처분 후 주거 등을 옮긴 때에는 관할 법원에 보호처분 결정의 변경을 신청할 수 있다.

⑥ 법원은 제1항에 따른 보호처분을 결정한 때에는 검사, 피해자, 가해자, 보호관찰관 및 보호처분을 위탁받아 행하는 보호시설의 장에게 각각 통지하여야 한다. 다만, 보호시설이 민간에 의하여 운영되는 기관인 경우에는 그 시설의 장으로부터 수탁에 대한 동의를 받아야 한다.

⑦ 보호처분 결정의 집행에 관하여 필요한 사항은 「가정폭력범죄의 처벌 등에 관한 특례법」 제43조를 준용한다.

제43조(피해아동 · 청소년 등에 대한 보호처분의 변경과 종결)

① 검사는 제42조에 따른 보호처분에 대하여 그 내용의 변경 또는 종결을 법원에 청구할 수 있다.

② 법원은 제1항에 따른 청구가 있는 경우 해당 보호처분이 피해를 받은 아동 · 청소년의 보호에 적절한지 여부에 대하여 심사한 후 보호처분의 변경 또는 종결이 필요하다고 인정하는 경우에는 이를 변경 또는 종결하여야 한다.

제44조(가해아동 · 청소년의 처리)

① 10세 이상 14세 미만의 아동 · 청소년이 제2조제2호나목 및 다목의 죄와 제7조의 죄를 범한 경우에 수사기관은 신속히 수사하고, 그 사건을 관할 법원 소년부에 송치하여야 한다.

② 14세 이상 16세 미만의 아동 · 청소년이 제1항의 죄를 범하여 그 사건이 관할 법원 소년부로 송치된 경우 송치받은 법원 소년부 판사는 그 아동 · 청소년에게 다음 각 호의 어느 하나에 해당하는 보호처분을 할 수 있다.

1. 「소년법」 제32조제1항 각 호의 보호처분

2. 「청소년 보호법」 제35조의 청소년 보호 · 재활센터에 선도보호를 위탁하는 보호처분

③ 사법경찰관은 제1항에 따른 가해아동 · 청소년을 발견한 경우 특별한 사정이 없으면 그 사실

을 가해아동 · 청소년의 법정대리인 등에게 통지하여야 한다.

④ 판사는 제1항 및 제2항에 따라 관할 법원 소년부에 송치된 가해아동 · 청소년에 대하여 「소년법」 제32조제1항제4호 또는 제5호의 처분을 하는 경우 재범예방에 필요한 수강명령을 하여야 한다.

⑤ 검사는 가해아동 · 청소년에 대하여 소년부 송치 여부를 검토한 결과 소년부 송치가 적절하지 아니한 경우 가해아동 · 청소년으로 하여금 재범예방에 필요한 교육과정이나 상담과정을 마치게 하여야 한다.

⑥ 제5항에 따른 교육과정이나 상담과정에 관하여 필요한 사항은 대통령령으로 정한다.

제45조(보호시설)

「성매매방지 및 피해자보호 등에 관한 법률」 제5조제1항제2호의 청소년 지원시설, 「청소년복지 지원법」 제29조제1항에 따른 청소년상담복지센터 및 같은 법 제31조제1호에 따른 청소년쉼터 또는 「청소년 보호법」 제35조의 청소년 보호 · 재활센터는 다음 각 호의 업무를 수행할 수 있다.

1. 제46조제1항 각 호의 업무
2. 대상아동 · 청소년의 보호 · 자립지원
3. 장기치료가 필요한 대상아동 · 청소년의 다른 기관과의 연계 및 위탁

제46조(상담시설)

① 「성매매방지 및 피해자보호 등에 관한 법률」 제10조의 성매매피해상담소 및 「청소년복지 지원법」 제29조제1항에 따른 청소년상담복지센터는 다음 각 호의 업무를 수행할 수 있다.

1. 제7조부터 제18조까지의 범죄 신고의 접수 및 상담
2. 대상아동 · 청소년과 병원 또는 관련 시설과의 연계 및 위탁
3. 그 밖에 아동 · 청소년 성매매 등과 관련한 조사 · 연구

② 「성폭력방지 및 피해자보호 등에 관한 법률」 제10조의 성폭력피해상담소 및 같은 법 제12조의 성폭력피해자보호시설은 다음 각 호의 업무를 수행할 수 있다.

1. 제1항 각 호의 업무
2. 아동 · 청소년대상 성폭력범죄로 인하여 정상적인 생활이 어렵거나 그 밖의 사정으로 긴급히 보호를 필요로 하는 피해아동 · 청소년을 병원이나 성폭력피해자보호시설로 데려다 주거나 일시 보호하는 업무
3. 피해아동 · 청소년의 신체적 · 정신적 안정회복과 사회복귀를 돕는 업무

4. 가해자에 대한 민사상·형사상 소송과 피해배상청구 등의 사법처리절차에 관하여 대한변
    호사협회·대한법률구조공단 등 관계 기관에 필요한 협조와 지원을 요청하는 업무
5. 아동·청소년대상 성폭력범죄의 예방과 방지를 위한 홍보
6. 아동·청소년대상 성폭력범죄 및 그 피해에 관한 조사·연구
7. 그 밖에 피해아동·청소년의 보호를 위하여 필요한 업무

제47조(아동·청소년대상 성교육 전문기관의 설치·운영)

① 국가와 지방자치단체는 아동·청소년의 건전한 성가치관 조성과 성범죄 예방을 위하여 아
    동·청소년대상 성교육 전문기관(이하 "성교육 전문기관"이라 한다)을 설치하거나 해당 업
    무를 전문단체에 위탁할 수 있다.
② 제1항에 따른 위탁 관련 사항, 성교육 전문기관에 두는 종사자 등 직원의 자격 및 설치기준과
    운영에 관하여 필요한 사항은 대통령령으로 정한다.

제48조(교육프로그램 운영 등)

① 아동·청소년을 성적 착취와 학대 행위로부터 보호하기 위하여 제45조와 제46조에 따른 보
    호시설과 상담시설은 다음 각 호의 업무를 수행할 수 있다.
  1. 제39조제2항에 따른 교육·상담 등 대상아동·청소년의 선도보호
  2. 피해아동·청소년과 대상아동·청소년의 치료·안정회복과 사회복귀를 돕는 프로그램
      운영
  3. 피해아동·청소년과 대상아동·청소년의 법정대리인 등을 위한 교육·상담 프로그램 운영
  4. 아동·청소년대상 성폭력범죄의 가해아동·청소년과 그 법정대리인 등의 교육·상담 프
      로그램 운영
  5. 아동·청소년 성보호 전문가 교육
  6. 그 밖에 아동·청소년을 아동·청소년대상 성범죄로부터 보호하기 위하여 대통령령으로
      정하는 업무
② 국가와 지방자치단체는 제1항에 따른 보호시설이나 상담시설의 업무에 대하여 예산의 범위
    에서 그 경비의 일부를 보조할 수 있다.

제49조(등록정보의 공개)

① 법원은 다음 각 호의 어느 하나에 해당하는 자에 대하여 판결로 제3항의 공개정보를 「성폭력범죄의 처벌 등에 관한 특례법」 제45조제1항의 등록기간 동안 정보통신망을 이용하여 공개하도록 하는 명령(이하 "공개명령"이라 한다)을 등록대상 사건의 판결과 동시에 선고하여야 한다. 다만, 피고인이 아동·청소년인 경우, 그 밖에 신상정보를 공개하여서는 아니 될 특별한 사정이 있다고 판단하는 경우에는 그러하지 아니하다.

1. 아동·청소년대상 성폭력범죄를 저지른 자

2. 「성폭력범죄의 처벌 등에 관한 특례법」 제2조제1항제3호·제4호, 같은 조 제2항(제1항제3호·제4호에 한정한다), 제3조부터 제15조까지의 범죄를 저지른 자

3. 13세 미만의 아동·청소년을 대상으로 아동·청소년대상 성범죄를 저지른 자로서 13세 미만의 아동·청소년을 대상으로 아동·청소년대상 성범죄를 다시 범할 위험성이 있다고 인정되는 자

4. 제1호 또는 제2호의 죄를 범하였으나 「형법」 제10조제1항에 따라 처벌할 수 없는 자로서 제1호 또는 제2호의 죄를 다시 범할 위험성이 있다고 인정되는 자

② 제1항에 따른 등록정보의 공개기간(「형의 실효 등에 관한 법률」 제7조에 따른 기간을 초과하지 못한다)은 판결이 확정된 때부터 기산한다. 다만, 공개명령을 받은 자(이하 "공개대상자"라 한다)가 실형 또는 치료감호를 선고받은 경우에는 그 형 또는 치료감호의 전부 또는 일부의 집행을 종료하거나 집행이 면제된 때부터 기산하고, 제1항에 따른 등록정보의 등록 원인이 된 성범죄(이하 이 조에서 "등록대상 성범죄"라 한다)와 경합된 범죄, 등록대상 성범죄로 수용되어 있는 도중 재판을 받게 된 다른 범죄, 다른 범죄로 수용되어 있는 도중 등록대상 성범죄로 재판을 받게 된 경우 다른 범죄로 교정시설 또는 치료감호시설에 수용된 기간은 공개기간에 넣어 계산하지 아니한다. 〈개정 2016.5.29.〉

③ 제1항에 따라 공개하도록 제공되는 등록정보(이하 "공개정보"라 한다)는 다음 각 호와 같다.

1. 성명

2. 나이

3. 주소 및 실제거주지(「도로명주소법」 제2조제5호의 도로명 및 같은 조 제7호의 건물번호까지로 한다)

4. 신체정보(키와 몸무게)

5. 사진

6. 등록대상 성범죄 요지(판결일자, 죄명, 선고형량을 포함한다)

7. 성폭력범죄 전과사실(죄명 및 횟수)

8. 「특정 범죄자에 대한 보호관찰 및 전자장치 부착 등에 관한 법률」에 따른 전자장치 부착 여부

④ 공개정보의 구체적인 형태와 내용에 관하여는 대통령령으로 정한다.

⑤ 공개정보를 정보통신망을 이용하여 열람하고자 하는 자는 실명인증 절차를 거쳐야 한다.

⑥ 실명인증, 공개정보 유출 방지를 위한 기술 및 관리에 관한 구체적인 방법과 절차는 대통령령으로 정한다.

제50조(등록정보의 고지)

① 법원은 공개대상자 중 다음 각 호의 어느 하나에 해당하는 자에 대하여 판결로 제49조에 따른 공개명령 기간 동안 제4항에 따른 고지정보를 제5항에 규정된 사람에 대하여 고지하도록 하는 명령(이하 "고지명령"이라 한다)을 등록대상 성범죄 사건의 판결과 동시에 선고하여야 한다. 다만, 피고인이 아동·청소년인 경우, 그 밖에 신상정보를 고지하여서는 아니 될 특별한 사정이 있다고 판단하는 경우에는 그러하지 아니하다.

1. 아동·청소년대상 성폭력범죄를 저지른 자

2. 「성폭력범죄의 처벌 등에 관한 특례법」 제2조제1항제3호·제4호, 같은 조 제2항(제1항 제3호·제4호에 한정한다), 제3조부터 제15조까지의 범죄를 저지른 자

3. 제1호 또는 제2호의 죄를 범하였으나 「형법」 제10조제1항에 따라 처벌할 수 없는 자로서 제1호 또는 제2호의 죄를 다시 범할 위험성이 있다고 인정되는 자

② 고지명령을 선고받은 자(이하 "고지대상자"라 한다)는 공개명령을 선고받은 자로 본다.

③ 고지명령은 다음 각 호의 기간 내에 하여야 한다.

1. 집행유예를 선고받은 고지대상자는 신상정보 최초 등록일부터 1개월 이내

2. 금고 이상의 실형을 선고받은 고지대상자는 출소 후 거주할 지역에 전입한 날부터 1개월 이내

3. 고지대상자가 다른 지역으로 전출하는 경우에는 변경정보 등록일부터 1개월 이내

④ 제1항에 따라 고지하여야 하는 고지정보는 다음 각 호와 같다.

1. 고지대상자가 이미 거주하고 있거나 전입하는 경우에는 제49조제3항의 공개정보. 다만, 제49조제3항제3호에 따른 주소 및 실제거주지는 상세주소를 포함한다.

2. 고지대상자가 전출하는 경우에는 제1호의 고지정보와 그 대상자의 전출 정보

⑤ 제4항의 고지정보는 고지대상자가 거주하는 읍ㆍ면ㆍ동의 아동ㆍ청소년의 친권자 또는 법정대리인이 있는 가구, 「영유아보육법」에 따른 어린이집의 원장, 「유아교육법」에 따른 유치원의 장, 「초ㆍ중등교육법」 제2조에 따른 학교의 장, 읍ㆍ면사무소와 동 주민자치센터의 장(경계를 같이 하는 읍ㆍ면 또는 동을 포함한다), 「학원의 설립ㆍ운영 및 과외교습에 관한 법률」 제2조의2에 따른 학교교과교습학원의 장과 「아동복지법」 제52조제1항제8호에 따른 지역아동센터 및 「청소년활동 진흥법」 제10조제1호에 따른 청소년수련시설의 장에게 고지한다. 〈개정 2014.1.21.〉

제51조(고지명령의 집행)

① 고지명령의 집행은 여성가족부장관이 한다.

② 법원은 고지명령의 판결이 확정되면 판결문 등본을 판결이 확정된 날부터 14일 이내에 법무부장관에게 송달하여야 하며, 법무부장관은 제50조제3항에 따른 기간 내에 고지명령이 집행될 수 있도록 최초등록 및 변경등록 시 고지대상자, 고지기간 및 같은 조 제4항 각 호에 규정된 고지정보를 지체 없이 여성가족부장관에게 송부하여야 한다.

③ 법무부장관은 고지대상자가 출소하는 경우 출소 1개월 전까지 다음 각 호의 정보를 여성가족부장관에게 송부하여야 한다.

1. 고지대상자의 출소 예정일

2. 고지대상자의 출소 후 거주지 상세주소

④ 여성가족부장관은 제50조제4항에 따른 고지정보를 관할구역에 거주하는 아동ㆍ청소년의 친권자 또는 법정대리인이 있는 가구, 「영유아보육법」에 따른 어린이집의 원장 및 「유아교육법」에 따른 유치원의 장과 「초ㆍ중등교육법」 제2조에 따른 학교의 장, 읍ㆍ면사무소와 동 주민자치센터의 장, 「학원의 설립ㆍ운영 및 과외교습에 관한 법률」 제2조의2에 따른 학교교과교습학원의 장과 「아동복지법」 제52조제1항제8호에 따른 지역아동센터 및 「청소년활동 진흥법」 제10조제1호에 따른 청소년수련시설의 장에게 우편으로 송부하고, 읍ㆍ면사무소 또는 동(경계를 같이 하는 읍ㆍ면 또는 동을 포함한다) 주민자치센터 게시판에 30일간 게시하는 방법으로 고지명령을 집행한다. 〈개정 2014.1.21.〉

⑤ 여성가족부장관은 제4항에 따른 고지명령의 집행 이후 관할구역에 출생신고ㆍ입양신고ㆍ전입신고가 된 아동ㆍ청소년의 친권자 또는 법정대리인이 있는 가구 및 관할구역에 설립ㆍ설치된 「영유아보육법」에 따른 어린이집의 원장, 「유아교육법」에 따른 유치원의 장 및 「초ㆍ중등교육법」 제2조에 따른 학교의 장, 「학원의 설립ㆍ운영 및 과외교습에 관한 법

률」 제2조의2에 따른 학교교과교습학원의 장과 「아동복지법」 제52조제1항제8호에 따른 지역아동센터 및 「청소년활동 진흥법」 제10조제1호에 따른 청소년수련시설의 장으로서 고지대상자의 고지정보를 우편으로 송부받지 못한 자에 대하여 제50조제4항에 따른 고지정보를 우편으로 송부하여야 한다.　　　　　　　　　　　　　　　〈개정 2014.1.21.〉

⑥ 여성가족부장관은 고지명령의 집행에 관한 업무 중 제4항 및 제5항에 따른 우편송부 및 게시판 게시 업무를 고지대상자가 실제 거주하는 읍·면사무소의 장 또는 동 주민자치센터의 장에게 위임할 수 있다.

⑦ 제6항에 따른 위임을 받은 읍·면사무소의 장 또는 동 주민자치센터의 장은 우편송부 및 게시판 게시 업무를 집행하여야 한다.

⑧ 여성가족부장관은 제4항에 따른 고지 외에도 그 밖의 방법에 의하여 고지명령을 집행할 수 있다.

⑨ 고지명령의 집행 및 고지절차 등에 필요한 사항은 여성가족부령으로 정한다.

제51조의2(고지정보의 정정 등)

① 누구든지 제51조에 따라 집행된 고지정보에 오류가 있음을 발견한 경우 여성가족부장관에게 그 정정을 요청할 수 있다.

② 여성가족부장관은 제1항에 따른 고지정보의 정정요청을 받은 경우 법무부장관에게 그 사실을 통보하고, 법무부장관은 고지정보의 진위와 변경 여부를 확인하기 위하여 고지대상자의 주소지를 관할하는 경찰관서의 장에게 직접 대면 등의 방법으로 진위와 변경 여부를 확인하도록 요구할 수 있다.

③ 법무부장관은 제2항에 따라 고지정보에 오류가 있음을 확인한 경우 대통령령으로 정하는 바에 따라 변경정보를 등록한 후 여성가족부장관에게 그 결과를 송부하고, 여성가족부장관은 제51조제4항에 따른 방법으로 집행된 고지정보에 정정 사항이 있음을 알려야 한다.

④ 여성가족부장관은 제3항에 따른 처리 결과를 제1항에 따라 고지정보의 정정을 요청한 자에게 알려야 한다.

⑤ 제1항에 따른 고지정보 정정 요청의 방법 및 절차, 제2항에 따른 법무부장관에 대한 통보, 조회 또는 정보 제공의 요청, 확인 요구 방법 및 절차, 제4항에 따른 처리 결과 통지 방법 등에 필요한 사항은 대통령령으로 정한다.

[본조신설 2018.1.16.]

제52조(공개명령의 집행)

① 공개명령은 여성가족부장관이 정보통신망을 이용하여 집행한다.

② 법원은 공개명령의 판결이 확정되면 판결문 등본을 판결이 확정된 날부터 14일 이내에 법무부장관에게 송달하여야 하며, 법무부장관은 제49조제2항에 따른 공개기간 동안 공개명령이 집행될 수 있도록 최초등록 및 변경등록 시 공개대상자, 공개기간 및 같은 조 제3항 각 호에 규정된 공개정보를 지체 없이 여성가족부장관에게 송부하여야 한다.

③ 공개명령의 집행 · 공개절차 · 관리 등에 관한 세부사항은 대통령령으로 정한다.

제53조(계도 및 범죄정보의 공표)

① 여성가족부장관은 아동 · 청소년대상 성범죄의 발생추세와 동향, 그 밖에 계도에 필요한 사항을 연 2회 이상 공표하여야 한다.

② 여성가족부장관은 제1항에 따른 성범죄 동향 분석 등을 위하여 성범죄로 유죄판결이 확정된 자에 대한 자료를 관계 행정기관에 요청할 수 있다.

제54조(비밀준수)

등록대상 성범죄자의 신상정보의 공개 및 고지 업무에 종사하거나 종사하였던 자는 직무상 알게 된 등록정보를 누설하여서는 아니 된다.

제55조(공개정보의 악용금지)

① 공개정보는 아동 · 청소년 등을 등록대상 성범죄로부터 보호하기 위하여 성범죄 우려가 있는 자를 확인할 목적으로만 사용되어야 한다.

② 공개정보를 확인한 자는 공개정보를 활용하여 다음 각 호의 행위를 하여서는 아니 된다.

   1. 신문 · 잡지 등 출판물, 방송 또는 정보통신망을 이용한 공개

   2. 공개정보의 수정 또는 삭제

③ 공개정보를 확인한 자는 공개정보를 등록대상 성범죄로부터 보호할 목적 외에 다음 각 호와 관련된 목적으로 사용하여 공개대상자를 차별하여서는 아니 된다.   〈개정 2018.1.16.〉

   1. 고용(제56조제1항의 아동 · 청소년 관련기관등에의 고용은 제외한다)

   2. 주택 또는 사회복지시설의 이용

   3. 교육기관의 교육 및 직업훈련

제56조(아동 · 청소년 관련기관등에의 취업제한 등)

① 법원은 아동 · 청소년대상 성범죄 또는 성인대상 성범죄(이하 "성범죄"라 한다)로 형 또는 치료감호를 선고하는 경우(제11조제5항에 따라 벌금형을 선고받은 사람은 제외한다)에는 판결(약식명령을 포함한다. 이하 같다)로 그 형 또는 치료감호의 전부 또는 일부의 집행을 종료하거나 집행이 유예 · 면제된 날(벌금형을 선고받은 경우에는 그 형이 확정된 날)부터 일정기간(이하 "취업제한 기간"이라 한다) 동안 다음 각 호에 따른 시설 · 기관 또는 사업장(이하 "아동 · 청소년 관련기관등"이라 한다)을 운영하거나 아동 · 청소년 관련기관등에 취업 또는 사실상 노무를 제공할 수 없도록 하는 명령(이하 "취업제한 명령"이라 한다)을 성범죄 사건의 판결과 동시에 선고(약식명령의 경우에는 고지)하여야 한다. 다만, 재범의 위험성이 현저히 낮은 경우, 그 밖에 취업을 제한하여서는 아니 되는 특별한 사정이 있다고 판단하는 경우에는 그러하지 아니한다. 〈개정 2013.3.23., 2014.1.21., 2016.1.19., 2016.5.29., 2018.1.16.〉

1. 「유아교육법」 제2조제2호의 유치원

2. 「초 · 중등교육법」 제2조의 학교, 같은 법 제28조와 같은 법 시행령 제54조에 따른 위탁교육기관 및 「고등교육법」 제2조의 학교

2의2. 특별시 · 광역시 · 특별자치시 · 도 · 특별자치도 교육청 또는 「지방교육자치에 관한 법률」 제34조에 따른 교육지원청이 「초 · 중등교육법」 제28조에 따라 직접 설치 · 운영하거나 위탁하여 운영하는 학생상담지원시설 또는 위탁 교육시설

3. 「학원의 설립 · 운영 및 과외교습에 관한 법률」 제2조제1호의 학원, 같은 조 제2호의 교습소 및 같은 조 제3호의 개인과외교습자(아동 · 청소년의 이용이 제한되지 아니하는 학원 · 교습소로서 교육부장관이 지정하는 학원 · 교습소 및 아동 · 청소년을 대상으로 하는 개인과외교습자를 말한다)

4. 「청소년 보호법」 제35조의 청소년 보호 · 재활센터

5. 「청소년활동 진흥법」 제2조제2호의 청소년활동시설

6. 「청소년복지 지원법」 제29조제1항에 따른 청소년상담복지센터 및 같은 법 제31조제1호에 따른 청소년쉼터

7. 「영유아보육법」 제2조제3호의 어린이집

8. 「아동복지법」 제3조제10호의 아동복지시설 및 같은 법 제37조에 따른 통합서비스 수행기관

9. 「성매매방지 및 피해자보호 등에 관한 법률」 제9조제1항제2호의 청소년 지원시설과 같은 법 제17조의 성매매피해상담소

10. 「주택법」 제2조제3호의 공동주택의 관리사무소. 이 경우 경비업무에 직접 종사하는 사

람에 한정한다.

11. 「체육시설의 설치·이용에 관한 법률」 제3조에 따라 설립된 체육시설 중 아동·청소년의 이용이 제한되지 아니하는 체육시설로서 문화체육관광부장관이 지정하는 체육시설

12. 「의료법」 제3조의 의료기관. 이 경우 「의료법」 제2조에 따른 의료인에 한정한다.

13. 「게임산업진흥에 관한 법률」에 따른 다음 각 목의 영업을 하는 사업장

　가. 「게임산업진흥에 관한 법률」 제2조제7호의 인터넷컴퓨터게임시설제공업

　나. 「게임산업진흥에 관한 법률」 제2조제8호의 복합유통게임제공업

14. 「경비업법」 제2조제1호의 경비업을 행하는 법인. 이 경우 경비업무에 직접 종사하는 사람에 한정한다.

15. 영리의 목적으로 「청소년기본법」 제3조제3호의 청소년활동의 기획·주관·운영을 하는 사업장(이하 "청소년활동기획업소"라 한다)

16. 「대중문화예술산업발전법」 제2조제7호의 대중문화예술기획업자가 같은 조 제6호의 대중문화예술기획업 중 같은 조 제3호의 대중문화예술인에 대한 훈련·지도·상담 등을 하는 영업장(이하 "대중문화예술기획업소"라 한다)

17. 아동·청소년의 고용 또는 출입이 허용되는 다음 각 목의 어느 하나에 해당하는 기관·시설 또는 사업장(이하 이 호에서 "시설등"이라 한다)으로서 대통령령으로 정하는 유형의 시설등

　가. 아동·청소년과 해당 시설등의 운영자·근로자 또는 사실상 노무 제공자 사이에 업무상 또는 사실상 위력 관계가 존재하거나 존재할 개연성이 있는 시설등

　나. 아동·청소년이 선호하거나 자주 출입하는 시설등으로서 해당 시설등의 운영 과정에서 운영자·근로자 또는 사실상 노무 제공자에 의한 아동·청소년대상 성범죄의 발생이 우려되는 시설등

18. 가정을 방문하거나 아동·청소년이 찾아오는 방식 등으로 아동·청소년에게 직접교육서비스를 제공하는 사람을 모집하거나 채용하는 사업장(이하 "가정방문 등 학습교사 사업장"이라 한다). 이 경우 아동·청소년에게 직접교육서비스를 제공하는 업무에 종사하는 사람에 한정한다.

19. 「장애인 등에 대한 특수교육법」 제11조의 특수교육지원센터 및 같은 법 제28조에 따라 특수교육 관련서비스를 제공하는 기관·단체

② 제1항에 따른 취업제한 기간은 10년을 초과하지 못한다.　　　　　〈신설 2018.1.16.〉

③ 법원은 제1항에 따라 취업제한 명령을 선고하려는 경우에는 정신건강의학과 의사, 심리학자, 사회복지학자, 그 밖의 관련 전문가로부터 취업제한 명령 대상자의 재범 위험성 등에 관

한 의견을 들을 수 있다. 〈신설 2018.1.16.〉

④ 제1항 각 호(제10호는 제외한다)의 아동·청소년 관련기관등의 설치 또는 설립 인가·신고를 관할하는 지방자치단체의 장, 교육감 또는 교육장은 아동·청소년 관련기관등을 운영하려는 자에 대한 성범죄 경력 조회를 관계 기관의 장에게 요청하여야 한다. 다만, 아동·청소년 관련기관등을 운영하려는 자가 성범죄 경력 조회 회신서를 지방자치단체의 장, 교육감 또는 교육장에게 직접 제출한 경우에는 성범죄 경력 조회를 한 것으로 본다.

〈개정 2016.5.29., 2018.1.16.〉

⑤ 아동·청소년 관련기관등의 장은 그 기관에 취업 중이거나 사실상 노무를 제공 중인 자 또는 취업하려 하거나 사실상 노무를 제공하려는 자(이하 "취업자등"이라 한다)에 대하여 성범죄의 경력을 확인하여야 하며, 이 경우 본인의 동의를 받아 관계 기관의 장에게 성범죄의 경력 조회를 요청하여야 한다. 다만, 취업자등이 성범죄 경력 조회 회신서를 아동·청소년 관련기관등의 장에게 직접 제출한 경우에는 성범죄 경력 조회를 한 것으로 본다.

〈개정 2016.5.29., 2018.1.16.〉

⑥ 제4항 및 제5항에 따라 성범죄 경력 조회 요청을 받은 관계 기관의 장은 성범죄 경력 조회 회신서를 발급하여야 한다. 〈신설 2016.5.29., 2018.1.16.〉

⑦ 제4항부터 제6항까지에 따른 성범죄경력 조회의 요청 절차·범위 등에 관하여 필요한 사항은 대통령령으로 정한다. 〈개정 2016.5.29., 2018.1.16.〉

[제목개정 2018.1.16.]

[2018.1.16. 법률 제15352호에 의하여 2013헌마585(2016.3.31.), 2015헌마98(2016.4.28.), 2015헌마359(2016.7.28.), 2015헌마914(2016.7.28.), 2014헌마709(2016.10.27.) 등 헌법재판소에서 위헌 결정된 이 조 제1항을 개정함.]

제57조(성범죄의 경력자 점검·확인)

① 여성가족부장관 또는 관계 중앙행정기관의 장은 다음 각 호의 구분에 따라 성범죄로 취업제한 명령을 선고받은 자가 아동·청소년 관련기관등을 운영하거나 아동·청소년 관련기관등에 취업 또는 사실상 노무를 제공하고 있는지를 직접 또는 관계 기관 조회 등의 방법으로 연 1회 이상 점검·확인하여야 한다. 이 경우 제56조제1항제17호에 따른 아동·청소년 관련기관등에 관하여는 대통령령으로 정하는 관계 중앙행정기관의 장이 점검·확인하여야 한다.

〈개정 2013.3.23., 2016.5.29., 2018.1.16.〉

1. 교육부장관: 제56조제1항제1호의 유치원, 같은 항 제2호의 학교 및 위탁 교육기관, 같은 항 제2호의2의 학생상담지원시설 또는 위탁 교육시설, 같은 항 제3호의 아동·청소년의 이

용이 제한되지 아니하는 학원·교습소로서 교육부장관이 지정하는 학원·교습소 및 아동·청소년을 대상으로 하는 개인과외교습자, 같은 항 제19호의 특수교육지원센터 및 특수교육 관련서비스 제공 기관·단체

2. 문화체육관광부장관: 제56조제1항제11호의 아동·청소년의 이용이 제한되지 아니하는 체육시설로서 문화체육관광부장관이 지정하는 체육시설, 같은 항 제13호 각 목의 인터넷컴퓨터게임시설제공업·복합유통게임제공업의 영업을 하는 사업장 및 같은 항 제16호의 대중문화예술기획업소

3. 보건복지부장관: 제56조제1항제7호의 어린이집, 같은 항 제8호의 아동복지시설, 통합서비스 수행기관 및 같은 항 제12호의 의료기관

4. 여성가족부장관: 제56조제1항제4호의 청소년 보호·재활센터, 같은 항 제5호의 청소년활동시설, 같은 항 제6호의 청소년상담복지센터와 청소년쉼터, 같은 항 제9호의 청소년 지원시설과 성매매피해상담소, 같은 항 제15호의 청소년활동기획업소 및 같은 항 제18호의 가정방문 등 학습교사 사업장

5. 국토교통부장관: 제56조제1항제10호의 공동주택의 관리사무소

6. 경찰청장: 제56조제1항제14호의 경비업을 행하는 법인

② 제1항 각 호에 따른 중앙행정기관의 장은 같은 항에 따른 점검·확인을 위하여 필요한 경우에는 아동·청소년 관련기관등의 장 또는 관련 감독기관에 해당 자료의 제출을 요구할 수 있다. 〈개정 2018.1.16.〉

③ 여성가족부장관 또는 관계 중앙행정기관의 장은 제1항에 따른 점검·확인 결과를 대통령령으로 정하는 바에 따라 인터넷 홈페이지 등을 이용하여 공개하여야 한다.

제58조(취업자의 해임요구 등)

① 제57조제1항 각 호에 따른 중앙행정기관의 장은 제56조제1항을 위반하여 아동·청소년 관련기관등에 취업하거나 사실상 노무를 제공하는 자가 있으면 아동·청소년 관련기관등의 장에게 그의 해임을 요구할 수 있다. 〈개정 2018.1.16.〉

② 제57조제1항 각 호에 따른 중앙행정기관의 장은 제56조제1항을 위반하여 아동·청소년 관련기관등을 운영 중인 아동·청소년 관련기관등의 장에게 운영 중인 아동·청소년 관련기관등의 폐쇄를 요구할 수 있다. 〈개정 2018.1.16.〉

③ 제57조제1항 각 호에 따른 중앙행정기관의 장은 아동·청소년 관련기관등의 장이 제2항의 폐쇄요구를 정당한 사유 없이 거부하거나 1개월 이내에 요구사항을 이행하지 아니하는 경우에는 관계 행정기관의 장에게 해당 아동·청소년 관련기관등의 폐쇄, 등록·허가 등의 취소

를 요구할 수 있다.   〈개정 2018.1.16.〉

④ 제3항에 따른 폐쇄, 등록 · 허가 등의 취소요구에 대하여는 대통령령으로 정하는 바에 따른
다.

제59조(포상금)

① 여성가족부장관은 제8조 및 제13조부터 제15조까지에 해당하는 범죄를 저지른 사람을 수사
기관에 신고한 사람에 대하여는 예산의 범위에서 포상금을 지급할 수 있다.

② 제1항에 따른 포상금의 지급 기준, 방법과 절차 및 구체적인 지급액 등에 필요한 사항은 대통
령령으로 정한다.

제60조(권한의 위임)

① 제57조, 제58조 및 제67조에 따른 문화체육관광부장관, 보건복지부장관, 여성가족부장관 또
는 국토교통부장관의 권한은 대통령령으로 정하는 바에 따라 그 일부를 특별시장 · 광역시
장 · 특별자치시장 · 도지사 · 특별자치도지사 또는 시장 · 군수 · 구청장(자치구의 구청장을
말한다)에게 위임할 수 있다.   〈개정 2013.3.23.〉

② 제57조, 제58조 및 제67조에 따른 교육부장관의 권한은 대통령령으로 정하는 바에 따라 그
일부를 교육감 · 교육장에게 위임할 수 있다.   〈개정 2013.3.23.〉

③ 제57조, 제58조 및 제67조에 따른 경찰청장의 권한은 대통령령으로 정하는 바에 따라 그 일
부를 지방경찰청장에게 위임할 수 있다.

제6장 보호관찰

제61조(보호관찰)

① 검사는 아동 · 청소년대상 성범죄를 범하고 재범의 위험성이 있다고 인정되는 사람에 대하
여는 형의 집행이 종료한 때부터 「보호관찰 등에 관한 법률」에 따른 보호관찰을 받도록 하
는 명령(이하 "보호관찰명령"이라 한다)을 법원에 청구하여야 한다. 다만, 검사가 「특정 범
죄자에 대한 보호관찰 및 전자장치 부착 등에 관한 법률」 제21조의2에 따른 보호관찰명령
을 청구한 경우에는 그러하지 아니하다.

② 법원은 공소가 제기된 아동 · 청소년대상 성범죄 사건을 심리한 결과 보호관찰명령을 선고할 필요가 있다고 인정하는 때에는 검사에게 보호관찰명령의 청구를 요청할 수 있다.

③ 법원은 아동 · 청소년대상 성범죄를 범한 사람이 금고 이상의 선고형에 해당하고 보호관찰명령 청구가 이유있다고 인정하는 때에는 2년 이상 5년 이하의 범위에서 기간을 정하여 보호관찰명령을 병과하여 선고하여야 한다.

④ 법원은 보호관찰을 명하기 위하여 필요한 때에는 피고인의 주거지 또는 소속 법원(지원을 포함한다. 이하 같다) 소재지를 관할하는 보호관찰소(지소를 포함한다. 이하 같다)의 장에게 범죄 동기, 피해자와의 관계, 심리상태, 재범의 위험성 등 피고인에 관하여 필요한 사항의 조사를 요청할 수 있다. 이 경우 보호관찰소의 장은 지체 없이 이를 조사하여 서면으로 해당 법원에 통보하여야 한다.

⑤ 보호관찰 기간은 보호관찰을 받을 자(이하 "보호관찰 대상자"라 한다)의 형의 집행이 종료한 날부터 기산하되, 보호관찰 대상자가 가석방된 경우에는 가석방된 날부터 기산한다.

제62조(보호관찰 대상자의 보호관찰 기간 연장 등)

① 보호관찰 대상자가 보호관찰 기간 중에 「보호관찰 등에 관한 법률」 제32조에 따른 준수사항을 위반하는 등 재범의 위험성이 증대한 경우에 법원은 보호관찰소의 장의 신청에 따른 검사의 청구로 제61조제3항에 따른 5년을 초과하여 보호관찰의 기간을 연장할 수 있다.

② 제1항의 준수사항은 재판장이 재판정에서 설명하고 서면으로도 알려 주어야 한다.

제63조(보호관찰 대상자의 신고 의무)

① 보호관찰 대상자는 출소 후의 거주 예정지, 근무 예정지, 교우(交友) 관계, 그 밖에 보호관찰을 위하여 필요한 사항으로서 대통령령으로 정하는 사항을 출소 전에 미리 교도소 · 소년교도소 · 구치소 · 군교도소 또는 치료감호시설의 장에게 신고하여야 한다.

② 보호관찰 대상자는 출소 후 10일 이내에 거주지, 직업 등 보호관찰을 위하여 필요한 사항으로서 대통령령으로 정하는 사항을 보호관찰관에게 서면으로 신고하여야 한다.

제64조(보호관찰의 종료)

「보호관찰 등에 관한 법률」 에 따른 보호관찰 심사위원회는 보호관찰 대상자의 관찰성적이 양호하여 재범의 위험성이 없다고 판단하는 경우 보호관찰 기간이 끝나기 전이라도 보호관찰의 종료를 결정할 수 있다.

제65조(벌칙)

① 다음 각 호의 어느 하나에 해당하는 자는 5년 이하의 징역 또는 5천만원 이하의 벌금에 처한다.

1. 제54조를 위반하여 직무상 알게 된 등록정보를 누설한 자

2. 제55조제1항 또는 제2항을 위반한 자

3. 정당한 권한 없이 등록정보를 변경하거나 말소한 자

② 제42조에 따른 보호처분을 위반한 자는 2년 이하의 징역 또는 2천만원 이하의 벌금에 처한다.

③ 제21조제2항에 따라 징역형 이상의 실형과 이수명령이 병과된 자가 보호관찰소의 장 또는 교정시설의 장의 이수명령 이행에 관한 지시에 불응하여 「보호관찰 등에 관한 법률」 또는 「형의 집행 및 수용자의 처우에 관한 법률」 에 따른 경고를 받은 후 재차 정당한 사유 없이 이수명령 이행에 관한 지시에 불응한 경우에는 1년 이하의 징역 또는 1천만원 이하의 벌금에 처한다.

④ 다음 각 호의 어느 하나에 해당하는 자는 1년 이하의 징역 또는 500만원 이하의 벌금에 처한다.

1. 제34조제3항을 위반하여 신고자 등의 신원을 알 수 있는 정보나 자료를 출판물에 게재하거나 방송 또는 정보통신망을 통하여 공개한 자

2. 제55조제3항을 위반한 자

⑤ 제21조제2항에 따라 벌금형과 이수명령이 병과된 자가 보호관찰소의 장의 이수명령 이행에 관한 지시에 불응하여 「보호관찰 등에 관한 법률」 에 따른 경고를 받은 후 재차 정당한 사유 없이 이수명령 이행에 관한 지시에 불응한 경우에는 1천만원 이하의 벌금에 처한다.

제66조(벌칙)

보호관찰 대상자가 제62조제1항에 따른 제재조치를 받은 이후 재차 정당한 이유 없이 준수사항을 위반하면 3년 이하의 징역 또는 1천만원 이하의 벌금에 처한다.

제67조(과태료)

① 제17조제2항을 위반한 온라인서비스제공자에게는 3천만원 이하의 과태료를 부과한다.

② 다음 각 호의 어느 하나에 해당하는 자에게는 1천만원 이하의 과태료를 부과한다.

〈개정 2018.1.16.〉

1. 제37조제2항을 위반하여 상담ㆍ치료프로그램의 제공을 정당한 이유 없이 거부한 상담시설 또는 의료기관의 장
2. 제58조에 따른 해임요구를 정당한 사유 없이 거부하거나 1개월 이내에 이행하지 아니하는 아동ㆍ청소년 관련기관등의 장

③ 아동ㆍ청소년 관련기관등의 장이 제56조제5항을 위반하여 그 기관에 취업 중이거나 사실상 노무를 제공 중인 사람 또는 취업하려 하거나 사실상 노무를 제공하려는 사람에 대하여 성범죄의 경력을 확인하지 아니하는 경우에는 500만원 이하의 과태료를 부과한다.

〈개정 2018.1.16.〉

④ 제34조제2항 각 호의 어느 하나에 해당하는 기관ㆍ시설 또는 단체의 장과 그 종사자가 직무상 아동ㆍ청소년대상 성범죄 발생 사실을 알고 수사기관에 신고하지 아니하거나 거짓으로 신고한 경우에는 300만원 이하의 과태료를 부과한다.

⑤ 제1항부터 제4항까지의 과태료는 교육부장관, 문화체육관광부장관, 보건복지부장관, 여성가족부장관, 국토교통부장관 또는 경찰청장이 부과ㆍ징수한다.

〈개정 2013.3.23.〉

부칙 〈제15352호, 2018.1.16.〉

제1조(시행일)

이 법은 공포 후 6개월이 경과한 날부터 시행한다.

제2조(강도강간미수범에 관한 적용례)

제2조제2호다목의 개정규정에 따라 아동ㆍ청소년대상 성범죄가 된 강도강간미수범에 대한 제49조 및 제50조에 따른 등록정보의 공개ㆍ고지 및 제56조에 따른 아동ㆍ청소년 관련기관등에의 취업제한 등은 이 법 시행 후 강도강간미수범으로 유죄판결이 확정되는 경우부터 적용한다.

제3조(아동ㆍ청소년 관련기관등에의 취업제한 등에 관한 적용례)

제56조의 개정규정은 이 법 시행 전에 성범죄를 범하고 확정판결을 받지 아니한 사람에 대해서도 적용한다.

제4조(종전의 규정에 따라 성범죄를 범하고 확정판결을 받은 사람의 취업제한 기간에 관한 특례)

① 법률 제7801호 청소년의 성보호에 관한 법률 일부개정법률 제28조제1항, 법률 제8634호 청소년의 성보호에 관한 법률 전부개정법률 제42조제1항, 법률 제9765호 아동·청소년의 성보호에 관한 법률 전부개정법률 제44조제1항, 법률 제10260호 아동·청소년의 성보호에 관한 법률 일부개정법률 제44조제1항, 법률 제11287호 아동·청소년의 성보호에 관한 법률 일부개정법률 제44조제1항 또는 법률 제11572호 아동·청소년의 성보호에 관한 법률 전부개정법률 제56조제1항, 법률 제14236호 아동·청소년의 성보호에 관한 법률 일부개정법률 제56조제1항(이하 "종전의 규정"이라 한다)에 따라 취업제한을 받는 사람(이하 이 조에서 "취업제한대상자"라 한다)의 취업제한 기간은 종전의 규정에도 불구하고 다음 각 호의 구분에 따른 기간으로 한다. 다만, 종전의 규정을 적용하는 것이 성범죄를 범하고 확정판결을 받은 사람에게 유리한 경우에는 종전의 규정에 따른다.

1. 법률 제7801호 청소년의 성보호에 관한 법률 일부개정법률 제28조제1항에 따라 취업제한 등을 받는 사람

　가. 3년 초과의 징역 또는 금고형을 선고받아 그 형이 확정된 사람: 그 형이 확정된 날부터 5년

　나. 3년 이하의 징역 또는 금고형을 선고받아 그 형이 확정된 사람: 그 형이 확정된 날부터 3년

　다. 벌금형을 선고받아 그 형이 확정된 사람: 그 형이 확정된 날부터 1년

2. 법률 제8634호 청소년의 성보호에 관한 법률 전부개정법률 제42조제1항에 따라 취업제한 등을 받는 사람

　가. 3년 초과의 징역 또는 금고형을 선고받아 그 형이 확정된 사람: 그 형이 확정된 날부터 5년

　나. 3년 이하의 징역 또는 금고형을 선고받아 그 형이 확정된 사람: 그 형이 확정된 날부터 3년

　다. 벌금형을 선고받아 그 형이 확정된 사람: 그 형이 확정된 날부터 1년

3. 법률 제9765호 아동·청소년의 성보호에 관한 법률 전부개정법률 제44조제1항, 법률 제10260호 아동·청소년의 성보호에 관한 법률 일부개정법률 제44조제1항, 법률 제11287호 아동·청소년의 성보호에 관한 법률 일부개정법률 제44조제1항, 법률 제11572호 아동·청소년의 성보호에 관한 법률 전부개정법률 제56조제1항, 법률 제14236호 아동·청소년의 성보호에 관한 법률 일부개정법률 제56조제1항에 따라 취업제한 등을 받는 사람

가. 3년 초과의 징역 또는 금고형이나 치료감호를 선고받아 그 형이 확정된 사람: 그 형 또는 치료감호의 전부 또는 일부의 집행을 종료하거나 집행이 유예·면제된 날부터 5년

나. 3년 이하의 징역 또는 금고형이나 치료감호를 선고받아 그 형이 확정된 사람: 그 형 또는 치료감호의 전부 또는 일부의 집행을 종료하거나 집행이 유예·면제된 날부터 3년

다. 벌금형을 선고받아 그 형이 확정된 사람: 그 형이 확정된 날부터 1년

② 이 법 시행 후 취업제한대상자 또는 그 법정대리인은 제1심판결을 한 법원에 제1항에 따른 취업제한 기간이 현저히 부당하거나 취업제한을 하여서는 아니 되는 특별한 사정이 있음을 이유로 제1항에 따른 취업제한 기간의 변경 또는 취업제한의 면제를 신청할 수 있다.

③ 취업제한대상자 또는 그 법정대리인은 제2항에 따른 신청을 할 때에는 취업제한대상자의 인적사항(성명, 생년월일 및 주소), 신청의 원인이 되는 사실 등을 기재하여야 한다.

④ 법원은 제2항의 신청에 대하여 결정을 하기 전에 검사의 의견을 물을 수 있다.

⑤ 법원은 제2항의 신청이 이유 없다고 인정하는 때에는 신청을 기각하는 결정을 고지하여야 한다.

⑥ 법원은 제2항의 신청이 이유 있다고 인정하는 때에는 제1항 각 호의 기간을 초과하지 아니하는 범위에서 취업제한 기간을 새로이 정하거나 취업제한을 면제하는 결정을 고지하고, 검사에게 결정문 등본을 송부하여야 한다.

⑦ 검사, 취업제한대상자 또는 그 법정대리인은 제5항 또는 제6항의 결정이 법령을 위반하거나 현저히 부당한 경우 결정을 고지받은 날부터 7일 이내에 항고할 수 있다.

⑧ 항고할 때에는 항고장을 원심법원에 제출하여야 하며, 항고장을 제출받은 법원은 3일 이내에 의견서를 첨부하여 기록을 항고법원에 송부하여야 한다.

⑨ 항고법원은 항고 절차가 법률에 위반되거나 항고가 이유 없다고 인정한 경우에는 결정으로써 항고를 기각하여야 한다.

⑩ 항고법원은 항고가 이유 있다고 인정한 경우에는 원결정을 파기하고 스스로 결정을 하거나 다른 관할 법원에 이송하여야 한다.

⑪ 항고법원의 결정에 대하여는 그 결정이 법령에 위반된 때에만 대법원에 재항고를 할 수 있다.

⑫ 재항고의 제기기간은 항고기각 결정을 고지받은 날부터 7일로 한다.

⑬ 항고와 재항고는 결정의 집행을 정지하는 효력이 없다.

⑭ 법원은 제6항의 결정이 확정된 날부터 14일 이내에 결정의 확정일자를 결정문 등본에 첨부하여 여성가족부장관에게 송달하여야 한다.

제5조(헌법재판소 위헌결정 후 이 법 시행일 전까지 성범죄로 형 또는 치료감호를 선고받아 그 형이 확정된 사람의 취업제한 기간 등에 관한 특례)

다음 각 호의 어느 하나에 해당하는 사람은 부칙 제4조제1항제3호 각 목의 구분에 따른 기간 동안 다음 각 호의 구분에 따른 시설ㆍ기관 또는 사업장을 운영하거나 그 시설ㆍ기관 또는 사업장에 취업 또는 사실상 노무를 제공할 수 없다.

　　1. 2016년 3월 31일부터 이 법 시행일 전까지 성인대상 성범죄로 형을 선고받아 그 형이 확정된 사람: 제56조제1항제12호에 따른 의료기관

　　2. 2016년 4월 28일부터 이 법 시행일 전까지 아동ㆍ청소년대상 성범죄로 형 또는 치료감호를 선고받아 그 형 또는 치료감호가 확정된 사람: 아동ㆍ청소년 관련기관등

　　3. 2016년 7월 28일부터 이 법 시행일 전까지 성인대상 성범죄로 형을 선고받아 그 형 또는 치료감호가 확정된 사람: 제56조제1항제3호에 따른 학원 등

　　4. 2016년 10월 27일부터 이 법 시행일 전까지 성인대상 성범죄 중 「성폭력범죄의 처벌 등에 관한 특례법」 제12조의 범죄(성적 목적을 위한 다중이용장소 침입행위)로 형을 선고받아 그 형이 확정된 사람: 제56조제1항제1호부터 제11호까지, 제13호부터 제17호까지

제6조(성범죄의 경력자 점검ㆍ확인에 관한 특례)

제57조제1항의 개정규정은 이 법 시행 전에 성범죄를 범하고 유죄판결이 확정된 사람으로서 부칙 제4조 및 부칙 제5조에 따라 취업제한 등을 받는 사람에 대해서도 적용한다.

아동·청소년의 성보호에 관한 법률 시행령

[시행 2017.3.30.] [대통령령 제27960호, 2017.3.27., 타법개정]

제1장 총칙

제1조(목적) 이 영은 「아동·청소년의 성보호에 관한 법률」에서 위임된 사항과 그 시행에 필요한 사항을 규정함을 목적으로 한다.

제2조(온라인서비스제공자의 범위) 「아동·청소년의 성보호에 관한 법률」(이하 "법"이라한다) 제2조제8호에서 "대통령령으로 정하는 자"란 「정보통신망 이용촉진 및 정보보호 등에 관한 법률」 제2조제1항제3호에 따른 정보통신서비스 제공자를 말한다.

제2장 아동·청소년대상 성범죄의 처벌, 수사 절차와 신고·응급조치 등

제3조(아동·청소년이용음란물 발견을 위한 조치) ① 법 제17조제1항 본문에서 "대통령령으로 정하는 조치"란 다음 각 호의 모든 조치를 말한다. 다만, 다른 법률에서 정한 조치를 함으로써 아동·청소년이용음란물을 발견할 수 있는 경우에는 다음 각 호에 해당하는 조치의 전부 또는 일부를 하지 아니할 수 있다.

1. 이용자가 아동·청소년이용음란물로 의심되는 온라인 자료를 발견하는 경우 온라인서비스제공자에게 상시적으로 신고할 수 있도록 하는 조치

2. 온라인 자료의 특징 또는 명칭을 분석하여 기술적으로 아동·청소년이용음란물로 인식되는 자료를 찾아내도록 하는 조치

② 온라인서비스제공자는 아동·청소년이용음란물로 판단하기 어려운 온라인 자료에 대해서는 「방송통신위원회의 설치 및 운영에 관한 법률」 제18조에 따른 방송통신심의위원회에 심의를 요청할 수 있다.

③ 여성가족부장관은 온라인서비스제공자가 아동 · 청소년이용음란물을 발견하고 삭제 등의 조치를 하는 데 필요한 행정적 지원을 할 수 있으며, 이를 위하여 온라인서비스제공자, 관계기관 및 관련단체와 협력체계를 구축할 수 있다.

제4조(아동 · 청소년이용음란물을 제작 · 배포 · 소지한 자에 대한 처벌 경고문구의 표시 기준) 법 제17조제2항에 따른 아동 · 청소년이용음란물을 제작 · 배포 · 소지한 자에 대한 처벌 경고 문구의 표시 기준은 별표 1과 같다.

제5조(수사절차에서의 보호 조치) 법 제25조에 따라 수사기관은 아동 · 청소년대상 성범죄의 수사절차에서 다음 각 호의 보호 조치를 하여야 한다.

    1. 피해자의 권리에 대한 고지

    2. 피해자에 대한 조사의 최소화

    3. 피해자와 가해자의 대질신문 최소화

    4. 긴급하지 않은 수사에서 피해자의 학습권 보장

    5. 특별한 사정이 없으면 성범죄 수사 전문교육을 받은 인력이 피해자를 전담하여 조사

    6. 「성폭력방지 및 피해자보호 등에 관한 법률」 제10조 · 제12조 · 제18조 · 제27조, 「가정 폭력방지 및 피해자보호 등에 관한 법률」 제4조의6 또는 「성매매방지 및 피해자보호 등에 관한 법률」 제5조제1항제2호 · 제10조에 따라 운영되는 피해자 지원기관 등과의 연락 및 협조

제6조(신고의무자 교육) ① 관계 행정기관의 장은 법 제35조제1항에 따른 아동 · 청소년대상 성범죄 예방 및 신고의무와 관련된 교육내용에 대하여 여성가족부장관과 협의하여야 한다.

② 여성가족부장관은 법 제35조제2항에 따른 교육을 실시하는 경우 교육대상 및 교육시간 등을 관계 행정기관의 장 및 법 제34조제2항 각 호의 기관 · 시설 또는 단체의 장과 협의할 수 있다.

제7조(그 밖의 상담 및 치료의 대상) 법 제37조제1항제3호에서 "대통령령으로 정하는 사람"이 란 다음 각 호의 사람을 말한다.

    1. 피해아동 · 청소년과 같은 시설에서 보호받고 있는 아동 · 청소년

    2. 피해아동 · 청소년과 같은 학교에 다니는 아동 · 청소년으로서 정신적 피해가 우려되는 사람

    3. 법 제37조제1항제2호에 따른 사람 외에 피해아동 · 청소년과 함께 거주하는 가족으로서 상 담 및 치료를 필요로 하는 사람

제3장 아동·청소년의 선도보호 등

제8조(대상아동·청소년의 송치) ① 법 제38조제2항에 따라 사법경찰관은 대상아동·청소년을 발견한 경우에는 여성가족부장관에게 그 사실을 통보하여야 한다.

② 여성가족부장관은 사법경찰관이 법 제38조제2항에 따른 수사과정에서 대상아동·청소년에 대한 상담 및 정보 제공 등을 요청하면 적극 지원하여야 한다.

③ 여성가족부장관은 제2항에 따른 상담 및 정보 제공 등의 지원업무를 다음 각 호의 시설에 위탁할 수 있다.

1. 「성매매방지 및 피해자보호 등에 관한 법률」 제5조제1항제2호에 따른 청소년 지원시설 및 같은 법 제10조에 따른 성매매피해상담소

2. 「청소년복지 지원법」 제29조제1항에 따른 청소년상담복지센터 및 같은 법 제31조제1호에 따른 청소년쉼터

3. 「청소년 보호법」 제35조제1항에 따른 청소년 보호·재활센터

4. 그 밖에 여성가족부장관이 지정하는 기관·시설 또는 단체

제9조(대상아동·청소년에 대한 교육과정 등) ① 검사는 법 제39조제2항에 따라 대상아동·청소년에게 교육과정이나 상담과정(이하 "교육과정등"이라 한다)을 마치도록 명령하는 경우에는 그 교육 또는 상담시간을 40시간 내외로 하고, 여성가족부장관에게 그 대상자를 통보하여야 한다.

② 여성가족부장관은 교육과정등을 운영한다. 이 경우 여성가족부장관은 교육과정등을 효율적으로 운영하기 위하여 제8조제3항 각 호의 어느 하나에 해당하는 시설에 그 운영을 위탁할 수 있다.

③ 여성가족부장관은 제2항 후단에 따라 교육과정등의 운영을 위탁받은 시설(이하 "교육수탁시설"이라 한다)에 교육과정등의 운영에 드는 비용을 예산의 범위에서 지원할 수 있다.

④ 여성가족부장관은 교육수탁시설의 장이 교육과정등을 운영하는 중에 「의료법」 제3조에 따른 의료기관에 대상아동·청소년의 질병치료 등을 의뢰한 경우에는 그 질병치료 등에 드는 비용의 전부 또는 일부를 예산의 범위에서 지원할 수 있다.

제10조(교육과정등의 이수 통보 등) ① 제9조에 따라 교육과정등을 운영하는 여성가족부장관 및 교육수탁시설의 장은 법 제39조제2항에 따라 교육과정등의 이수명령을 받은 대상아동·청소년에 대한 다음 각 호의 사항을 검사와 여성가족부장관(교육수탁시설의 장만 해당한다)에게 통보

하여야 한다.

  1. 교육과정등을 마친 경우 대상아동 · 청소년의 교육과정등 이수 여부

  2. 대상아동 · 청소년이 교육과정등의 이수를 거부하는 경우 또는 질병이나 그 밖의 사유로 교육이나 상담을 할 수 없는 경우에는 그 사유

② 검사나 여성가족부장관은 필요하다고 인정할 때에는 여성가족부장관 또는 교육수탁시설의 장에게 대상아동 · 청소년의 교육과정등의 이수 상황을 통보하여 줄 것을 요청할 수 있다.

③ 검사는 교육과정등의 이수명령을 받은 대상아동 · 청소년이 다음 각 호의 어느 하나에 해당하면 교육과정등을 운영하고 있는 여성가족부장관 또는 교육수탁시설의 장의 의견을 들어 교육과정등의 이수명령을 취소하고, 대상아동 · 청소년을 가정법원 소년부 또는 지방법원 소년부로 송치할 수 있다.

  1. 대상아동 · 청소년이 교육과정등의 이수를 거부하는 경우

  2. 교육과정등을 이수하고 있는 대상아동 · 청소년이 교육과정등의 이수 시 지켜야 할 사항을 현저히 위반하는 등의 사유로 보호 및 재활의 목적을 달성할 수 없다고 판단되는 경우

제11조(수강명령 위탁 대상기관 등 추천) 여성가족부장관은 법 제40조제2항 및 제44조제4항에 따른 아동 · 청소년에 대한 수강명령을 집행하는 보호관찰관이 「보호관찰 등에 관한 법률」 제61조제1항 단서에 따라 그 수강명령의 집행을 위탁하려는 경우 그 대상기관 또는 단체를 추천할 수 있다.

제12조(가해아동 · 청소년에 대한 교육과정 등의 이수명령) ① 검사는 법 제44조제5항에 따라 가해아동 · 청소년에 대한 교육과정등의 이수명령을 하는 경우 100시간 이내에서 교육 또는 상담시간을 정하여야 한다.

② 검사는 교육과정등을 다음 각 호의 어느 하나에 해당하는 시설에서 집행하도록 할 수 있다.

  1. 「보호관찰 등에 관한 법률」 제14조에 따른 보호관찰소나 보호관찰지소

  2. 「보호소년 등의 처우에 관한 법률」 제2조에 따른 소년원이나 소년분류심사원, 그 밖의 소년 관련 시설

  3. 여성가족부장관이 추천하는 시설

③ 여성가족부장관은 제2항제3호에 따라 여성가족부장관이 추천한 시설에서 교육과정등을 집행하는 경우에는 예산의 범위에서 해당 시설에 교육과정등의 운영에 필요한 비용을 지원할 수 있다.

제13조(교육과정등의 결과 통지) ① 제12조제2항에 따라 교육과정등을 집행한 자(여성가족부

장관이 추천한 시설에서 집행한 경우는 여성가족부장관을 말한다)는 교육과정등의 이수 결과보고서를 작성하여 검사에게 통지하여야 한다.

② 검사는 교육과정등의 이수명령을 받은 아동·청소년이 이수 시 지켜야 할 사항을 위반하는 등 재범예방의 목적을 달성할 수 없다고 판단되는 경우에는 교육과정등의 이수명령을 취소하고, 해당 아동·청소년을 가정법원 소년부 또는 지방법원 소년부로 송치할 수 있다.

제14조(보호시설 등의 변호사 선임권 안내 등) 법 제45조에 따른 보호시설 및 법 제46조에 따른 상담시설은 피해아동·청소년 등에게 법 제30조제1항에 따른 변호사 선임과 「성폭력방지 및 피해자보호 등에 관한 법률」 제3조제1항제4호, 제11조제5항, 제13조제1항제4호 또는 「성매매방지 및 피해자보호 등에 관한 법률」 제7조제1항제5호에 따른 법률구조에 대하여 안내하고 지원하는 등 형사절차에서 피해아동·청소년 등이 입을 수 있는 피해를 방지하고 법률적으로 지원하기 위하여 노력하여야 한다.

제15조(아동·청소년대상 성교육 전문기관의 설치·운영의 위탁 등) ① 국가와 지방자치단체는 법 제47조제1항에 따른 아동·청소년대상 성교육 전문기관(이하 "성교육 전문기관"이라 한다)의 설치·운영에 관한 업무를 다음 각 호의 어느 하나에 해당하는 전문단체에 위탁할 수 있다.

1. 「성폭력방지 및 피해자보호 등에 관한 법률」 제10조에 따른 성폭력피해상담소를 설치·운영하는 단체
2. 「청소년활동진흥법」 제10조제1호가목부터 다목까지의 규정에 따른 청소년수련관, 청소년수련원 또는 청소년문화의집을 설치·운영하는 단체
3. 「청소년기본법」 제3조제8호에 따른 청소년단체 중 최근 3년 이상 청소년육성, 청소년활동, 청소년복지, 청소년보호 관련 업무에 대한 사업실적이 있는 단체
4. 성교육을 주된 업무로 하는 단체로서 최근 3년 이상 아동·청소년 대상 성교육 실적이 있는 단체

② 성교육 전문기관에 두는 종사자 등 직원의 자격기준은 별표 2와 같다.

③ 성교육 전문기관의 설치·운영 기준은 별표 3과 같다.

제16조(운영실적의 제출) ① 제15조제1항에 따라 위탁을 받은 전문단체의 장은 매 반기(半期) 종료 후 다음 달 10일까지 성교육 전문기관의 반기별 운영실적을 관할 특별자치시장·특별자치도지사·시장·군수·구청장(자치구의 구청장을 말한다. 이하 같다)에게 제출하여야 한다.

〈개정 2014.12.30.〉

② 제1항에 따라 반기별 운영실적을 제출받은 시장·군수·구청장은 매 반기 종료 후 다음 달 20일까지 그 운영실적을 특별시장·광역시장·도지사에게 제출하고, 특별시장·광역시장·특별자치시장·도지사·특별자치도지사(이하 "시·도지사"라 한다)는 매 반기 종료 후 다음 달 말일까지 그 운영실적을 여성가족부장관에게 제출하여야 한다. 〈개정 2014.12.30.〉

제17조(가해아동·청소년과 법정대리인 등의 교육 지원) 여성가족부장관은 법 제48조제1항제4호에 따른 가해아동·청소년과 그 법정대리인 등에 대한 교육·상담 프로그램 등의 운영에 필요한 사항을 지원할 수 있다.

제18조(교육프로그램의 운영 등) 법 제48조제1항제6호에서 "대통령령으로 정하는 업무"란 다음 각 호의 업무를 말한다.
  1. 법 제24조에 따른 피해아동·청소년의 보호
  2. 아동·청소년에게 성에 대한 건전한 가치관을 교육하기 위한 아동·청소년 성문화 관련 프로그램 운영

제4장 성범죄로 유죄판결이 확정된 자의 신상정보 공개와 취업제한 등

제19조(공개정보 전용 웹사이트 운영 등) ① 여성가족부장관은 법 제49조제1항 및 제52조제1항에 따라 공개명령의 집행을 위하여 법 제49조제3항에 따른 공개정보(이하 "공개정보"라 한다)를 열람할 수 있는 전용 웹사이트(이하 "전용 웹사이트"라 한다)를 구축·운영하여야 한다.
  ② 여성가족부장관은 전용 웹사이트에 등록된 공개정보의 유출을 방지하기 위하여 공개정보의 단계적 접근, 공개정보 이용자에 의한 입력 및 출력 금지, 보안 등 기술적 조치를 하고, 이를 상시 감시하여야 한다.

제20조(공개정보의 내용 등) ① 법 제49조제4항에 따른 공개정보의 구체적인 형태와 내용은 다음 각 호와 같다. 〈개정 2016.6.8.〉
  1. 성명: 한글과 한자(한자 성명이 있는 경우만 해당한다)로 표기하되, 외국인인 경우 한글과 영문으로 표기한다.
  2. 나이: 주민등록표상의 나이. 다만, 외국인은 여권이나 외국인등록증의 나이로 표기한다.

3. 주소 및 실제 거주지: 다음 각 목의 구분에 따라 표기하되, 「도로명주소법」 제2조제5호의 도로명 및 같은 조 제7호의 건물번호까지 표기한다.

　　가. 내국인 및 재외국민의 경우: 「주민등록법」에 따라 신고한 주소와 실제 거주지 주소

　　나. 외국인의 경우: 「출입국관리법」 제32조에 따라 등록한 국내 체류지와 실제 거주지 주소

　　다. 외국국적동포의 경우: 「재외동포의 출입국과 법적 지위에 관한 법률」 제6조에 따라 신고한 국내거소와 실제 거주지 주소

4. 신체정보: 키와 몸무게를 표기하되, 키는 센티미터로, 몸무게는 킬로그램으로 각각 표기한다.

5. 사진: 등록된 사진을 게재한다.

6. 등록대상 성범죄의 요지: 판결일자, 죄명, 선고형량 및 해당 사건의 범죄사실 요지를 표기하되, 피해자를 알 수 있는 내용은 표기하지 아니한다.

7. 성폭력범죄 전과사실: 등록대상 사건의 확정 판결일 이전에 유죄판결이 확정된 성폭력범죄의 죄명과 횟수를 표기한다.

8. 「특정 범죄자에 대한 보호관찰 및 전자장치 부착 등에 관한 법률」에 따른 전자장치 부착 여부: 전자장치 부착 여부와 그 부착 기간을 표기한다.

② 여성가족부장관은 법 제52조제2항에 따라 공개정보를 송부받으면 제1항의 공개정보를 내용으로 하는 성범죄자 공개정보 원부를 작성하여야 한다.

③ 제2항에 따른 성범죄자 공개정보 원부의 서식과 작성 방식 등에 관한 구체적인 사항은 여성가족부령으로 정한다.

제21조(실명인증 및 열람정보 관리) ① 법 제49조제5항에 따라 전용 웹사이트를 이용하여 공개정보를 열람하려는 사람은 성명과 주민등록번호 입력 등의 방법으로 실명인증을 받아야 한다.

② 여성가족부장관은 제1항에 따라 공개정보를 열람한 사람의 신상정보와 접속정보를 일정 기간 동안 보관·관리하는 등의 조치를 하여야 한다.

제22조(게시판 게시 업무의 위임) 여성가족부장관은 법 제51조제6항에 따라 같은 조 제4항에 따른 게시판 게시 업무를 고지대상자가 실제 거주하는 읍·면사무소의 장 또는 동 주민자치센터의 장에게 위임한다.

제23조(자료제출의 요청) 여성가족부장관은 법 제53조에 따라 아동·청소년대상 성범죄 발생 추세와 동향(動向), 그 밖에 계도(啓導)에 필요한 사항을 공표하기 위하여 관계 행정기관에 자료

를 요청할 수 있다.

제24조(아동·청소년 관련기관 등에의 취업제한 등) ① 법 제56조제1항제17호에서 "대통령령으로 정하는 유형의 시설등"이란 다음 각 호의 기관·시설 또는 사업장(이하 "시설등"이라 한다)을 말한다.

    1. 「게임산업진흥에 관한 법률」 제2조제6호의2가목에 따른 청소년게임제공업을 하는 시설등

    2. 「음악산업진흥에 관한 법률」 제2조제13호에 따른 노래연습장업(청소년실을 갖춘 노래연습장업을 말한다)을 하는 시설등

② 법 제57조제1항 각 호 외의 부분 후단에서 "대통령령으로 정하는 관계 중앙행정기관의 장"이란 문화체육관광부장관을 말한다.

제25조(성범죄의 경력 조회) ① 법 제56조제2항 및 제3항에 따라 성범죄의 경력조회를 요청하려는 다음 각 호의 자는 경찰관서의 장에게 요청하여야 한다. 이 경우 경찰관서가 운영하는 「정보통신망 이용촉진 및 정보보호 등에 관한 법률」 제2조제1항제1호에 따른 정보통신망(이하 "정보통신망"이라 한다)을 이용하여 요청할 수 있다. 〈개정 2015.4.20., 2016.11.29.〉

    1. 지방자치단체의 장, 교육감 또는 교육장

    2. 법 제56조제1항 각 호에 따른 시설·기관 또는 사업장(이하 "아동·청소년 관련기관등"이라 한다)의 장 또는 아동·청소년 관련기관등을 운영하려는 자

    3. 아동·청소년 관련기관등에 취업 중이거나 사실상 노무를 제공 중인 사람 또는 취업하려하거나 사실상 노무를 제공하려는 사람(이하 "취업자등"이라 한다)

② 아동·청소년 관련기관등의 장은 제1항에 따라 성범죄의 경력 조회를 요청하는 경우 취업자등의 동의서를 함께 제출하거나, 경찰관서가 운영하는 정보통신망에 취업자등이 동의 여부를 표시하도록 하여야 한다. 〈개정 2015.4.20., 2016.11.29.〉

③ 제1항에 따라 성범죄의 경력 조회를 요청받은 경찰관서의 장은 아동·청소년 관련기관등을 운영하려는 자 또는 취업자등이 법 제56조제1항에 따라 운영 또는 취업이 제한되는 사람(이하 "취업제한대상자"라 한다)인지 여부만을 확인하여 제1항 각 호의 자에게 회신하여야 한다. 이 경우 경찰관서가 운영하는 정보통신망을 이용하여 회신할 수 있다. 〈개정 2015.4.20., 2016.11.29.〉

④ 제1항에 따른 성범죄의 경력 조회, 제2항에 따른 동의서 및 제3항에 따른 회신의 서식 등에 관한 사항은 여성가족부령으로 정한다.

제26조(자료제출의 요구) 법 제57조제1항 각 호의 중앙행정기관의 장은 같은 조 제2항에 따라

자료제출을 요구할 때에는 다음 각 호의 사항을 구체적으로 밝혀야 한다.

  1. 자료제출 요구의 사유

  2. 자료제출의 일시

  3. 제출하여야 할 자료의 내용

제27조(성범죄의 경력자 점검 · 확인 결과 공개) ① 법 제57조제1항 각 호의 중앙행정기관의 장은 법 제57조제1항에 따른 점검 · 확인(이하 "점검 · 확인"이라 한다) 결과를 그 점검 · 확인이 끝난 날부터 2개월 이내에 여성가족부장관이 구축 · 운영하는 전용 웹사이트를 통하여 공개하여야 한다. 이 경우 공개기간은 3개월 이상으로 한다.

② 법 제57조제3항에 따라 공개하여야 하는 점검 · 확인 결과는 다음 각 호와 같다.

〈개정 2016.1.22., 2016.11.29.〉

  1. 아동 · 청소년 관련기관등의 총 수, 점검 · 확인 기간 및 점검 · 확인 기관 · 인원 수에 대한 점검 · 확인 현황

  2. 취업제한대상자가 운영하거나 취업하고 있는 아동 · 청소년 관련기관등의 수 및 해당 기관별 취업제한대상자의 수

  3. 아동 · 청소년 관련기관등을 운영하거나 취업하고 있는 취업제한대상자에 대하여 필요한 조치 또는 조치한 내용

  4. 취업제한대상자가 운영하거나 취업하고 있는 아동 · 청소년 관련기관등의 명칭 및 주소[주소는 시(「제주특별자치도 설치 및 국제자유도시 조성을 위한 특별법」 제10조에 따른 행정시를 포함한다) · 군 · 구(자치구를 말한다. 이하 같다)까지로 한다]

제28조(해임요구 및 폐쇄요구 등) ① 법 제57조제1항 각 호의 중앙행정기관의 장은 법 제58조에 따라 취업제한대상자의 해임을 요구하거나 아동 · 청소년 관련기관등의 폐쇄를 요구하는 경우에는 법 위반사실, 요구내용 및 이행시한 등을 명시한 서면으로 하여야 한다. 〈개정 2016.11.29.〉

② 법 제57조제1항 각 호의 중앙행정기관의 장은 법 제58조제1항에 따라 취업 중인 취업제한대상자의 해임을 요구하는 경우에는 해당 취업제한대상자에게도 그 사실을 알려야 한다.

③ 법 제58조제1항 또는 제2항에 따라 해임요구 또는 폐쇄요구를 받은 아동 · 청소년 관련기관등의 장과 제2항에 따라 해임요구를 통지받은 취업제한대상자는 해임 · 폐쇄 요구 또는 해임요구를 통지받은 날부터 10일 이내에 법 제57조제1항 각 호의 중앙행정기관의 장(제33조에 따라 그 권한을 위임받은 자를 포함한다. 이하 제4항에서 같다)에게 이의신청을 할 수 있다.

〈개정 2016.11.29.〉

④ 법 제57조제1항 각 호의 중앙행정기관의 장은 제3항에 따른 이의신청을 받으면 2주일 이내에 심사하여 그 결과를 해당 아동 · 청소년 관련기관등의 장과 취업제한대상자에게 알려야 한다.

〈개정 2016.11.29.〉

제29조(포상금의 지급 기준) ① 법 제59조에 따른 신고(고소 · 고발을 포함한다. 이하 같다)에 대한 포상금은 범죄를 저지른 것으로 신고된 사람이 해당 범죄로 기소되거나 기소유예 처분을 받은 경우에 지급한다.

② 제1항에도 불구하고 다음 각 호의 어느 하나에 해당하는 경우에는 포상금을 지급하지 아니한다.

1. 법 제34조제2항에 따라 수사기관에 신고할 의무가 있는 사람이 신고한 경우
2. 법 제59조제1항에 따른 신고 대상 범죄의 실행과 관련된 사람이 신고하는 등 포상금을 지급하는 것이 적절하지 않다고 인정되는 경우
3. 범죄의 단속 사무에 종사하는 공무원이 직무와 관련하여 신고한 경우

제30조(포상금의 지급 절차) ① 제29조에 따른 포상금을 지급받으려는 사람은 포상금 지급 사유의 발생을 안 날부터 1년 이내에 여성가족부령으로 정하는 바에 따라 포상금 지급 신청서를 여성가족부장관에게 제출하여야 한다.

② 여성가족부장관은 포상금을 지급할 때에는 여성가족부령으로 정하는 바에 따라 포상금 지급조서 및 지급대장을 작성하여야 한다.

제31조(포상금의 지급액 등) ① 제29조에 따른 포상금은 예산의 범위에서 100만원 이내로 하되, 그 세부적인 지급액은 여성가족부령으로 정한다.

② 제1항에도 불구하고 신고자가 해당 범죄의 신고와 관련하여 「성매매알선 등 행위의 처벌에 관한 법률」 제28조에 따른 보상금 또는 「청소년 보호법」 제49조에 따른 포상금을 지급받은 경우에는 다음 각 호의 구분에 따라 지급한다.

1. 지급받은 금액이 제1항에 따른 포상금보다 큰 경우: 포상금을 지급하지 아니한다.
2. 지급받은 금액이 제1항에 따른 포상금보다 적은 경우: 지급받은 금액을 빼고 지급한다.

제32조(포상금의 환수) 여성가족부장관은 제29조에 따른 포상금을 지급한 후에도 다음 각 호의 어느 하나에 해당하는 경우에는 그 포상금을 환수할 수 있다.

1. 거짓이나 그 밖의 부정한 방법으로 포상금을 지급받은 경우

2. 제29조제2항 각 호의 사유가 확인된 경우

3. 제31조제2항에 해당하는 경우(제31조제2항제2호의 경우에는 감액분만 환수한다)

제33조(권한의 위임) ① 법 제60조에 따라 교육부장관, 문화체육관광부장관, 보건복지부장관, 여성가족부장관, 국토교통부장관 또는 경찰청장은 다음 각 호의 권한을 제2항부터 제7항까지의 규정에서 정하는 바에 따라 위임한다. 〈개정 2016.11.29.〉

1. 법 제57조에 따른 성범죄 경력자의 점검·확인 및 자료제출 요구

2. 법 제58조에 따른 취업자(아동·청소년 관련기관등에 취업하거나 사실상 노무를 제공하는 사람을 말한다. 이하 같다)의 해임 및 아동·청소년 관련기관등의 폐쇄 요구, 등록·허가 등의 취소 요구

3. 법 제67조에 따른 과태료 부과·징수

② 법 제60조제1항에 따라 문화체육관광부장관은 다음 각 호의 구분에 따라 제1항 각 호의 권한을 시·도지사 또는 시장·군수·구청장에게 위임한다.

1. 다음 각 목의 시설등에 대한 제1항 각 호의 권한: 시·도지사

　가. 법 제56조제1항제11호에 따른 체육시설로서 특별시·광역시·특별자치시·도·특별자치도(이하 "시·도"라 한다)가 설치·운영하는 전문체육시설

　나. 법 제56조제1항제11호에 따른 체육시설 중 직장체육시설 및 등록대상 체육시설

　다. 법 제56조제1항제16호에 따른 대중문화예술기획업소

2. 다음 각 목의 시설등에 대한 제1항 각 호의 권한: 특별자치시장·특별자치도지사·시장·군수·구청장

　가. 법 제56조제1항제11호에 따른 체육시설로서 시·군·구가 설치·운영하는 전문체육시설 및 생활체육시설

　나. 법 제56조제1항제11호에 따른 체육시설 중 신고대상 체육시설

　다. 법 제56조제1항제13호 각 목에 따른 인터넷컴퓨터게임시설제공업 및 복합유통게임제공업의 영업을 하는 사업장

　라. 제24조제1항제1호에 따른 청소년게임제공업을 하는 시설등

　마. 제24조제1항제2호에 따른 노래연습장업(청소년실을 갖춘 노래연습장업을 말한다)을 하는 시설등

③ 법 제60조제1항에 따라 보건복지부장관은 다음 각 호의 구분에 따라 제1항 각 호의 권한을 시·도지사 또는 시장·군수·구청장에게 위임한다.

1. 다음 각 목의 시설등으로서 시·도가 설치·운영하는 시설등: 시·도지사

가. 법 제56조제1항제7호에 따른 어린이집

나. 법 제56조제1항제8호에 따른 아동복지시설

다. 법 제56조제1항제12호에 따른 의료기관

2. 제1호 각 목의 시설등으로서 시·군·구가 설치·운영하는 시설등: 시장·군수·구청장

3. 제1호 각 목의 시설등으로서 국가 또는 지방자치단체 외의 자가 설치·운영하는 시설등: 특별자치시장·특별자치도지사·시장·군수·구청장

④ 법 제60조제1항에 따라 여성가족부장관은 다음 각 호의 구분에 따라 제1항 각 호의 권한을 시·도지사 또는 시장·군수·구청장에게 위임한다. 〈개정 2016.11.29.〉

1. 다음 각 목의 시설등으로서 시·도가 설치·운영하는 시설등: 시·도지사

가. 법 제56조제1항제5호에 따른 청소년활동시설

나. 법 제56조제1항제6호에 따른 청소년상담복지센터 및 청소년쉼터

다. 법 제56조제1항제9호에 따른 청소년 지원시설 및 성매매피해상담소

2. 제1호 각 목의 시설등으로서 시·군·구가 설치·운영하는 시설등: 시장·군수·구청장

3. 제1호 각 목의 시설등으로서 국가 또는 지방자치단체 외의 자가 설치·운영하는 시설등: 특별자치시장·특별자치도지사·시장·군수·구청장

4. 법 제56조제1항제15호에 따른 청소년활동기획업소: 특별자치시장·특별자치도지사·시장·군수·구청장

5. 법 제56조제1항제18호에 따른 가정방문 등 학습교사 사업장: 특별자치시장·특별자치도지사·시장·군수·구청장

⑤ 법 제60조제1항에 따라 국토교통부장관은 법 제56조제1항제10호에 따른 공동주택의 관리사무소에 대한 제1항 각 호의 권한을 특별자치시장·특별자치도지사·시장·군수·구청장에게 위임한다.

⑥ 법 제60조제2항에 따라 교육부장관은 다음 각 호의 구분에 따라 제1항 각 호의 권한을 시·도 교육감 또는 시·군·구 교육장(「제주특별자치도 설치 및 국제자유도시 조성을 위한 특별법」 제80조에 따른 행정시 교육장을 포함한다)에게 위임한다. 〈개정 2016.1.22., 2016.11.29.〉

1. 법 제56조제1항제1호에 따른 유치원으로서 시·도가 설립·경영하는 공립유치원: 시·도 교육감

2. 법 제56조제1항제1호에 따른 유치원으로서 시·군·구가 설립·경영하는 공립유치원: 시·군·구 교육장

3. 법 제56조제1항제1호에 따른 유치원 중 사립유치원: 시·도 교육감

4. 법 제56조제1항제2호에 따른 학교로서 시·도 또는 시·군·구가 설립·경영하는 공립학

교: 시·도 교육감

5. 법 제56조제1항제2호에 따른 학교 중 사립학교: 시·도 교육감

5의2. 법 제56조제1항제2호에 따른 위탁 교육기관: 시·도 교육감

6. 법 제56조제1항제3호에 따른 학원·교습소 및 개인과외교습자: 특별자치시 교육감 및 시·군·구 교육장(「제주특별자치도 설치 및 국제자유도시 조성을 위한 특별법」 제80조에 따른 행정시 교육장을 포함한다)

⑦ 법 제60조제3항에 따라 경찰청장은 법 제56조제1항제14호에 따른 경비업을 행하는 법인에 대한 제1항 각 호의 권한을 지방경찰청장에게 위임한다.

제34조(보호관찰명령의 청구 및 집행지휘) ① 검사는 법 제61조제1항에 따른 보호관찰명령을 청구할 때에는 그 청구서에 다음 각 호의 사항을 적어야 한다.

1. 보호관찰명령 청구대상자의 성명, 주민등록번호, 직업, 주거, 등록기준지 및 죄명

2. 청구의 원인이 되는 사실

3. 적용 법조

② 검사가 공소 제기와 동시에 보호관찰명령을 청구할 경우에는 공소장에 제1항제2호 및 제3호를 추가하여 적는 것으로 보호관찰명령 청구서를 대신할 수 있다.

③ 검사는 보호관찰명령의 판결이 확정되면 지체 없이 보호관찰명령을 선고받은 사람의 주거지를 관할하는 보호관찰소의 장에게 판결문 등본을 첨부하여 보호관찰명령 집행을 지휘하는 서면을 보내야 한다.

제35조(조사) ① 법원은 법 제61조제4항에 따라 보호관찰소(지소를 포함한다. 이하 같다)의 장에게 조사를 요청할 때에는 피고인의 인적사항 및 범죄사실의 요지를 통보하여야 한다. 이 경우 필요하면 참고자료를 함께 보낼 수 있다.

② 제1항에 따른 조사 요청을 받은 보호관찰소의 장은 교도소·소년교도소·구치소·군교도소의 장, 경찰서장에게 조사에 필요한 협조를 요청할 수 있다. 이 경우 요청을 받은 기관의 장은 특별한 사유가 없으면 이에 협조하여야 한다.

제36조(보호관찰 기간 연장 신청) ① 보호관찰소의 장은 법 제62조제1항에 따라 보호관찰 기간의 연장을 신청하는 경우에는 다음 각 호의 사항을 적은 문서로 하여야 한다.

1. 보호관찰명령을 받은 사람(이하 "보호관찰 대상자"라 한다)의 성명, 주민등록번호, 주거 및 직업

2. 신청의 취지

  3. 보호관찰 기간의 연장이 필요한 사유

　② 보호관찰소의 장은 제1항에 따른 신청을 할 때에는 신청 사유를 증명할 수 있는 자료를 함께 제출하여야 한다.

　③ 제1항 및 제2항에서 규정한 사항 외에 보호관찰 기간 연장에 관하여는 「특정 범죄자에 대한 보호관찰 및 전자장치 부착 등에 관한 법률 시행령」 제18조의2제3항을 준용한다.

　제37조(보호관찰 대상자의 신고 의무) ① 법 제63조제1항에서 "대통령령으로 정하는 사항"이란 다음 각 호의 사항을 말한다.

  1. 주소 및 연락처

  2. 직업 관계

  3. 가족 관계

②법 제63조제2항에서 "대통령령으로 정하는 사항"이란 다음 각 호의 사항을 말한다.

  1. 주거

  2. 직업

  3. 생활계획

  4. 그 밖에 보호관찰 대상자에 대한 지도·감독에 필요한 사항

　③ 보호관찰 대상자로부터 법 제63조제1항에 따른 신고를 받은 교도소·소년교도소·구치소·군교도소 또는 치료감호시설의 장은 신고서 사본을 보호관찰 대상자가 출소하기 5일 전까지 보호관찰 대상자의 주거지를 관할하는 보호관찰소의 장에게 송부하여야 한다.

　제38조(보호관찰의 종료) ① 법 제64조에 따른 보호관찰 심사위원회는 직권으로 또는 보호관찰소의 장의 신청에 따라 보호관찰의 종료를 결정할 수 있다.

　② 제1항에서 규정한 사항 외에 보호관찰 종료의 신청, 심사 및 결정에 관하여는 「특정 범죄자에 대한 보호관찰 및 전자장치 부착 등에 관한 법률 시행령」 제16조제1항 및 제17조제1항·제2항·제4항을 준용한다. 이 경우 "부착명령의 가해제"는 "보호관찰의 종료"로 본다.

　제39조(민감정보 및 고유식별정보의 처리) ① 교육부장관, 문화체육관광부장관, 보건복지부장관, 국토교통부장관 및 경찰청장(제33조에 따라 그 권한을 위임받은 시·도지사 또는 시장·군수·구청장, 교육감·교육장 및 지방경찰청장을 포함한다)은 다음 각 호의 사무를 수행하기 위하여 불가피한 경우 「개인정보 보호법 시행령」 제18조제2호에 따른 범죄경력자료에 해당하는 정

보(이하 이 조에서 "범죄경력정보"라 한다), 같은 영 제19조제1호, 제2호 또는 제4호에 따른 주민 등록번호, 여권번호 또는 외국인등록번호(이하 이 조에서 "주민등록번호등"이라 한다)가 포함된 자료를 처리할 수 있다. 〈개정 2016.11.29.〉

   1. 법 제57조제1항에 따른 성범죄 경력자 점검ㆍ확인에 관한 사무

   2. 법 제57조제3항에 따른 점검ㆍ확인 결과 공개에 관한 사무

   3. 법 제58조에 따른 취업자의 해임 및 아동ㆍ청소년 관련기관등의 폐쇄 요구, 등록ㆍ허가 등의 취소 요구에 관한 사무

   4. 법 제67조에 따른 과태료 부과ㆍ징수에 관한 사무(주민등록번호등으로 한정한다)

② 법무부장관은 다음 각 호의 사무를 수행하기 위하여 불가피한 경우 범죄경력정보 및 주민등록번호등이 포함된 자료를 처리할 수 있다. 〈개정 2017.3.27.〉

   1. 법 제51조제2항 및 제3항에 따른 고지명령 집행을 위한 송부에 관한 사무

   2. 법 제52조제2항에 따른 공개명령 집행을 위한 송부에 관한 사무

   3. 법 제63조제1항에 따른 보호관찰 대상자의 신고에 관한 사무

③ 여성가족부장관(제22조에 따라 여성가족부장관의 게시판 게시업무를 위임받은 읍ㆍ면사무소의 장 또는 주민자치센터의 장 및 제33조에 따라 여성가족부장관의 권한을 위임받은 시ㆍ도지사 또는 시장ㆍ군수ㆍ구청장을 포함한다)은 다음 각 호의 사무를 수행하기 위하여 불가피한 경우 범죄경력정보 및 주민등록번호등이 포함된 자료를 처리할 수 있다. 〈개정 2016.11.29.〉

   1. 법 제51조에 따른 고지명령의 집행에 관한 사무

   2. 법 제52조에 따른 공개명령의 집행 및 영 제19조에 따른 공개정보 전용 웹사이트 운영ㆍ관리에 관한 사무

   3. 법 제57조제1항에 따른 성범죄 경력자 점검ㆍ확인에 관한 사무

   4. 법 제57조제3항에 따른 점검ㆍ확인 결과 공개에 관한 사무

   5. 법 제58조에 따른 취업자의 해임 및 아동ㆍ청소년 관련기관등의 폐쇄 요구, 등록ㆍ허가 등의 취소 요구에 관한 사무

④ 여성가족부장관(제9조제2항 후단에 따라 교육과정등의 운영을 위탁받은 교육수탁시설의 장 및 제33조에 따라 여성가족부장관의 권한을 위임받은 시ㆍ도지사 또는 시장ㆍ군수ㆍ구청장을 포함한다)은 다음 각 호의 사무를 수행하기 위하여 불가피한 경우 주민등록번호등이 포함된 자료를 처리할 수 있다. 〈개정 2017.3.27.〉

   1. 법 제59조에 따른 포상금 지급에 관한 사무

   2. 법 제67조에 따른 과태료 부과에 관한 사무

   3. 제10조제1항에 따른 대상아동ㆍ청소년에 대한 교육과정등 이수 통보에 관한 사무

4. 제10조제1항 및 제2항에 따른 대상아동·청소년에 대한 교육과정등 이수 통보의 수리 및 통보요청에 관한 사무(교육수탁시설의 장이 여성가족부장관에게 통보하는 경우만 해당한다)

5. 제13조제1항에 따른 가해아동·청소년에 대한 교육과정등의 이수 결과보고서 통지에 관한 사무(여성가족부장관이 추천한 시설에서 집행한 경우만 해당한다)

⑤ 검사는 다음 각 호의 사무를 수행하기 위하여 불가피한 경우 주민등록번호등이 포함된 자료를 처리할 수 있다.

1. 법 제39조제2항에 따른 대상아동·청소년에 대한 교육과정등 수강명령 발령에 관한 사무

2. 법 제41조에 따른 피해아동·청소년 등을 위한 조치 청구에 관한 사무

3. 법 제43조제1항에 따른 보호처분의 변경 및 종결 청구에 관한 사무

4. 법 제44조제5항에 따른 가해아동·청소년에 대한 교육과정등 이수명령 발령에 관한 사무

5. 제10조제1항 및 제2항에 따른 대상아동·청소년에 대한 교육과정등 이수 통보의 수리 및 통보요청에 관한 사무

6. 제10조제3항에 따른 대상아동·청소년에 대한 이수명령의 취소에 관한 사무

7. 제13조제1항에 따른 가해아동·청소년에 대한 교육과정등의 이수 결과보고서 통지 수리에 관한 사무

8. 제13조제2항에 따른 가해아동·청소년에 대한 이수명령의 취소에 관한 사무

⑥ 아동·청소년 관련기관등의 설치 또는 설립 인가·신고를 관할하는 지방자치단체의 장, 교육감 또는 교육장과 아동·청소년 관련기관등의 장 및 경찰관서의 장은 법 제56조제2항 및 제3항에 따른 성범죄 경력 조회 및 회신에 관한 사무를 수행하기 위하여 불가피한 경우 범죄경력정보 및 주민등록번호등이 포함된 자료를 처리할 수 있다. 〈개정 2015.4.20., 2016.11.29.〉

⑦ 제12조제2항제1호 및 제2호에 따라 교육과정등을 집행한 자는 제13조제1항에 따른 가해아동·청소년에 대한 교육과정등의 이수 결과보고서 통지에 관한 사무를 수행하기 위하여 불가피한 경우 주민등록번호등이 포함된 자료를 처리할 수 있다.

제40조(과태료의 부과기준) 법 제67조에 따른 과태료의 부과기준은 별표 4와 같다.

부칙 〈제27960호, 2017.3.27.〉

이 영은 2017년 3월 30일부터 시행한다. 〈단서 생략〉

아동 · 청소년의 성보호에 관한 법률 시행규칙

[시행 2016.11.30.] [여성가족부령 제102호, 2016.11.30., 일부개정]

제1조(목적) 이 규칙은 「아동 · 청소년의 성보호에 관한 법률」 및 같은 법 시행령에서 위임된 사항과 그 시행에 필요한 사항을 규정함을 목적으로 한다.

제2조(친권상실 청구 등의 처리결과 통보) 「아동 · 청소년의 성보호에 관한 법률」(이하 "법"이라 한다) 제23조제2항에 따른 친권상실 청구 또는 후견인 변경 청구에 대한 처리결과 통보는 별지 제1호서식에 따른다.

제3조(대상아동 · 청소년 발견 사실의 통보) 「아동 · 청소년의 성보호에 관한 법률 시행령」(이하 "영"이라 한다) 제8조제1항에 따른 대상아동 · 청소년 발견사실의 통보는 별지 제2호서식에 따른다.

제4조(교육과정 등 이수명령 통보) 영 제9조제1항에 따른 대상아동 · 청소년의 교육과정이나 상담과정(이하 "교육과정등"이라 한다) 이수명령 통보는 별지 제3호서식에 따른다.

제5조(교육과정등의 이수통보) ① 영 제10조제1항에 따른 대상아동 · 청소년의 교육과정등 이수결과 통보는 별지 제4호서식에 따른다.
② 영 제13조제1항에 따른 가해아동 · 청소년의 교육과정등 이수결과 통보는 별지 제5호서식에 따른다.

제6조(공개정보 원부의 작성) 영 제20조제2항에 따른 성범죄자 공개정보 원부는 별지 제6호서식에 따르되, 컴퓨터단말기에 의하여 열람이 가능한 형태의 컴퓨터 파일자료로 작성 · 관리하여야 한다.

제7조(고지명령의 집행) ① 법 제51조에 따른 고지명령의 집행은 다음 각 호의 방법에 따른다.

1. 우편송부를 통한 고지

2. 영 제19조에 따른 공개정보 전용 웹사이트를 통한 고지

② 제1항제1호에 따른 우편송부를 통한 고지는 별지 제7호서식에 따른다.

③ 여성가족부장관은 제1항제1호에 따라 고지정보를 우편으로 송부한 때에는 별지 제8호서식의 고지정보 우편송부 현황 관리대장(전자문서를 포함한다)에 그 내용을 적어 관리하여야 한다.

④ 법 제51조제4항에 따른 고지명령의 집행 이후 같은 조 제5항에 따른 우편송부는 반기별 1회로 한다.

⑤ 여성가족부장관은 법 제51조에 따른 고지명령의 집행을 위하여 관계 행정기관에 필요한 자료를 요청할 수 있다. 이 경우 자료를 요청받은 관계 행정기관의 장은 특별한 사유가 없으면 이에 협조하여야 한다.

제8조(성범죄 경력 조회 및 회신) ① 영 제25조제1항에 따라 성범죄 경력 조회를 요청하려는 지방자치단체의 장, 교육감, 교육장 또는 법 제56조제1항 각 호에 따른 시설·기관 또는 사업장 (이하 "아동·청소년 관련기관등"이라 한다)의 장은 별지 제9호서식의 성범죄 경력 조회 신청서 (전자문서로 된 신청서를 포함한다)를 경찰관서의 장에게 제출하여야 한다. 이 경우 아동·청소년 관련기관등의 장은 다음 각 호의 서류를 첨부하여야 한다. 〈개정 2015.5.1., 2016.11.30.〉

1. 아동·청소년 관련기관등의 장임을 증명할 수 있는 자료(인·허가증 또는 사업자등록증 사본 등)

2. 아동·청소년 관련기관등에 취업 중이거나 사실상 노무를 제공 중인 사람 또는 취업하려 하거나 사실상 노무를 제공하려는 사람(이하 "취업자등"으로 한다) 본인의 동의서

② 영 제25조제1항에 따라 성범죄 경력 조회를 요청하려는 아동·청소년 관련기관등을 운영하려는 자 또는 취업자등은 별지 제9호의2서식의 성범죄 경력 조회 신청서(전자문서로 된 신청서를 포함한다)에 다음 각 호의 서류를 첨부하여 제출하여야 한다. 〈신설 2016.11.30.〉

1. 신분 증명서(주민등록증 또는 운전면허증 등) 사본 1부

2. 운영하려는 기관 또는 취업대상 기관이 아동·청소년 관련기관등임을 증명할 수 있는 자료 1부

③ 영 제25조제2항에 따른 성범죄 경력 조회 동의서는 별지 제10호서식의 성범죄 경력 조회 동의서(전자문서로 된 동의서를 포함한다)에 따른다. 〈개정 2015.5.1., 2016.11.30.〉

④ 영 제25조제3항에 따른 성범죄 경력 조회 회신은 제1항에 따라 요청한 경우에는 별지 제11호서식, 제2항에 따라 요청한 경우에는 별지 제11호의2서식의 성범죄 경력 조회 회신서(전자문서로 된 회신서를 포함한다)에 따른다. 〈개정 2015.5.1., 2016.11.30.〉

제9조(포상금의 지급 신청 및 절차) ① 영 제30조제1항에 따른 포상금 지급의 신청은 별지 제12호서식에 따른다. 〈개정 2015.5.1.〉

② 영 제30조제2항에 따라 여성가족부장관이 작성하는 포상금 지급조서 및 지급대장은 각각 별지 제13호서식 및 별지 제14호서식에 따른다.

제10조(포상금의 지급액 등) 영 제31조제1항에 따른 포상금의 세부적인 지급액은 다음 각 호의 구분과 같다.

    1. 법 제13조의 범죄: 70만원

    2. 법 제8조, 제14조 및 제15조의 범죄: 100만원

제11조(신고인의 보호) 포상금의 지급업무와 관련된 공무원은 포상금의 지급 외의 목적으로 신고인의 인적 사항 등 신고인에 관한 정보를 사용하거나 누설하지 아니하도록 하여야 한다.

제12조(보호관찰 대상자의 신고 등) ① 법 제63조제1항에 따른 보호관찰 대상자의 신고는 별지 제15호서식에 따른다.

② 법 제63조제2항에 따른 보호관찰 대상자의 신고에 관하여는 「특정 범죄자에 대한 보호관찰 및 전자장치 부착 등에 관한 법률 시행규칙」 제10조제1항을 준용한다.

제13조(종전의 성범죄자에 대한 공개명령의 청구) 법률 제11572호 아동·청소년의 성보호에 관한 법률 전부개정법률 부칙 제5조제3항 및 제4항에 따라 여성가족부장관이 검사에게 하는 공개명령청구 요청과 검사가 법원에 하는 공개명령청구는 별지 제16호서식에 따른다.

제14조(종전의 성범죄자에 대한 고지명령의 청구) 법률 제11572호 아동·청소년의 성보호에 관한 법률 전부개정법률 부칙 제8조제2항 및 제3항에 따라 여성가족부장관이 검사에게 하는 고지명령청구 요청과 검사가 법원에 하는 고지명령청구는 별지 제17호서식에 따른다.

제15조(준용규정) 다음 각 호의 사항에 관하여는 「특정 범죄자에 대한 보호관찰 및 전자장치 부착 등에 관한 법률 시행규칙」 제12조, 제13조 및 제13조의2부터 제13조의5까지를 준용한다.

    1. 영 제34조에 따른 보호관찰명령 청구 및 집행지휘

    2. 영 제36조에 따른 보호관찰 기간 연장 신청

    3. 영 제38조에 따른 보호관찰의 종료

부칙 <제102호, 2016.11.30.>

이 규칙은 2016년 11월 30일부터 시행한다.

제7부

학교폭력예방 및 대책에 관한 법률

[시행 2017.11.28.] [법률 제15044호, 2017.11.28., 일부개정]

제1조(목적)

이 법은 학교폭력의 예방과 대책에 필요한 사항을 규정함으로써 피해학생의 보호, 가해학생의 선도·교육 및 피해학생과 가해학생 간의 분쟁조정을 통하여 학생의 인권을 보호하고 학생을 건전한 사회구성원으로 육성함을 목적으로 한다.

제2조(정의)

이 법에서 사용하는 용어의 정의는 다음 각 호와 같다. 〈개정 2009.5.8., 2012.1.26., 2012.3.21.〉

1. "학교폭력"이란 학교 내외에서 학생을 대상으로 발생한 상해, 폭행, 감금, 협박, 약취·유인, 명예훼손·모욕, 공갈, 강요·강제적인 심부름 및 성폭력, 따돌림, 사이버 따돌림, 정보통신망을 이용한 음란·폭력 정보 등에 의하여 신체·정신 또는 재산상의 피해를 수반하는 행위를 말한다.

1의2. "따돌림"이란 학교 내외에서 2명 이상의 학생들이 특정인이나 특정집단의 학생들을 대상으로 지속적이거나 반복적으로 신체적 또는 심리적 공격을 가하여 상대방이 고통을 느끼도록 하는 일체의 행위를 말한다.

1의3. "사이버 따돌림"이란 인터넷, 휴대전화 등 정보통신기기를 이용하여 학생들이 특정 학생들을 대상으로 지속적, 반복적으로 심리적 공격을 가하거나, 특정 학생과 관련된 개인정보 또는 허위사실을 유포하여 상대방이 고통을 느끼도록 하는 일체의 행위를 말한다.

2. "학교"란 「초·중등교육법」 제2조에 따른 초등학교·중학교·고등학교·특수학교 및 각종학교와 같은 법 제61조에 따라 운영하는 학교를 말한다.

3. "가해학생"이란 가해자 중에서 학교폭력을 행사하거나 그 행위에 가담한 학생을 말한다.

4. "피해학생"이란 학교폭력으로 인하여 피해를 입은 학생을 말한다.

5. "장애학생"이란 신체적·정신적·지적 장애 등으로 「장애인 등에 대한 특수교육법」 제15조에서 규정하는 특수교육을 필요로 하는 학생을 말한다.

제3조(해석·적용의 주의의무)

이 법을 해석·적용함에 있어서 국민의 권리가 부당하게 침해되지 아니하도록 주의하여야 한다.

제4조(국가 및 지방자치단체의 책무)

① 국가 및 지방자치단체는 학교폭력을 예방하고 근절하기 위하여 조사·연구·교육·계도 등 필요한 법적·제도적 장치를 마련하여야 한다.

② 국가 및 지방자치단체는 청소년 관련 단체 등 민간의 자율적인 학교폭력 예방활동과 피해학

생의 보호 및 가해학생의 선도·교육활동을 장려하여야 한다.

③ 국가 및 지방자치단체는 제2항에 따른 청소년 관련 단체 등 민간이 건의한 사항에 대하여는 관련 시책에 반영하도록 노력하여야 한다.

④ 국가 및 지방자치단체는 제1항부터 제3항까지의 규정에 따른 책무를 다하기 위하여 필요한 행정적·재정적 지원을 하여야 한다. 〈개정 2012.3.21.〉

제5조(다른 법률과의 관계)

① 학교폭력의 규제, 피해학생의 보호 및 가해학생에 대한 조치에 있어서 다른 법률에 특별한 규정이 있는 경우를 제외하고는 이 법을 적용한다.

② 제2조제1호 중 성폭력은 다른 법률에 규정이 있는 경우에는 이 법을 적용하지 아니한다.

제6조(기본계획의 수립 등)

① 교육부장관은 이 법의 목적을 효율적으로 달성하기 위하여 학교폭력의 예방 및 대책에 관한 정책 목표·방향을 설정하고, 이에 따른 학교폭력의 예방 및 대책에 관한 기본계획(이하 "기본계획"이라 한다)을 제7조에 따른 학교폭력대책위원회의 심의를 거쳐 수립·시행하여야 한다. 〈개정 2012.3.21., 2013.3.23.〉

② 기본계획은 다음 각 호의 사항을 포함하여 5년마다 수립하여야 한다. 이 경우 교육부장관은 관계 중앙행정기관 등의 의견을 수렴하여야 한다. 〈개정 2012.3.21., 2013.3.23.〉

  1. 학교폭력의 근절을 위한 조사·연구·교육 및 계도

  2. 피해학생에 대한 치료·재활 등의 지원

  3. 학교폭력 관련 행정기관 및 교육기관 상호 간의 협조·지원

  4. 제14조제1항에 따른 전문상담교사의 배치 및 이에 대한 행정적·재정적 지원

  5. 학교폭력의 예방과 피해학생 및 가해학생의 치료·교육을 수행하는 청소년 관련 단체(이하 "전문단체"라 한다) 또는 전문가에 대한 행정적·재정적 지원

  6. 그 밖에 학교폭력의 예방 및 대책을 위하여 필요한 사항

③ 교육부장관은 대통령령으로 정하는 바에 따라 특별시·광역시·특별자치시·도 및 특별자치도(이하 "시·도"라 한다) 교육청의 학교폭력 예방 및 대책과 그에 대한 성과를 평가하고, 이를 공표하여야 한다. 〈신설 2012.1.26., 2013.3.23.〉

제7조(학교폭력대책위원회의 설치·기능)

학교폭력의 예방 및 대책에 관한 다음 각 호의 사항을 심의하기 위하여 국무총리 소속으로 학교

폭력대책위원회(이하 "대책위원회"라 한다)를 둔다. 〈개정 2012.3.21.〉

　　1. 학교폭력의 예방 및 대책에 관한 기본계획의 수립 및 시행에 대한 평가

　　2. 학교폭력과 관련하여 관계 중앙행정기관 및 지방자치단체의 장이 요청하는 사항

　　3. 학교폭력과 관련하여 교육청, 제9조에 따른 학교폭력대책지역위원회, 제10조의2에 따른 학교폭력대책지역협의회, 제12조에 따른 학교폭력대책자치위원회, 전문단체 및 전문가가 요청하는 사항

[제목개정 2012.3.21.]

제8조(대책위원회의 구성)

① 대책위원회는 위원장 2명을 포함하여 20명 이내의 위원으로 구성한다.

② 위원장은 국무총리와 학교폭력 대책에 관한 전문지식과 경험이 풍부한 전문가 중에서 대통령이 위촉하는 사람이 공동으로 되고, 위원장 모두가 부득이한 사유로 직무를 수행할 수 없을 때에는 국무총리가 지명한 위원이 그 직무를 대행한다.

③ 위원은 다음 각 호의 사람 중에서 대통령이 위촉하는 사람으로 한다. 다만, 제1호의 경우에는 당연직 위원으로 한다.　　　　　　　　　　　〈개정 2013.3.23., 2014.11.19., 2017.7.26.〉

　　1. 기획재정부장관, 교육부장관, 과학기술정보통신부장관, 법무부장관, 행정안전부장관, 문화체육관광부장관, 보건복지부장관, 여성가족부장관, 방송통신위원회 위원장, 경찰청장

　　2. 학교폭력 대책에 관한 전문지식과 경험이 풍부한 전문가 중에서 제1호의 위원이 각각 1명씩 추천하는 사람

　　3. 관계 중앙행정기관에 소속된 3급 공무원 또는 고위공무원단에 속하는 공무원으로서 청소년 또는 의료 관련 업무를 담당하는 사람

　　4. 대학이나 공인된 연구기관에서 조교수 이상 또는 이에 상당한 직에 있거나 있었던 사람으로서 학교폭력 문제 및 이에 따른 상담 또는 심리에 관하여 전문지식이 있는 사람

　　5. 판사 · 검사 · 변호사

　　6. 전문단체에서 청소년보호활동을 5년 이상 전문적으로 담당한 사람

　　7. 의사의 자격이 있는 사람

　　8. 학교운영위원회 활동 및 청소년보호활동 경험이 풍부한 학부모

④ 위원장을 포함한 위원의 임기는 2년으로 하되, 1차에 한하여 연임할 수 있다.

⑤ 위원회의 효율적 운영 및 지원을 위하여 간사 1명을 두되, 간사는 교육부장관이 된다.

〈개정 2013.3.23.〉

⑥ 위원회에 상정할 안건을 미리 검토하는 등 안건 심의를 지원하고, 위원회가 위임한 안건을

심의하기 위하여 대책위원회에 학교폭력대책실무위원회(이하 "실무위원회"라 한다)를 둔다.

⑦ 그 밖에 대책위원회의 운영과 실무위원회의 구성·운영에 필요한 사항은 대통령령으로 정한다.

[전문개정 2012.3.21.]

제9조(학교폭력대책지역위원회의 설치)

① 지역의 학교폭력 문제를 해결하기 위하여 시·도에 학교폭력대책지역위원회(이하 "지역위원회"라 한다)를 둔다. 〈개정 2012.1.26.〉

② 특별시장·광역시장·특별자치시장·도지사 및 특별자치도지사는 지역위원회의 운영 및 활동에 관하여 시·도의 교육감(이하 "교육감"이라 한다)과 협의하여야 하며, 그 효율적인 운영을 위하여 실무위원회를 둘 수 있다. 〈개정 2012.1.26.〉

③ 지역위원회는 위원장 1인을 포함한 11인 이내의 위원으로 구성한다.

④ 지역위원회 및 제2항에 따른 실무위원회의 구성·운영에 필요한 사항은 대통령령으로 정한다.

제10조(학교폭력대책지역위원회의 기능 등)

① 지역위원회는 기본계획에 따라 지역의 학교폭력 예방대책을 매년 수립한다.

② 지역위원회는 해당 지역에서 발생한 학교폭력에 대하여 교육감 및 지방경찰청장에게 관련 자료를 요청할 수 있다.

③ 교육감은 지역위원회의 의견을 들어 제16조제1항제1호부터 제3호까지나 제17조제1항제5호에 따른 상담·치료 및 교육을 담당할 상담·치료·교육 기관을 지정하여야 한다. 〈개정 2012.1.26.〉

④ 교육감은 제3항에 따른 상담·치료·교육 기관을 지정한 때에는 해당 기관의 명칭, 소재지, 업무를 인터넷 홈페이지에 게시하고, 그 밖에 다양한 방법으로 학부모에게 알릴 수 있도록 노력하여야 한다. 〈신설 2012.1.26.〉

[제목개정 2012.1.26.]

제10조의2(학교폭력대책지역협의회의 설치·운영)

① 학교폭력예방 대책을 수립하고 기관별 추진계획 및 상호 협력·지원 방안 등을 협의하기 위하여 시·군·구에 학교폭력대책지역협의회(이하 "지역협의회"라 한다)를 둔다.

② 지역협의회는 위원장 1명을 포함한 20명 내외의 위원으로 구성한다.

③ 그 밖에 지역협의회의 구성·운영에 필요한 사항은 대통령령으로 정한다.

[본조신설 2012.3.21.]

제11조(교육감의 임무)

① 교육감은 시 · 도교육청에 학교폭력의 예방과 대책을 담당하는 전담부서를 설치 · 운영하여야 한다.

② 교육감은 관할 구역 안에서 학교폭력이 발생한 때에는 해당 학교의 장 및 관련 학교의 장에게 그 경과 및 결과의 보고를 요구할 수 있다.

③ 교육감은 관할 구역 안의 학교폭력이 관할 구역 외의 학교폭력과 관련이 있는 때에는 그 관할 교육감과 협의하여 적절한 조치를 취하여야 한다.

④ 교육감은 학교의 장으로 하여금 학교폭력의 예방 및 대책에 관한 실시계획을 수립 · 시행하도록 하여야 한다.

⑤ 교육감은 제12조에 따른 자치위원회가 처리한 학교의 학교폭력빈도를 학교의 장에 대한 업무수행 평가에 부정적 자료로 사용하여서는 아니 된다.

⑥ 교육감은 제17조제1항제8호에 따른 전학의 경우 그 실현을 위하여 필요한 조치를 취하여야 하며, 제17조제1항제9호에 따른 퇴학처분의 경우 해당 학생의 건전한 성장을 위하여 다른 학교 재입학 등의 적절한 대책을 강구하여야 한다.　　　　　　〈개정 2012.1.26., 2012.3.21.〉

⑦ 교육감은 대책위원회 및 지역위원회에 관할 구역 안의 학교폭력의 실태 및 대책에 관한 사항을 보고하고 공표하여야 한다. 관할 구역 밖의 학교폭력 관련 사항 중 관할 구역 안의 학교와 관련된 경우에도 또한 같다.　　　　　　　　　〈개정 2012.1.26., 2012.3.21.〉

⑧ 교육감은 학교폭력의 실태를 파악하고 학교폭력에 대한 효율적인 예방대책을 수립하기 위하여 학교폭력 실태조사를 연 2회 이상 실시하고 그 결과를 공표하여야 한다.

〈신설 2012.3.21., 2015.12.22.〉

⑨ 교육감은 학교폭력 등에 관한 조사, 상담, 치유프로그램 운영 등을 위한 전문기관을 설치 · 운영할 수 있다.　　　　　　　　　　　　　　　　　　〈신설 2012.3.21.〉

⑩ 교육감은 관할 구역에서 학교폭력이 발생한 때에 해당 학교의 장 또는 소속 교원이 그 경과 및 결과를 보고함에 있어 축소 및 은폐를 시도한 경우에는 「교육공무원법」 제50조 및 「사립학교법」 제62조에 따른 징계위원회에 징계의결을 요구하여야 한다.　　〈신설 2012.3.21.〉

⑪ 교육감은 관할 구역에서 학교폭력의 예방 및 대책 마련에 기여한 바가 큰 학교 또는 소속 교원에게 상훈을 수여하거나 소속 교원의 근무성적 평정에 가산점을 부여할 수 있다.

〈신설 2012.3.21.〉

⑫ 제1항에 따라 설치되는 전담부서의 구성과 제8항에 따라 실시하는 학교폭력 실태조사 및 제

9항에 따른 전문기관의 설치에 필요한 사항은 대통령령으로 정한다. 〈개정 2012.3.21.〉

제11조의2(학교폭력 조사·상담 등)

① 교육감은 학교폭력 예방과 사후조치 등을 위하여 다음 각 호의 조사·상담 등을 수행할 수 있다.

  1. 학교폭력 피해학생 상담 및 가해학생 조사

  2. 필요한 경우 가해학생 학부모 조사

  3. 학교폭력 예방 및 대책에 관한 계획의 이행 지도

  4. 관할 구역 학교폭력서클 단속

  5. 학교폭력 예방을 위하여 민간 기관 및 업소 출입·검사

  6. 그 밖에 학교폭력 등과 관련하여 필요로 하는 사항

② 교육감은 제1항의 조사·상담 등의 업무를 대통령령으로 정하는 기관 또는 단체에 위탁할 수 있다.

③ 교육감 및 제2항에 따른 위탁 기관 또는 단체의 장은 제1항에 따른 조사·상담 등의 업무를 수행함에 있어 필요한 경우 관계 기관의 장에게 협조를 요청할 수 있다.

④ 제1항에 따라 조사·상담 등을 하는 관계 직원은 그 권한을 표시하는 증표를 지니고 이를 관계인에게 보여주어야 한다.

⑤ 제1항제1호 및 제4호의 조사 등의 결과는 학교의 장 및 보호자에게 통보하여야 한다.

[본조신설 2012.3.21.]

제11조의3(관계 기관과의 협조 등)

① 교육부장관, 교육감, 지역 교육장, 학교의 장은 학교폭력과 관련한 개인정보 등을 경찰청장, 지방경찰청장, 관할 경찰서장 및 관계 기관의 장에게 요청할 수 있다.   〈개정 2013.3.23.〉

② 제1항에 따라 정보제공을 요청받은 경찰청장, 지방경찰청장, 관할 경찰서장 및 관계 기관의 장은 특별한 사정이 없으면 이에 응하여야 한다.

③ 제1항 및 제2항에 따른 관계 기관과의 협조 사항 및 절차 등에 필요한 사항은 대통령령으로 정한다.

[본조신설 2012.3.21.]

제12조(학교폭력대책자치위원회의 설치·기능)

① 학교폭력의 예방 및 대책에 관련된 사항을 심의하기 위하여 학교에 학교폭력대책자치위원

회(이하 "자치위원회"라 한다)를 둔다. 다만, 자치위원회 구성에 있어 대통령령으로 정하는 사유가 있는 경우에는 교육감의 보고를 거쳐 둘 이상의 학교가 공동으로 자치위원회를 구성할 수 있다. 〈개정 2012.1.26.〉

② 자치위원회는 학교폭력의 예방 및 대책 등을 위하여 다음 각 호의 사항을 심의한다. 〈개정 2012.1.26.〉

1. 학교폭력의 예방 및 대책수립을 위한 학교 체제 구축
2. 피해학생의 보호
3. 가해학생에 대한 선도 및 징계
4. 피해학생과 가해학생 간의 분쟁조정
5. 그 밖에 대통령령으로 정하는 사항

③ 자치위원회는 해당 지역에서 발생한 학교폭력에 대하여 학교장 및 관할 경찰서장에게 관련 자료를 요청할 수 있다. 〈신설 2012.3.21.〉

④ 자치위원회의 설치·운영 등에 필요한 사항은 지역 및 학교의 규모 등을 고려하여 대통령령으로 정한다. 〈개정 2012.3.21.〉

제13조(자치위원회의 구성·운영)

① 자치위원회는 위원장 1인을 포함하여 5인 이상 10인 이하의 위원으로 구성하되, 대통령령으로 정하는 바에 따라 전체위원의 과반수를 학부모전체회의에서 직접 선출된 학부모대표로 위촉하여야 한다. 다만, 학부모전체회의에서 학부모대표를 선출하기 곤란한 사유가 있는 경우에는 학급별 대표로 구성된 학부모대표회의에서 선출된 학부모대표로 위촉할 수 있다. 〈개정 2011.5.19.〉

② 자치위원회는 분기별 1회 이상 회의를 개최하고, 자치위원회의 위원장은 다음 각 호의 어느 하나에 해당하는 경우에 회의를 소집하여야 한다. 〈신설 2011.5.19., 2012.1.26., 2012.3.21.〉

1. 자치위원회 재적위원 4분의 1 이상이 요청하는 경우
2. 학교의 장이 요청하는 경우
3. 피해학생 또는 그 보호자가 요청하는 경우
4. 학교폭력이 발생한 사실을 신고받거나 보고받은 경우
5. 가해학생이 협박 또는 보복한 사실을 신고받거나 보고받은 경우
6. 그 밖에 위원장이 필요하다고 인정하는 경우

③ 자치위원회는 회의의 일시, 장소, 출석위원, 토의내용 및 의결사항 등이 기록된 회의록을 작성·보존하여야 한다. 〈신설 2011.5.19.〉

④ 그 밖에 자치위원회의 구성 · 운영에 필요한 사항은 대통령령으로 정한다.　〈개정 2011.5.19.〉

[제목개정 2011.5.19.]

제14조(전문상담교사 배치 및 전담기구 구성)

① 학교의 장은 학교에 대통령령으로 정하는 바에 따라 상담실을 설치하고, 「초 · 중등교육법」 제19조의2에 따라 전문상담교사를 둔다.

② 전문상담교사는 학교의 장 및 자치위원회의 요구가 있는 때에는 학교폭력에 관련된 피해학생 및 가해학생과의 상담결과를 보고하여야 한다.

③ 학교의 장은 교감, 전문상담교사, 보건교사 및 책임교사(학교폭력문제를 담당하는 교사를 말한다) 등으로 학교폭력문제를 담당하는 전담기구(이하 "전담기구"라 한다)를 구성하며, 학교폭력 사태를 인지한 경우 지체 없이 전담기구 또는 소속 교원으로 하여금 가해 및 피해 사실 여부를 확인하도록 한다.　〈개정 2012.3.21.〉

④ 전담기구는 학교폭력에 대한 실태조사(이하 "실태조사"라 한다)와 학교폭력 예방 프로그램을 구성 · 실시하며, 학교의 장 및 자치위원회의 요구가 있는 때에는 학교폭력에 관련된 조사결과 등 활동결과를 보고하여야 한다.　〈개정 2012.3.21.〉

⑤ 피해학생 또는 피해학생의 보호자는 피해사실 확인을 위하여 전담기구에 실태조사를 요구할 수 있다.　〈신설 2009.5.8., 2012.3.21.〉

⑥ 국가 및 지방자치단체는 실태조사에 관한 예산을 지원하고, 관계 행정기관은 실태조사에 협조하여야 하며, 학교의 장은 전담기구에 행정적 · 재정적 지원을 할 수 있다.
〈개정 2009.5.8., 2012.3.21.〉

⑦ 전담기구는 성폭력 등 특수한 학교폭력사건에 대한 실태조사의 전문성을 확보하기 위하여 필요한 경우 전문기관에 그 실태조사를 의뢰할 수 있다. 이 경우 그 의뢰는 자치위원회 위원장의 심의를 거쳐 학교의 장 명의로 하여야 한다.　〈신설 2012.1.26., 2012.3.21.〉

⑧ 그 밖에 전담기구 운영 등에 필요한 사항은 대통령령으로 정한다.　〈신설 2012.3.21.〉

제15조(학교폭력 예방교육 등)

① 학교의 장은 학생의 육체적 · 정신적 보호와 학교폭력의 예방을 위한 학생들에 대한 교육(학교폭력의 개념 · 실태 및 대처방안 등을 포함하여야 한다)을 학기별로 1회 이상 실시하여야 한다.　〈개정 2012.1.26.〉

② 학교의 장은 학교폭력의 예방 및 대책 등을 위한 교직원 및 학부모에 대한 교육을 학기별로 1회 이상 실시하여야 한다.　〈개정 2012.3.21.〉

③ 학교의 장은 제1항에 따른 학교폭력 예방교육 프로그램의 구성 및 그 운용 등을 전담기구와 협의하여 전문단체 또는 전문가에게 위탁할 수 있다.

④ 교육장은 제1항부터 제3항까지의 규정에 따른 학교폭력 예방교육 프로그램의 구성과 운용 계획을 학부모가 쉽게 확인할 수 있도록 인터넷 홈페이지에 게시하고, 그 밖에 다양한 방법으로 학부모에게 알릴 수 있도록 노력하여야 한다. 〈개정 2012.1.26.〉

⑤ 그 밖에 학교폭력 예방교육의 실시와 관련한 사항은 대통령령으로 정한다.
〈개정 2011.5.19.〉

[제목개정 2011.5.19.]

제16조(피해학생의 보호)

① 자치위원회는 피해학생의 보호를 위하여 필요하다고 인정하는 때에는 피해학생에 대하여 다음 각 호의 어느 하나에 해당하는 조치(수 개의 조치를 병과하는 경우를 포함한다)를 할 것을 학교의 장에게 요청할 수 있다. 다만, 학교의 장은 피해학생의 보호를 위하여 긴급하다고 인정하거나 피해학생이 긴급보호의 요청을 하는 경우에는 자치위원회의 요청 전에 제1호, 제2호 및 제6호의 조치를 할 수 있다. 이 경우 자치위원회에 즉시 보고하여야 한다.
〈개정 2012.3.21., 2017.4.18.〉

1. 학내외 전문가에 의한 심리상담 및 조언

2. 일시보호

3. 치료 및 치료를 위한 요양

4. 학급교체

5. 삭제〈2012.3.21.〉

6. 그 밖에 피해학생의 보호를 위하여 필요한 조치

② 자치위원회는 제1항에 따른 조치를 요청하기 전에 피해학생 및 그 보호자에게 의견진술의 기회를 부여하는 등 적정한 절차를 거쳐야 한다. 〈신설 2012.3.21.〉

③ 제1항에 따른 요청이 있는 때에는 학교의 장은 피해학생의 보호자의 동의를 받아 7일 이내에 해당 조치를 하여야 하고 이를 자치위원회에 보고하여야 한다. 〈개정 2012.3.21.〉

④ 제1항의 조치 등 보호가 필요한 학생에 대하여 학교의 장이 인정하는 경우 그 조치에 필요한 결석을 출석일수에 산입할 수 있다. 〈개정 2012.3.21.〉

⑤ 학교의 장은 성적 등을 평가함에 있어서 제3항에 따른 조치로 인하여 학생에게 불이익을 주지 아니하도록 노력하여야 한다. 〈개정 2012.3.21.〉

⑥ 피해학생이 전문단체나 전문가로부터 제1항제1호부터 제3호까지의 규정에 따른 상담 등을

받는 데에 사용되는 비용은 가해학생의 보호자가 부담하여야 한다. 다만, 피해학생의 신속한 치료를 위하여 학교의 장 또는 피해학생의 보호자가 원하는 경우에는 「학교안전사고 예방 및 보상에 관한 법률」 제15조에 따른 학교안전공제회 또는 시·도교육청이 부담하고 이에 대한 구상권을 행사할 수 있다. 〈개정 2012.1.26., 2012.3.21.〉

1. 삭제〈2012.3.21.〉

2. 삭제〈2012.3.21.〉

⑦ 학교의 장 또는 피해학생의 보호자는 필요한 경우 「학교안전사고 예방 및 보상에 관한 법률」 제34조의 공제급여를 학교안전공제회에 직접 청구할 수 있다.

〈신설 2012.1.26., 2012.3.21.〉

⑧ 피해학생의 보호 및 제6항에 따른 지원범위, 구상범위, 지급절차 등에 필요한 사항은 대통령령으로 정한다. 〈신설 2012.3.21.〉

제16조의2(장애학생의 보호)

① 누구든지 장애 등을 이유로 장애학생에게 학교폭력을 행사하여서는 아니 된다.

② 자치위원회는 학교폭력으로 피해를 입은 장애학생의 보호를 위하여 장애인전문 상담가의 상담 또는 장애인전문 치료기관의 요양 조치를 학교의 장에게 요청할 수 있다.

③ 제2항에 따른 요청이 있는 때에는 학교의 장은 해당 조치를 하여야 한다. 이 경우 제16조제6항을 준용한다. 〈개정 2012.3.21.〉

[본조신설 2009.5.8.]

제17조(가해학생에 대한 조치)

① 자치위원회는 피해학생의 보호와 가해학생의 선도·교육을 위하여 가해학생에 대하여 다음 각 호의 어느 하나에 해당하는 조치(수 개의 조치를 병과하는 경우를 포함한다)를 할 것을 학교의 장에게 요청하여야 하며, 각 조치별 적용 기준은 대통령령으로 정한다. 다만, 퇴학처분은 의무교육과정에 있는 가해학생에 대하여는 적용하지 아니한다.

〈개정 2009.5.8., 2012.1.26., 2012.3.21.〉

1. 피해학생에 대한 서면사과

2. 피해학생 및 신고·고발 학생에 대한 접촉, 협박 및 보복행위의 금지

3. 학교에서의 봉사

4. 사회봉사

5. 학내외 전문가에 의한 특별 교육이수 또는 심리치료

6. 출석정지

7. 학급교체

8. 전학

9. 퇴학처분

② 제1항에 따라 자치위원회가 학교의 장에게 가해학생에 대한 조치를 요청할 때 그 이유가 피해학생이나 신고·고발 학생에 대한 협박 또는 보복 행위일 경우에는 같은 항 각 호의 조치를 병과하거나 조치 내용을 가중할 수 있다. 〈신설 2012.3.21.〉

③ 제1항제2호부터 제4호까지 및 제6호부터 제8호까지의 처분을 받은 가해학생은 교육감이 정한 기관에서 특별교육을 이수하거나 심리치료를 받아야 하며, 그 기간은 자치위원회에서 정한다. 〈개정 2012.1.26., 2012.3.21.〉

④ 학교의 장은 가해학생에 대한 선도가 긴급하다고 인정할 경우 우선 제1항제1호부터 제3호까지, 제5호 및 제6호의 조치를 할 수 있으며, 제5호와 제6호는 병과조치할 수 있다. 이 경우 자치위원회에 즉시 보고하여 추인을 받아야 한다. 〈개정 2012.1.26., 2012.3.21.〉

⑤ 자치위원회는 제1항 또는 제2항에 따른 조치를 요청하기 전에 가해학생 및 보호자에게 의견 진술의 기회를 부여하는 등 적정한 절차를 거쳐야 한다. 〈개정 2012.3.21.〉

⑥ 제1항에 따른 요청이 있는 때에는 학교의 장은 14일 이내에 해당 조치를 하여야 한다.
〈개정 2012.1.26., 2012.3.21.〉

⑦ 학교의 장이 제4항에 따른 조치를 한 때에는 가해학생과 그 보호자에게 이를 통지하여야 하며, 가해학생이 이를 거부하거나 회피하는 때에는 「초·중등교육법」 제18조에 따라 징계하여야 한다. 〈개정 2012.3.21.〉

⑧ 가해학생이 제1항제3호부터 제5호까지의 규정에 따른 조치를 받은 경우 이와 관련된 결석은 학교의 장이 인정하는 때에는 이를 출석일수에 산입할 수 있다. 〈개정 2012.1.26., 2012.3.21.〉

⑨ 자치위원회는 가해학생이 특별교육을 이수할 경우 해당 학생의 보호자도 함께 교육을 받게 하여야 한다. 〈개정 2012.3.21.〉

⑩ 가해학생이 다른 학교로 전학을 간 이후에는 전학 전의 피해학생 소속 학교로 다시 전학올 수 없도록 하여야 한다. 〈신설 2012.1.26., 2012.3.21.〉

⑪ 제1항제2호부터 제9호까지의 처분을 받은 학생이 해당 조치를 거부하거나 기피하는 경우 자치위원회는 제7항에도 불구하고 대통령령으로 정하는 바에 따라 추가로 다른 조치를 할 것을 학교의 장에게 요청할 수 있다. 〈신설 2012.3.21.〉

⑫ 가해학생에 대한 조치 및 제11조제6항에 따른 재입학 등에 관하여 필요한 사항은 대통령령으로 정한다. 〈신설 2012.3.21.〉

제17조의2(재심청구)

① 학교의 장이 제16조제1항 및 제17조제1항에 따라 내린 조치에 대하여 이의가 있는 피해학생 또는 그 보호자는 그 조치를 받은 날부터 15일 이내 또는 그 조치가 있음을 알게 된 날부터 10일 이내에 지역위원회에 재심을 청구할 수 있다. 〈신설 2012.3.21., 2017.11.28.〉

② 학교의 장이 제17조제1항제8호와 제9호에 따라 내린 조치에 대하여 이의가 있는 학생 또는 그 보호자는 그 조치를 받은 날부터 15일 이내 또는 그 조치가 있음을 알게 된 날부터 10일 이내에 「초·중등교육법」 제18조의3에 따른 시·도학생징계조정위원회에 재심을 청구할 수 있다. 〈개정 2012.3.21., 2017.11.28.〉

③ 지역위원회가 제1항에 따른 재심청구를 받은 때에는 30일 이내에 이를 심사·결정하여 청구인에게 통보하여야 한다. 〈신설 2012.3.21.〉

④ 제3항의 결정에 이의가 있는 청구인은 그 통보를 받은 날부터 60일 이내에 행정심판을 제기할 수 있다. 〈신설 2012.3.21.〉

⑤ 제1항에 따른 재심청구, 제3항에 따른 심사 절차 및 결정 통보 등에 필요한 사항은 대통령령으로 정한다. 〈신설 2012.3.21.〉

⑥ 제2항에 따른 재심청구, 심사절차, 결정통보 등은 「초·중등교육법」 제18조의2제2항부터 제4항까지의 규정을 준용한다. 〈개정 2012.3.21.〉

[본조신설 2012.1.26.]

제18조(분쟁조정)

① 자치위원회는 학교폭력과 관련하여 분쟁이 있는 경우에는 그 분쟁을 조정할 수 있다.

② 제1항에 따른 분쟁의 조정기간은 1개월을 넘지 못한다.

③ 학교폭력과 관련한 분쟁조정에는 다음 각 호의 사항을 포함한다.

　1. 피해학생과 가해학생간 또는 그 보호자 간의 손해배상에 관련된 합의조정

　2. 그 밖에 자치위원회가 필요하다고 인정하는 사항

④ 자치위원회는 분쟁조정을 위하여 필요하다고 인정하는 때에는 관계 기관의 협조를 얻어 학교폭력과 관련한 사항을 조사할 수 있다.

⑤ 자치위원회가 분쟁조정을 하고자 할 때에는 이를 피해학생·가해학생 및 그 보호자에게 통보하여야 한다.

⑥ 시·도교육청 관할 구역 안의 소속 학교가 다른 학생 간에 분쟁이 있는 경우에는 교육감이 해당 학교의 자치위원회위원장과의 협의를 거쳐 직접 분쟁을 조정한다. 이 경우 제2항부터 제5항까지의 규정을 준용한다.

⑦ 관할 구역을 달리하는 시·도교육청 소속 학교의 학생 간에 분쟁이 있는 경우에는 피해학생을 감독하는 교육감이 가해학생을 감독하는 교육감 및 관련 해당 학교의 자치위원회위원장과의 협의를 거쳐 직접 분쟁을 조정한다. 이 경우 제2항부터 제5항까지의 규정을 준용한다.

제19조(학교의 장의 의무)

학교의 장은 교육감에게 학교폭력이 발생한 사실 및 제16조, 제16조의2, 제17조, 제17조의2 및 제18조에 따른 조치 및 그 결과를 보고하고, 관계 기관과 협력하여 교내 학교폭력 단체의 결성예방 및 해체에 노력하여야 한다.　　　　　　　　　　　　　　　　〈개정 2012.3.21.〉

제20조(학교폭력의 신고의무)

① 학교폭력 현장을 보거나 그 사실을 알게 된 자는 학교 등 관계 기관에 이를 즉시 신고하여야 한다.

② 제1항에 따라 신고를 받은 기관은 이를 가해학생 및 피해학생의 보호자와 소속 학교의 장에게 통보하여야 한다.　　　　　　　　　　　　　　　　　　　　〈개정 2009.5.8.〉

③ 제2항에 따라 통보받은 소속 학교의 장은 이를 자치위원회에 지체 없이 통보하여야 한다.
　　　　　　　　　　　　　　　　　　　　　　　　　　　　　　〈신설 2009.5.8.〉

④ 누구라도 학교폭력의 예비·음모 등을 알게 된 자는 이를 학교의 장 또는 자치위원회에 고발할 수 있다. 다만, 교원이 이를 알게 되었을 경우에는 학교의 장에게 보고하고 해당 학부모에게 알려야 한다.　　　　　　　　　　　　　　　〈개정 2009.5.8., 2012.1.26.〉

⑤ 누구든지 제1항부터 제4항까지에 따라 학교폭력을 신고한 사람에게 그 신고행위를 이유로 불이익을 주어서는 아니 된다.　　　　　　　　　　　　　　　　〈신설 2012.3.21.〉

제20조의2(긴급전화의 설치 등)

① 국가 및 지방자치단체는 학교폭력을 수시로 신고받고 이에 대한 상담에 응할 수 있도록 긴급전화를 설치하여야 한다.

② 국가와 지방자치단체는 제1항에 따른 긴급전화의 설치·운영을 대통령령으로 정하는 기관 또는 단체에 위탁할 수 있다.　　　　　　　　　　　　　　　　〈신설 2012.1.26.〉

③ 제1항과 제2항에 따른 긴급전화의 설치·운영·위탁에 필요한 사항은 대통령령으로 정한다.　　　　　　　　　　　　　　　　　　　　　　　　　　〈개정 2012.1.26.〉

[본조신설 2009.5.8.]

제20조의3(정보통신망에 의한 학교폭력 등)

제2조제1호에 따른 정보통신망을 이용한 음란·폭력 정보 등에 의한 신체상·정신상 피해에 관하여 필요한 사항은 따로 법률로 정한다.

[본조신설 2012.3.21.]

제20조의4(정보통신망의 이용 등)

① 국가·지방자치단체 또는 교육감은 학교폭력 예방 업무 등을 효과적으로 수행하기 위하여 필요한 경우 정보통신망을 이용할 수 있다.

② 국가·지방자치단체 또는 교육감은 제1항에 따라 정보통신망을 이용하여 학교 또는 학생(학부모를 포함한다)이 학교폭력 예방 업무 등을 수행하는 경우 다음 각 호의 어느 하나에 해당하는 비용의 전부 또는 일부를 지원할 수 있다.

  1. 학교 또는 학생(학부모를 포함한다)이 전기통신설비를 구입하거나 이용하는 데 소요되는 비용

  2. 학교 또는 학생(학부모를 포함한다)에게 부과되는 전기통신역무 요금

③ 그 밖에 정보통신망의 이용 등에 관하여 필요한 사항은 대통령령으로 정한다.

[본조신설 2012.3.21.]

제20조의5(학생보호인력의 배치 등)

① 국가·지방자치단체 또는 학교의 장은 학교폭력을 예방하기 위하여 학교 내에 학생보호인력을 배치하여 활용할 수 있다.

② 다음 각 호의 어느 하나에 해당하는 사람은 학생보호인력이 될 수 없다.　〈신설 2013.7.30.〉

  1. 「국가공무원법」 제33조 각 호의 어느 하나에 해당하는 사람

  2. 「아동·청소년의 성보호에 관한 법률」에 따른 아동·청소년대상 성범죄 또는 「성폭력범죄의 처벌 등에 관한 특례법」에 따른 성폭력범죄를 범하여 벌금형을 선고받고 그 형이 확정된 날부터 10년이 지나지 아니하였거나, 금고 이상의 형이나 치료감호를 선고받고 그 집행이 끝나거나 집행이 유예·면제된 날부터 10년이 지나지 아니한 사람

  3. 「청소년 보호법」 제2조제5호가목3) 및 같은 목 7)부터 9)까지의 청소년 출입·고용금지 업소의 업주나 종사자

③ 국가·지방자치단체 또는 학교의 장은 제1항에 따른 학생보호인력의 배치 및 활용 업무를 관련 전문기관 또는 단체에 위탁할 수 있다.　〈개정 2013.7.30.〉

④ 제3항에 따라 학생보호인력의 배치 및 활용 업무를 위탁받은 전문기관 또는 단체는 그 업무

를 수행함에 있어 학교의 장과 충분히 협의하여야 한다. 〈개정 2013.7.30.〉

⑤ 국가·지방자치단체 또는 학교의 장은 학생보호인력으로 배치하고자 하는 사람의 동의를 받아 경찰청장에게 그 사람의 범죄경력을 조회할 수 있다. 〈신설 2013.7.30.〉

⑥ 제3항에 따라 학생보호인력의 배치 및 활용 업무를 위탁받은 전문기관 또는 단체는 해당 업무를 위탁한 국가·지방자치단체 또는 학교의 장에게 학생보호인력으로 배치하고자 하는 사람의 범죄경력을 조회할 것을 신청할 수 있다. 〈신설 2013.7.30.〉

⑦ 학생보호인력이 되려는 사람은 국가·지방자치단체 또는 학교의 장에게 제2항 각 호의 어느 하나에 해당하지 아니한다는 확인서를 제출하여야 한다. 〈신설 2013.7.30.〉

[본조신설 2012.3.21.]

제20조의6(학교전담경찰관)

① 국가는 학교폭력 예방 및 근절을 위하여 학교폭력 업무 등을 전담하는 경찰관을 둘 수 있다.

② 제1항에 따른 학교전담경찰관의 운영에 필요한 사항은 대통령령으로 정한다.

[본조신설 2017.11.28.]

[종전 제20조의6은 제20조의7로 이동〈2017.11.28.〉]

제20조의7(영상정보처리기기의 통합 관제)

① 국가 및 지방자치단체는 학교폭력 예방 업무를 효과적으로 수행하기 위하여 교육감과 협의하여 학교 내외에 설치된 영상정보처리기기(「개인정보 보호법」 제2조제7호에 따른 영상정보처리기기를 말한다. 이하 이 조에서 같다)를 통합하여 관제할 수 있다. 이 경우 국가 및 지방자치단체는 통합 관제 목적에 필요한 범위에서 최소한의 개인정보만을 처리하여야 하며, 그 목적 외의 용도로 활용하여서는 아니 된다.

② 제1항에 따라 영상정보처리기기를 통합 관제하려는 국가 및 지방자치단체는 공청회·설명회의 개최 등 대통령령으로 정하는 절차를 거쳐 관계 전문가 및 이해관계인의 의견을 수렴하여야 한다.

③ 제1항에 따라 학교 내외에 설치된 영상정보처리기기가 통합 관제되는 경우 해당 학교의 영상정보처리기기운영자는 「개인정보 보호법」 제25조제4항에 따른 조치를 통하여 그 사실을 정보주체에게 알려야 한다.

④ 통합 관제에 관하여 이 법에서 규정한 것을 제외하고는 「개인정보 보호법」을 적용한다.

⑤ 그 밖에 영상정보처리기기의 통합 관제에 필요한 사항은 대통령령으로 정한다.

[본조신설 2012.3.21.]

[제20조의6에서 이동 〈2017.11.28.〉]

제21조(비밀누설금지 등)

① 이 법에 따라 학교폭력의 예방 및 대책과 관련된 업무를 수행하거나 수행하였던 자는 그 직무로 인하여 알게 된 비밀 또는 가해학생·피해학생 및 제20조에 따른 신고자·고발자와 관련된 자료를 누설하여서는 아니 된다. 〈개정 2012.1.26.〉

② 제1항에 따른 비밀의 구체적인 범위는 대통령령으로 정한다.

③ 제16조, 제16조의2, 제17조, 제17조의2, 제18조에 따른 자치위원회의 회의는 공개하지 아니한다. 다만, 피해학생·가해학생 또는 그 보호자가 회의록의 열람·복사 등 회의록 공개를 신청한 때에는 학생과 그 가족의 성명, 주민등록번호 및 주소, 위원의 성명 등 개인정보에 관한 사항을 제외하고 공개하여야 한다. 〈개정 2011.5.19., 2012.3.21.〉

제22조(벌칙)

제21조제1항을 위반한 자는 1년 이하의 징역 또는 1천만원 이하의 벌금에 처한다.

[전문개정 2017.11.28.]

제23조(과태료)

① 제17조제9항에 따른 자치위원회의 교육 이수 조치를 따르지 아니한 보호자에게는 300만원 이하의 과태료를 부과한다.

② 제1항에 따른 과태료는 대통령령으로 정하는 바에 따라 교육감이 부과·징수한다.

[본조신설 2017.11.28.]

부칙 〈제15044호, 2017.11.28.〉

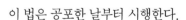

이 법은 공포한 날부터 시행한다.

학교폭력예방 및 대책에 관한 법률 시행령

[시행 2017.7.26.] [대통령령 제28211호, 2017.7.26., 타법개정]

제1조(목적) 이 영은 「학교폭력예방 및 대책에 관한 법률」에서 위임된 사항과 그 시행에 필요한 사항을 규정함을 목적으로 한다.

제2조(성과 평가 및 공표) 「학교폭력예방 및 대책에 관한 법률」(이하 "법"이라 한다) 제6조제3항에 따른 학교폭력 예방 및 대책에 대한 성과는 「초·중등교육법」 제9조제2항에 따른 지방교육행정기관에 대한 평가에 포함하여 평가하고, 이를 공표하여야 한다.

제3조(학교폭력대책위원회의 운영) ① 법 제7조에 따른 학교폭력대책위원회(이하 "대책위원회"라 한다)의 위원장은 회의를 소집하고, 그 의장이 된다.

② 대책위원회의 회의는 반기별로 1회 소집한다. 다만, 재적위원 3분의 1 이상이 요구하거나 위원장이 필요하다고 인정하는 경우에는 수시로 소집할 수 있다.

③ 대책위원회의 위원장이 회의를 소집할 때에는 회의 개최 5일 전까지 회의 일시·장소 및 안건을 각 위원에게 알려야 한다. 다만, 긴급히 소집하여야 할 때에는 그러하지 아니하다.

④ 대책위원회의 회의는 재적위원 과반수의 출석으로 개의(開議)하고, 출석위원 과반수의 찬성으로 의결한다.

⑤ 대책위원회의 위원장은 필요하다고 인정할 때에는 학교폭력 예방 및 대책과 관련하여 전문가 등을 회의에 출석하여 발언하게 할 수 있다.

⑥ 회의에 출석한 위원과 전문가 등에게는 예산의 범위에서 수당과 여비를 지급할 수 있다. 다만, 공무원인 위원이 그 소관 업무와 직접적으로 관련하여 회의에 출석하는 경우에는 그러하지 아니하다.

제3조의2(대책위원회 위원의 해촉) 대통령은 법 제8조제3항제2호부터 제8호까지의 규정에 따른 대책위원회의 위원이 다음 각 호의 어느 하나에 해당하는 경우에는 해당 위원을 해촉(解嘱)할 수 있다.

1. 심신장애로 인하여 직무를 수행할 수 없게 된 경우

2. 직무와 관련된 비위사실이 있는 경우

3. 직무태만, 품위손상이나 그 밖의 사유로 인하여 위원으로 적합하지 아니하다고 인정되는 경우

4. 위원 스스로 직무를 수행하는 것이 곤란하다고 의사를 밝히는 경우

[본조신설 2016.5.10.]

제4조(학교폭력대책실무위원회의 구성·운영) ① 법 제8조제6항에 따른 학교폭력대책실무위원회(이하 "실무위원회"라 한다)는 위원장(이하 "실무위원장"이라 한다) 1명을 포함한 12명 이내의 위원으로 구성한다.　　　　　　　　　　　　　　　　　　　　　　〈개정 2013.3.23.〉

② 실무위원장은 교육부차관이 되고, 위원은 기획재정부, 교육부, 과학기술정보통신부, 법무부, 행정안전부, 문화체육관광부, 보건복지부, 여성가족부, 국무조정실 및 방송통신위원회의 고위공무원단에 속하는 공무원과 경찰청의 치안감 또는 경무관 중에서 소속 기관의 장이 지명하는 사람 각 1명이 된다.　　　　　　　　　　　　〈개정 2013.3.23., 2014.11.19., 2017.7.26.〉

③ 제2항에 따라 실무위원회의 위원을 지명한 자는 해당 위원이 제3조의2 각 호의 어느 하나에 해당하는 경우에는 그 지명을 철회할 수 있다.　　　　　　　　　　〈신설 2016.5.10.〉

④ 실무위원회의 사무를 처리하기 위하여 간사 1명을 두며, 간사는 교육부 소속 공무원 중에서 실무위원장이 지명하는 사람으로 한다.　　　　　　　　〈개정 2013.3.23., 2016.5.10.〉

⑤ 실무위원장이 부득이한 사유로 직무를 수행할 수 없을 때에는 실무위원장이 미리 지명하는 위원이 그 직무를 대행한다.　　　　　　　　　　　　　　　　〈개정 2016.5.10.〉

⑥ 회의는 대책위원회 개최 전 또는 실무위원장이 필요하다고 인정할 때 소집한다.〈개정 2016.5.10.〉

⑦ 실무위원회는 대책위원회의 회의에 부칠 안건 검토와 심의 지원 및 그 밖의 업무수행을 위하여 필요한 경우에는 이해관계인 또는 관련 전문가를 출석하게 하여 의견을 듣거나 의견 제출을 요청할 수 있다.　　　　　　　　　　　　　　　　　　　　　〈개정 2016.5.10.〉

⑧ 실무위원장은 회의를 소집할 때에는 회의 개최 7일 전까지 회의 일시·장소 및 안건을 각 위원에게 알려야 한다. 다만, 긴급히 소집하여야 할 때에는 그러하지 아니하다.　　〈개정 2016.5.10.〉

제5조(학교폭력대책지역위원회의 구성·운영) ① 법 제9조제1항에 따른 학교폭력대책지역위원회(이하 "지역위원회"라 한다)의 위원장은특별시·광역시·특별자치시·도·특별자치도(이하 "시·도"라 한다)의 부단체장(특별시의 경우에는 행정(1)부시장, 광역시 및 도의 경우에는 행정부

시장 및 행정부지사를 말한다)으로 한다.

② 지역위원회의 위원장은 회의를 소집하고, 그 의장이 된다.

③ 지역위원회의 위원장이 부득이한 사유로 직무를 수행할 수 없을 때에는 지역위원회 위원장이 미리 지명하는 위원이 그 직무를 대행한다.

④ 지역위원회의 위원은 학식과 경험이 풍부하고 청소년보호에 투철한 사명감이 있는 사람으로서 다음 각 호의 어느 하나에 해당하는 사람 중에서 특별시장·광역시장·특별자치시장·도지사·특별자치도지사(이하 "시·도지사"라 한다)가 교육감과 협의하여 임명하거나 위촉한다.

1. 해당 시·도의 청소년보호 업무 담당 국장 및 시·도교육청 생활지도 담당 국장

2. 해당 시·도의회 의원 또는 교육위원회 위원

3. 시·도 지방경찰청 소속 경찰공무원

4. 학생생활지도 경력이 5년 이상인 교원

5. 판사·검사·변호사

6. 「고등교육법」 제2조에 따른 학교의 조교수 이상 또는 청소년 관련 연구기관에서 이에 상당하는 직위에 재직하고 있거나 재직하였던 사람으로서 학교폭력 문제에 대한 전문지식이 있는 사람

7. 청소년 선도 및 보호 단체에서 청소년보호활동을 5년 이상 전문적으로 담당한 사람

8. 「초·중등교육법」 제31조제1항에 따른 학교운영위원회(이하 "학교운영위원회"라 한다)의 위원 또는 법 제12조제1항에 따른 학교폭력대책자치위원회(이하 "자치위원회"라 한다) 위원으로 활동하고 있거나 활동한 경험이 있는 학부모 대표

9. 그 밖에 학교폭력 예방 및 청소년 보호에 대한 지식과 경험이 있는 사람

⑤ 지역위원회 위원의 임기는 2년으로 한다. 다만, 지역위원회 위원의 사임 등으로 새로 위촉되는 위원의 임기는 전임위원 임기의 남은 기간으로 한다.

⑥ 시·도지사는 제4항제2호부터 제9호까지의 규정에 따른 지역위원회의 위원이 제3조의2 각 호의 어느 하나에 해당하는 경우에는 해당 위원을 해임하거나 해촉할 수 있다. 〈신설 2016.5.10.〉

⑦ 지역위원회의 사무를 처리하기 위하여 간사 1명을 두며, 지역위원회의 위원장과 교육감이 시·도 또는 시·도교육청 소속 공무원 중에서 협의하여 정하는 사람으로 한다.

〈개정 2016.5.10.〉

⑧ 지역위원회 회의의 운영에 관하여는 제3조제2항부터 제6항까지의 규정을 준용한다. 이 경우 "대책위원회"는 "지역위원회"로 본다. 〈개정 2016.5.10.〉

제6조(학교폭력대책지역실무위원회의 구성·운영) 법 제9조제2항에 따른 실무위원회는 7명

이내의 학교폭력 예방 및 대책에 관한 실무자 및 민간 전문가로 구성한다.

제7조(학교폭력대책지역협의회의 구성·운영) ① 법 제10조의2에 따른 학교폭력대책지역협의회(이하 "지역협의회"라 한다)의 위원장은 시·군·구의 부단체장이 된다.

② 지역협의회의 위원장은 회의를 소집하고, 그 의장이 된다.

③ 지역협의회의 위원장이 부득이한 사유로 직무를 수행할 수 없을 때에는 위원장이 미리 지정하는 위원이 그 직무를 대행한다.

④ 지역협의회의 위원은 학식과 경험이 풍부하고 청소년보호에 투철한 사명감이 있는 사람으로서 다음 각 호의 어느 하나에 해당하는 사람 중에서 시장·군수·구청장이 해당 교육지원청의 교육장과 협의하여 임명하거나 위촉한다. 〈개정 2014.6.11.〉

1. 해당 시·군·구의 청소년보호 업무 담당 국장(국장이 없는 시·군·구는 과장을 말한다) 및 교육지원청의 생활지도 담당 국장(국장이 없는 교육지원청은 과장을 말한다)

2. 해당 시·군·구의회 의원

3. 해당 시·군·구를 관할하는 경찰서 소속 경찰공무원

4. 학생생활지도 경력이 5년 이상인 교원

5. 판사·검사·변호사

6. 「고등교육법」 제2조에 따른 학교의 조교수 이상 또는 청소년 관련 연구기관에서 이에 상당하는 직위에 재직하고 있거나 재직하였던 사람으로서 학교폭력 문제에 대하여 전문지식이 있는 사람

7. 청소년 선도 및 보호 단체에서 청소년보호활동을 5년 이상 전문적으로 담당한 사람

8. 학교운영위원회 위원 또는 자치위원회 위원으로 활동하거나 활동한 경험이 있는 학부모 대표

9. 그 밖에 학교폭력 예방 및 청소년보호에 대한 지식과 경험을 가진 사람

⑤ 지역협의회 위원의 임기는 2년으로 한다. 다만, 지역위원회 위원의 사임 등으로 새로 위촉되는 위원의 임기는 전임위원 임기의 남은 기간으로 한다.

⑥ 시장·군수·구청장은 제4항제2호부터 제9호까지의 규정에 따른 지역협의회의 위원이 제3조의2 각 호의 어느 하나에 해당하는 경우에는 해당 위원을 해임하거나 해촉할 수 있다.

〈신설 2016.5.10.〉

⑦ 지역협의회에는 사무를 처리하기 위해 간사 1명을 두며, 간사는 지역협의회의 위원장과 교육장이 시·군·구 또는 교육지원청 소속 공무원 중에서 협의하여 정하는 사람으로 한다.

〈개정 2014.6.11., 2016.5.10.〉

제8조(전담부서의 구성 등) 법 제11조제1항에 따라 다음 각 호의 업무를 수행하기 위하여 시·도교육청 및 교육지원청에 과·담당관 또는 팀을 둔다. 〈개정 2014.6.11.〉

　　1. 학교폭력 예방과 근절을 위한 대책의 수립과 추진에 관한 사항

　　2. 학교폭력 피해학생의 치료 및 가해학생에 대한 조치에 관한 사항

　　3. 그 밖에 학교폭력의 예방 및 대책과 관련하여 교육감이 정하는 사항

제9조(실태조사) ① 법 제11조제8항에 따라 교육감이 실시하는 학교폭력 실태조사는 교육부장관과 협의하여 다른 교육감과 공동으로 실시할 수 있다. 〈개정 2013.3.23.〉

　② 교육감은 학교폭력 실태조사를 교육 관련 연구·조사기관에 위탁할 수 있다.

제10조(전문기관의 설치 등) ① 교육감은 법 제11조제9항에 따라 시·도교육청 또는 교육지원청에 다음 각 호의 업무를 수행하는 전문기관을 설치·운영할 수 있다. 〈개정 2014.6.11.〉

　　1. 법 제11조의2제1항에 따른 조사·상담 등의 업무

　　2. 학교폭력 피해학생·가해학생에 대한 치유프로그램 운영 업무

　② 교육감은 제1항제2호에 따른 치유프로그램 운영 업무를 다음 각 호의 어느 하나에 해당하는 기관·단체·시설에 위탁하여 수행하게 할 수 있다. 〈개정 2012.7.31., 2012.9.14.〉

　　1. 「청소년복지 지원법」 제31조제1호에 따른 청소년쉼터, 「청소년 보호법」 제35조제1항에 따른 청소년 보호·재활센터 등 청소년을 보호하기 위하여 국가·지방자치단체가 운영하는 시설

　　2. 「청소년활동진흥법」 제10조에 따른 청소년활동시설

　　3. 학교폭력의 예방과 피해학생 및 가해학생의 치료·교육을 수행하는 청소년 관련 단체

　　4. 청소년 정신치료 전문인력이 배치된 병원

　　5. 학교폭력 피해학생·가해학생 및 학부모를 위한 프로그램을 운영 하는 종교기관 등의 기관

　　6. 그 밖에 교육감이 치유프로그램의 운영에 적합하다고 인정하는 기관

　③ 제1항에 따른 전문기관의 설치·운영에 관한 세부사항은 교육감이 정한다.

제11조(학교폭력 조사·상담 업무의 위탁 등) 교육감은 법 제11조의2제2항에 따라 학교폭력 예방에 관한 사업을 3년 이상 수행한 기관 또는 단체 중에서 학교폭력의 예방 및 사후조치 등을 수행하는 데 적합하다고 인정하는 기관 또는 단체에 법 제11조의2제1항의 업무를 위탁할 수 있다.

제12조(관계 기관과의 협조 사항 등) 법 제11조의3에 따라 학교폭력과 관련한 개인정보 등을

협조를 요청할 때에는 문서로 하여야 한다.

제13조(자치위원회의 설치 및 심의사항) ① 법 제12조제1항 단서에서 "대통령령으로 정하는 사유가 있는 경우"란 학교폭력 피해학생과 가해학생이 각각 다른 학교에 재학 중인 경우를 말한다.

② 법 제12조제2항제5호에서 "대통령령으로 정하는 사항"이란 학교폭력의 예방 및 대책과 관련하여 법 제14조제3항에 따른 책임교사 또는 학생회의 대표가 건의하는 사항을 말한다.

제14조(자치위원회의 구성·운영) ① 법 제13조제1항에 따른 자치위원회의 위원은 다음 각 호의 어느 하나에 해당하는 사람 중에서 해당 학교의 장이 임명하거나 위촉한다.

1. 해당 학교의 교감
2. 해당 학교의 교사 중 학생생활지도 경력이 있는 교사
3. 법 제13조제1항에 따라 선출된 학부모대표
4. 판사·검사·변호사
5. 해당 학교를 관할하는 경찰서 소속 경찰공무원
6. 의사 자격이 있는 사람
7. 그 밖에 학교폭력 예방 및 청소년보호에 대한 지식과 경험이 풍부한 사람

② 자치위원회의 위원장은 위원 중에서 호선(互選)하며, 위원장이 부득이한 사유로 직무를 수행할 수 없을 때에는 위원장이 미리 지정하는 위원이 그 직무를 대행한다.

③ 자치위원회의 위원의 임기는 2년으로 한다. 다만, 자치위원회 위원의 사임 등으로 새로 위촉되는 위원의 임기는 전임위원 임기의 남은 기간으로 한다.

④ 학교의 장은 제1항제2호부터 제7호까지의 규정에 따른 자치위원회의 위원이 제3조의2 각 호의 어느 하나에 해당하는 경우에는 해당 위원을 해임하거나 해촉할 수 있다. 〈신설 2016.5.10.〉

⑤ 자치위원회의 회의는 재적위원 과반수의 출석으로 개의하고, 출석위원 과반수의 찬성으로 의결한다. 〈개정 2016.5.10.〉

⑥ 자치위원회의 위원장은 해당 학교의 교직원에서 자치위원회의 사무를 처리할 간사 1명을 지명한다. 〈개정 2016.5.10.〉

⑦ 자치위원회의 회의에 출석한 위원에게는 예산의 범위에서 수당과 여비를 지급할 수 있다. 다만, 공무원인 위원이 그 소관 업무와 직접적으로 관련하여 회의에 출석한 경우에는 그러하지 아니하다. 〈개정 2016.5.10.〉

⑧ 자치위원회의 위원장은 회의 일시를 정할 때에는 일과 후, 주말 등 위원들이 참석하기 편리

한 시간으로 정하여야 한다.　　　　　　　　　　　　　　　　　　　　　〈개정 2016.5.10.〉

제15조(상담실 설치) 법 제14조제1항에 따른 상담실은 다음 각 호의 시설 · 장비를 갖추어 상담활동이 편리한 장소에 설치하여야 한다.

1. 인터넷 이용시설, 전화 등 상담에 필요한 시설 및 장비
2. 상담을 받는 사람의 사생활 노출 방지를 위한 칸막이 및 방음시설

제16조(전담기구 운영 등) 법 제14조제3항에 따른 전담기구는 가해 및 피해 사실 여부에 관하여 확인한 사항을 학교의 장 및 자치위원회(자치위원회의 요청이 있는 경우만을 말한다)에 보고하여야 한다.

제17조(학교폭력 예방교육) 학교의 장은 법 제15조제5항에 따라 학생과 교직원 및 학부모에 대한 학교폭력 예방교육을 다음 각 호의 기준에 따라 실시한다.

1. 학기별로 1회 이상 실시하고, 교육 횟수 · 시간 및 강사 등 세부적인 사항은 학교 여건에 따라 학교의 장이 정한다.
2. 학생에 대한 학교폭력 예방교육은 학급 단위로 실시함을 원칙으로 하되, 학교 여건에 따라 전체 학생을 대상으로 한 장소에서 동시에 실시할 수 있다.
3. 학생과 교직원, 학부모를 따로 교육하는 것을 원칙으로 하되, 내용에 따라 함께 교육할 수 있다.
4. 강의, 토론 및 역할연기 등 다양한 방법으로 하고, 다양한 자료나 프로그램 등을 활용하여야 한다.
5. 교직원에 대한 학교폭력 예방교육은 학교폭력 관련 법령에 대한 내용, 학교폭력 발생 시 대응요령, 학생 대상 학교폭력예방 프로그램 운영 방법 등을 포함하여야 한다.
6. 학부모에 대한 학교폭력 예방교육은 학교폭력 징후 판별, 학교폭력 발생 시 대응요령, 가정에서의 인성교육에 관한 사항을 포함하여야 한다.

제18조(피해학생의 지원범위 등) ① 법 제16조제6항 단서에 따른 학교안전공제회 또는 시 · 도교육청이 부담하는 피해학생의 지원범위는 다음 각 호와 같다.

1. 교육감이 정한 전문심리상담기관에서 심리상담 및 조언을 받는 데 드는 비용
2. 교육감이 정한 기관에서 일시보호를 받는 데 드는 비용
3. 「의료법」에 따라 개설된 의료기관, 「지역보건법」에 따라 설치된 보건소 · 보건의료원

및 보건지소, 「농어촌 등 보건의료를 위한 특별조치법」에 따라 설치된 보건진료소, 「약사법」에 따라 등록된 약국 및 같은 법 제91조에 따라 설립된 한국희귀의약품센터에서 치료 및 치료를 위한 요양을 받거나 의약품을 공급받는데 드는 비용

② 제1항의 비용을 지원 받으려는 피해학생 및 보호자가 학교안전공제회 또는 시 · 도교육청에 비용을 청구하는 절차와 학교안전공제회 또는 시 · 도교육청이 비용을 지급하는 절차는 「학교안전사고 예방 및 보상에 관한 법률」 제41조를 준용한다.

③ 학교안전공제회 또는 시 · 도교육청이 법 제16조제6항에 따라 가해학생의 보호자에게 구상(求償)하는 범위는 제2항에 따라 피해학생에게 지급하는 모든 비용으로 한다.

제19조(가해학생에 대한 조치별 적용 기준) 법 제17조제1항의 조치별 적용 기준은 다음 각 호의 사항을 고려하여 결정하고, 그 세부적인 기준은 교육부장관이 정하여 고시한다.

〈개정 2013.3.23.〉

1. 가해학생이 행사한 학교폭력의 심각성 · 지속성 · 고의성
2. 가해학생의 반성 정도
3. 해당 조치로 인한 가해학생의 선도 가능성
4. 가해학생 및 보호자와 피해학생 및 보호자 간의 화해의 정도
5. 피해학생이 장애학생인지 여부

제20조(가해학생에 대한 전학 조치) ① 초등학교 · 중학교 · 고등학교의 장은 자치위원회가 법 제17조제1항에 따라 가해학생에 대한 전학 조치를 요청하는 경우에는 초등학교 · 중학교의 장은 교육장에게, 고등학교의 장은 교육감에게 해당 학생이 전학할 학교의 배정을 지체 없이 요청하여야 한다.

② 교육감 또는 교육장은 가해학생이 전학할 학교를 배정할 때 피해학생의 보호에 충분한 거리 등을 고려하여야 하며, 관할구역 외의 학교를 배정하려는 경우에는 해당 교육감 또는 교육장에게 이를 통보하여야 한다.

③ 제2항에 따른 통보를 받은 교육감 또는 교육장은 해당 가해학생이 전학할 학교를 배정하여야 한다.

④ 교육감 또는 교육장은 제2항과 제3항에 따라 전학 조치된 가해학생과 피해학생이 상급학교에 진학할 때에는 각각 다른 학교를 배정하여야 한다. 이 경우 피해학생이 입학할 학교를 우선적으로 배정한다.

제21조(가해학생에 대한 우선 출석정지 등) ① 법 제17조제4항에 따라 학교의 장이 출석정지 조치를 할 수 있는 경우는 다음 각 호와 같다.

　　1. 2명 이상의 학생이 고의적·지속적으로 폭력을 행사한 경우

　　2. 학교폭력을 행사하여 전치 2주 이상의 상해를 입힌 경우

　　3. 학교폭력에 대한 신고, 진술, 자료제공 등에 대한 보복을 목적으로 폭력을 행사한 경우

　　4. 학교의 장이 피해학생을 가해학생으로부터 긴급하게 보호할 필요가 있다고 판단하는 경우

　② 학교의 장은 제1항에 따라 출석정지 조치를 하려는 경우에는 해당 학생 또는 보호자의 의견을 들어야 한다. 다만, 학교의 장이 해당 학생 또는 보호자의 의견을 들으려 하였으나 이에 따르지 아니한 경우에는 그러하지 아니하다.

제22조(가해학생의 조치 거부·기피에 대한 추가 조치) 자치위원회는 법 제17조제1항제2호부터 제9호까지의 조치를 받은 학생이 해당 조치를 거부하거나 기피하는 경우에는 법 제17조제11항에 따라 학교의 장으로부터 그 사실을 통보받은 날부터 7일 이내에 추가로 다른 조치를 할 것을 학교의 장에게 요청할 수 있다.

제23조(퇴학학생의 재입학 등) ① 교육감은 법 제17조제1항제9호에 따라 퇴학 처분을 받은 학생에 대하여 법 제17조제12항에 따라 해당 학생의 선도의 정도, 교육 가능성 등을 종합적으로 고려하여 「초·중등교육법」 제60조의3에 따른 대안학교로의 입학 등 해당 학생의 건전한 성장에 적합한 대책을 마련하여야 한다.

　② 제1항에서 규정한 사항 외에 가해학생에 대한 조치 및 재입학 등에 필요한 세부사항은 교육감이 정한다.

제24조(피해학생 재심청구 및 심사 절차 및 결정 통보 등) ① 법 제17조의2제5항에 따라 피해학생 또는 보호자가 지역위원회에 재심을 청구할 때에는 다음 각 호의 사항을 적어 서면으로 하여야 한다.

　　1. 청구인의 이름, 주소 및 연락처

　　2. 가해학생

　　3. 청구의 대상이 되는 조치를 받은 날 및 조치가 있음을 안 날

　　4. 청구의 취지 및 이유

　② 지역위원회는 청구인, 가해학생 및 보호자 또는 해당 학교에 심사에 필요한 자료 또는 정보의 제출을 요구할 수 있고, 청구인, 가해학생 또는 해당 학교는 특별한 사유가 없으면 이를 즉시 제

출하여야 한다.

③ 지역위원회는 직권으로 또는 신청에 따라 청구인, 가해학생 및 보호자 또는 관련 교원 등을 지역위원회에 출석하여 진술하게 할 수 있다.

④ 지역위원회는 필요하다고 인정할 때에는 전문가 등 참고인을 출석하게 하거나 서면으로 의견을 들을 수 있다.

⑤ 지역위원회의 회의는 비공개를 원칙으로 한다.

⑥ 지역위원회는 재심사 결정 시 법 제16조제1항 각 호와 제17조제1항 각 호의 어느 하나에 해당하는 조치(수 개의 조치를 병과하는 경우를 포함한다)를 할 것을 해당 학교의 장에게 요청할 수 있다.

⑦ 지역위원회의 재심 결과는 결정의 취지와 내용을 적어 청구인과 가해학생에게 서면으로 통보한다.

제25조(분쟁조정의 신청) 피해학생, 가해학생 또는 그 보호자(이하 "분쟁당사자"라 한다) 중 어느 한 쪽은 법 제18조에 따라 해당 분쟁사건에 대한 조정권한이 있는 자치위원회 또는 교육감에게 다음 각 호의 사항을 적은 문서로 분쟁조정을 신청할 수 있다.

1. 분쟁조정 신청인의 성명 및 주소
2. 보호자의 성명 및 주소
3. 분쟁조정 신청의 사유

제26조(자치위원회 위원의 제척 · 기피 및 회피) ① 자치위원회의 위원은 법 제16조, 제17조 및 제18조에 따라 피해학생과 가해학생에 대한 조치를 요청하는 경우와 분쟁을 조정하는 경우 다음 각 호의 어느 하나에 해당하면 해당 사건에서 제척된다.

1. 위원이나 그 배우자 또는 그 배우자였던 사람이 해당 사건의 피해학생 또는 가해학생의 보호자인 경우 또는 보호자였던 경우
2. 위원이 해당 사건의 피해학생 또는 가해학생과 친족이거나 친족이었던 경우
3. 그 밖에 위원이 해당 사건의 피해학생 또는 가해학생과 친분이 있거나 관련이 있다고 인정하는 경우

② 학교폭력과 관련하여 자치위원회를 개최하는 경우 또는 분쟁이 발생한 경우 자치위원회의 위원에게 공정한 심의를 기대하기 어려운 사정이 있다고 인정할 만한 상당한 사유가 있을 때에는 분쟁당사자는 자치위원회에 그 사실을 서면으로 소명하고 기피신청을 할 수 있다.

③ 자치위원회는 제2항에 따른 기피신청을 받으면 의결로써 해당 위원의 기피 여부를 결정하여

야 한다. 이 경우 기피신청 대상이 된 위원은 그 의결에 참여하지 못한다.

④ 자치위원회의 위원이 제1항 또는 제2항의 사유에 해당하는 경우에는 스스로 해당 사건을 회피할 수 있다.

제27조(분쟁조정의 개시) ① 자치위원회 또는 교육감은 제25조에 따라 분쟁조정의 신청을 받으면 그 신청을 받은 날부터 5일 이내에 분쟁조정을 시작하여야 한다.

② 자치위원회 또는 교육감은 분쟁당사자에게 분쟁조정의 일시 및 장소를 통보하여야 한다.

③ 제2항에 따라 통지를 받은 분쟁당사자 중 어느 한 쪽이 불가피한 사유로 출석할 수 없는 경우에는 자치위원회 또는 교육감에게 분쟁조정의 연기를 요청할 수 있다. 이 경우 자치위원회 또는 교육감은 분쟁조정의 기일을 다시 정하여야 한다.

④ 자치위원회 또는 교육감은 자치위원회 위원 또는 지역위원회 위원 중에서 분쟁조정 담당자를 지정하거나, 외부 전문기관에 분쟁과 관련한 사항에 대한 자문 등을 할 수 있다.

제28조(분쟁조정의 거부·중지 및 종료) ① 자치위원회 또는 교육감은 다음 각 호의 어느 하나에 해당하는 사유가 발생한 경우에는 분쟁조정의 개시를 거부하거나 분쟁조정을 중지할 수 있다.

1. 분쟁당사자 중 어느 한 쪽이 분쟁조정을 거부한 경우
2. 피해학생 등이 관련된 학교폭력에 대하여 가해학생을 고소·고발하거나 민사상 소송을 제기한 경우
3. 분쟁조정의 신청내용이 거짓임이 명백하거나 정당한 이유가 없다고 인정되는 경우

② 자치위원회 또는 교육감은 다음 각 호의 어느 하나에 해당하는 사유가 발생한 경우에는 분쟁조정을 끝내야 한다.

1. 분쟁당사자 간에 합의가 이루어지거나 자치위원회 또는 교육감이 제시한 조정안을 분쟁당사자가 수락하는 등 분쟁조정이 성립한 경우
2. 분쟁조정 개시일부터 1개월이 지나도록 분쟁조정이 성립하지 아니한 경우

③ 자치위원회 또는 교육감은 제1항에 따라 분쟁조정의 개시를 거부하거나 분쟁조정을 중지한 경우 또는 제2항제2호에 따라 분쟁조정을 끝낸 경우에는 그 사유를 분쟁당사자에게 각각 통보하여야 한다.

제29조(분쟁조정의 결과 처리) ① 자치위원회 또는 교육감은 분쟁조정이 성립하면 다음 각 호의 사항을 적은 합의서를 작성하여 자치위원회는 분쟁당사자에게, 교육감은 피해학생 및 가해학생 소속 학교 자치위원회와 분쟁당사자에게 각각 통보하여야 한다.

1. 분쟁당사자의 주소와 성명

2. 조정 대상 분쟁의 내용

　가. 분쟁의 경위

　나. 조정의 쟁점(분쟁당사자의 의견을 포함한다)

3. 조정의 결과

② 제1항에 따른 합의서에는 자치위원회가 조정한 경우에는 분쟁당사자와 조정에 참가한 위원이, 교육감이 조정한 경우에는 분쟁당사자와 교육감이 각각 서명날인하여야 한다.

③ 자치위원회의 위원장은 분쟁조정의 결과를 교육감에게 보고하여야 한다.

제30조(긴급전화의 설치·운영) 법 제20조의2에 따른 긴급전화는 경찰청장과 지방경찰청장이 운영하는 학교폭력 관련 기구에 설치한다.

제31조(정보통신망의 이용 등) 법 제20조의4제3항에 따라 국가·지방자치단체 또는 교육감은 정보통신망을 이용한 학교폭력 예방 업무를 다음 각 호의 기관 및 단체에 위탁할 수 있다.

1. 「한국교육학술정보원법」에 따라 설립된 한국교육학술정보원

2. 공공기관의 위탁을 받아 정보통신망을 이용하여 교육사업을 수행한 실적이 있는 기업

3. 학교폭력 예방에 관한 사업을 3년 이상 수행한 기관 또는 단체

제32조(영상정보처리기기의 통합 관제) 법 제20조의6제1항에 따라 영상정보처리기기를 통합하여 관제하려는 국가 및 지방자치단체는 다음 각 호의 절차를 거쳐 관계 전문가와 이해관계인의 의견을 수렴하여야 한다.

1. 「행정절차법」에 따른 행정예고의 실시 또는 의견 청취

2. 학교운영위원회의 심의

제33조(비밀의 범위) 법 제21조제1항에 따른 비밀의 범위는 다음 각 호와 같다.

1. 학교폭력 피해학생과 가해학생 개인 및 가족의 성명, 주민등록번호 및 주소 등 개인정보에 관한 사항

2. 학교폭력 피해학생과 가해학생에 대한 심의·의결과 관련된 개인별 발언 내용

3. 그 밖에 외부로 누설될 경우 분쟁당사자 간에 논란을 일으킬 우려가 있음이 명백한 사항

제33조의2(고유식별정보의 처리) ① 국가·지방자치단체 또는 학교의 장은 다음 각 호의 사

무를 수행하기 위하여 불가피한 경우 「개인정보 보호법 시행령」 제19조에 따른 주민등록번호 또는 외국인등록번호가 포함된 자료를 처리할 수 있다.

    1. 법 제20조의5제2항에 따른 학생보호인력의 결격사유 유무 확인에 관한 사무

    2. 법 제20조의5제5항에 따른 학생보호인력의 범죄경력조회에 관한 사무

② 법 제20조의5제3항에 따라 학생보호인력의 배치 및 활용 업무를 위탁받은 전문기관 또는 단체는 다음 각 호의 사무를 수행하기 위하여 불가피한 경우 「개인정보 보호법 시행령」 제19조에 따른 주민등록번호 또는 외국인등록번호가 포함된 자료를 처리할 수 있다.

    1. 법 제20조의5제2항에 따른 학생보호인력의 결격사유 유무 확인에 관한 사무

    2. 법 제20조의5제6항에 따른 학생보호인력의 범죄경력조회 신청에 관한 사무

[본조신설 2017.6.20.]

제34조(규제의 재검토) 교육부장관은 제15조에 따른 상담실 설치기준에 대하여 2015년 1월 1일을 기준으로 2년마다(매 2년이 되는 해의 1월 1일 전까지를 말한다) 그 타당성을 검토하여 개선 등의 조치를 하여야 한다.

[본조신설 2014.12.9.]

부칙 〈제28211호,2017.7.26.〉

제1조(시행일) 이 영은 공포한 날부터 시행한다. 다만, 부칙 제8조에 따라 개정되는 대통령령 중 이 영 시행 전에 공포되었으나 시행일이 도래하지 아니한 대통령령을 개정한 부분은 각각 해당 대통령령의 시행일부터 시행한다.

제2조부터 제7조까지 생략

제8조(다른 법령의 개정) ①부터 〈52〉까지 생략

〈53〉 학교폭력예방 및 대책에 관한 법률 시행령 일부를 다음과 같이 개정한다.

제4조제2항 중 "미래창조과학부"를 "과학기술정보통신부"로, "행정자치부"를 "행정안전부"로, "여성가족부, 국민안전처"를 "여성가족부"로 한다.

〈54〉부터 〈388〉까지 생략

제8부

실종아동등의 보호 및 지원에 관한 법률

[시행 2018.4.25.] [법률 제14924호, 2017.10.24., 일부개정]

제1조(목적)

이 법은 실종아동등의 발생을 예방하고 조속한 발견과 복귀를 도모하며 복귀 후의 사회 적응을 지원함으로써 실종아동등과 가정의 복지증진에 이바지함을 목적으로 한다. 〈개정 2011.8.4.〉

제2조(정의)

이 법에서 사용하는 용어의 정의는 다음과 같다. 〈개정 2011.8.4., 2013.6.4.〉

1. "아동등"이란 다음 각 목의 어느 하나에 해당하는 사람을 말한다.

　가. 실종 당시 18세 미만인 아동

　나. 「장애인복지법」 제2조의 장애인 중 지적장애인, 자폐성장애인 또는 정신장애인

　다. 「치매관리법」 제2조제2호의 치매환자

2. "실종아동등"이란 약취(略取)·유인(誘引) 또는 유기(遺棄)되거나 사고를 당하거나 가출하거나 길을 잃는 등의 사유로 인하여 보호자로부터 이탈(離脫)된 아동등을 말한다.

3. "보호자"란 친권자, 후견인이나 그 밖에 다른 법률에 따라 아동등을 보호하거나 부양할 의무가 있는 사람을 말한다. 다만, 제4호의 보호시설의 장 또는 종사자는 제외한다.

4. "보호시설"이란 「사회복지사업법」 제2조제4호에 따른 사회복지시설 및 인가·신고 등이 없이 아동등을 보호하는 시설로서 사회복지시설에 준하는 시설을 말한다.

5. "유전자검사"란 개인 식별(識別)을 목적으로 혈액·머리카락·침 등의 검사대상물로부터 유전자를 분석하는 행위를 말한다.

6. "유전정보"란 유전자검사의 결과로 얻어진 정보를 말한다.

7. "신상정보"란 이름·나이·사진 등 특정인(特定人)임을 식별하기 위한 정보를 말한다.

제3조(국가의 책무)

① 보건복지부장관은 실종아동등의 발생예방, 조속한 발견·복귀와 복귀 후 사회 적응을 위하여 다음 각 호의 사항을 시행하여야 한다. 〈개정 2008.2.29., 2010.1.18., 2011.8.4.〉

1. 실종아동등을 위한 정책 수립 및 시행

2. 실종아동등과 관련한 실태조사 및 연구

3. 실종아동등의 발생예방을 위한 연구·교육 및 홍보

4. 제8조에 따른 정보연계시스템 및 데이터베이스의 구축·운영

5. 실종아동등의 가족지원

6. 실종아동등의 복귀 후 사회 적응을 위한 상담 및 치료서비스 제공

7. 그 밖에 실종아동등의 보호 및 지원에 필요한 사항

② 경찰청장은 실종아동등의 조속한 발견과 복귀를 위하여 다음 각 호의 사항을 시행하여야 한다. 〈개정 2011.8.4.〉

1. 실종아동등에 대한 신고체계의 구축 및 운영

2. 실종아동등의 발견을 위한 수색 및 수사

3. 제11조에 따른 유전자검사대상물의 채취

4. 그 밖에 실종아동등의 발견을 위하여 필요한 사항

③ 「아동복지법」 제10조에 따른 아동정책조정위원회는 제1항의 보건복지부장관의 책무와 제2항의 경찰청장의 책무 등 실종아동등과 관련한 국가의 책무수행을 종합 · 조정한다.

〈개정 2008.2.29., 2010.1.18., 2011.8.4.〉

제4조(다른 법률과의 관계)

실종아동등에 관하여 다른 법률에 제11조부터 제15조까지의 규정과 다른 규정이 있는 경우에는 이 법의 규정에 따른다. 〈개정 2011.8.4.〉

제5조(실종아동전문기관의 설치 등)

①보건복지부장관은 제3조제1항제2호부터 제7호까지의 업무를 전담하는 실종아동전문기관을 설치하여 운영하거나 사회복지법인 등 대통령령으로 정하는 법인 또는 단체에 그 업무의 전부 또는 일부를 위탁하여 운영하게 할 수 있다. 〈개정 2008.2.29., 2010.1.18., 2011.8.4.〉

②제1항에 따른 실종아동전문기관 및 법인 · 단체(이하 "전문기관"이라 한다)의 운영 등에 필요한 사항은 대통령령으로 정한다. 〈개정 2011.8.4.〉

제6조(신고의무 등)

① 다음 각 호의 어느 하나에 해당하는 사람은 그 직무를 수행하면서 실종아동등임을 알게 되었을 때에는 제3조제2항제1호에 따라 경찰청장이 구축하여 운영하는 신고체계(이하 "경찰신고체계"라 한다)로 지체 없이 신고하여야 한다. 〈개정 2006.2.21., 2011.8.4., 2011.9.15.〉

1. 보호시설의 장 또는 그 종사자

2. 「아동복지법」 제13조에 따른 아동복지전담공무원

3. 「청소년 보호법」 제35조에 따른 청소년 보호 · 재활센터의 장 또는 그 종사자

4. 「사회복지사업법」 제14조에 따른 사회복지전담공무원

5. 「의료법」 제3조에 따른 의료기관의 장 또는 의료인

6. 업무 · 고용 등의 관계로 사실상 아동등을 보호 · 감독하는 사람

② 지방자치단체의 장이 관계 법률에 따라 아동등을 보호조치할 때에는 아동등의 신상을 기록한 신고접수서를 작성하여 경찰신고체계로 제출하여야 한다. 〈개정 2011.8.4.〉

③ 보호시설의 장 또는 「정신건강증진 및 정신질환자 복지서비스 지원에 관한 법률」 제3조제5호에 따른 정신의료기관의 장이 보호자가 확인되지 아니한 아동등을 보호하게 되었을 때에는 지체 없이 아동등의 신상을 기록한 카드(이하 "신상카드"라 한다)를 작성하여 지방자치단체의 장과 전문기관의 장에게 각각 제출하여야 한다. 〈개정 2008.3.21., 2011.8.4., 2016.5.29.〉

④ 지방자치단체의 장은 출생 후 6개월이 경과된 아동의 출생신고를 접수하였을 때에는 지체 없이 해당 아동의 신상카드를 작성하여 그 사본을 경찰청장에게 보내야 하며, 경찰청장은 실종아동등인지 여부를 확인하여 그 결과를 해당 지방자치단체의 장에게 보내야 한다. 지방자치단체의 장은 경찰청장이 해당 아동을 실종아동등으로 확인한 경우 전문기관의 장에게 해당 실종아동등의 신상카드의 사본을 보내야한다. 〈신설 2008.3.21., 2011.8.4.〉

⑤ 지방자치단체의 장은 제1항에 따른 신고의무와 제3항에 따른 신상카드 제출의무에 관한 사항을 지도·감독하여야 한다. 〈신설 2011.8.4.〉

⑥ 제1항 및 제2항에 따른 신고와 제3항 및 제4항에 따른 신상카드의 작성·제출 등에 필요한 사항은 보건복지부령으로 정한다. 〈개정 2008.2.29., 2008.3.21., 2010.1.18., 2011.8.4.〉

제7조(미신고 보호행위의 금지)

누구든지 정당한 사유 없이 실종아동등을 경찰관서의 장에게 신고하지 아니하고 보호할 수 없다. 〈개정 2006.2.21., 2011.8.4.〉

제7조의2(실종아동등의 조기발견을 위한 사전신고증 발급 등)

① 경찰청장은 실종아동등의 조속한 발견과 복귀를 위하여 아동등의 보호자가 신청하는 경우 아동등의 지문 및 얼굴 등에 관한 정보(이하 "지문등정보"라 한다)를 제8조의2에 따른 정보시스템에 등록하고 아동등의 보호자에게 사전신고증을 발급할 수 있다. 〈개정 2017.10.24.〉

② 경찰청장은 제1항에 따라 지문등정보를 등록한 후 해당 신청서(서면으로 신청한 경우로 한정한다)는 지체 없이 파기하여야 한다. 〈신설 2017.10.24.〉

③ 경찰청장은 제1항에 따라 등록된 지문등정보를 데이터베이스로 구축·운영할 수 있다. 〈개정 2017.10.24.〉

④ 제1항에 따른 지문등정보의 범위, 사전신고증 발급에 필요한 등록 방법 및 절차 등에 필요한 사항은 행정안전부령으로 정하고, 제2항에 따른 신청서의 파기 방법과 절차 및 제3항에 따른 데이터베이스 구축 등과 관련된 사항은 대통령령으로 정한다.

[본조신설 2011.8.4.]

[제목개정 2017.10.24.]

제7조의3(실종아동등의 지문등정보의 등록 · 관리)

① 경찰청장은 보호시설의 입소자 중 보호자가 확인되지 아니한 아동등으로부터 서면동의를 받아 아동등의 지문등정보를 등록 · 관리할 수 있다. 이 경우 해당 아동등이 미성년자 · 심신상실자 또는 심신미약자인 때에는 본인 외에 법정대리인의 동의를 받아야 한다. 다만, 심신상실 · 심신미약 또는 의사무능력 등의 사유로 본인의 동의를 얻을 수 없는 때에는 본인의 동의를 생략할 수 있다.

② 경찰청장은 제1항에 따른 지문등정보의 등록 · 관리를 위하여 제7조의2제3항에 따른 데이터베이스를 활용할 수 있다. 〈개정 2017.10.24.〉

③ 제1항에 따른 실종아동등의 지문등정보의 등록 · 관리 등에 필요한 사항은 대통령령으로 정한다.

[본조신설 2011.8.4.]

제7조의4(지문등정보의 목적 외 이용제한)

누구든지 정당한 사유 없이 지문등정보를 실종아동등을 찾기 위한 목적 외로 이용하여서는 아니 된다.

[본조신설 2011.8.4.]

제8조(정보연계시스템 등의 구축 · 운영)

① 보건복지부장관은 실종아동등을 신속하게 발견하기 위하여 실종아동등의 신상정보를 작성, 취득, 저장, 송신 · 수신하는 데 이용할 수 있는 전문기관 · 경찰청 · 지방자치단체 · 보호시설 등과의 협력체계 및 정보네트워크(이하 "정보연계시스템"이라 한다)를 구축 · 운영하여야 한다. 〈신설 2011.8.4.〉

② 전문기관의 장은 실종아동등을 발견하기 위하여 제6조제3항 및 제4항에 따라 받은 신상카드를 활용하여 데이터베이스를 구축 · 운영하여야 한다. 〈개정 2011.8.4.〉

③ 전문기관의 장은 제6조제3항 및 제4항에 따라 받은 실종아동등의 신상카드 등 필요한 자료를 경찰청장에게 제공하여야 한다. 〈신설 2011.8.4.〉

④ 경찰청장은 제2항에 따른 데이터베이스의 구축 · 운영을 위하여 제3조제2항, 제6조제1

항 · 제2항 및 제7조에 따른 신고 등 필요한 자료를 전문기관의 장에게 제공하여야 한다.

〈개정 2011.8.4.〉

⑤ 제6조제2항부터 제4항까지와 제3항 및 제4항에 따라 신상카드나 그 밖의 필요한 자료를 제출 · 제공하여야 하는 경우 정보연계시스템을 이용하여 제출 · 제공할 수 있다.

〈신설 2011.8.4.〉

⑥ 제1항에 따른 정보연계시스템 및 제2항에 따른 데이터베이스의 구축 · 운영에 필요한 사항은 대통령령으로 정한다. 〈개정 2011.8.4.〉

[제목개정 2011.8.4.]

제8조의2(실종아동등 신고 · 발견을 위한 정보시스템의 구축 · 운영)

① 경찰청장은 실종아동등에 대한 신속한 신고 및 발견 체계를 갖추기 위한 정보시스템(이하 "정보시스템"이라 한다)을 구축 · 운영하여야 한다.

② 경찰청장은 실종아동등의 조속한 발견을 위하여 제8조제1항에 따라 구축 · 운영 중인 정보연계시스템을 「사회복지사업법」 제6조의2제2항에 따라 구축 · 운영하는 사회복지업무 관련 정보시스템과 연계하여 해당 정보시스템이 보유한 실종아동등의 신상정보의 내용을 활용할 수 있다.

③ 제1항에 따른 정보시스템의 구축 · 운영에 필요한 사항과 제2항에 따른 정보시스템과 연계가 가능한 신상정보의 범위 및 신상정보 확인 방법 · 절차 등에 필요한 사항은 대통령령으로 정한다.

[본조신설 2011.8.4.]

제9조(수색 또는 수사의 실시 등)

① 경찰관서의 장은 실종아동등의 발생 신고를 접수하면 지체 없이 수색 또는 수사의 실시 여부를 결정하여야 한다. 〈개정 2006.2.21., 2011.8.4.〉

② 경찰관서의 장은 실종아동등(범죄로 인한 경우를 제외한다. 이하 이 조에서 같다)의 조속한 발견을 위하여 필요한 때에는 다음 각 호의 어느 하나에 해당하는 자에게 실종아동등의 위치 확인에 필요한 「위치정보의 보호 및 이용 등에 관한 법률」 제2조제2호에 따른 개인위치정보, 「인터넷주소자원에 관한 법률」 제2조제1호에 따른 인터넷주소 및 「통신비밀보호법」 제2조제11호마목 · 사목에 따른 통신사실확인자료(이하 "개인위치정보등"이라 한다)의 제공을 요청할 수 있다. 이 경우 경찰관서의 장의 요청을 받은 자는 「통신비밀보호법」 제3조에도 불구하고 정당한 사유가 없으면 이에 따라야 한다. 〈신설 2011.8.4., 2017.10.24.〉

1. 「위치정보의 보호 및 이용 등에 관한 법률」 제5조에 따른 위치정보사업자
2. 「정보통신망 이용촉진 및 정보보호 등에 관한 법률」 제2조제1항제3호에 따른 정보통신 서비스 제공자 중에서 대통령령으로 정하는 기준을 충족하는 제공자
3. 「정보통신망 이용촉진 및 정보보호 등에 관한 법률」 제23조의3에 따른 본인확인기관
4. 「개인정보 보호법」 제24조의2에 따른 주민등록번호 대체가입수단 제공기관

③ 제2항의 요청을 받은 자는 그 실종아동등의 동의 없이 개인위치정보등을 수집할 수 있으며, 실종아동등의 동의가 없음을 이유로 경찰관서의 장의 요청을 거부하여서는 아니 된다.

〈신설 2011.8.4., 2017.10.24.〉

④ 경찰관서와 경찰관서에 종사하거나 종사하였던 자는 실종아동등을 찾기 위한 목적으로 제 공받은 개인위치정보등을 실종아동등을 찾기 위한 목적 외의 용도로 이용하여서는 아니 되 며, 목적을 달성하였을 때에는 지체 없이 파기하여야 한다. 〈신설 2011.8.4., 2017.10.24.〉

⑤ 제1항의 수색 또는 수사 등에 필요한 사항은 행정안전부령으로 정하고, 제2항에 따른 개인위 치정보등의 제공을 요청하는 방법 및 절차, 제4항에 따른 파기 방법 및 절차 등에 필요한 사 항은 대통령령으로 정한다.

〈개정 2008.2.29., 2011.8.4., 2013.3.23., 2014.11.19., 2017.7.26., 2017.10.24.〉

제9조의2(공개 수색 · 수사 체계의 구축 · 운영)

① 경찰청장은 실종아동등의 조속한 발견과 복귀를 위하여 실종아동등의 공개 수색 · 수사 체 계를 구축 · 운영할 수 있다.

② 경찰청장은 제1항의 공개 수색 · 수사를 위하여 실종아동등의 보호자의 동의를 받아 「정보 통신망 이용촉진 및 정보보호 등에 관한 법률」 제2조제1항제1호 및 제2호에 따른 정보통신 망 또는 정보통신서비스 및 「방송법」 제2조제1호에 따른 방송 등을 이용하여 실종아동등 과 관련된 정보를 공개할 수 있다.

③ 제1항 및 제2항에 따른 공개 수색 · 수사 체계에 필요한 사항은 대통령령으로 정한다.

[본조신설 2011.4.28.]

제9조의3(실종아동등 조기발견 지침 등)

① 보건복지부장관은 불특정 다수인이 이용하는 시설에서 실종아동등을 빨리 발견하기 위하여 다음 각 호의 사항을 포함한 실종아동등 발생예방 및 조기발견을 위한 지침(이하 "실종아동 등 조기발견 지침"이라 한다)을 마련하여 고시하여야 한다.

1. 보호자의 신고에 관한 사항

2. 실종아동등 발생 상황 전파와 경보발령 절차

3. 출입구 감시 및 수색 절차

4. 실종아동등 미발견 시 경찰 신고 절차

5. 경찰 도착 후 경보발령 해제에 관한 사항

6. 그 밖에 실종아동등 발생예방과 찾기에 관한 사항

② 다음 각 호의 어느 하나에 해당하는 시설·장소 중 대통령령으로 정하는 규모의 시설·장소의 소유자·점유자 또는 관리자(이하 이 조에서 "관리주체"라 한다)는 실종아동등이 신고되는 경우 실종아동등 조기발견 지침에 따라 즉시 경보발령, 수색, 출입구 감시 등의 조치를 하여야 한다. 〈개정 2016.3.29.〉

1. 「유통산업발전법」에 따른 대규모점포

2. 「관광진흥법」에 따른 유원시설

3. 「도시철도법」에 따른 도시철도의 역사(출입통로·대합실·승강장 및 환승통로와 이에 딸린 시설을 포함한다)

4. 「여객자동차 운수사업법」에 따른 여객자동차터미널

5. 「공항시설법」에 따른 공항시설 중 여객터미널

6. 「항만법」에 따른 항만시설 중 여객이용시설

7. 「철도산업발전기본법」에 따른 철도시설 중 역시설(물류시설은 제외한다)

8. 「체육시설의 설치·이용에 관한 법률」에 따른 전문체육시설

9. 「공연법」에 따른 공연이 행하여지는 공연장 등 시설 또는 장소

10. 「박물관 및 미술관 진흥법」에 따른 박물관 및 미술관

11. 지방자치단체가 문화체육관광 진흥 목적으로 주최하는 지역축제가 행하여지는 장소

12. 그 밖에 대통령령으로 정하는 시설·장소

③ 관리주체는 제2항에 따른 시설·장소의 종사자에게 실종아동등 조기발견 지침에 관한 교육·훈련을 연 1회 실시하고, 그 결과를 관할 경찰관서의 장에게 보고하여야 한다.

④ 관할 경찰관서의 장은 실종아동등 조기발견 지침이 준수되도록 제2항에 따른 조치와 제3항에 따른 교육·훈련의 실시에 관한 사항을 지도·감독하여야 한다.

⑤ 관계 행정기관의 장은 제2항에 따른 시설·장소의 허가, 등록, 신고 또는 휴업, 폐업 등의 여부에 관한 정보를 관할 경찰관서의 장에게 통보하여야 한다. 다만, 「전자정부법」 제36조제1항에 따른 행정정보 공동이용을 통하여 확인할 수 있는 정보는 예외로 한다.

〈신설 2017.10.24.〉

[본조신설 2014.1.28.]

제10조(출입·조사 등)

① 경찰청장이나 지방자치단체의 장은 실종아동등의 발견을 위하여 필요하면 관계인에 대하여 필요한 보고 또는 자료제출을 명하거나 소속 공무원으로 하여금 관계 장소에 출입하여 관계인이나 아동등에 대하여 필요한 조사 또는 질문을 하게 할 수 있다. 〈개정 2011.8.4.〉

② 경찰청장이나 지방자치단체의 장은 제1항에 따른 출입·조사를 실시할 때 정당한 이유가 있는 경우 소속 공무원으로 하여금 실종아동등의 가족 등을 동반하게 할 수 있다.
〈신설 2008.3.21., 2011.8.4.〉

③ 제1항에 따라 출입·조사 또는 질문을 하려는 관계공무원은 그 권한을 표시하는 증표를 지니고 이를 관계인 등에게 내보여야 한다. 〈개정 2008.3.21., 2011.8.4.〉

제11조(유전자검사의 실시)

① 경찰청장은 실종아동등의 발견을 위하여 다음 각 호의 어느 하나에 해당하는 자로부터 유전자검사대상물(이하 "검사대상물"이라 한다)을 채취할 수 있다. 〈개정 2011.8.4., 2016.5.29.〉

1. 보호시설의 입소자나 「정신건강증진 및 정신질환자 복지서비스 지원에 관한 법률」 제3조제5호에 따른 정신의료기관의 입원환자 중 보호자가 확인되지 아니한 아동등

2. 실종아동등을 찾고자 하는 가족

3. 그 밖에 보호시설의 입소자였던 무연고아동

② 유전자검사를 전문으로 하는 기관으로서 대통령령으로 정하는 기관(이하 "검사기관"이라 한다)은 유전자검사를 실시하고 그 결과를 데이터베이스로 구축·운영할 수 있다.

③ 제1항에 따른 검사대상물의 채취와 제2항에 따른 유전자검사를 실시하려면 제8조제2항에 따른 데이터베이스를 활용하여 실종아동등인지 여부를 확인한 후에 하여야 한다.
〈개정 2011.8.4.〉

④ 경찰청장은 제1항에 따라 검사대상물을 채취하려면 미리 검사대상자의 서면동의를 받아야 한다. 이 경우 검사대상자가 미성년자, 심신상실자 또는 심신미약자일 때에는 본인 외에 법정대리인의 동의를 받아야 한다. 다만, 심신상실, 심신미약 또는 의사무능력 등의 사유로 본인의 동의를 받을 수 없을 때에는 본인의 동의를 생략할 수 있다. 〈개정 2011.8.4.〉

⑤ 제2항에 따른 유전정보 데이터베이스를 구축·운영하는 경우 유전정보는 검사기관의 장이, 신상정보는 전문기관의 장이 각각 구분하여 관리하여야 한다. 〈개정 2011.8.4.〉

⑥ 제1항부터 제5항까지의 규정에 따른 검사대상물의 채취, 유전자검사의 실시, 데이터베이스 구축, 유전자검사의 동의 및 유전정보와 신상정보의 구분·관리 등에 필요한 사항은 대통령령으로 정한다. 〈개정 2011.8.4.〉

제12조(유전정보의 목적 외 이용금지 등)

① 누구든지 실종아동등을 발견하기 위한 목적 외의 용도로 제11조에 따른 검사대상물을 채취하거나 유전자검사를 실시하거나 유전정보를 이용할 수 없다. 〈개정 2011.8.4.〉

② 검사대상물의 채취, 유전자검사 또는 유전정보관리에 종사하고 있거나 종사하였던 사람은 채취한 검사대상물 또는 유전정보를 외부로 유출하여서는 아니 된다. 〈개정 2011.8.4.〉

[제목개정 2011.8.4.]

제13조(검사대상물 및 유전정보의 폐기)

① 검사기관의 장은 유전자검사를 끝냈을 때에는 지체 없이 검사대상물을 폐기하여야 한다.

〈개정 2011.8.4.〉

② 검사기관의 장은 다음 각 호의 어느 하나에 해당할 때에는 해당 유전정보를 지체 없이 폐기하여야 한다. 다만, 제3호에도 불구하고 검사대상자 또는 법정대리인이 제3호에서 정한 기간(이하 "보존기간"이라 한다)의 연장을 요청하는 경우에는 실종아동등의 보호자를 확인할 때까지 그 기간을 연장할 수 있다. 〈개정 2008.3.21., 2011.8.4.〉

1. 실종아동등이 보호자를 확인하였을 때
2. 검사대상자 또는 법정대리인이 요청할 때
3. 유전자검사일부터 10년이 경과되었을 때

③ 검사기관의 장은 검사대상물·유전정보의 폐기 및 유전정보의 보존기간 연장에 관한 사항을 기록·보관하여야 한다. 〈개정 2011.8.4.〉

④ 검사대상물·유전정보의 폐기절차 및 방법, 유전정보의 보존기간 연장, 기록 및 보관 등에 필요한 사항은 행정안전부령으로 정한다.

〈개정 2008.2.29., 2011.8.4., 2013.3.23., 2014.11.19., 2017.7.26.〉

제14조(유전자검사 기록의 열람 등)

① 검사기관의 장은 검사대상자 또는 법정대리인이 유전자검사 결과기록의 열람 또는 사본의 발급을 요청하면 이에 따라야 한다. 〈개정 2011.8.4.〉

② 제1항에 따른 기록의 열람 또는 사본의 발급에 관한 신청절차 및 서식 등에 관하여 필요한 사항은 행정안전부령으로 정한다. 〈개정 2008.2.29., 2011.8.4., 2013.3.23., 2014.11.19., 2017.7.26.〉

제15조(신상정보의 목적 외 이용금지)

누구든지 정당한 사유 없이 실종아동등의 신상정보를 실종아동등을 찾기 위한 목적 외의 용도

로 이용할 수 없다. 〈개정 2011.8.4.〉

제16조(관계 기관의 협조)

보건복지부장관이나 경찰청장은 실종아동등의 조속한 발견·복귀와 복귀 후 지원을 위하여 관계 중앙행정기관의 장 또는 지방자치단체의 장에게 필요한 협조를 요청할 수 있다. 이 경우 협조 요청을 받은 기관의 장은 특별한 사유가 없으면 이에 따라야 한다.

〈개정 2008.2.29., 2010.1.18., 2011.8.4.〉

제17조(벌칙)

제7조를 위반하여 정당한 사유없이 실종아동등을 보호한 자 및 제9조제4항을 위반하여 개인위치정보등을 실종아동등을 찾기 위한 목적 외의 용도로 이용한 자는 5년 이하의 징역 또는 5천만원 이하의 벌금에 처한다. 〈개정 2017.9.19., 2017.10.24.〉

[전문개정 2011.8.4.]

제18조(벌칙)

다음 각 호의 어느 하나에 해당하는 자는 2년 이하의 징역 또는 2천만원 이하의 벌금에 처한다.

〈개정 2011.8.4., 2017.9.19.〉

1. 위계(僞計) 또는 위력(威力)을 행사하여 제10조제1항에 따른 관계공무원의 출입 또는 조사를 거부하거나 방해한 자

1의2. 제7조의4를 위반하여 지문등정보를 실종아동등을 찾기 위한 목적 외로 이용한 자

1의3. 제9조제3항을 위반하여 경찰관서의 장의 요청을 거부한 자

2. 제12조제1항을 위반하여 목적 외의 용도로 검사대상물의 채취 또는 유전자검사를 실시하거나 유전정보를 이용한 자

3. 제12조제2항을 위반하여 채취한 검사대상물 또는 유전정보를 외부로 유출한 자

4. 제15조를 위반하여 신상정보를 실종아동등을 찾기 위한 목적 외의 용도로 이용한 자

제19조(과태료)

① 다음 각 호의 어느 하나에 해당하는 자에게는 500만원 이하의 과태료를 부과한다.

〈개정 2014.1.28.〉

1. 제9조의3제2항을 위반하여 실종아동등 조기발견 지침에 따른 조치를 하지 아니한 자

2. 제10조제1항에 따른 명령을 위반하여 보고 또는 자료제출을 하지 아니하거나, 거짓 보고

또는 거짓의 자료제출을 하거나, 정당한 사유 없이 관계 공무원의 출입 또는 조사를 기피한 자

② 다음 각 호의 어느 하나에 해당하는 자는 200만원 이하의 과태료를 부과한다.

〈개정 2011.8.4., 2014.1.28.〉

1. 제6조제1항에 따른 신고를 하지 아니한 자

2. 제6조제3항에 따른 신상카드를 보내지 아니한 자

3. 제9조의3제3항에 따른 교육 · 훈련을 실시하지 아니하거나 그 결과를 보고하지 아니한 자

③ 제1항 및 제2항에 따른 과태료는 대통령령으로 정하는 바에 따라 경찰관서의 장 또는 지방자치단체의 장이 각각 부과 · 징수한다.　　　　　〈개정 2006.2.21., 2011.8.4.〉

④ 삭제〈2011.8.4.〉

⑤ 삭제〈2011.8.4.〉

⑥ 삭제〈2011.8.4.〉

부칙 〈제14924호, 2017.10.24.〉

제1조(시행일)

이 법은 공포 후 6개월이 경과한 날부터 시행한다.

제2조(지문등정보 사전등록 신청서의 파기에 관한 적용례)

제7조의2의 개정규정은 이 법 시행 당시 보관 중인 신청서에 대해서도 적용한다.

실종아동등의 보호 및 지원에 관한 법률 시행령

[시행 2017.7.26.] [대통령령 제28211호, 2017.7.26., 타법개정]

제1조(목적) 이 영은 「실종아동등의 보호 및 지원에 관한 법률」에서 위임된 사항과 그 시행에 관하여 필요한 사항을 규정함을 목적으로 한다.

제2조(위탁대상 법인 또는 단체) 「실종아동등의 보호 및 지원에 관한 법률」(이하 "법"이라한다) 제5조제1항에서 "사회복지법인 등 대통령령으로 정하는 법인이나 단체"란 다음 각 호의 요건을 모두 갖춘 법인 또는 단체를 말한다. 〈개정 2008.7.24., 2013.3.23., 2013.11.20.〉

1. 다음 각 목의 어느 하나에 해당하는 법인 또는 단체일 것

   가. 「사회복지사업법」에 의하여 설립된 사회복지법인

   나. 「민법」 제32조의 규정에 의하여 설립된 비영리법인

   다. 「치매관리법」 제16조제1항에 따라 중앙치매센터로 지정된 법인인 종합병원

2. 3년 이상 사회복지업무 또는 치매관리업무를 수행한 실적이 있을 것. 다만, 제1호다목에 따른 종합병원의 경우에는 그러하지 아니하다.

3. 법 제3조제1항제2호부터 제6호까지의 업무의 전부 또는 일부를 수행할 수 있는 자금능력 및 다음 각 목의 어느 하나에 해당하는 전문인력을 갖추고 있거나 갖출 능력이 있을 것

   가. 「사회복지사업법」에 의한 사회복지사 자격을 가진 자

   나. 「고등교육법」에 의한 대학을 졸업한 자 또는 이와 동등 이상의 학력이 있다고 교육부장관이 인정하는 자로서 심리학, 아동학, 의학, 간호학 또는 사회복지학 관련 교과목 중 하나의 교과목을 15학점 이상 이수한 자

   다. 「국가공무원법」에 의한 일반직공무원 또는 별정직공무원으로서 사회복지에 관한 업무에 3년 이상 종사한 경력이 있는 자

제3조(전문기관의 운영) ①법 제5조제2항의 규정에 의한 실종아동전문기관 및 법인·단체(이하 "전문기관"이라 한다)는 조직·인사·급여·회계·물품 그 밖에 업무운영에 필요한 규정을 제정하고 이에 따라 업무를 처리하여야 하며, 보건복지부령이 정하는 서류를 비치하여야 한다.

② 보건복지부장관은 법 제5조제1항의 규정에 의하여 업무를 위탁받은 법인 또는 단체의 운영에 소요되는 비용의 전부 또는 일부를 지원할 수 있다.　　　　　　　〈개정 2008.2.29., 2010.3.15.〉

제3조의2(사전 신고한 지문등정보의 데이터베이스 구축·운영 등) ① 경찰청장은 법 제7조의2에 따라 아동등의 지문 및 얼굴 등에 관한 정보(이하 "지문등정보"라 한다)를 데이터베이스로 등록·관리하기 위하여 필요한 경우 사전등록시스템을 구축·운영할 수 있다.

② 경찰청장은 다음 각 호의 어느 하나에 해당하는 경우에는 제1항의 아동등의 지문등정보를 지체 없이 폐기하여야 한다.　　　　　　　　　　　　　　　　　　〈개정 2013.11.20.〉

　　1. 아동등의 연령이 18세에 도달한 경우. 다만, 법 제2조제1호나목에 해당하는 지적장애인, 자폐성장애인 또는 정신장애인과 법 제2조제1호다목에 따른 치매환자의 경우는 제외한다.

　　2. 보호자가 아동등의 지문등정보의 폐기를 요청한 경우

[본조신설 2012.2.3.]

제3조의3(실종아동등의 지문등정보의 등록·관리) ① 경찰청장은 법 제7조의3에 따른 실종아동등의 지문등정보를 제3조의2제1항에 따른 사전등록시스템에 데이터베이스로 등록·관리·활용할 수 있다.

② 경찰청장은 다음 각 호의 어느 하나에 해당하는 경우에는 제1항의 실종아동등의 지문등정보를 지체 없이 폐기하여야 한다. 이 경우 제2호 및 제3호 단서의 실종아동등이 미성년자·심신상실자 또는 심신미약자일 때에는 본인 외에 법정대리인의 요청이 있어야 하되, 심신상실·심신미약 또는 의사무능력 등의 사유로 본인의 요청을 받을 수 없을 때에는 본인의 요청을 생략할 수 있다.

　　1. 실종아동등이 보호자를 확인한 경우

　　2. 실종아동등 또는 법정대리인이 요청한 경우

　　3. 지문등정보를 등록한 날부터 10년이 경과한 경우. 다만, 실종아동등 또는 법정대리인이 기간의 연장을 요청하는 경우에는 실종아동등의 보호자를 확인할 때까지 그 기간을 연장할 수 있다.

[본조신설 2012.2.3.]

제4조(실종아동등 관련 정보의 보호조치 및 공개·열람) ①전문기관의 장은 법 제8조의 규정에 의하여 신상카드를 활용한 데이터베이스를 구축·운영함에 있어서 정보 또는 자료를 안전하게 보호하기 위하여 정보복구 체계의 구축 및 외부침입 방지장치의 설치 등 정보 또는 자료보호에 필

요한 조치를 하여야 한다.

② 전문기관의 장은 실종아동등의 발견 및 확인을 위한 목적으로 실종아동등의 성명·사진·실종일시 및 실종정황 등을 인터넷 및 일간지 등에 공개할 수 있다. 이 경우 보호자의 공개신청이 있는 때에는 이를 공개하여야 한다.

③ 전문기관의 장은 실종아동등·보호자·친족 또는 보호시설의 장이 실종아동등 또는 보호자의 발견 및 확인을 위한 목적으로 보건복지부령이 정하는 바에 의하여 신상카드의 열람을 요청하는 경우에는 이에 응하여야 한다.　　　　　　　　　　　　　〈개정 2008.2.29., 2010.3.15.〉

제4조의2(정보시스템의 구축·운영 등) ① 경찰청장은 실종아동등의 신속한 신고 및 발견을 위한 업무에 활용하기 위하여 법 제8조의2제1항에 따른 정보시스템에 실종아동등에 대한 실종신고의 접수 및 처리에 관한 정보, 그 밖에 실종아동등의 조속한 발견을 위해 필요한 정보를 데이터베이스로 등록·관리할 수 있다.

② 경찰청장이 법 제8조의2제2항에 따라 연계하여 활용할 수 있는 「사회복지사업법」 제6조의2제2항에 따른 사회복지업무 관련 정보시스템이 보유한 실종아동등의 신상정보의 범위는 다음 각 호와 같다.　　　　　　　　　　〈개정 2013.3.23., 2014.11.19., 2017.7.26.〉

1. 이름, 주민등록번호 등 인적사항

2. 지문 및 얼굴 사진 정보

3. 신장, 체중, 체격, 얼굴형, 머리색, 흉터 등 신체특징

4. 보호시설 입소·퇴소 및 보호시설 간 이동 기록

5. 그 밖에 실종아동등의 발견을 위해 필요한 정보로서 행정안전부령으로 정하는 사항

[본조신설 2012.2.3.]

[종전 제4조의2는 제4조의4로 이동 〈2012.2.3.〉]

제4조의3(개인위치정보의 제공요청 방법 및 절차) ① 경찰관서의 장은 법 제9조제2항에 따라 실종아동등(범죄로 인한 경우는 제외한다. 이하 이 조에서 같다)의 조속한 발견을 위하여 필요한 경우 실종아동등의 보호자의 동의를 받아 「위치정보의 보호 및 이용 등에 관한 법률」 제5조에 따른 위치정보사업자(이하 이 조에서 "위치정보사업자"라 한다)에게 실종아동등의 개인위치정보의 제공을 요청할 수 있다. 다만, 보호자와 연락이 되지 않는 등의 사유로 사전에 보호자의 동의를 받기 어려운 경우에는 개인위치정보의 제공을 요청한 후 보호자의 동의를 받을 수 있다.

② 경찰관서의 장은 제1항에 따라 개인위치정보의 제공을 요청하려는 경우 실종아동등의 보호자(보호자가 아닌 사람이 실종신고를 한 경우에는 그 신고자를 포함한다. 이하 이 항에서 같다)에

게 다음 각 호의 사항을 확인할 수 있다.

    1. 실종아동등의 성명 및 휴대전화번호

    2. 보호자의 성명, 연락처 및 실종아동등과의 관계

    3. 실종장소, 실종경위 그 밖에 개인위치정보의 제공 요청을 하기 위하여 필요한 사항

  ③ 경찰관서의 장은 제1항에 따라 개인위치정보의 제공을 요청할 경우 「위치정보의 보호 및 이용 등에 관한 법률」 제2조제8호에 따른 위치정보시스템(이하 이 항에서 "위치정보시스템"이라 한다)을 통한 방식으로 요청하여야 하며, 위치정보사업자는 경찰관서의 장으로부터 요청을 받아 개인위치정보를 제공하는 경우 위치정보시스템을 통한 방식으로 제공하여야 한다.

  ④ 경찰관서의 장은 제1항에 따라 개인위치정보의 제공을 요청하였을 때에는 요청일시 및 위치 정보사업자로부터 제공받은 개인위치정보의 내용 등을 기록·보관하여야 한다.

  ⑤ 제1항부터 제4항까지에서 규정한 사항 외에 개인위치정보의 제공요청 방법 및 절차에 관하여 필요한 사항은 행정안전부령으로 정한다.

                      〈개정 2013.3.23., 2014.11.19., 2017.7.26.〉

[본조신설 2012.2.3.]

제4조의4(실종경보·유괴경보 등) ① 경찰청장은 실종아동등의 공개 수색·수사를 위하여 필요한 경우 유괴·실종경보발령시스템을 구축·운영할 수 있다.

  ② 경찰청장은 실종아동등의 조속한 발견과 복귀를 위하여 공개 수색·수사가 필요하고, 실종 아동등의 보호자가 법 제9조의2제2항에 따라 실종아동등과 관련된 정보의 공개에 대하여 동의한 경우에는 다음 각 호의 구분에 따라 실종경보 또는 유괴경보를 발령할 수 있다. 이 경우 경찰청장 은 범죄심리전문가의 의견을 들을 수 있다.

    1. 실종경보: 상습적인 가출 전력이 없는 실종아동등에 관하여 경찰관서에 신고가 접수된 경우

    2. 유괴경보: 유괴 또는 납치 사건으로 의심할 만한 증거나 단서가 존재하는 실종아동등에 관 하여 경찰관서에 신고가 접수된 경우

  ③ 경찰청장은 실종경보 또는 유괴경보를 발령하는 경우에는 발령지역 및 발령매체의 범위를 정하여야 한다. 경찰청장은 필요한 경우에는 그 범위를 변경할 수 있다.

  ④ 경찰청장은 실종경보 또는 유괴경보 발령의 중단이 필요하다고 인정되는 경우에는 이를 해 제할 수 있다. 다만, 실종아동등의 보호자가 실종경보 또는 유괴경보의 해제를 요구한 때에는 이 를 해제하여야 한다.

  ⑤ 경찰청장은 제2항 및 제3항에 따라 실종경보 또는 유괴경보를 발령한 경우에는 「전기통신 사업법」 제2조제8호에 따른 전기통신사업자, 「정보통신망 이용촉진 및 정보보호 등에 관한 법

률」 제2조제1항제3호에 따른 정보통신서비스 제공자, 「방송법」 제2조제3호에 따른 방송사업자 등에게 다음 각 호의 정보를 「정보통신망 이용촉진 및 정보보호 등에 관한 법률」 제2조제1항제1호 및 제2호에 따른 정보통신망 또는 정보통신서비스, 「방송법」 제2조제1호에 따른 방송 등을 이용하여 공개하도록 요청할 수 있다. 이 경우 경찰청장은 실종아동등의 발견 및 복귀를 위하여 필요한 최소한의 정보공개를 요청하여야 한다.

1. 실종아동등의 신상정보

2. 실종 · 유괴의 경위

3. 실종경보 또는 유괴경보 발령사실

4. 국민에 대한 협조요청 그 밖에 실종아동등의 복귀에 필요한 사항

[본조신설 2011.10.28.]

[제4조의2에서 이동 〈2012.2.3.〉]

제4조의5(다중이용시설의 규모 및 종류 등) ① 법 제9조의3제2항에서 "대통령령으로 정하는 규모의 시설 · 장소"란 다음 각 호의 시설 · 장소를 말한다. 〈개정 2017.3.29.〉

1. 「유통산업발전법」 제2조제3호에 따른 대규모점포 중 매장면적의 합계가 1만제곱미터 이상인 대규모점포

2. 「관광진흥법」에 따른 유원시설 중 다음 각 목의 어느 하나에 해당하는 유원시설

　가. 대지면적이 1만제곱미터 이상인 유원시설

　나. 연면적이 1만제곱미터 이상인 유원시설

3. 「도시철도법」 제2조제3호가목에 따른 도시철도의 역사(출입통로 · 대합실 · 승강장 및 환승통로와 이에 딸린 시설을 포함한다) 중 다음 각 목의 어느 하나에 해당하는 역사

　가. 연면적이 1만제곱미터 이상인 역사

　나. 환승역(換乘驛)

4. 「여객자동차 운수사업법」 제2조제5호에 따른 여객자동차터미널 중 연면적이 5천제곱미터 이상인 여객자동차터미널

5. 「공항시설법」 제2조제7호에 따른 공항시설 중 연면적이 5천제곱미터 이상인 여객터미널

6. 「항만법」 제2조제5호에 따른 항만시설 중 연면적이 5천제곱미터 이상인 여객이용시설

7. 「철도산업발전기본법」 제3조제2호에 따른 철도시설 중 연면적이 1만제곱미터 이상인 역시설(물류시설은 제외한다)

8. 「체육시설의 설치 · 이용에 관한 법률」 제5조에 따른 전문체육시설 중 다음 각 목의 어느 하나에 해당하는 전문체육시설

가. 관람석 수가 5천석 이상인 전문체육시설

나. 프로스포츠가 개최되는 전문체육시설

9. 「공연법」에 따른 공연이 행하여지는 공연장 등 시설 또는 장소 중 객석 수 1천석 이상인 시설 또는 장소

10. 「박물관 및 미술관 진흥법」에 따른 박물관 및 미술관 중 연면적이 1만제곱미터 이상인 박물관 및 미술관

11. 지방자치단체가 문화체육관광 진흥을 목적으로 주최하는 지역축제가 행하여지는 장소 중 다음 각 목의 어느 하나에 해당하는 장소

가. 대지면적이 1만제곱미터 이상인 장소

나. 연면적이 1만제곱미터 이상인 장소

12. 제2항 각 호의 어느 하나에 해당하는 시설·장소

② 법 제9조의3제2항제12호에서 "대통령령으로 정하는 시설·장소"란 다음 각 호의 시설·장소를 말한다.

1. 「한국마사회법」 제4조에 따른 경마장

2. 「경륜·경정법」 제5조에 따른 경륜장 또는 경정장

[본조신설 2014.7.28.]

제5조(유전자검사기관) 법 제11조제2항에서 "유전자검사를 전문으로 하는 기관으로서 대통령령이 정하는 기관"이라 함은 국립과학수사연구원을 말한다. 〈개정 2010.8.13.〉

제6조(유전자검사의 절차 등) ①경찰청장은 법 제11조제1항에 따라 유전자검사 대상물(이하 "검사대상물"이라 한다)을 채취한 때에는 해당 검사대상자의 신상을 기재한 서류와 채취한 검사대상물 및 서면동의서 사본을 전문기관의 장에게 송부하여야 한다. 〈개정 2008.7.24.〉

②전문기관의 장은 제1항에 따라 받은 자료 중 검사대상물에 대하여 일련번호를 부여하여 이를 지체없이 국립과학수사연구원장에게 송부하여야 한다. 〈개정 2008.7.24., 2010.8.13.〉

③경찰청장은 법 제11조제4항에 따라 받은 서면동의서를 10년간 보존하여야 한다.

〈개정 2008.7.24.〉

제7조(검사대상물의 재채취) 국립과학수사연구원장은 다음 각 호의 어느 하나에 해당하는 사유가 발생한 때에는 전문기관의 장에게 해당 검사대상물의 재채취를 요청할 수 있으며, 전문기관의 장은 해당 검사대상물의 일련번호를 확인하여 경찰청장에게 검사대상물의 재채취를 요청할 수

있다. 〈개정 2010.8.13.〉

1. 유전자검사의 결과 유전자가 서로 일치하는 검사대상물이 발견된 경우로서 실종아동등인
지의 여부를 확정하기 위하여 필요한 경우
2. 검사대상물의 오염 또는 훼손 등으로 유전자검사가 곤란한 경우

제8조(실종아동등의 복귀) 경찰청장·지방자치단체의 장 또는 전문기관의 장은 실종아동등의
보호자를 확인한 경우에는 신속히 실종아동등의 복귀에 필요한 조치를 취하여야 한다. 다만, 경찰
청장 또는 지방자치단체의 장은 보호자가 다음 각 호의 어느 하나에 해당하는 행위자이거나 보건
복지부령으로 정하는 사유가 있는 경우에는 전문기관의 장과 협의하여 복귀절차를 진행하지 아니
할 수 있다. 〈개정 2008.2.29., 2010.3.15., 2013.11.20.〉

1. 「아동복지법」에 따른 아동학대행위자
2. 「장애인복지법」에 따른 장애인학대행위자
3. 「노인복지법」에 따른 노인학대행위자
4. 「가정폭력방지 및 피해자보호 등에 관한 법률」에 따른 가정폭력행위자

제8조의2(민감정보 및 고유식별정보의 처리) 보건복지부장관 및 경찰청장은 법 제3조제1항
및 제2항에 따른 사무를 수행하기 위하여 불가피한 경우 「개인정보 보호법」 제23조에 따른 건
강에 관한 정보나 같은 법 시행령 제19조에 따른 주민등록번호, 여권번호, 운전면허의 면허번호
또는 외국인등록번호가 포함된 자료를 처리할 수 있다.
[본조신설 2012.2.3.]

제9조(과태료의 부과기준) 법 제19조제1항 및 제2항에 따른 과태료의 부과기준은 별표와 같
다.
[전문개정 2008.7.24.]

제10조(규제의 재검토) 보건복지부장관은 제4조의5에 따른 다중이용시설의 규모 및 종류 등
에 대하여 2014년 7월 29일을 기준으로 3년마다(매 3년이 되는 해의 7월 29일 전까지를 말한다) 그
타당성을 검토하여 개선 등의 조치를 하여야 한다.
[본조신설 2014.7.28.]

부칙 <제28211호,2017.7.26.>

제1조(시행일) 이 영은 공포한 날부터 시행한다. 다만, 부칙 제8조에 따라 개정되는 대통령령 중 이 영 시행 전에 공포되었으나 시행일이 도래하지 아니한 대통령령을 개정한 부분은 각각 해당 대통령령의 시행일부터 시행한다.

제2조부터 제7조까지 생략

제8조(다른 법령의 개정) ①부터 〈229〉까지 생략

〈230〉 실종아동등의 보호 및 지원에 관한 법률 시행령 일부를 다음과 같이 개정한다.

제4조의2제2항제5호 및 제4조의3제5항 중 "행정자치부령"을 각각 "행정안전부령"으로 한다.

〈231〉부터 〈388〉까지 생략

실종아동등의 보호 및 지원에 관한 법률 시행규칙

[시행 2015.9.22.] [보건복지부령 제354호, 2015.9.22., 일부개정]

제1조(목적) 이 규칙은 「실종아동등의 보호 및 지원에 관한 법률」 및 동법 시행령에서 위임된 사항과 그 시행에 관하여 필요한 사항을 규정함을 목적으로 한다.

제2조(전문기관의 비치서류) 「실종아동등의 보호 및 지원에 관한 법률 시행령」(이하 "영"이라 한다) 제3조제1항에서 "보건복지부령이 정하는 서류"라 함은 다음 각 호에 해당하는 서류를 말한다. 〈개정 2008.3.3., 2010.3.19.〉

1. 기관의 연혁에 관한 기록부
2. 재산목록과 그 소유권 또는 사용권에 대한 증명서
3. 기관운영일지
4. 기관의 장 및 직원의 인사카드
5. 예산서 및 결산서
6. 총계정원장 및 수입·지출 보조부
7. 금전 및 물품의 출납부와 그 증빙서류
8. 관계 행정기관과의 문서철
9. 실종아동등의 사례관리 서류
10. 신상카드의 폐기와 관련된 서류
11. 실종아동등의 상담 및 치료서비스 제공 관련 서류

제3조(신고접수와 신상카드의 작성) ① 「실종아동등의 보호 및 지원에 관한 법률」(이하 "법"이라 한다) 제6조제1항에 따라 신고를 받은 경찰관서 또는 지방자치단체의 장은 별지 제1호서식의 실종아동등의 신고접수서를 작성하여야 한다. 〈개정 2008.7.31.〉

② 법 제6조제1항 후단에 따라 지방자치단체의 장이 경찰관서의 장에게 신고내용을 알리고자 하는 경우에는 제1항에 따른 신고아동등의 신고접수서의 사본을 송부하여야 한다. 〈개정 2008.7.31.〉

③ 경찰관서의 장 및 지방자치단체의 장은 제1항 및 제2항의 규정에 의한 신고접수서 및 신고접수서 사본을 5년간 보존하되, 실종아동등의 복귀절차를 완료한 경우에는 신고접수서 및 그 사본을 지체 없이 폐기하고, 폐기 책임자 및 폐기에 관한 최종 확인 등에 관한 사항이 기록된 서류를 5년간 보존하여야 한다.

④ 법 제6조제2항 및 제3항에 따른 신상카드는 별지 제2호서식과 같고, 법 제6조제4항에 따른 신상카드는 별지 제2호의2서식과 같다. 〈개정 2008.7.31.〉

제4조(신상카드의 열람신청) 영 제4조제3항의 규정에 의하여 신상카드의 열람을 요청하고자 하는 실종아동등·보호자·친족 또는 보호시설의 장은 별지 제3호서식에 의한 신상카드 열람신청서를 전문기관의 장에게 제출하여야 한다.

제5조(실종아동등의 복귀절차 등) ① 영 제8조 각 호 외의 부분 본문에 따라 경찰청장·지방자치단체의 장 또는 전문기관의 장은 실종아동등을 보호자에게 복귀시키는 경우에 별지 제4호서식에 의하여 보호자로부터 실종아동등의 인수확인을 받아야 한다. 〈개정 2013.11.20.〉

② 영 제8조 각 호 외의 부분 단서에서 "보건복지부령으로 정하는 사유가 있는 경우"란 다음 각 호의 어느 하나에 해당하는 경우로서 복귀가 아동등의 보호·양육을 위하여 부적절하다고 인정되는 경우를 말한다. 〈개정 2008.3.3., 2010.3.19., 2013.11.20.〉

1. 실종아동등이 보호자의 학대 등을 이유로 복귀를 거부하는 경우
2. 보호자가 실종아동등을 학대하였거나 학대를 한 것으로 볼만한 사유가 있는 경우
3. 삭제〈2013.11.20.〉
4. 보호자가 마약류·알콜중독, 전염성 질환 그 밖에 정신질환이 있는 경우
5. 그 밖에 보호자가 실종 이전에 아동등의 의식주를 포함한 기본적인 보호·양육 및 치료 의무를 태만히 한 사실이 있는 경우

제6조 삭제 〈2008.7.31.〉

부칙 〈제354호,2015.9.22.〉

이 규칙은 공포한 날부터 시행한다.

제9부

아동의 빈곤예방 및 지원 등에 관한 법률

[시행 2017.7.26.] [법률 제14839호, 2017.7.26., 타법개정]

제1조(목적)

이 법은 빈곤아동이 복지 · 교육 · 문화 등의 분야에서 소외와 차별을 받지 아니하고 한 사회의 구성원으로 건강하게 자랄 수 있도록 제도적 기반을 마련하는 것을 목적으로 한다.

제2조(기본이념)

이 법은 빈곤아동이 부모의 사회적 · 경제적 지위와 상관없이 태어나서 자립할 때까지 충분한 역량을 갖출 수 있도록 균형 있고 조화로운 성장과 건강하고 행복한 삶을 누릴 수 있도록 하는 것을 기본이념으로 한다.

제3조(정의)

이 법에서 사용하는 용어의 뜻은 다음과 같다. 〈개정 2011.8.4.〉

1. "아동"이란 「아동복지법」 제3조제1호에 따른 아동을 말한다.
2. "아동빈곤"이란 아동이 일상적인 생활여건과 자원이 결핍하여 사회적 · 경제적 · 문화적 불이익을 받는 빈곤한 상태를 말한다.
3. "빈곤아동"이란 생활여건과 자원의 결핍으로 인한 복지 · 교육 · 문화 등의 격차를 해소하기 위하여 지원이 필요한 아동을 말하며, 그 구체적인 기준은 보건복지부령으로 정한다.

제4조(국가 및 지방자치단체의 책무)

① 국가 및 지방자치단체는 복지 · 교육 · 문화 등의 지원 등 빈곤아동정책의 수행에 필요한 법적 · 제도적 장치를 마련하고 업무수행에 필요한 재원을 안정적으로 확보하기 위하여 노력하여야 한다.

② 국가 및 지방자치단체는 빈곤아동의 안전 · 건강 및 복지증진을 위하여 빈곤아동과 그 보호자 및 가정을 지원하기 위한 정책을 수립 · 시행하여야 한다.

③ 국가 및 지방자치단체는 빈곤아동이 어떠한 종류의 차별도 받지 아니하도록 필요한 시책을 마련하여야 한다.

제5조(다른 법률과의 관계)

아동의 빈곤예방 및 지원 등에 관하여 법률을 제정하거나 개정하는 경우에는 이 법의 목적과 기본이념에 부합하도록 하여야 한다.

제5조의2(실태조사)

① 보건복지부장관은 빈곤아동의 복지·교육·문화 등의 기본적인 욕구 등에 대한 실태조사를 5년마다 실시하여 그 결과를 공표하여야 한다.

② 보건복지부장관은 특별시장·광역시장·특별자치시장·도지사·특별자치도지사(이하 "시·도지사"라 한다), 관계 기관·법인·단체·시설의 장에게 현황 파악과 실태조사를 위하여 필요한 자료의 제공을 요청할 수 있다. 이 경우 자료의 제공을 요청 받은 자는 특별한 사유가 없으면 이에 협조하여야 한다.

③ 제1항에 따른 실태조사는 「아동복지법」 제11조에 따른 아동종합실태조사와 함께 실시할 수 있다.

④ 제1항에 따른 실태조사의 내용과 방법 등은 보건복지부령으로 정한다.

[본조신설 2016.12.2.]

제6조(기본계획의 수립)

① 보건복지부장관은 제5조의2에 따른 실태조사를 하여 다음 각 호의 사항이 포함된 빈곤아동의 복지·교육·문화 등 지원에 관한 기본계획(이하 "기본계획"이라 한다)을 5년마다 수립하여야 한다. 이 경우 제8조에 따른 아동빈곤예방위원회의 심의를 거쳐야 한다. 〈개정 2016.12.2.〉

1. 빈곤아동의 복지·교육·문화 등 지원 정책의 기본 방향

2. 빈곤아동 지원 관련 전달체계의 구축 및 제도의 개선

3. 빈곤아동 지원에 관한 부처별 주요 시책과 협조에 관한 사항

4. 그 밖에 빈곤아동 지원을 위하여 대통령령으로 정하는 사항

② 기본계획의 수립·시행, 그 밖에 필요한 사항은 대통령령으로 정한다.

제7조(연도별 시행계획의 수립·시행)

보건복지부장관, 관계 중앙행정기관의 장, 시·도지사 및 시·도교육감은 기본계획에 따라 연도별 시행계획을 각각 수립·시행하여야 한다. 〈개정 2016.12.2.〉

[제목개정 2016.12.2.]

제8조(아동빈곤예방위원회의 설치)

① 종합적인 빈곤아동정책의 수립 및 관계 기관 간의 연계·조정과 상호협력을 위하여 「아동복지법」 제10조제1항에 따른 아동정책조정위원회의 분과위원회로 아동빈곤예방위원회(이하 "

위원회"라 한다)를 둔다.　　　　　　　　　　　　　　　　　　　　　　〈개정 2011.8.4.〉

　② 위원회는 다음 각 호의 사항을 심의 · 조정한다.

　　1. 빈곤아동정책의 기본방향에 관한 사항

　　2. 빈곤아동정책 관련 제도 개선과 예산지원에 관한 사항

　　3. 여러 부처가 협력하여 추진하여야 하는 빈곤아동정책에 관한 사항

　　4. 빈곤아동 관련 국제조약의 이행 · 평가 및 조정에 관한 사항

　　5. 그 밖에 위원장이 필요하다고 인정하는 사항

　③ 위원회의 구성 · 조직, 그 밖에 운영에 필요한 사항은 대통령령으로 정한다.

제9조(위원회의 구성 등)

　① 위원회의 구성은 위원장을 포함한 15명 이내의 위원으로 구성하되, 위원장은 보건복지부장관이 된다.

　② 위원은 다음 각 호의 사람이 된다.　　　　〈개정 2011.8.4., 2013.3.23., 2014.11.19., 2017.7.26.〉

　　1. 기획재정부장관, 교육부장관, 행정안전부장관, 문화체육관광부장관, 여성가족부장관

　　2. 위원회의 심의사항과 관련하여 국무총리가 지명하는 장관

　　3. 「아동복지법」 제10조제3항제2호의 위원 중에서 국무총리가 지명하는 사람

　③ 위원의 임기는 2년으로 한다. 다만, 공무원인 위원의 임기는 그 재임기간으로 한다.

제10조(지역아동빈곤예방위원회)

　① 아동빈곤의 예방 및 빈곤아동의 지원에 관한 중요 사항을 심의하기 위하여 특별시 · 광역시 · 도 · 특별자치도(이하 "시 · 도"라 한다) 및 시 · 군 · 구(자치구를 말한다. 이하 같다)에 지역아동빈곤예방위원회(이하 "지역위원회"라 한다)를 둔다. 다만, 지역위원회는 그 기능의 수행에 적합한 다른 위원회가 있는 경우에는 시 · 도 또는 시 · 군 · 구의 조례로 정하는 바에 따라 그 위원회가 지역위원회의 업무를 수행할 수 있다.

　② 제1항에 따른 지역위원회 위원은 시 · 도지사 또는 시장 · 군수 · 구청장(자치구의 구청장을 말한다)이 다음 각 호의 어느 하나에 해당하는 사람 중에서 위촉한다.

　　1. 빈곤아동의 복지 및 지원에 관하여 학식과 경험이 풍부한 사람

　　2. 빈곤아동 지원시설의 운영자, 학부모 단체, 아동 · 청소년 단체 또는 비영리민간단체가 추천하는 사람

　③ 그 밖에 지역위원회의 구성 및 운영 등에 필요한 사항은 해당 지방자치단체의 조례로 정한다.

제11조(관계 기관 등에의 협조요청)

　위원회 및 지역위원회는 필요하다고 인정하는 경우 관계 전문가의 의견을 듣거나 관계 행정기관 등에 대하여 그 소속 직원의 출석 · 설명 및 자료의 제출을 요구할 수 있다.

부칙 〈제14839호,2017.7.26.〉

제1조(시행일)

　① 이 법은 공포한 날부터 시행한다. 다만, 부칙 제5조에 따라 개정되는 법률 중 이 법 시행 전에 공포되었으나 시행일이 도래하지 아니한 법률을 개정한 부분은 각각 해당 법률의 시행일부터 시행한다.

제2조부터 제4조까지 생략

제5조(다른 법률의 개정)

　①부터 〈186〉까지 생략

　〈187〉 아동의 빈곤예방 및 지원 등에 관한 법률 일부를 다음과 같이 개정한다.

　제9조제2항제1호 중 "행정자치부장관"을 "행정안전부장관"으로 한다.

　〈188〉부터 〈382〉까지 생략

제6조 생략

아동의 빈곤예방 및 지원 등에 관한 법률 시행령

[시행 2012.7.15.] [대통령령 제23951호, 2012.7.13., 제정]

제1조(목적) 이 영은 「아동의 빈곤예방 및 지원 등에 관한 법률」에서 위임된 사항과 그 시행에 필요한 사항을 규정함을 목적으로 한다.

제2조(기본계획에 포함될 사항) 「아동의 빈곤예방 및 지원 등에 관한 법률」(이하 "법"이라 한다) 제6조제1항제4호에서 "대통령령으로 정하는 사항"이란 빈곤아동을 지원하는 데에 필요한 재원의 규모와 조달방법을 말한다.

제3조(기본계획의 수립 등) ① 보건복지부장관은 법 제6조제1항에 따른 빈곤아동의 복지·교육·문화 등 지원에 관한 기본계획(이하 "기본계획"이라 한다)을 효율적으로 수립하기 위하여 미리 기본계획안 작성지침을 마련하여 관계 중앙행정기관의 장에게 통보하여야 한다.

② 관계 중앙행정기관의 장은 제1항에 따른 기본계획안 작성지침에 따라 소관별 기본계획안을 작성하여 보건복지부장관에게 제출하여야 한다.

③ 보건복지부장관은 제2항에 따라 받은 소관별 기본계획안과 보건복지부 소관의 기본계획안을 종합한 기본계획을 작성하여 법 제8조에 따른 아동빈곤예방위원회(이하 "위원회"라 한다)의 심의를 거쳐 확정하여야 한다.

④ 관계 중앙행정기관의 장은 제3항에 따라 확정된 기본계획 중 소관사항을 변경할 필요가 있는 경우에는 기본계획 변경안을 작성하여 보건복지부장관에게 제출하여야 한다.

⑤ 제4항에 따라 기본계획 변경안을 받은 보건복지부장관은 위원회의 심의를 거쳐 기본계획을 변경하여야 한다.

⑥ 보건복지부장관은 제3항 또는 제5항에 따라 기본계획이 확정되거나 변경된 경우에는 이를 관계 중앙행정기관의 장, 특별시장·광역시장·도지사·특별자치도지사(이하 "시·도지사"라 한다) 및 특별시·광역시·도·특별자치도의 교육감(이하 "시·도교육감"이라 한다)에게 통보하여야 한다.

제4조(연도별 시행계획의 수립 등) ① 법 제7조에 따른 연도별 시행계획(이하 "시행계획"이라 한다)을 효율적으로 수립하기 위하여 보건복지부장관은 시행계획 수립지침을 마련하여 관계 중앙행정기관의 장, 시·도지사 및 시·도교육감에게 통보하여야 한다.

② 관계 중앙행정기관의 장, 시·도지사 및 시·도교육감은 제1항에 따른 시행계획 수립지침에 따라 소관별로 다음 해의 시행계획을 수립하여 매년 12월 31일까지 보건복지부장관에게 제출하여야 한다. 이 경우 시·도지사 및 시·도교육감은 시행계획의 내용에 관하여 보건복지부장관 및 관계 중앙행정기관의 장과 미리 협의하여야 한다.

③ 보건복지부장관은 제2항에 따라 받은 시행계획과 보건복지부 소관의 시행계획을 종합하여 위원회에 보고하여야 한다.

④ 관계 중앙행정기관의 장, 시·도지사 및 시·도교육감은 제2항에 따라 수립한 시행계획의 내용을 변경한 경우에는 지체 없이 보건복지부장관에게 변경된 시행계획을 제출하여야 한다. 이 경우 시·도지사 및 시·도교육감은 시행계획의 변경내용에 관하여 보건복지부장관 및 관계 중앙행정기관의 장과 미리 협의하여야 한다.

제5조(추진실적의 제출 등) ① 관계 중앙행정기관의 장, 시·도지사 및 시·도교육감은 지난해의 시행계획에 따른 추진실적을 작성하여 매년 3월 31일까지 보건복지부장관에게 제출하여야 한다.

② 보건복지부장관은 제1항에 따라 받은 추진실적과 지난해의 보건복지부 소관 시행계획에 따른 추진실적을 위원회에 보고하여야 한다.

제6조(위원장) ① 위원회의 위원장(이하 "위원장"이라 한다)은 위원회를 대표하고, 위원회의 업무를 총괄한다.

② 위원장이 부득이한 사유로 직무를 수행할 수 없을 때에는 위원장이 미리 지명한 위원이 그 직무를 대행한다.

제7조(회의) ① 위원장은 재적위원 3분의 1 이상이 요구할 때 또는 위원장이 필요하다고 인정할 때에 위원회의 회의를 소집하고, 그 의장이 된다.

② 위원회의 회의는 재적위원 과반수의 출석으로 개의(開議)하고, 출석위원 과반수의 찬성으로 의결한다.

제8조(간사) ① 위원회의 사무를 처리하기 위하여 위원회에 간사 1명을 둔다.

② 위원회의 간사는 보건복지부 소속 공무원 중에서 보건복지부장관이 지명한다.

제9조(수당 등) 위원회의 회의에 출석한 위원에게는 예산의 범위에서 수당·여비와 그 밖에 필요한 경비를 지급할 수 있다. 다만, 공무원인 위원이 소관 업무와 직접 관련하여 출석하는 경우에는 그러하지 아니하다.

제10조(운영 세칙) 이 영에서 규정한 사항 외에 위원회의 운영에 필요한 사항은 위원회의 의결을 거쳐 위원장이 정한다.

부칙 <제23951호,2012.7.13.>

이 영은 2012년 7월 15일부터 시행한다.

아동의 빈곤예방 및 지원 등에 관한 법률 시행규칙

[시행 2012.7.15.] [보건복지부령 제139호, 2012.7.13., 제정]

제1조(목적) 이 규칙은 「아동의 빈곤예방 및 지원 등에 관한 법률」 및 같은 법 시행령에서 위임된 사항과 그 시행에 필요한 사항을 규정함을 목적으로 한다.

제2조(빈곤아동의 기준) 「아동의 빈곤예방 및 지원 등에 관한 법률」 (이하 "법"이라 한다) 제3조제3호에 따른 빈곤아동은 다음 각 호의 어느 하나에 해당하는 아동을 말한다.

1. 「아동복지법」 제3조제4호 및 제5호에 따른 보호대상아동 및 지원대상아동
2. 「국민기초생활 보장법」 제2조제2호에 따른 수급자인 아동
3. 「한부모가족지원법」 제4조제2호에 따른 한부모가족 및 「다문화가족지원법」 제2조제1호에 따른 다문화가족의 아동 등 복지 · 교육 · 문화 등의 격차를 해소하기 위하여 사회적 · 경제적 · 문화적 지원이 필요하다고 보건복지부장관이 인정하는 아동

제3조(실태조사) ① 보건복지부장관은 법 제6조제1항에 따라 빈곤아동과 그 가구 등을 대상으로 다음 각 호의 사항에 관하여 실태조사를 한다.

1. 빈곤아동 및 보호자 등의 성별 · 나이 · 학력 등 일반적 특성에 관한 사항
2. 빈곤아동의 가족관계 및 부양 실태에 관한 사항
3. 빈곤의 유형, 정도 및 발생 원인 등 빈곤의 특성에 관한 사항
4. 정부 또는 민간에서 제공하는 복지 · 교육 · 문화 서비스 이용 현황 및 이용 욕구에 관한 사항
5. 그 밖에 보건복지부장관이 빈곤아동의 복지 향상을 위하여 필요하다고 인정하는 사항

② 보건복지부장관은 제1항에 따른 실태조사를 빈곤아동에 관한 전문성, 인력 및 장비를 갖춘 연구기관 · 법인 또는 단체에 의뢰하여 실시할 수 있다.

부칙 <제139호, 2012.7.13.>

제1조(시행일) 이 규칙은 2012년 7월 15일부터 시행한다.

제2조(다른 법령의 인용에 관한 경과조치) 2012년 8월 4일까지는 제2조제1호 중 "「아동복지법」 제3조제4호에 따른 보호대상아동"을 "「아동복지법」 제2조제2호에 따른 보호를 필요로 하는 아동"으로 본다.

제10부

아동학대범죄의 처벌 등에 관한 특례법

[시행 2018.6.20.] [법률 제15255호, 2017.12.19., 일부개정]

제1조(목적)

　이 법은 아동학대범죄의 처벌 및 그 절차에 관한 특례와 피해아동에 대한 보호절차 및 아동학대 행위자에 대한 보호처분을 규정함으로써 아동을 보호하여 아동이 건강한 사회 구성원으로 성장하도록 함을 목적으로 한다.

제2조(정의)

　이 법에서 사용하는 용어의 뜻은 다음과 같다.　　　　　　　　　　〈개정 2016.1.6., 2016.5.29.〉

　1. "아동"이란 「아동복지법」 제3조제1호에 따른 아동을 말한다.

　2. "보호자"란 「아동복지법」 제3조제3호에 따른 보호자를 말한다.

　3. "아동학대"란 「아동복지법」 제3조제7호에 따른 아동학대를 말한다.

　4. "아동학대범죄"란 보호자에 의한 아동학대로서 다음 각 목의 어느 하나에 해당하는 죄를 말한다.

　　가. 「형법」 제2편제25장 상해와 폭행의 죄 중 제257조(상해)제1항·제3항, 제258조의2(특수상해)제1항(제257조제1항의 죄에만 해당한다)·제3항(제1항 중 제257조제1항의 죄에만 해당한다), 제260조(폭행)제1항, 제261조(특수폭행) 및 제262조(폭행치사상)(상해에 이르게 한 때에만 해당한다)의 죄

　　나. 「형법」 제2편제28장 유기와 학대의 죄 중 제271조(유기)제1항, 제272조(영아유기), 제273조(학대)제1항, 제274조(아동혹사) 및 제275조(유기등 치사상)(상해에 이르게 한 때에만 해당한다)의 죄

　　다. 「형법」 제2편제29장 체포와 감금의 죄 중 제276조(체포, 감금)제1항, 제277조(중체포, 중감금)제1항, 제278조(특수체포, 특수감금), 제280조(미수범) 및 제281조(체포·감금등의 치사상)(상해에 이르게 한 때에만 해당한다)의 죄

　　라. 「형법」 제2편제30장 협박의 죄 중 제283조(협박)제1항, 제284조(특수협박) 및 제286조(미수범)의 죄

　　마. 「형법」 제2편제31장 약취, 유인 및 인신매매의 죄 중 제287조(미성년자 약취, 유인), 제288조(추행 등 목적 약취, 유인 등), 제289조(인신매매) 및 제290조(약취, 유인, 매매, 이송 등 상해·치상)의 죄

바. 「형법」 제2편제32장 강간과 추행의 죄 중 제297조(강간), 제297조의2(유사강간), 제298조(강제추행), 제299조(준강간, 준강제추행), 제300조(미수범), 제301조(강간등 상해·치상), 제301조의2(강간등 살인·치사), 제302조(미성년자등에 대한 간음), 제303조(업무상위력 등에 의한 간음) 및 제305조(미성년자에 대한 간음, 추행)의 죄

사. 「형법」 제2편제33장 명예에 관한 죄 중 제307조(명예훼손), 제309조(출판물등에 의한 명예훼손) 및 제311조(모욕)의 죄

아. 「형법」 제2편제36장 주거침입의 죄 중 제321조(주거·신체 수색)의 죄

자. 「형법」 제2편제37장 권리행사를 방해하는 죄 중 제324조(강요) 및 제324조의5(미수범)(제324조의 죄에만 해당한다)의 죄

차. 「형법」 제2편제39장 사기와 공갈의 죄 중 제350조(공갈), 제350조의2(특수공갈) 및 제352조(미수범)(제350조, 제350조의2의 죄에만 해당한다)의 죄

카. 「형법」 제2편제42장 손괴의 죄 중 제366조(재물손괴등)의 죄

타. 「아동복지법」 제71조제1항 각 호의 죄(제3호의 죄는 제외한다)

파. 가목부터 타목까지의 죄로서 다른 법률에 따라 가중처벌되는 죄

하. 제4조(아동학대치사), 제5조(아동학대중상해) 및 제6조(상습범)의 죄

4의2. "아동학대범죄신고등"이란 아동학대범죄에 관한 신고·진정·고소·고발 등 수사 단서의 제공, 진술 또는 증언이나 그 밖의 자료제출행위 및 범인검거를 위한 제보 또는 검거활동을 말한다.

4의3. "아동학대범죄신고자등"이란 아동학대범죄신고등을 한 자를 말한다.

5. "아동학대행위자"란 아동학대범죄를 범한 사람 및 그 공범을 말한다.

6. "피해아동"이란 아동학대범죄로 인하여 직접적으로 피해를 입은 아동을 말한다.

7. "아동보호사건"이란 아동학대범죄로 인하여 제36조제1항에 따른 보호처분(이하 "보호처분"이라 한다)의 대상이 되는 사건을 말한다.

8. "피해아동보호명령사건"이란 아동학대범죄로 인하여 제47조에 따른 피해아동보호명령의 대상이 되는 사건을 말한다.

9. "아동보호전문기관"이란 「아동복지법」 제45조에 따른 아동보호전문기관을 말한다.

9의2. "가정위탁지원센터"란 「아동복지법」 제48조에 따른 가정위탁지원센터를 말한다.

10. "아동복지시설"이란 「아동복지법」 제50조에 따라 설치된 시설을 말한다.

11. "아동복지시설의 종사자"란 아동복지시설에서 아동의 상담·지도·치료·양육, 그 밖에 아동의 복지에 관한 업무를 담당하는 사람을 말한다.

제3조(다른 법률과의 관계)

아동학대범죄에 대하여는 이 법을 우선 적용한다. 다만, 「성폭력범죄의 처벌 등에 관한 특례법」, 「아동·청소년의 성보호에 관한 법률」에서 가중처벌되는 경우에는 그 법에서 정한 바에 따른다.

제2장 아동학대범죄의 처벌에 관한 특례

제4조(아동학대치사)

제2조제4호가목부터 다목까지의 아동학대범죄를 범한 사람이 아동을 사망에 이르게 한 때에는 무기 또는 5년 이상의 징역에 처한다.

제5조(아동학대중상해)

제2조제4호가목부터 다목까지의 아동학대범죄를 범한 사람이 아동의 생명에 대한 위험을 발생하게 하거나 불구 또는 난치의 질병에 이르게 한 때에는 3년 이상의 징역에 처한다.

제6조(상습범)

상습적으로 제2조제4호가목부터 파목까지의 아동학대범죄를 범한 자는 그 죄에 정한 형의 2분의 1까지 가중한다. 다만, 다른 법률에 따라 상습범으로 가중처벌되는 경우에는 그러하지 아니하다.

제7조(아동복지시설의 종사자 등에 대한 가중처벌)

제10조제2항 각 호에 따른 아동학대 신고의무자가 보호하는 아동에 대하여 아동학대범죄를 범한 때에는 그 죄에 정한 형의 2분의 1까지 가중한다.

제8조(형벌과 수강명령 등의 병과)

① 법원은 아동학대행위자에 대하여 유죄판결(선고유예는 제외한다)을 선고하면서 200시간의 범위에서 재범예방에 필요한 수강명령(「보호관찰 등에 관한 법률」에 따른 수강명령을 말한다. 이하 같다) 또는 아동학대 치료프로그램의 이수명령(이하 "이수명령"이라 한다)을 병

과할 수 있다.

② 아동학대행위자에 대하여 제1항의 수강명령은 형의 집행을 유예할 경우에 그 집행유예기간 내에서 병과하고, 이수명령은 벌금형 또는 징역형의 실형(實刑)을 선고할 경우에 병과한다.

③ 법원이 아동학대행위자에 대하여 형의 집행을 유예하는 경우에는 제1항에 따른 수강명령 외에 그 집행유예기간 내에서 보호관찰 또는 사회봉사 중 하나 이상의 처분을 병과할 수 있다.

④ 제1항에 따른 수강명령 또는 이수명령은 형의 집행을 유예할 경우에는 그 집행유예기간 내에, 벌금형을 선고할 경우에는 형 확정일로부터 6개월 이내에, 징역형의 실형을 선고할 경우에는 형기 내에 각각 집행한다.

⑤ 제1항에 따른 수강명령 또는 이수명령이 벌금형 또는 형의 집행유예와 병과된 경우에는 보호관찰소의 장이 집행하고, 징역형의 실형과 병과된 경우에는 교정시설의 장이 집행한다. 다만, 징역형의 실형과 병과된 이수명령을 모두 이행하기 전에 석방 또는 가석방되거나 미결구금일수 산입 등의 사유로 형을 집행할 수 없게 된 경우에는 보호관찰소의 장이 남은 이수명령을 집행한다.

⑥ 제1항에 따른 수강명령 또는 이수명령은 다음 각 호의 내용으로 한다.

1. 아동학대 행동의 진단·상담

2. 보호자로서의 기본 소양을 갖추게 하기 위한 교육

3. 그 밖에 아동학대행위자의 재범예방을 위하여 필요한 사항

⑦ 형벌과 병과하는 보호관찰, 사회봉사, 수강명령 및 이수명령에 관하여 이 법에서 규정한 사항 외에는 「보호관찰 등에 관한 법률」을 준용한다.

제9조(친권상실청구 등)

① 아동학대행위자가 제5조 또는 제6조의 범죄를 저지른 때에는 검사는 그 사건의 아동학대행위자가 피해아동의 친권자나 후견인인 경우에 법원에 「민법」 제924조의 친권상실의 선고 또는 같은 법 제940조의 후견인의 변경 심판을 청구하여야 한다. 다만, 친권상실의 선고 또는 후견인의 변경 심판을 하여서는 아니 될 특별한 사정이 있는 경우에는 그러하지 아니하다.

② 검사가 제1항에 따른 청구를 하지 아니한 때에는 아동보호전문기관의 장은 검사에게 제1항의 청구를 하도록 요청할 수 있다. 이 경우 청구를 요청받은 검사는 요청받은 날부터 30일 내에 그 처리 결과를 아동보호전문기관의 장에게 통보하여야 한다.

③ 제2항 후단에 따라 처리 결과를 통보받은 아동보호전문기관의 장은 그 처리 결과에 대하여 이의가 있을 경우 통보받은 날부터 30일 내에 직접 법원에 제1항의 청구를 할 수 있다.

제10조(아동학대범죄 신고의무와 절차)

① 누구든지 아동학대범죄를 알게 된 경우나 그 의심이 있는 경우에는 아동보호전문기관 또는 수사기관에 신고할 수 있다.

② 다음 각 호의 어느 하나에 해당하는 사람이 직무를 수행하면서 아동학대범죄를 알게 된 경우나 그 의심이 있는 경우에는 아동보호전문기관 또는 수사기관에 즉시 신고하여야 한다.

〈개정 2016.5.29.〉

1. 가정위탁지원센터의 장과 그 종사자

2. 아동복지시설의 장과 그 종사자(아동보호전문기관의 장과 그 종사자는 제외한다)

3. 「아동복지법」 제13조에 따른 아동복지전담공무원

4. 「가정폭력방지 및 피해자보호 등에 관한 법률」 제5조에 따른 가정폭력 관련 상담소 및 같은 법 제7조의2에 따른 가정폭력피해자 보호시설의 장과 그 종사자

5. 「건강가정기본법」 제35조에 따른 건강가정지원센터의 장과 그 종사자

6. 「다문화가족지원법」 제12조에 따른 다문화가족지원센터의 장과 그 종사자

7. 「사회복지사업법」 제14조에 따른 사회복지 전담공무원 및 같은 법 제34조에 따른 사회복지시설의 장과 그 종사자

8. 「성매매방지 및 피해자보호 등에 관한 법률」 제5조에 따른 지원시설 및 같은 법 제10조에 따른 성매매피해상담소의 장과 그 종사자

9. 「성폭력방지 및 피해자보호 등에 관한 법률」 제10조에 따른 성폭력피해상담소, 같은 법 제12조에 따른 성폭력피해자보호시설의 장과 그 종사자 및 같은 법 제18조에 따른 성폭력피해자통합지원센터의 장과 그 종사자

10. 「소방기본법」 제34조에 따른 구급대의 대원

11. 「응급의료에 관한 법률」 제2조제7호에 따른 응급의료기관등에 종사하는 응급구조사

12. 「영유아보육법」 제7조에 따른 육아종합지원센터의 장과 그 종사자 및 제10조에 따른 어린이집의 원장 등 보육교직원

13. 「유아교육법」 제20조에 따른 교직원 및 같은 법 제23조에 따른 강사 등

14. 삭제〈2016.5.29.〉

15. 「의료법」 제3조제1항에 따른 의료기관의 장과 그 의료기관에 종사하는 의료인 및 의료

기사

16. 「장애인복지법」 제58조에 따른 장애인복지시설의 장과 그 종사자로서 시설에서 장애
아동에 대한 상담 · 치료 · 훈련 또는 요양 업무를 수행하는 사람

17. 「정신건강증진 및 정신질환자 복지서비스 지원에 관한 법률」 제3조제3호에 따른 정신
건강복지센터, 같은 조 제5호에 따른 정신의료기관, 같은 조 제6호에 따른 정신요양시설
및 같은 조 제7호에 따른 정신재활시설의 장과 그 종사자

18. 「청소년기본법」 제3조제6호에 따른 청소년시설 및 같은 조 제8호에 따른 청소년단체의
장과 그 종사자

19. 「청소년 보호법」 제35조에 따른 청소년 보호 · 재활센터의 장과 그 종사자

20. 「초 · 중등교육법」 제19조에 따른 교직원, 같은 법 제19조의2에 따른 전문상담교사 및
같은 법 제22조에 따른 산학겸임교사 등

21. 「한부모가족지원법」 제19조에 따른 한부모가족복지시설의 장과 그 종사자

22. 「학원의 설립 · 운영 및 과외교습에 관한 법률」 제6조에 따른 학원의 운영자 · 강사 · 직
원 및 같은 법 제14조에 따른 교습소의 교습자 · 직원

23. 「아이돌봄 지원법」 제2조제4호에 따른 아이돌보미

24. 「아동복지법」 제37조에 따른 취약계층 아동에 대한 통합서비스지원 수행인력

25. 「입양특례법」 제20조에 따른 입양기관의 장과 그 종사자

③ 누구든지 제1항 및 제2항에 따른 신고인의 인적 사항 또는 신고인임을 미루어 알 수 있는 사
실을 다른 사람에게 알려주거나 공개 또는 보도하여서는 아니 된다.

제10조의2(불이익조치의 금지)

누구든지 아동학대범죄신고자등에게 아동학대범죄신고등을 이유로 불이익조치를 하여서는 아
니 된다.

[본조신설 2016.5.29.]

제10조의3(아동학대범죄신고자등에 대한 보호조치)

아동학대범죄신고자등에 대하여는 「특정범죄신고자 등 보호법」 제7조부터 제13조까지의 규
정을 준용한다.

[본조신설 2016.5.29.]

제10조의4(고소에 대한 특례)

① 피해아동 또는 그 법정대리인은 아동학대행위자를 고소할 수 있다. 피해아동의 법정대리인이 아동학대행위자인 경우 또는 아동학대행위자와 공동으로 아동학대범죄를 범한 경우에는 피해아동의 친족이 고소할 수 있다.

② 피해아동은 「형사소송법」 제224조에도 불구하고 아동학대행위자가 자기 또는 배우자의 직계존속인 경우에도 고소할 수 있다. 법정대리인이 고소하는 경우에도 또한 같다.

③ 피해아동에게 고소할 법정대리인이나 친족이 없는 경우에 이해관계인이 신청하면 검사는 10일 이내에 고소할 수 있는 사람을 지정하여야 한다.

[본조신설 2016.5.29.]

제11조(현장출동)

① 아동학대범죄 신고를 접수한 사법경찰관리나 아동보호전문기관의 직원은 지체 없이 아동학대범죄의 현장에 출동하여야 한다. 이 경우 수사기관의 장이나 아동보호전문기관의 장은 서로 동행하여 줄 것을 요청할 수 있으며, 그 요청을 받은 수사기관의 장이나 아동보호전문기관의 장은 정당한 사유가 없으면 사법경찰관리나 그 소속 직원이 아동학대범죄 현장에 동행하도록 조치하여야 한다.

② 아동학대범죄 신고를 접수한 사법경찰관리나 아동보호전문기관의 직원은 아동학대범죄가 행하여지고 있는 것으로 신고된 현장에 출입하여 아동 또는 아동학대행위자 등 관계인에 대하여 조사를 하거나 질문을 할 수 있다. 다만, 아동보호전문기관의 직원은 피해아동의 보호를 위한 범위에서만 아동학대행위자 등 관계인에 대하여 조사 또는 질문을 할 수 있다.

③ 제2항에 따라 출입이나 조사를 하는 사법경찰관리나 아동보호전문기관의 직원은 그 권한을 표시하는 증표를 지니고 이를 관계인에게 내보여야 한다.

④ 누구든지 제1항에 따라 현장에 출동한 사법경찰관리나 아동보호전문기관의 직원이 제2항에 따른 업무를 수행할 때에 폭행·협박이나 현장조사를 거부하는 등 그 업무 수행을 방해하는 행위를 하여서는 아니 된다.

제12조(피해아동에 대한 응급조치)

① 제11조제1항에 따라 현장에 출동하거나 아동학대범죄 현장을 발견한 사법경찰관리 또는 아동보호전문기관의 직원은 피해아동 보호를 위하여 즉시 다음 각 호의 조치(이하 "응급조치"라 한다)를 하여야 한다. 이 경우 제3호의 조치를 하는 때에는 피해아동의 의사를 존중하여야 한다(다만, 피해아동을 보호하여야 할 필요가 있는 등 특별한 사정이 있는 경우에는 그러

하지 아니하다). 〈개정 2016.5.29.〉

1. 아동학대범죄 행위의 제지

2. 아동학대행위자를 피해아동으로부터 격리

3. 피해아동을 아동학대 관련 보호시설로 인도

4. 긴급치료가 필요한 피해아동을 의료기관으로 인도

② 사법경찰관리나 아동보호전문기관의 직원은 제1항제3호 및 제4호 규정에 따라 피해아동을 분리·인도하여 보호하는 경우 지체 없이 피해아동을 인도받은 보호시설·의료시설을 관할하는 특별시장·광역시장·특별자치시장·도지사·특별자치도지사 또는 시장·군수·구청장에게 그 사실을 통보하여야 한다. 〈개정 2016.5.29.〉

③ 제1항제2호부터 제4호까지의 규정에 따른 응급조치는 72시간을 넘을 수 없다. 다만, 검사가 제15조제2항에 따라 임시조치를 법원에 청구한 경우에는 법원의 임시조치 결정 시까지 연장된다.

④ 사법경찰관리 또는 아동보호전문기관의 직원이 제1항에 따라 응급조치를 한 경우에는 즉시 응급조치결과보고서를 작성하여야 하며, 아동보호전문기관의 직원이 응급조치를 한 경우 아동보호전문기관의 장은 작성된 응급조치결과보고서를 지체 없이 관할 경찰서의 장에게 송부하여야 한다.

⑤ 제4항에 따른 응급조치결과보고서에는 피해사실의 요지, 응급조치가 필요한 사유, 응급조치의 내용 등을 기재하여야 한다.

⑥ 누구든지 아동보호전문기관의 직원이나 사법경찰관리가 제1항에 따른 업무를 수행할 때에 폭행·협박이나 응급조치를 저지하는 등 그 업무 수행을 방해하는 행위를 하여서는 아니 된다.

제13조(아동학대행위자에 대한 긴급임시조치)

① 사법경찰관은 제12조제1항에 따른 응급조치에도 불구하고 아동학대범죄가 재발될 우려가 있고, 긴급을 요하여 제19조제1항에 따른 법원의 임시조치 결정을 받을 수 없을 때에는 직권이나 피해아동, 그 법정대리인(아동학대행위자를 제외한다. 이하 같다), 변호사(제16조에 따른 변호사를 말한다. 제48조 및 제49조를 제외하고는 이하 같다) 또는 아동보호전문기관의 장의 신청에 따라 제19조제1항제1호부터 제3호까지의 어느 하나에 해당하는 조치를 할 수 있다.

② 사법경찰관은 제1항에 따른 조치(이하 "긴급임시조치"라 한다)를 한 경우에는 즉시 긴급임시조치결정서를 작성하여야 한다.

③ 제2항에 따른 긴급임시조치결정서에는 범죄사실의 요지, 긴급임시조치가 필요한 사유, 긴급임시조치의 내용 등을 기재하여야 한다.

제14조(임시조치의 청구)

① 검사는 아동학대범죄가 재발될 우려가 있다고 인정하는 경우에는 직권으로 또는 사법경찰관이나 보호관찰관의 신청에 따라 법원에 제19조제1항 각 호의 임시조치를 청구할 수 있다.

② 피해아동, 그 법정대리인, 변호사 또는 아동보호전문기관의 장은 검사 또는 사법경찰관에게 제1항에 따른 임시조치의 청구 또는 그 신청을 요청하거나 이에 관하여 의견을 진술할 수 있다.

③ 제2항에 따른 요청을 받은 사법경찰관은 제1항에 따른 임시조치를 신청하지 아니하는 경우에는 검사에게 그 사유를 보고하여야 한다.

제15조(응급조치 · 긴급임시조치 후 임시조치의 청구)

① 사법경찰관이 제12조제1항제2호부터 제4호까지의 규정에 따른 응급조치 또는 제13조제1항에 따른 긴급임시조치를 하였거나 아동보호전문기관의 장으로부터 제12조제1항제2호부터 제4호까지의 규정에 따른 응급조치가 행하여졌다는 통지를 받은 때에는 지체 없이 검사에게 제19조에 따른 임시조치의 청구를 신청하여야 한다.

② 제1항의 신청을 받은 검사는 임시조치를 청구하는 때에는 응급조치가 있었던 때부터 72시간 이내에, 긴급임시조치가 있었던 때부터 48시간 이내에 하여야 한다. 이 경우 제12조제4항에 따라 작성된 응급조치결과보고서 및 제13조제2항에 따라 작성된 긴급임시조치결정서를 첨부하여야 한다.

③ 사법경찰관은 검사가 제2항에 따라 임시조치를 청구하지 아니하거나 법원이 임시조치의 결정을 하지 아니한 때에는 즉시 그 긴급임시조치를 취소하여야 한다.

제16조(피해아동에 대한 변호사 선임의 특례)

아동학대범죄사건의 피해아동에 대한 변호사 선임 등에 관하여는 「성폭력범죄의 처벌 등에 관한 특례법」 제27조를 준용한다. 이 경우 "성폭력범죄"는 "아동학대범죄"로, "형사절차"는 "형사 및 아동보호 절차"로, "피해자"는 "피해아동"으로 본다.

제17조(준용)

아동학대범죄의 조사 · 심리에 관하여는 「성폭력범죄의 처벌 등에 관한 특례법」 제29조부터

제32조까지, 제34조부터 제41조까지 및 「아동·청소년의 성보호에 관한 법률」 제29조를 각각 준용한다. 이 경우 "성폭력" 또는 "아동·청소년대상 성범죄"는 "아동학대범죄"로, "피해자"는 "피해아동"으로 본다.

제4장 아동보호사건

제18조(관할)

① 아동보호사건의 관할은 아동학대행위자의 행위지, 거주지 또는 현재지를 관할하는 가정법원으로 한다. 다만, 가정법원이 설치되지 아니한 지역에서는 해당 지역의 지방법원(지원을 포함한다. 이하 같다)으로 한다.

② 아동보호사건의 심리와 결정은 단독판사(이하 "판사"라 한다)가 한다.

제19조(아동학대행위자에 대한 임시조치)

① 판사는 아동학대범죄의 원활한 조사·심리 또는 피해아동 보호를 위하여 필요하다고 인정하는 경우에는 결정으로 아동학대행위자에게 다음 각 호의 어느 하나에 해당하는 조치(이하 "임시조치"라 한다)를 할 수 있다.

1. 피해아동 또는 가정구성원(「가정폭력범죄의 처벌 등에 관한 특례법」 제2조제2호에 따른 가정구성원을 말한다. 이하 같다)의 주거로부터 퇴거 등 격리

2. 피해아동 또는 가정구성원의 주거, 학교 또는 보호시설 등에서 100미터 이내의 접근 금지

3. 피해아동 또는 가정구성원에 대한 「전기통신기본법」 제2조제1호의 전기통신을 이용한 접근 금지

4. 친권 또는 후견인 권한 행사의 제한 또는 정지

5. 아동보호전문기관 등에의 상담 및 교육 위탁

6. 의료기관이나 그 밖의 요양시설에의 위탁

7. 경찰관서의 유치장 또는 구치소에의 유치

② 제1항 각 호의 처분은 병과할 수 있다.

③ 판사는 피해아동에 대하여 제12조제1항제2호부터 제4호까지의 규정에 따른 응급조치가 행

하여진 경우에는 임시조치가 청구된 때로부터 24시간 이내에 임시조치 여부를 결정하여야 한다.

④ 제1항 각 호의 규정에 따른 임시조치기간은 2개월을 초과할 수 없다. 다만, 피해아동의 보호를 위하여 그 기간을 연장할 필요가 있다고 인정하는 경우에는 결정으로 제1항제1호부터 제3호까지의 규정에 따른 임시조치는 두 차례만, 같은 항 제4호부터 제7호까지의 규정에 따른 임시조치는 한 차례만 각 기간의 범위에서 연장할 수 있다.

⑤ 제1항제6호에 따라 위탁을 하는 경우에는 의료기관 등의 장에게 아동학대행위자를 보호하는 데에 필요한 사항을 부과할 수 있다.

⑥ 제1항제6호에 따라 민간이 운영하는 의료기관 등에 아동학대행위자를 위탁하려는 경우에는 제5항에 따라 부과할 사항을 그 의료기관 등의 장에게 미리 고지하고 동의를 받아야 한다.

⑦ 법원은 제1항에 따른 임시조치를 결정한 경우에는 검사 및 피해아동, 그 법정대리인, 변호사 또는 피해아동을 보호하고 있는 기관의 장에게 통지하여야 한다.

⑧ 제1항제5호에 따른 상담 및 교육을 행한 아동보호전문기관의 장 등은 그 결과보고서를 판사와 검사에게 제출하여야 한다.

⑨ 제1항 각 호의 위탁 대상이 되는 상담소, 의료기관, 요양시설 등의 기준과 위탁의 절차 및 제7항에 따른 통지의 절차 등 그 밖에 필요한 사항은 대법원규칙으로 정한다.

제20조(임시조치의 고지)

법원은 제19조제1항제6호 및 제7호의 조치를 한 경우에는 그 사실을 아동학대행위자의 보조인(제44조에서 준용하는 「가정폭력범죄의 처벌 등에 관한 특례법」 제28조에 따른 보조인을 말한다. 이하 같다)이 있는 경우에는 보조인에게, 보조인이 없는 경우에는 아동학대행위자가 지정한 사람에게 통지하여야 한다. 이 경우 제19조제1항제7호의 조치를 하였을 때에는 아동학대행위자에게 변호사 등 보조인을 선임할 수 있으며 항고를 제기할 수 있음을 고지하여야 한다.

제21조(임시조치의 집행)

① 판사는 제19조제1항 각 호에 규정된 임시조치의 결정을 한 경우에는 가정보호사건조사관, 법원공무원, 사법경찰관리 또는 구치소 소속 교정직공무원으로 하여금 집행하게 할 수 있다.

② 피해아동 또는 가정구성원은 제19조제1항제1호 및 제2호의 임시조치 후 주거, 학교 또는 보호시설 등을 옮긴 경우에는 관할 법원에 임시조치 결정의 변경을 신청할 수 있다.

제22조(임시조치의 변경)

① 아동학대행위자, 그 법정대리인이나 보조인은 제19조제1항 각 호에 따른 임시조치 결정의 취소 또는 그 종류의 변경을 관할 법원에 신청할 수 있다.

② 판사는 정당한 이유가 있다고 인정하는 경우에는 직권 또는 제1항의 신청에 따라 결정으로 해당 임시조치를 취소하거나 그 종류를 변경할 수 있다.

③ 판사는 임시조치를 받은 아동학대행위자가 제19조제1항제5호 및 제6호의 임시조치 결정을 이행하지 아니하거나 그 집행에 따르지 아니하면 직권 또는 검사, 피해아동, 그 법정대리인이나 변호사 또는 제19조제1항 각 호의 위탁 대상이 되는 기관의 장의 청구에 따라 결정으로 그 임시조치를 변경할 수 있다. 〈개정 2016.5.29.〉

제23조(임시로 후견인의 임무를 수행할 사람)

① 판사는 제19조제1항제4호의 임시조치로 인하여 피해아동에게 친권을 행사하거나 후견인의 임무를 수행할 사람이 없는 경우 그 임시조치의 기간 동안 특별시장·광역시장·특별자치시장·도지사·특별자치도지사·시장·군수·구청장·아동보호전문기관의 장 및 가정위탁지원센터의 장으로 하여금 임시로 후견인의 임무를 수행하게 하거나 그 임무를 수행할 사람을 선임하여야 한다. 〈개정 2016.5.29.〉

② 제1항의 경우 판사는 해당 피해아동의 의견을 존중하여야 하며, 피해아동, 변호사, 아동보호전문기관의 장 및 가정위탁지원센터의 장 등 피해아동을 보호하고 있는 사람은 그 선임에 관하여 의견을 제시할 수 있다. 〈개정 2016.5.29.〉

③ 법원이 제1항에 따른 조치를 한 경우에는 그 사실을 피해아동, 변호사, 아동보호전문기관의 장 및 가정위탁지원센터의 장 등 피해아동을 보호하고 있는 사람에게 고지하여야 한다.
〈개정 2016.5.29.〉

④ 제1항에 따라 임시로 후견인의 임무를 수행하는 사람은 피해아동 소유 재산의 보존 및 피해아동의 보호를 위한 범위에서만 후견인의 임무를 수행할 수 있다.

⑤ 임시로 후견인의 임무를 수행하는 사람에 대해서는 「민법」 제949조를 준용한다.

⑥ 임시로 후견인의 임무를 수행하는 사람에 대한 선임, 사임 및 변경의 절차 등에 필요한 사항은 대법원규칙으로 정한다.

제24조(사법경찰관의 사건송치)

사법경찰관은 아동학대범죄를 신속히 수사하여 사건을 검사에게 송치하여야 한다. 이 경우 사법경찰관은 해당 사건을 아동보호사건으로 처리하는 것이 적절한 지에 관한 의견을 제시할 수 있다.

제25조(검사의 결정 전 조사)

① 검사는 아동학대범죄에 대하여 아동보호사건 송치, 공소제기 또는 기소유예 등의 처분을 결정하기 위하여 필요하다고 인정하면 아동학대행위자의 주거지 또는 검찰청 소재지를 관할하는 보호관찰소의 장에게 아동학대행위자의 경력, 생활환경, 양육능력이나 그 밖에 필요한 사항에 관한 조사를 요구할 수 있다.

② 제1항의 요구를 받은 보호관찰소의 장은 지체 없이 이를 조사하여 서면으로 해당 검사에게 통보하여야 하며, 조사를 위하여 필요한 경우에는 소속 보호관찰관에게 아동학대행위자 또는 관계인을 출석하게 하여 진술요구를 하는 등의 방법으로 필요한 사항을 조사하게 할 수 있다.

③ 제2항에 따른 조사를 할 때에는 미리 아동학대행위자 또는 관계인에게 조사의 취지를 설명하여야 하고, 그 인권을 존중하며, 직무상 비밀을 엄수하여야 한다.

④ 검사는 아동학대범죄에 관하여 필요한 경우 아동보호전문기관의 장에 대하여 제1항의 결정에 필요한 자료의 제출을 요구할 수 있다.

⑤ 검사는 제1항의 결정을 할 때에는 보호관찰소의 장으로부터 통보받은 조사 결과 및 아동보호전문기관의 장으로부터 제출 받은 자료 등을 참고하여 피해아동 보호와 아동학대행위자의 교화·개선에 가장 적합한 결정을 하여야 한다.

제26조(조건부 기소유예)

검사는 아동학대범죄를 수사한 결과 다음 각 호의 사유를 고려하여 필요하다고 인정하는 경우에는 아동학대행위자에 대하여 상담, 치료 또는 교육 받는 것을 조건으로 기소유예를 할 수 있다.

1. 사건의 성질·동기 및 결과
2. 아동학대행위자와 피해아동과의 관계
3. 아동학대행위자의 성행(性行) 및 개선 가능성
4. 원가정보호의 필요성
5. 피해아동 또는 그 법정대리인의 의사

제27조(아동보호사건의 처리)

① 검사는 아동학대범죄로서 제26조 각 호의 사유를 고려하여 제36조에 따른 보호처분을 하는 것이 적절하다고 인정하는 경우에는 아동보호사건으로 처리할 수 있다. 〈개정 2016.5.29.〉

② 다음 각 호의 경우에는 제1항을 적용할 수 있다. 〈신설 2016.5.29.〉

1. 피해자의 고소가 있어야 공소를 제기할 수 있는 아동학대범죄에서 고소가 없거나 취소된

경우

2. 피해자의 명시적인 의사에 반하여 공소를 제기할 수 없는 아동학대범죄에서 피해자가 처벌을 희망하지 아니한다는 명시적 의사표시를 하였거나 처벌을 희망하는 의사표시를 철회한 경우

제28조(검사의 송치)

① 검사는 제27조에 따라 아동보호사건으로 처리하는 경우에는 그 사건을 제18조제1항에 따른 관할 법원(이하 "관할 법원"이라 한다)에 송치하여야 한다.

② 검사는 아동학대범죄와 그 외의 범죄가 경합(競合)하는 경우에는 아동학대범죄에 대한 사건만을 분리하여 관할 법원에 송치할 수 있다.

제29조(법원의 송치)

법원은 아동학대행위자에 대한 피고사건을 심리한 결과 제36조에 따른 보호처분을 하는 것이 적절하다고 인정하는 경우에는 결정으로 사건을 관할 법원에 송치할 수 있다.

제30조(송치 시의 아동학대행위자 처리)

① 제28조 또는 제29조에 따른 송치결정이 있는 경우 아동학대행위자를 구금하고 있는 시설의 장은 검사의 이송지휘를 받은 때부터 관할 법원이 있는 시(특별시, 광역시, 특별자치시 및 「제주특별자치도 설치 및 국제자유도시 조성을 위한 특별법」 제10조제2항에 따른 행정시를 포함한다. 이하 같다)·군에서는 24시간 이내에, 그 밖의 시·군에서는 48시간 이내에 아동학대행위자를 관할 법원에 인도하여야 한다. 이 경우 법원은 아동학대행위자에 대하여 제19조에 따른 임시조치 여부를 결정하여야 한다. 〈개정 2015.7.24.〉

② 제1항에 따른 인도와 결정은 「형사소송법」 제92조, 제203조 또는 제205조의 구속기간 내에 이루어져야 한다.

③ 아동학대행위자에 대한 구속영장의 효력은 제1항 후단에 따라 임시조치 여부를 결정한 때에 상실된 것으로 본다.

제31조(송치서)

① 제28조 또는 제29조에 따라 사건을 아동보호사건으로 송치하는 경우에는 송치서를 보내야 한다.

② 제1항의 송치서에는 아동학대행위자의 성명, 주소, 생년월일, 직업, 피해아동과의 관계 및 행

위의 개요와 가정 상황을 적고 그 밖의 참고자료를 첨부하여야 한다.

제32조(이송)

① 아동보호사건을 송치 받은 법원은 사건이 그 관할에 속하지 아니하거나 적정한 조사 · 심리를 위하여 필요하다고 인정하는 경우에는 결정으로 그 사건을 즉시 다른 관할 법원에 이송하여야 한다.

② 법원은 제1항에 따른 이송결정을 한 경우에는 지체 없이 그 사유를 첨부하여 아동학대행위자와 피해아동, 그 법정대리인, 변호사 및 검사에게 통지하여야 한다.

제33조(보호처분의 효력)

제36조에 따른 보호처분이 확정된 경우에는 그 아동학대행위자에 대하여 같은 범죄사실로 다시 공소를 제기할 수 없다. 다만, 제41조제1호에 따라 송치된 경우에는 그러하지 아니하다.

제34조(공소시효의 정지와 효력)

① 아동학대범죄의 공소시효는 「형사소송법」 제252조에도 불구하고 해당 아동학대범죄의 피해아동이 성년에 달한 날부터 진행한다.

② 아동학대범죄에 대한 공소시효는 해당 아동보호사건이 법원에 송치된 때부터 시효 진행이 정지된다. 다만, 다음 각 호의 어느 하나에 해당하는 경우에는 그 때부터 진행된다.

  1. 해당 아동보호사건에 대하여 제44조에 따라 준용되는 「가정폭력범죄의 처벌 등에 관한 특례법」 제37조제1항제1호에 따른 처분을 하지 아니한다는 결정이 확정된 때

  2. 해당 아동보호사건이 제41조 또는 제44조에 따라 준용되는 「가정폭력범죄의 처벌 등에 관한 특례법」 제27조제2항 및 제37조제2항에 따라 송치된 때

③ 공범 중 1명에 대한 제2항의 시효정지는 다른 공범자에게도 효력을 미친다.

제35조(비밀엄수 등의 의무)

① 아동학대범죄의 수사 또는 아동보호사건의 조사 · 심리 및 그 집행을 담당하거나 이에 관여하는 공무원, 보조인, 진술조력인, 아동보호전문기관 직원과 그 기관장, 상담소 등에 근무하는 상담원과 그 기관장 및 제10조제2항 각 호에 규정된 사람(그 직에 있었던 사람을 포함한다)은 그 직무상 알게 된 비밀을 누설하여서는 아니 된다.

② 신문의 편집인 · 발행인 또는 그 종사자, 방송사의 편집책임자, 그 기관장 또는 종사자, 그 밖의 출판물의 저작자와 발행인은 아동보호사건에 관련된 아동학대행위자, 피해아동, 고소인,

고발인 또는 신고인의 주소, 성명, 나이, 직업, 용모, 그 밖에 이들을 특정하여 파악할 수 있는 인적 사항이나 사진 등을 신문 등 출판물에 싣거나 방송매체를 통하여 방송할 수 없다.

③ 피해아동의 교육 또는 보육을 담당하는 학교의 교직원 또는 보육교직원은 정당한 사유가 없으면 해당 아동의 취학, 진학, 전학 또는 입소(그 변경을 포함한다)의 사실을 아동학대행위자인 친권자를 포함하여 누구에게든지 누설하여서는 아니 된다.

제36조(보호처분의 결정 등)

① 판사는 심리의 결과 보호처분이 필요하다고 인정하는 경우에는 결정으로 다음 각 호의 어느 하나에 해당하는 보호처분을 할 수 있다.

   1. 아동학대행위자가 피해아동 또는 가정구성원에게 접근하는 행위의 제한

   2. 아동학대행위자가 피해아동 또는 가정구성원에게 「전기통신기본법」 제2조제1호의 전기통신을 이용하여 접근하는 행위의 제한

   3. 피해아동에 대한 친권 또는 후견인 권한 행사의 제한 또는 정지

   4. 「보호관찰 등에 관한 법률」에 따른 사회봉사·수강명령

   5. 「보호관찰 등에 관한 법률」에 따른 보호관찰

   6. 법무부장관 소속으로 설치한 감호위탁시설 또는 법무부장관이 정하는 보호시설에의 감호위탁

   7. 의료기관에의 치료위탁

   8. 아동보호전문기관, 상담소 등에의 상담위탁

② 제1항 각 호의 처분은 병과할 수 있다.

③ 제1항제3호의 처분을 하는 경우에는 피해아동을 아동학대행위자가 아닌 다른 친권자나 친족 또는 아동복지시설 등으로 인도할 수 있다.

④ 판사가 제1항제3호의 보호처분을 하는 경우 보호처분의 기간 동안 임시로 후견인의 임무를 수행할 사람의 선임 등에 대하여는 제23조를 준용한다.

⑤ 법원은 제1항에 따라 보호처분의 결정을 한 경우에는 지체 없이 그 사실을 검사, 아동학대행위자, 피해아동, 법정대리인, 변호사, 보호관찰관 및 보호처분을 위탁받아 하는 보호시설, 의료기관, 아동보호전문기관 또는 상담소 등(이하 "수탁기관"이라 한다)의 장에게 통지하여야 한다. 다만, 수탁기관이 국가나 지방자치단체가 운영하는 기관이 아닌 경우에는 그 기관의 장으로부터 수탁에 대한 동의를 받아야 한다.

⑥ 제1항제4호부터 제8호까지의 규정에 따라 처분을 한 경우에는 법원은 아동학대행위자의 교정에 필요한 참고자료를 보호관찰관 또는 수탁기관의 장에게 보내야 한다.

⑦ 제1항제6호의 감호위탁기관은 아동학대행위자에 대하여 그 성행을 교정하기 위한 교육을 하여야 한다.

제37조(보호처분의 기간)

제36조제1항제1호부터 제3호까지 및 제5호부터 제8호까지의 규정에 따른 보호처분의 기간은 1년을 초과할 수 없으며, 같은 항 제4호의 사회봉사 · 수강명령의 시간은 각각 200시간을 초과할 수 없다.

제38조(보호처분 결정의 집행)

① 법원은 가정보호사건조사관, 법원공무원, 사법경찰관리, 보호관찰관 또는 수탁기관 소속 직원으로 하여금 보호처분의 결정을 집행하게 할 수 있다.

② 보호처분의 집행에 관하여 이 법에서 정하지 아니한 사항에 대하여는 아동보호사건의 성질에 위배되지 아니하는 범위에서 「형사소송법」, 「보호관찰 등에 관한 법률」 및 「정신건강증진 및 정신질환자 복지서비스 지원에 관한 법률」을 준용한다. 〈개정 2016.5.29.〉

제39조(보고와 의견 제출 등)

① 법원은 제36조제1항제4호부터 제8호까지의 규정에 따른 보호처분을 결정한 경우에는 보호관찰관 또는 수탁기관의 장에게 아동학대행위자에 관한 보고서 또는 의견서 제출을 요구할 수 있고, 그 집행에 대하여 필요한 지시를 할 수 있다.

② 보호관찰관 또는 수탁기관의 장은 제1항의 경우 외에도 아동학대행위자가 제36조제1항제4호부터 제8호까지의 규정에 따른 보호처분을 이행하지 아니하거나 그 집행에 따르지 아니하는 경우에는 보호처분의 이행 실태에 대한 보고서 또는 의견서를 법원에 제출하여야 한다.

제40조(보호처분의 변경)

① 법원은 보호처분이 진행되는 동안 필요하다고 인정하는 경우에는 직권 또는 검사, 보호관찰관 또는 수탁기관의 장의 청구에 의하여 결정으로 1회에 한정하여 보호처분의 종류와 기간을 변경할 수 있다.

② 제1항에 따라 보호처분의 종류와 기간을 변경하는 경우 종전의 처분기간을 합산하여 제36조제1항제1호부터 제3호까지 및 제5호부터 제8호까지의 규정에 따른 보호처분의 기간은 2년을, 같은 항 제4호의 규정에 따른 사회봉사 · 수강명령의 시간은 400시간을 각각 초과할 수 없다.

③ 법원은 제1항에 따라 처분변경 결정을 한 경우에는 지체 없이 그 사실을 검사, 아동학대행위자, 피해아동, 법정대리인, 변호사, 보조인, 보호관찰관 및 수탁기관의 장에게 통지하여야 한다.

제41조(보호처분의 취소)

법원은 보호처분을 받은 아동학대행위자가 제36조제1항제4호부터 제8호까지의 규정에 따른 보호처분 결정을 이행하지 아니하거나 그 집행에 따르지 아니하면 직권 또는 검사, 피해아동, 그 법정대리인, 변호사, 보호관찰관이나 수탁기관의 장의 청구에 의하여 결정으로 그 보호처분을 취소하고 다음 각 호에 따라 처리하여야 한다.

1. 제28조에 따라 검사가 송치한 사건인 경우에는 관할 법원에 대응하는 검찰청의 검사에게 송치
2. 제29조에 따라 법원이 송치한 사건인 경우에는 송치한 법원에 이송

제42조(보호처분의 종료)

법원은 아동학대행위자의 성행이 교정되어 정상적인 가정생활이 유지될 수 있다고 판단되거나 그 밖에 보호처분을 계속할 필요가 없다고 인정하는 경우에는 직권 또는 검사, 피해아동, 그 법정대리인, 변호사, 보호관찰관이나 수탁기관의 장의 청구에 의하여 결정으로 보호처분의 전부 또는 일부를 종료할 수 있다.

제43조(비용의 부담)

① 제19조제1항제6호에 따른 임시조치 또는 제36조제1항제7호 및 제8호에 따른 보호처분을 받은 아동학대행위자는 위탁 또는 보호처분에 필요한 비용을 부담한다. 다만, 아동학대행위자가 지급할 능력이 없는 경우에는 국가가 부담할 수 있다.
② 판사는 아동학대행위자에게 제1항 본문에 따른 비용의 예납(豫納)을 명할 수 있다.
③ 제1항에 따라 아동학대행위자가 부담할 비용의 계산, 청구 및 지급 절차, 그 밖에 필요한 사항은 대법원규칙으로 정한다.

제44조(준용)

아동보호사건의 조사 · 심리 · 보호처분 및 민사처리에 관한 특례 등에 대하여는 「가정폭력범죄의 처벌 등에 관한 특례법」 제18조의2, 제19조부터 제28조까지, 제30조부터 제39조까지, 제42조, 제56조부터 제62조까지의 규정을 준용한다. 이 경우 "가정보호사건"은 "아동보호사건"으로, "

가정폭력행위자"는 "아동학대행위자"로, "피해자"는 "피해아동"으로, "가정폭력범죄"는 "아동학대범죄"로 본다.

제45조(항고와 재항고)

① 제19조의 임시조치(연장 또는 변경의 결정을 포함한다. 이하 같다), 제36조의 보호처분, 제40조의 보호처분의 변경 및 제41조의 보호처분의 취소에 있어서 그 결정에 영향을 미칠 법령위반이 있거나 중대한 사실 오인이 있는 경우 또는 그 결정이 현저히 부당한 경우에는 검사, 아동학대행위자, 법정대리인 또는 보조인은 가정법원본원합의부에 항고할 수 있다. 다만, 가정법원이 설치되지 아니한 지역에서는 지방법원본원합의부에 하여야 한다.

② 법원이 제44조가 준용하는 「가정폭력범죄의 처벌 등에 관한 특례법」 제37조에 따라 처분을 하지 아니한다는 결정을 한 경우 그 결정이 현저히 부당할 때에는 검사, 피해아동, 그 법정대리인 또는 변호사는 항고할 수 있다. 이 경우 항고법원에 관하여는 제1항을 준용한다.

③ 항고는 그 결정을 고지받은 날부터 7일 이내에 하여야 한다.

④ 임시조치·보호처분의 항고·재항고에 관하여는 「가정폭력범죄의 처벌 등에 관한 특례법」 제50조부터 제54조까지의 규정을 준용한다. 이 경우 "가정보호사건"은 "아동보호사건"으로 본다.

제5장 **피해아동보호명령**

제46조(피해아동보호명령사건의 관할)

① 피해아동보호명령사건의 관할은 아동학대행위자의 행위지·거주지 또는 현재지 및 피해아동의 거주지 또는 현재지를 관할하는 가정법원으로 한다. 다만, 가정법원이 설치되지 아니하는 지역에 있어서는 해당 지역의 지방법원으로 한다.

② 피해아동보호명령사건의 심리와 결정은 판사가 한다.

제47조(가정법원의 피해아동에 대한 보호명령)

① 판사는 직권 또는 피해아동, 그 법정대리인, 변호사, 아동보호전문기관의 장의 청구에 따라

결정으로 피해아동의 보호를 위하여 다음 각 호의 피해아동보호명령을 할 수 있다.

〈개정 2017.12.19.〉

1. 아동학대행위자를 피해아동의 주거지 또는 점유하는 방실(房室)로부터의 퇴거 등 격리

2. 아동학대행위자가 피해아동 또는 가정구성원에게 접근하는 행위의 제한

3. 아동학대행위자가 피해아동 또는 가정구성원에게 「전기통신기본법」 제2조제1호의 전기통신을 이용하여 접근하는 행위의 제한

4. 피해아동을 아동복지시설 또는 장애인복지시설로의 보호위탁

5. 피해아동을 의료기관으로의 치료위탁

5의2. 피해아동을 아동보호전문기관, 상담소 등으로의 상담 · 치료위탁

6. 피해아동을 연고자 등에게 가정위탁

7. 친권자인 아동학대행위자의 피해아동에 대한 친권 행사의 제한 또는 정지

8. 후견인인 아동학대행위자의 피해아동에 대한 후견인 권한의 제한 또는 정지

9. 친권자 또는 후견인의 의사표시를 갈음하는 결정

② 제1항 각 호의 처분은 병과할 수 있다.

③ 판사가 제1항 각 호의 피해아동보호명령을 하는 경우 피해아동, 그 법정대리인, 변호사 또는 아동보호전문기관의 장은 관할 법원에 대하여 필요한 의견을 진술할 수 있다.

④ 판사가 제1항제7호 및 제8호의 피해아동보호명령을 하는 경우 피해아동보호명령의 기간 동안 임시로 후견인의 임무를 수행할 자의 선임 등에 대하여는 제23조를 준용한다.

⑤ 제1항제4호 · 제5호 · 제5호의2 · 제6호의 규정에 따른 위탁 대상이 되는 아동복지시설, 의료기관, 아동보호전문기관 · 상담소 등, 연고자 등의 기준과 위탁의 절차 및 집행 등에 필요한 사항은 대법원규칙으로 정한다. 〈개정 2017.12.19.〉

⑥ 판사는 제1항제5호의2에 따른 피해아동보호명령을 하는 경우 필요하다고 인정하는 때에는 피해아동의 보호자를 그 과정에 참여시킬 수 있다. 〈신설 2017.12.19.〉

제48조(보조인)

① 피해아동 및 아동학대행위자는 피해아동보호명령사건에 대하여 각자 보조인을 선임할 수 있다.

② 피해아동 및 아동학대행위자의 법정대리인 · 배우자 · 직계친족 · 형제자매, 아동보호전문기관의 상담원과 그 기관장 및 제16조에 따른 변호사는 보조인이 될 수 있다.

③ 변호사(「변호사법」에 따른 변호사를 말한다. 이하 제49조에서 같다)가 아닌 사람을 보조인으로 선임하거나 제2항에 따른 보조인이 되려면 법원의 허가를 받아야 한다.

④ 판사는 언제든지 제3항의 허가를 취소할 수 있다.

⑤ 제1항에 따른 보조인의 선임은 심급마다 보조인과 연명날인한 서면으로 제출하여야 한다.

⑥ 제2항에 따른 보조인이 되고자 하는 자는 심급별로 그 취지를 신고하여야 한다. 이 경우 보조인이 되고자 하는 자와 피해아동·아동학대행위자 사이의 신분관계 또는 보조인이 되고자 하는 자의 직위를 소명하는 서면을 첨부하여야 한다.

⑦ 제1항에 따른 보조인은 독립하여 절차행위를 할 수 있고, 제2항에 따른 보조인은 독립하여 피해아동 또는 아동학대행위자의 명시한 의사에 반하지 아니하는 절차행위를 할 수 있다. 다만, 법률에 다른 규정이 있는 때에는 예외로 한다.

제49조(국선보조인)

① 다음 각 호의 어느 하나에 해당하는 경우 법원은 직권에 의하거나 피해아동 또는 피해아동의 법정대리인·직계친족·형제자매, 아동보호전문기관의 상담원과 그 기관장의 신청에 따라 변호사를 피해아동의 보조인으로 선정할 수 있다.

  1. 피해아동에게 신체적·정신적 장애가 의심되는 경우

  2. 빈곤이나 그 밖의 사유로 보조인을 선임할 수 없는 경우

  3. 그 밖에 판사가 보조인이 필요하다고 인정하는 경우

② 법원은 아동학대행위자가 「형사소송법」 제33조제1항 각 호의 어느 하나에 해당하는 경우에는 직권으로 변호사를 아동학대행위자의 보조인으로 선정할 수 있다.

③ 제1항과 제2항에 따라 선정된 보조인에게 지급하는 비용에 대하여는 「형사소송비용 등에 관한 법률」을 준용한다.

제50조(피해아동보호명령의 집행 및 취소와 변경)

① 관할 법원의 판사는 제47조제1항제1호부터 제5호까지, 제5호의2 및 제6호의 규정에 따른 피해아동보호명령을 하는 경우, 가정보호사건조사관, 법원공무원, 사법경찰관리 또는 구치소 소속 교정직공무원으로 하여금 이를 집행하게 하거나, 특별시장·광역시장·특별자치시장·도지사·특별자치도지사 또는 시장·군수·구청장에게 그 집행을 위임할 수 있다.

〈개정 2017.12.19.〉

② 피해아동, 그 법정대리인, 변호사 또는 아동보호전문기관의 장은 제47조제1항에 따른 보호명령의 취소 또는 그 종류의 변경을 신청할 수 있다.

③ 판사는 상당한 이유가 있다고 인정하는 때에는 직권 또는 제2항의 신청에 따라 결정으로 해당 피해아동보호명령을 취소하거나 그 종류를 변경할 수 있다.

제51조(피해아동보호명령의 기간)

① 제47조제1항제1호부터 제5호까지, 제5호의2 및 제6호부터 제8호까지의 피해아동보호명령
의 기간은 1년을 초과할 수 없다. 다만, 관할 법원의 판사는 피해아동의 보호를 위하여 그 기
간의 연장이 필요하다고 인정하는 경우 직권 또는 피해아동, 그 법정대리인, 변호사의 청구
에 따른 결정으로 3개월 단위로 그 기간을 연장할 수 있다.　　　　　〈개정 2017.12.19.〉

② 제1항에 따라 기간을 연장하더라도 피해아동보호명령의 총 기간은 4년을 초과할 수 없다.

제52조(피해아동에 대한 임시보호명령)

① 관할 법원의 판사는 제47조에 따른 피해아동보호명령의 청구가 있는 경우에 피해아동 보호
를 위하여 필요하다고 인정하는 때에는 결정으로 임시로 제47조제1항 각 호의 어느 하나에
해당하는 조치(이하 "임시보호명령"이라 한다)를 할 수 있다.

② 임시보호명령의 기간은 피해아동보호명령의 결정 시까지로 한다. 다만, 판사는 필요하다고
인정하는 경우에는 그 기간을 제한할 수 있다.

③ 판사가 제47조제1항제7호 및 제8호에 따라 임시보호명령을 한 경우 그 임시보호명령의 기간
동안 임시로 후견인의 임무를 수행할 자의 선임 등에 대하여는 제23조를 준용한다.

④ 임시보호명령의 집행 및 취소와 변경에 대하여는 제50조를 준용한다. 이 경우 "피해아동보
호명령"은 "임시보호명령"으로 본다.

제53조(이행실태의 조사)

① 관할 법원은 가정보호사건조사관, 법원공무원, 사법경찰관리 또는 보호관찰관 등으로 하여
금 임시보호명령 및 피해아동보호명령의 이행실태에 대하여 수시로 조사하게 하고, 지체 없
이 그 결과를 보고하도록 할 수 있다.

② 관할 법원은 임시보호명령 및 피해아동보호명령을 받은 아동학대행위자가 그 결정을 이행
하지 아니하거나 집행에 따르지 아니하는 때에는 그 사실을 관할 법원에 대응하는 검찰청 검
사에게 통보할 수 있다.

제54조(병합심리)

법원은 사건의 관련성이 인정되어 병합하여 심리할 필요성이 있는 경우에는 피해아동보호명령
사건과 아동보호사건을 병합하여 심리할 수 있다.

제55조(아동보호전문기관에 대한 교육)

관계 행정기관의 장은 아동보호전문기관의 종사자에게 아동학대사건의 조사에 필요한 전문지식과 피해아동 보호를 위한 조사방법 등에 관하여 교육을 실시하여야 한다.

제56조(준용)

① 피해아동보호명령사건의 조사·심리에 관하여는 「가정폭력범죄의 처벌 등에 관한 특례법」 제19조부터 제22조까지, 제30조부터 제32조까지 및 제34조부터 제36조까지의 규정을 준용한다. 이 경우 "가정보호사건"은 "아동보호사건"으로, "가정폭력행위자"는 "아동학대행위자"로, "피해자"는 "피해아동"으로, "가정폭력범죄"는 "아동학대범죄"로, "보호처분"은 "피해아동보호명령"으로 본다.

제57조(항고와 재항고)

① 제47조에 따른 피해아동보호명령(제51조에 따른 연장의 결정을 포함한다) 및 제50조에 따른 그 취소 또는 종류의 변경, 제52조에 따른 임시보호명령 및 그 취소 또는 종류의 변경에 있어서 그 결정에 영향을 미칠 법령 위반이 있거나 중대한 사실오인이 있는 때 또는 그 결정이 현저히 부당한 때에는 피해아동, 아동학대행위자, 법정대리인, 변호사, 아동보호전문기관의 장 또는 보조인은 가정법원본원합의부에 항고할 수 있다. 다만, 가정법원이 설치되지 아니한 지역에서는 지방법원본원합의부에 하여야 한다.
② 판사가 피해아동보호명령의 청구를 기각한 경우 피해아동, 그 법정대리인, 변호사 또는 아동보호전문기관의 장은 항고할 수 있다. 이 경우 항고법원에 관하여는 제1항을 준용한다.
③ 제1항 및 제2항에 따른 피해아동보호명령 등의 항고 및 재항고에 관하여는 「가정폭력범죄의 처벌 등에 관한 특례법」 제49조제3항 및 제50조부터 제53조까지의 규정을 준용한다.

제58조(위임규정)

피해아동보호명령사건의 조사·심리에 필요한 사항은 대법원규칙으로 정한다.

제6장

벌칙

제59조(보호처분 등의 불이행죄)

① 다음 각 호의 어느 하나에 해당하는 아동학대행위자는 2년 이하의 징역 또는 2천만원 이하의 벌금 또는 구류에 처한다.

　1. 제19조제1항제1호부터 제4호까지의 어느 하나에 해당하는 임시조치를 이행하지 아니한 아동학대행위자

　2. 제36조제1항제1호부터 제3호까지의 어느 하나에 해당하는 보호처분이 확정된 후에 이를 이행하지 아니한 아동학대행위자

　3. 제47조에 따른 피해아동보호명령, 제52조에 따른 임시보호명령이 결정된 후에 이를 이행하지 아니한 아동학대행위자

② 상습적으로 제1항의 죄를 범한 아동학대행위자는 5년 이하의 징역이나 5천만원 이하의 벌금에 처한다. 　　　　　　　　　　　　　　　〈개정 2017.12.19.〉

③ 제8조제1항에 따라 이수명령을 부과받은 사람이 보호관찰소의 장 또는 교정시설의 장의 이수명령 이행에 관한 지시에 불응하여 「보호관찰 등에 관한 법률」 또는 「형의 집행 및 수용자의 처우에 관한 법률」 에 따른 경고를 받은 후 재차 정당한 사유 없이 이수명령 이행에 관한 지시에 불응한 경우 다음 각 호에 따른다. 　　　　　　　　〈개정 2017.12.19.〉

　1. 벌금형과 병과된 경우에는 500만원 이하의 벌금에 처한다.

　2. 징역형의 실형과 병과된 경우에는 1년 이하의 징역 또는 1천만원 이하의 벌금에 처한다.

제60조(피해자 등에 대한 강요행위)

폭행이나 협박으로 아동학대범죄의 피해아동 또는 제2조제2호에 따른 보호자를 상대로 합의를 강요한 사람은 7년 이하의 징역에 처한다.

제61조(업무수행 등의 방해죄)

① 제11조제2항, 제12조제1항, 제19조제1항 각 호 또는 제36조제1항 각 호에 따른 업무를 수행 중인 아동보호전문기관의 직원에 대하여 폭행 또는 협박하거나 위계 또는 위력으로써 그 업무수행을 방해한 사람은 5년 이하의 징역 또는 1천500만원 이하의 벌금에 처한다.

② 단체 또는 다중의 위력을 보이거나 위험한 물건을 휴대하여 제1항의 죄를 범한 때에는 그 정

한 형의 2분의 1까지 가중한다.

③ 제1항의 죄를 범하여 아동보호전문기관의 직원을 상해에 이르게 한 때에는 3년 이상의 유기 징역에 처한다. 사망에 이르게 한 때에는 무기 또는 5년 이상의 징역에 처한다.

제62조(비밀엄수 등 의무의 위반죄)

① 제35조제1항에 따른 비밀엄수 의무를 위반한 보조인, 진술조력인, 아동보호전문기관 직원과 그 기관장, 상담소 등에 근무하는 상담원과 그 기관장 및 제10조제2항 각 호에 규정된 사람 (그 직에 있었던 사람을 포함한다)은 3년 이하의 징역이나 5년 이하의 자격정지 또는 3천만원 이하의 벌금에 처한다. 다만, 보조인인 변호사에 대하여는 「형법」 제317조제1항을 적용한다. 〈개정 2016.5.29.〉

② 제10조제3항을 위반하여 신고인의 인적사항 또는 신고인임을 미루어 알 수 있는 사실을 다른 사람에게 알려주거나 공개 또는 보도한 자는 3년 이하의 징역이나 3천만원 이하의 벌금에 처한다. 〈개정 2016.5.29.〉

③ 제35조제2항의 보도 금지 의무를 위반한 신문의 편집인 · 발행인 또는 그 종사자, 방송사의 편집책임자, 그 기관장 또는 종사자, 그 밖의 출판물의 저작자와 발행인은 500만원 이하의 벌금에 처한다.

제62조의2(불이익조치 금지 위반죄)

① 제10조의2를 위반하여 아동학대범죄신고자등에게 파면, 해임, 해고, 그 밖에 신분상실에 해당하는 신분상의 불이익조치를 한 자는 2년 이하의 징역 또는 2천만원 이하의 벌금에 처한다.

② 제10조의2를 위반하여 아동학대범죄신고자등에게 다음 각 호의 어느 하나에 해당하는 불이익조치를 한 자는 1년 이하의 징역 또는 1천만원 이하의 벌금에 처한다.

1. 징계, 정직, 감봉, 강등, 승진 제한, 그 밖에 부당한 인사조치

2. 전보, 전근, 직무 미부여, 직무 재배치, 그 밖에 본인의 의사에 반하는 인사조치

3. 성과평가 또는 동료평가 등에서의 차별과 그에 따른 임금 또는 상여금 등의 차별 지급

4. 교육 또는 훈련 등 자기계발 기회의 취소, 예산 또는 인력 등 가용자원의 제한 또는 제거, 보안정보 또는 비밀정보 사용의 정지 또는 취급 자격의 취소, 그 밖에 근무조건 등에 부정적 영향을 미치는 차별 또는 조치

5. 주의 대상자 명단 작성 또는 그 명단의 공개, 집단 따돌림, 폭행 또는 폭언, 그 밖에 정신적 · 신체적 손상을 가져오는 행위

6. 직무에 대한 부당한 감사 또는 조사나 그 결과의 공개

[본조신설 2016.5.29.]

제63조(과태료)

① 다음 각 호의 어느 하나에 해당하는 사람에게는 500만원 이하의 과태료를 부과한다.

1. 정당한 사유 없이 판사의 아동보호사건의 조사 · 심리를 위한 소환에 따르지 아니한 사람

2. 정당한 사유 없이 제10조제2항에 따른 신고를 하지 아니한 사람

3. 정당한 사유 없이 제13조제1항에 따른 긴급임시조치를 이행하지 아니한 사람

4. 정당한 사유 없이 제36조제1항제4호부터 제8호까지의 보호처분이 확정된 후 이를 이행하지 아니하거나 집행에 따르지 아니한 사람

5. 정당한 사유 없이 제39조에 따른 보고서 또는 의견서 제출 요구에 따르지 아니한 사람

② 제1항에 따른 과태료는 대통령령으로 정하는 바에 따라 관계 행정기관의 장이 부과 · 징수한다.

제64조(벌칙적용에 있어서 공무원의 의제)

아동보호전문기관의 장과 그 직원 및 진술조력인은 「형법」 제129조부터 제132조까지의 규정에 따른 벌칙의 적용에서는 공무원으로 본다.

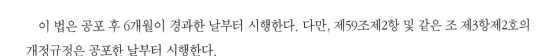

부칙 〈제15255호, 2017.12.19.〉

이 법은 공포 후 6개월이 경과한 날부터 시행한다. 다만, 제59조제2항 및 같은 조 제3항제2호의 개정규정은 공포한 날부터 시행한다.

아동학대범죄의 처벌 등에 관한 특례법 시행령

[시행 2014.9.29.] [대통령령 제25620호, 2014.9.24., 제정]

제1조(목적) 이 영은 「아동학대범죄의 처벌 등에 관한 특례법」에서 위임된 사항과 그 시행에 필요한 사항을 규정함을 목적으로 한다.

제2조(피해아동 보호의 원칙) 검사, 사법경찰관리, 보호관찰관, 「아동복지법」 제45조에 따른 아동보호전문기관(이하 "아동보호전문기관"이라 한다)의 장과 그 직원 등은 「아동학대범죄의 처벌 등에 관한 특례법」(이하 "법"이라 한다)에 따른 처분 또는 청구 등을 할 경우에는 피해아동의 안전과 보호를 우선적으로 고려하여야 한다.

제3조(아동학대행위자의 재범 예방을 위한 시책 마련) 법무부장관은 법 제8조제1항에 따른 수강명령과 이수명령의 실시에 필요한 프로그램의 개발 및 관련 전문인력의 양성 등 아동학대행위자의 재범 예방을 위한 시책을 마련하여야 한다.

제4조(사건관리회의) ① 검사는 법 제14조 및 제15조에 따른 임시조치의 청구, 법 제22조에 따른 임시조치의 변경 청구, 법 제28조에 따른 아동보호사건의 송치, 법 제40조부터 제42조까지의 규정에 따른 보호처분의 변경·취소·종료 청구 또는 피해아동에 대한 지원 등을 하기 위하여 아동보호전문기관의 장, 법 제36조제5항 본문에 따른 수탁기관(이하 "수탁기관"이라 한다)의 장, 사법경찰관, 보호관찰관, 의사, 변호사, 「아동복지법」 제13조에 따른 아동복지전담공무원(이하 "아동복지전담공무원"이라 한다) 등을 구성원으로 하는 사건관리회의를 열어 의견 청취 등을 할 수 있다.

② 제1항에 따른 사건관리회의(이하 "회의"라 한다)의 구성원은 회의에 필요한 조사 결과, 자료 등을 제출하거나 보고할 수 있다.

③ 검사는 회의의 운영을 위하여 필요한 경우에는 사건관리회의의 구성원에게 조사 결과, 자료 등의 제출 또는 보고를 요구할 수 있다.

제5조(피해아동의 의견 청취 등) ① 아동보호전문기관의 직원이나 사법경찰관리는 피해아동이 법 제12조에 따른 응급조치 또는 법 제47조에 따른 피해아동보호명령 등에 따라 보호시설, 의료기관 또는 아동복지시설 등에 인도 또는 위탁된 경우에는 주기적으로 피해아동을 방문하여 보호자와의 의사소통을 중개하거나 피해아동의 상황 등에 관한 의견을 청취할 수 있다. 다만, 보호자와의 의사소통 중개는 피해아동이 원하는 경우에만 할 수 있다.

② 아동보호전문기관의 직원이나 사법경찰관리는 제1항에 따라 의사소통을 중개하거나 의견을 청취할 때 피해아동이 편안한 상태에서 말할 수 있는 환경을 조성하도록 노력하여야 한다.

③ 아동보호전문기관의 장이나 수탁기관의 장은 법 제25조제4항에 따른 자료 제출, 법 제39조에 따른 보고서·의견서 제출 또는 법 제53조제1항에 따른 이행실태 조사를 위하여 필요한 경우에는 보호시설, 의료기관 및 아동복지시설 등의 장에게 피해아동 또는 아동학대행위자에 관한 자료의 제출을 요청할 수 있다.

제6조(아동보호전문기관에 대한 교육) 법 제55조에 따른 아동보호전문기관의 종사자에 대한 교육에는 다음 각 호의 사항이 포함되어야 한다.

1. 아동학대범죄 예방 정책
2. 아동학대범죄 관련 법령
3. 관련 기관과의 업무 연계
4. 피해아동 보호를 위한 조사방법
5. 그 밖에 아동보호전문기관 종사자의 전문성을 높이기 위한 사항

제7조(민감정보 및 고유식별정보의 처리) ① 법무부장관 등 관계 행정기관의 장, 검사, 보호관찰소의 장, 교정시설의 장, 사법경찰관리, 보호관찰관, 아동복지전담기관·아동복지시설의 장과 그 종사자, 수탁기관의 장과 그 직원은 다음 각 호의 사무를 수행하기 위하여 불가피한 경우 「개인정보 보호법」 제23조에 따른 건강 및 성생활에 관한 정보, 같은 법 시행령 제18조제1호 및 제2호에 따른 유전정보와 범죄경력자료에 해당하는 정보 및 같은 영 제19조에 따른 주민등록번호, 여권번호, 운전면허의 면허번호 또는 외국인등록번호가 포함된 자료를 처리할 수 있다.

1. 법 제8조에 따른 수강명령 또는 이수명령의 집행에 관한 사무
2. 법 제9조에 따른 친권상실 선고 또는 후견인 변경 심판의 청구 등에 관한 사무
3. 법 제11조제2항에 따른 조사 또는 질문에 관한 사무
4. 법 제12조에 따른 응급조치에 관한 사무
5. 법 제13조에 따른 긴급임시조치에 관한 사무

6. 법 제14조 및 제15조에 따른 임시조치의 청구에 관한 사무

7. 법 제22조제3항에 따른 임시조치의 변경 청구에 관한 사무

8. 법 제23조제2항(법 제36조제4항, 제47조제4항 또는 제52조제3항에서 준용하는 경우를 포함한다)에 따른 임시 후견인의 선임과 관련한 의견 제시에 관한 사무

9. 법 제25조에 따른 결정 전 조사 또는 자료 제출 등에 관한 사무

10. 법 제28조에 따른 송치에 관한 사무

11. 법 제38조에 따른 보호처분 결정의 집행에 관한 사무

12. 법 제39조에 따른 보고서 또는 의견서 제출 등에 관한 사무

13. 법 제40조부터 제42조까지의 규정에 따른 보호처분의 변경, 취소 또는 종료의 청구에 관한 사무

14. 법 제45조 또는 제57조에 따른 항고와 재항고에 관한 사무

15. 법 제47조에 따른 피해아동보호명령의 청구 등에 관한 사무

16. 법 제50조(법 제52조제4항에서 준용하는 경우를 포함한다)에 따른 보호명령의 집행 및 취소ㆍ변경의 신청에 관한 사무

17. 법 제55조에 따른 아동보호전문기관의 종사자에 대한 교육에 관한 사무

18. 제5조에 따른 피해아동의 상황 등에 관한 의견 청취 등에 관한 사무

19. 제1호부터 제18호까지의 사무를 수행하기 위하여 필요한 사무

② 수사기관, 아동보호전문기관의 장과 그 종사자, 신고의무자는 법 제10조에 따른 신고 등에 관한 사무를 수행하기 위하여 불가피한 경우 「개인정보 보호법」 제23조에 따른 건강에 관한 정보 및 같은 법 시행령 제19조에 따른 주민등록번호, 여권번호, 운전면허의 면허번호 또는 외국인등록번호가 포함된 자료를 처리할 수 있다.

③ 법무부장관, 검사 또는 사법경찰관은 다음 각 호의 사무를 수행하기 위하여 불가피한 경우 「개인정보 보호법」 제23조에 따른 건강에 관한 정보, 같은 법 시행령 제18조제2호에 따른 범죄경력자료에 해당하는 정보 및 같은 영 제19조에 따른 주민등록번호, 여권번호, 운전면허의 면허번호 또는 외국인등록번호가 포함된 자료를 처리할 수 있다.

1. 법 제16조에 따라 준용되는 「성폭력범죄의 처벌 등에 관한 특례법」 제27조제6항에 따른 국선변호사의 선정 등에 관한 사무

2. 법 제17조에 따라 준용되는 「성폭력범죄의 처벌 등에 관한 특례법」 제35조 및 제36조에 따른 진술조력인의 자격ㆍ양성ㆍ교육 등에 관한 사무

3. 제1호 또는 제2호에 따른 사무를 수행하기 위하여 필요한 사무

④ 다음 각 호의 자는 해당 업무와 그에 부수되는 업무를 수행하기 위하여 불가피한 경우 제3항

에 따른 개인정보가 포함된 자료를 처리할 수 있다.

1. 법 제16조에 따라 준용되는 「성폭력범죄의 처벌 등에 관한 특례법」 제27조에 따른 피해아동의 변호사: 피해아동에 대한 법률적 지원 업무

2. 법 제17조에 따라 준용되는 「성폭력범죄의 처벌 등에 관한 특례법」 제35조에 따른 진술조력인: 피해아동에 대한 의사소통 중개나 보조 업무

3. 법 제48조에 따른 보조인 또는 법 제49조에 따른 국선보조인: 피해아동을 위한 절차행위

제8조(과태료의 부과기준) 법 제63조제1항에 따른 과태료의 부과기준은 별표와 같다.

부칙 <제25620호, 2014.9.24.>

이 영은 2014년 9월 29일부터 시행한다.

아동학대범죄의 처벌 등에 관한 특례법 시행규칙

[시행 2014.9.29.] [법무부령 제826호, 2014.9.26., 제정]

제1조(목적) 이 규칙은 「아동학대범죄의 처벌 등에 관한 특례법」 및 같은 법 시행령의 시행에 필요한 사항을 규정함을 목적으로 한다.

제2조(친권상실청구 등) ① 「아동학대범죄의 처벌 등에 관한 특례법」(이하 "법"이라 한다) 제9조제2항 전단에 따른 아동보호전문기관의 장의 친권상실의 선고 청구 요청 또는 후견인의 변경 심판 청구 요청은 별지 제1호서식에 따른다.

② 검사는 제1항에 따른 친권상실의 선고 청구 요청 또는 후견인의 변경 심판 청구 요청에 대하여 별지 제2호서식에 따라 그 처리 결과를 통보하여야 한다.

제3조(현장출동) ① 법 제11조제1항 후단에 따른 동행 요청은 구두로 하거나 별지 제3호서식에 따른다.

② 법 제11조제3항에 따른 아동보호전문기관의 직원의 증표는 별지 제4호서식에 따른다.

제4조(피해아동에 대한 응급조치) ① 사법경찰관리 또는 「아동복지법」 제45조에 따른 아동보호전문기관(이하 "아동보호전문기관"이라 한다)의 직원이 법 제12조제2항에 따라 피해아동을 보호하고 있는 사실을 통보할 때에는 별지 제5호서식에 따른다.

② 사법경찰관리 또는 아동보호전문기관의 직원이 법 제12조제4항에 따라 응급조치결과보고서를 작성할 때에는 별지 제6호서식에 따른다.

제5조(긴급임시조치) ① 피해아동, 그 법정대리인(아동학대행위자를 제외한다. 이하 같다), 변호사(법 제16조에 따른 변호사를 말한다. 이하 같다) 또는 아동보호전문기관의 장이 법 제13조제1항에 따라 긴급임시조치를 신청할 때에는 별지 제7호서식에 따른다.

② 사법경찰관이 법 제13조제1항에 따라 긴급임시조치를 한 때에는 별지 제8호서식의 긴급임시조치결정서를 작성한 후 사건기록에 편철하여야 한다.

③ 사법경찰관이 법 제15조제3항에 따라 긴급임시조치를 취소한 때에는 별지 제9호서식의 긴급임시조치 취소결정서를 작성한 후 사건기록에 편철하여야 한다.

④ 사법경찰관이 법 제13조제1항에 따라 긴급임시조치를 하거나 법 제15조제3항에 따라 긴급임시조치를 취소한 때에는 긴급임시조치를 신청한 사람에게 그 처리 결과를 알려주어야 한다. 이 경우 처리 결과의 통보는 서면, 전화, 전자우편, 모사전송, 휴대전화 문자전송, 그 밖에 적당한 방법으로 할 수 있다.

제6조(임시조치의 청구) ① 검사가 법 제14조제1항에 따라 직권으로 임시조치를 청구할 때에는 별지 제10호서식에 따르고, 사법경찰관이나 보호관찰관의 신청에 따라 임시조치를 청구할 때에는 별지 제11호서식에 따른다. 이 경우 사법경찰관이나 보호관찰관이 법 제14조제1항에 따라 검사에게 임시조치를 신청할 때에는 별지 제12호서식에 따른다.

② 사법경찰관이 법 제15조제1항에 따라 검사에게 임시조치를 신청할 때에는 별지 제13호서식에 따른다. 이 신청을 받은 검사가 법 제15조제2항에 따라 임시조치를 청구할 때에는 별지 제14호서식에 따른다.

③ 제1항 후단 또는 제2항 전단에 따라 사법경찰관이나 보호관찰관이 임시조치를 신청하였을 때에는 별지 제15호서식의 임시조치신청부를 작성하여야 하고, 제1항 전단 또는 제2항 후단에 따라 검사가 임시조치를 청구하였을 때에는 별지 제16호서식의 임시조치청구부를 작성하여야 한다.

④ 검사는 법 제14조제1항에 따른 사법경찰관이나 보호관찰관의 임시조치 신청 또는 법 제15조제1항에 따른 사법경찰관의 임시조치 신청을 검토하여 임시조치를 할 만한 상당한 이유가 없다고 인정할 때에는 별지 제17호서식에 그 이유를 구체적으로 기재하여 임시조치 신청을 기각한다. 이 경우 사법경찰관의 임시조치 신청에 대하여 수사의 보완이 필요하다고 인정하여 기각하는 경우에는 기한을 정하여 임시조치 여부를 재지휘받도록 하거나 임시조치를 재신청하도록 할 수 있다.

⑤ 피해아동, 그 법정대리인, 변호사 또는 아동보호전문기관의 장이 법 제14조제2항에 따라 임시조치의 청구 또는 그 신청을 요청할 때에는 별지 제18호서식에 따른다.

⑥ 제5항의 경우에 검사는 임시조치의 청구를 요청한 사람에게 별지 제19호서식에 따라 그 처리 결과를 알려주어야 하고, 사법경찰관은 임시조치의 신청을 요청한 사람에게 별지 제20호서식에 따라 그 처리 결과를 알려주어야 한다. 이 경우 임시조치의 신청 요청을 받은 사법경찰관이 임시조치를 신청하지 아니하는 경우에는 별지 제21호서식에 따라 검사에게 그 사유를 보고하여야 한다.

⑦ 사법경찰관리가 법 제21조제1항에 따라 임시조치의 결정을 집행하였을 때에는 집행일시 및

집행방법을 적은 서면을 사건기록에 편철하여야 한다.

⑧ 사법경찰관은 임시조치의 결정에 대하여 항고가 제기되어 법원으로부터 수사기록 등본의 제출을 요구받았을 경우에 항고심 재판에 필요한 범위에서 수사기록 등본을 관할 검찰청으로 보내야 한다.

⑨ 제1항부터 제8항까지에서 규정한 사항 외에 임시조치의 청구 및 집행 절차 등에 관하여는 「검찰사건사무규칙」 제21조제5항·제6항 및 제56조의2제6항을 준용한다.

제7조(임시조치의 변경) ① 피해아동 또는 가정구성원이 법 제21조제2항에 따라 임시조치 결정의 변경을 신청하거나, 피해아동, 그 법정대리인이나 보조인이 법 제22조제3항에 따라 임시조치 결정의 변경을 청구할 때에는 별지 제22호서식에 따른다. 아동학대행위자, 그 법정대리인이나 보조인이 법 제22조제1항에 따라 임시조치 결정의 취소 또는 그 종류의 변경을 신청할 때에도 같다.

② 검사가 법 제22조제3항에 따라 임시조치 결정의 변경 청구를 할 때에는 별지 제23호서식에 따르고, 법 제19조제1항 각 호의 위탁 대상이 되는 기관의 장이 같은 청구를 할 때에는 별지 제24호서식에 따른다.

제8조(검사의 결정 전 조사) 검사가 법 제25조제1항에 따라 보호관찰소의 장에게 결정 전 조사를 요구할 때에는 별지 제25호서식에 따르고, 법 제25조제4항에 따라 아동보호전문기관의 장에게 자료의 제출을 요구할 때에는 별지 제26호서식에 따른다.

제9조(송치) ① 법 제31조에 따른 송치서(검사가 법 제28조에 따라 사건을 관할 법원에 송치하는 경우로 한정한다)는 별지 제27호서식에 따른다.

② 검사가 구속되어 있는 아동학대행위자에게 제1항에 따른 아동보호사건 송치 결정(이하 "송치 결정"이라 한다)을 할 때에는 별지 제28호서식에 따라 아동학대행위자를 구금하고 있는 시설의 장에게 아동학대행위자를 관할 법원에 인도할 것을 지휘하여야 한다.

③ 법원이 법 제29조에 따라 구속되어 있는 아동학대행위자에 대한 피고사건을 관할 법원에 송치하는 결정을 하는 경우의 사무처리에 관하여는 제2항을 준용한다.

④ 제1항부터 제3항까지에서 규정한 사항 외에 검사가 구속되어 있는 아동학대행위자를 관할 법원에 송치하는 결정을 하는 경우의 사무처리에 관하여는 「검찰사건사무규칙」 제15조제4항, 제60조제3항·제4항, 제81조제2항 및 제85조를 준용한다. 이 경우 "가정보호사건"은 "아동보호사건"으로 본다.

제10조(보호처분의 변경 등) ① 검사가 법 제40조제1항에 따른 보호처분의 변경 청구, 법 제41조에 따른 보호처분의 취소 청구 또는 법 제42조에 따른 보호처분의 종료 청구를 할 때에는 별지 제29호서식에 따르고, 보호관찰관 또는 수탁기관의 장이 같은 청구를 할 때에는 별지 제30호서식에 따른다.

② 피해아동, 그 법정대리인 또는 변호사가 법 제41조에 따른 보호처분의 취소 청구 또는 법 제42조에 따른 보호처분의 종료 청구를 할 때에는 별지 제31호서식에 따른다.

제11조(의무위반사실의 통보) 사법경찰관리, 보호관찰관, 수탁기관의 장 등은 법 제63조제1항 제2호부터 제4호까지의 규정에 따른 의무위반사실을 알게 된 때에는 그 사실을 별지 제32호서식에 따라 관계 행정기관의 장에게 통보할 수 있다.

부칙 <제826호,2014.9.26.>

이 규칙은 2014년 9월 29일부터 시행한다.

제11부

아동복지법

[시행 2018.6.13.] [법률 제15208호, 2017.12.12., 일부개정]

제1장 총칙

제1조(목적)

이 법은 아동이 건강하게 출생하여 행복하고 안전하게 자랄 수 있도록 아동의 복지를 보장하는 것을 목적으로 한다.

제2조(기본 이념)

① 아동은 자신 또는 부모의 성별, 연령, 종교, 사회적 신분, 재산, 장애유무, 출생지역, 인종 등에 따른 어떠한 종류의 차별도 받지 아니하고 자라나야 한다.

② 아동은 완전하고 조화로운 인격발달을 위하여 안정된 가정환경에서 행복하게 자라나야 한다.

③ 아동에 관한 모든 활동에 있어서 아동의 이익이 최우선적으로 고려되어야 한다.

④ 아동은 아동의 권리보장과 복지증진을 위하여 이 법에 따른 보호와 지원을 받을 권리를 가진다.

제3조(정의)

이 법에서 사용하는 용어의 뜻은 다음과 같다. 〈개정 2014.1.28.〉

1. "아동"이란 18세 미만인 사람을 말한다.

2. "아동복지"란 아동이 행복한 삶을 누릴 수 있는 기본적인 여건을 조성하고 조화롭게 성장·발달할 수 있도록 하기 위한 경제적·사회적·정서적 지원을 말한다.

3. "보호자"란 친권자, 후견인, 아동을 보호·양육·교육하거나 그러한 의무가 있는 자 또는 업무·고용 등의 관계로 사실상 아동을 보호·감독하는 자를 말한다.

4. "보호대상아동"이란 보호자가 없거나 보호자로부터 이탈된 아동 또는 보호자가 아동을 학대하는 경우 등 그 보호자가 아동을 양육하기에 적당하지 아니하거나 양육할 능력이 없는 경우의 아동을 말한다.

5. "지원대상아동"이란 아동이 조화롭고 건강하게 성장하는 데에 필요한 기초적인 조건이 갖추어지지 아니하여 사회적·경제적·정서적 지원이 필요한 아동을 말한다.

6. "가정위탁"이란 보호대상아동의 보호를 위하여 성범죄, 가정폭력, 아동학대, 정신질환 등의 전력이 없는 보건복지부령으로 정하는 기준에 적합한 가정에 보호대상아동을 일정 기간 위탁하는 것을 말한다.

7. "아동학대"란 보호자를 포함한 성인이 아동의 건강 또는 복지를 해치거나 정상적 발달을 저해할 수 있는 신체적 · 정신적 · 성적 폭력이나 가혹행위를 하는 것과 아동의 보호자가 아동을 유기하거나 방임하는 것을 말한다.

7의2. "아동학대관련범죄"란 다음 각 목의 어느 하나에 해당하는 죄를 말한다.

　　가. 「아동학대범죄의 처벌 등에 관한 특례법」 제2조제4호에 따른 아동학대범죄

　　나. 아동에 대한 「형법」 제2편제24장 살인의 죄 중 제250조부터 제255조까지의 죄

8. "피해아동"이란 아동학대로 인하여 피해를 입은 아동을 말한다.

9. 삭제〈2016.3.22.〉

10. "아동복지시설"이란 제50조에 따라 설치된 시설을 말한다.

11. "아동복지시설 종사자"란 아동복지시설에서 아동의 상담 · 지도 · 치료 · 양육, 그 밖에 아동의 복지에 관한 업무를 담당하는 사람을 말한다.

제4조(국가와 지방자치단체의 책무)

① 국가와 지방자치단체는 아동의 안전 · 건강 및 복지 증진을 위하여 아동과 그 보호자 및 가정을 지원하기 위한 정책을 수립 · 시행하여야 한다.

② 국가와 지방자치단체는 보호대상아동 및 지원대상아동의 권익을 증진하기 위한 정책을 수립 · 시행하여야 한다.

③ 국가와 지방자치단체는 아동이 태어난 가정에서 성장할 수 있도록 지원하고, 아동이 태어난 가정에서 성장할 수 없을 때에는 가정과 유사한 환경에서 성장할 수 있도록 조치하며, 아동을 가정에서 분리하여 보호할 경우에는 신속히 가정으로 복귀할 수 있도록 지원하여야 한다.

〈신설 2016.3.22.〉

④ 국가와 지방자치단체는 장애아동의 권익을 보호하기 위하여 필요한 시책을 강구하여야 한다.

〈개정 2016.3.22.〉

⑤ 국가와 지방자치단체는 아동이 자신 또는 부모의 성별, 연령, 종교, 사회적 신분, 재산, 장애유무, 출생지역 또는 인종 등에 따른 어떠한 종류의 차별도 받지 아니하도록 필요한 시책을 강구하여야 한다.

〈개정 2016.3.22.〉

⑥ 국가와 지방자치단체는 「아동의 권리에 관한 협약」에서 규정한 아동의 권리 및 복지 증진 등을 위하여 필요한 시책을 수립 · 시행하고, 이에 필요한 교육과 홍보를 하여야 한다.

〈개정 2016.3.22.〉

⑦ 국가와 지방자치단체는 아동의 보호자가 아동을 행복하고 안전하게 양육하기 위하여 필요한 교육을 지원하여야 한다.

〈신설 2014.1.28., 2016.3.22.〉

제5조(보호자 등의 책무)

　① 아동의 보호자는 아동을 가정에서 그의 성장시기에 맞추어 건강하고 안전하게 양육하여야
　　한다.

　② 아동의 보호자는 아동에게 신체적 고통이나 폭언 등의 정신적 고통을 가하여서는 아니 된다.

〈신설 2015.3.27.〉

　③ 모든 국민은 아동의 권익과 안전을 존중하여야 하며, 아동을 건강하게 양육하여야 한다.

〈개정 2015.3.27.〉

제6조(어린이날 및 어린이주간)

　어린이에 대한 사랑과 보호의 정신을 높임으로써 이들을 옳고 아름답고 슬기로우며 씩씩하게
자라나도록 하기 위하여 매년 5월 5일을 어린이날로 하며, 5월 1일부터 5월 7일까지를 어린이주간
으로 한다.

제2장 아동복지정책의 수립 및 시행 등

제7조(아동정책기본계획의 수립)

　① 보건복지부장관은 아동정책의 효율적인 추진을 위하여 5년마다 아동정책기본계획(이하 "기
　　본계획"이라 한다)을 수립하여야 한다.

　② 기본계획은 다음 각 호의 사항을 포함하여야 한다.

　　1. 이전의 기본계획에 관한 분석·평가

　　2. 아동정책에 관한 기본방향 및 추진목표

　　3. 주요 추진과제 및 추진방법

　　4. 재원조달방안

　　5. 그 밖에 아동정책을 시행하기 위하여 특히 필요하다고 인정되는 사항

　③ 보건복지부장관은 기본계획을 수립할 때에는 미리 관계 중앙행정기관의 장과 협의하여야
　　한다.

　④ 기본계획은 제10조에 따른 아동정책조정위원회의 심의를 거쳐 확정한다. 이 경우 보건복지

부장관은 확정된 기본계획을 관계 중앙행정기관의 장 및 특별시장 · 광역시장 · 도지사 · 특별자치도지사(이하 "시 · 도지사"라 한다)에게 알려야 한다.

제8조(연도별 시행계획의 수립 · 시행 등)

① 보건복지부장관, 관계 중앙행정기관의 장 및 시 · 도지사는 매년 기본계획에 따라 연도별 아동정책시행계획(이하 "시행계획"이라 한다)을 수립 · 시행하여야 한다.

② 관계 중앙행정기관의 장 및 시 · 도지사는 다음 연도의 시행계획 및 전년도의 시행계획에 따른 추진실적을 대통령령으로 정하는 바에 따라 매년 보건복지부장관에게 제출하고, 보건복지부장관은 매년 시행계획에 따른 추진실적을 평가하여야 한다.

③ 시행계획의 수립 · 시행 및 추진실적의 평가 등에 필요한 사항은 대통령령으로 정한다.

제9조(계획수립의 협조)

① 보건복지부장관, 관계 중앙행정기관의 장 및 시 · 도지사는 기본계획 또는 시행계획의 수립 · 시행을 위하여 필요한 경우에는 관계 기관 · 단체나 그 밖의 민간기업체의 장에게 협조를 요청할 수 있다.

② 제1항에 따른 요청을 받은 자는 정당한 사유가 없는 한 이에 따라야 한다.

제10조(아동정책조정위원회)

① 아동의 권리증진과 건강한 출생 및 성장을 위하여 종합적인 아동정책을 수립하고 관계 부처의 의견을 조정하며 그 정책의 이행을 감독하고 평가하기 위하여 국무총리 소속으로 아동정책조정위원회(이하 "위원회"라 한다)를 둔다.

② 위원회는 다음 각 호의 사항을 심의 · 조정한다.

1. 기본계획의 수립에 관한 사항

2. 아동의 권익 및 복지 증진을 위한 기본방향에 관한 사항

3. 아동정책의 개선과 예산지원에 관한 사항

4. 아동 관련 국제조약의 이행 및 평가 · 조정에 관한 사항

5. 아동정책에 관한 관련 부처 간 협조에 관한 사항

6. 그 밖에 위원장이 부의하는 사항

③ 위원회는 위원장을 포함한 25명 이내의 위원으로 구성하되, 위원장은 국무총리가 되고 위원은 다음 각 호의 사람이 된다. 〈개정 2013.3.23., 2014.11.19., 2017.7.26.〉

1. 기획재정부장관 · 교육부장관 · 법무부장관 · 행정안전부장관 · 문화체육관광부장관 · 산

업통상자원부장관 · 보건복지부장관 · 고용노동부장관 · 여성가족부장관

2. 아동 관련 단체의 장이나 아동에 대한 학식과 경험이 풍부한 사람 중 위원장이 위촉하는 15명 이내의 위원

④ 위원회는 제2항제4호에 따른 국제조약의 이행확인을 위하여 필요한 업무를 관계 전문기관 또는 단체에게 위탁할 수 있다.

⑤ 위원회는 필요하다고 인정하는 때에는 관계 행정기관에 대하여 그 소속 직원의 출석 · 설명과 자료의 제출을 요구할 수 있다.

⑥ 제1항부터 제3항까지의 규정에서 정한 것 외에 위원회의 구성 및 운영 등에 필요한 사항은 대통령령으로 정한다.

제11조(아동종합실태조사)

① 보건복지부장관은 5년마다 아동의 양육 및 생활환경, 언어 및 인지 발달, 정서적 · 신체적 건강, 아동안전, 아동학대 등 아동의 종합실태를 조사하여 그 결과를 공표하고, 이를 기본계획과 시행계획에 반영하여야 한다. 다만, 보건복지부장관은 필요한 경우 보건복지부령으로 정하는 바에 따라 분야별 실태조사를 할 수 있다.

② 보건복지부장관은 제1항에 따른 실태조사를 위하여 관계 기관 · 법인 · 단체 · 시설의 장에게 필요한 자료의 제출 또는 의견의 진술을 요청할 수 있다. 이 경우 요청을 받은 자는 정당한 사유가 없으면 이에 협조하여야 한다.　　　　　　　　　　　　　　　〈신설 2016.3.22.〉

③ 제1항에 따른 아동종합실태조사의 내용과 방법 등에 필요한 사항은 보건복지부령으로 정한다.　　　　　　　　　　　　　　　　　　　　　　　　　〈개정 2016.3.22.〉

제11조의2(아동정책영향평가)

① 국가와 지방자치단체는 대통령령으로 정하는 바에 따라 아동 관련 정책이 아동복지에 미치는 영향을 분석 · 평가(이하 "아동정책영향평가"라 한다)하고, 그 결과를 아동 관련 정책의 수립 · 시행에 반영하여야 한다.

② 그 밖에 아동정책영향평가의 방법과 절차 등에 필요한 사항은 대통령령으로 정한다.

[본조신설 2016.3.22.]

[시행일 : 2019.3.23.] 제11조의2

제12조(아동복지심의위원회)

① 시·도지사, 시장·군수·구청장(자치구의 구청장을 말한다. 이하 같다)은 다음 각 호의 사항을 심의하기 위하여 그 소속으로 아동복지심의위원회(이하 "심의위원회"라 한다)를 각각 둔다.

  1. 제8조에 따른 시행계획 수립 및 시행에 관한 사항

  2. 제15조에 따른 보호조치에 관한 사항

  3. 제16조에 따른 퇴소조치에 관한 사항

  4. 제18조에 따른 친권행사의 제한이나 친권상실 선고 청구에 관한 사항

  5. 제19조에 따른 아동의 후견인의 선임이나 변경 청구에 관한 사항

  6. 지원대상아동의 선정과 그 지원에 관한 사항

  7. 그 밖에 아동의 보호 및 지원서비스를 위하여 시·도지사 또는 시장·군수·구청장이 필요하다고 인정하는 사항

② 심의위원회의 조직·구성 및 운영 등에 필요한 사항은 대통령령으로 정하는 기준에 따라 해당 지방자치단체의 조례로 정한다.

③ 시·도지사, 시장·군수·구청장은 대통령령으로 정하는 바에 따라 심의위원회의 구성 및 운영 현황에 관한 사항을 연 1회 보건복지부장관에게 보고하여야 한다.　　〈신설 2017.9.19.〉

제13조(아동복지전담공무원)

① 아동복지에 관한 업무를 담당하기 위하여 특별시·광역시·도·특별자치도(이하 "시·도"라 한다) 및 시·군·구(자치구를 말한다. 이하 같다)에 각각 아동복지전담공무원(이하 "전담공무원"이라 한다)을 둘 수 있다.

② 전담공무원은 「사회복지사업법」 제11조에 따른 사회복지사의 자격을 가진 사람으로 하고 그 임용 등에 필요한 사항은 해당 시·도 및 시·군·구의 조례로 정한다.

③ 전담공무원은 아동에 대한 상담 및 보호조치, 가정환경에 대한 조사, 아동복지시설에 대한 지도·감독, 아동범죄 예방을 위한 현장확인 및 지도·감독 등 지역 단위에서 아동의 복지증진을 위한 업무를 수행한다.

④ 관계 행정기관, 아동복지시설 및 아동복지단체(아동의 권리를 보장하고 복지증진을 목적으로 설립된 기관 및 단체를 말한다. 이하 같다)를 설치·운영하는 자는 전담공무원이 협조를 요청하는 경우 정당한 사유가 없는 한 이에 따라야 한다.　　〈개정 2016.3.22.〉

제14조(아동위원)

① 시 · 군 · 구에 아동위원을 둔다.

② 아동위원은 그 관할 구역의 아동에 대하여 항상 그 생활상태 및 가정환경을 상세히 파악하고 아동복지에 필요한 원조와 지도를 행하며 전담공무원 및 관계 행정기관과 협력하여야 한다.

③ 아동위원은 그 업무의 원활한 수행을 위하여 적절한 교육을 받을 수 있다.

④ 아동위원은 명예직으로 하되, 아동위원에 대하여는 수당을 지급할 수 있다.

⑤ 그 밖에 아동위원에 관한 사항은 해당 시 · 군 · 구의 조례로 정한다.

제3장 아동에 대한 보호서비스 및 아동학대의 예방 및 방지

제1절 아동보호서비스

제15조(보호조치)

① 시 · 도지사 또는 시장 · 군수 · 구청장은 그 관할 구역에서 보호대상아동을 발견하거나 보호자의 의뢰를 받은 때에는 아동의 최상의 이익을 위하여 대통령령으로 정하는 바에 따라 다음 각 호에 해당하는 보호조치를 하여야 한다. 〈개정 2014.1.28.〉

1. 전담공무원 또는 아동위원에게 보호대상아동 또는 그 보호자에 대한 상담 · 지도를 수행하게 하는 것

2. 보호자 또는 대리양육을 원하는 연고자에 대하여 그 가정에서 아동을 보호 · 양육할 수 있도록 필요한 조치를 하는 것

3. 아동의 보호를 희망하는 사람에게 가정위탁하는 것

4. 보호대상아동을 그 보호조치에 적합한 아동복지시설에 입소시키는 것

5. 약물 및 알콜 중독, 정서 · 행동 · 발달 장애, 성폭력 · 아동학대 피해 등으로 특수한 치료나 요양 등의 보호를 필요로 하는 아동을 전문치료기관 또는 요양소에 입원 또는 입소시키는 것

6. 「입양특례법」에 따른 입양과 관련하여 필요한 조치를 하는 것

② 시 · 도지사 또는 시장 · 군수 · 구청장은 제1항제1호 및 제2호의 보호조치가 적합하지 아니

한 보호대상아동에 대하여 제1항제3호부터 제6호까지의 보호조치를 할 수 있다. 이 경우 제1항제3호부터 제5호까지의 보호조치를 하기 전에 보호대상아동에 대한 상담, 건강검진, 심리검사 및 가정환경에 대한 조사를 실시하여야 한다. 〈개정 2016.3.22.〉

③ 시·도지사 또는 시장·군수·구청장은 제1항에 따른 보호조치를 하려는 경우 보호대상아동의 개별 보호·관리 계획을 세워 보호하여야 하며, 그 계획을 수립할 때 해당 보호대상아동의 보호자를 참여시킬 수 있다. 〈신설 2016.3.22.〉

④ 시·도지사 또는 시장·군수·구청장은 제1항제3호부터 제6호까지의 보호조치를 함에 있어서 해당 보호대상아동의 의사를 존중하여야 하며, 보호자가 있을 때에는 그 의견을 들어야 한다. 다만, 아동의 보호자가 「아동학대범죄의 처벌 등에 관한 특례법」 제2조제5호의 아동학대행위자(이하 "아동학대행위자"라 한다)인 경우에는 그러하지 아니하다.

〈개정 2014.1.28., 2016.3.22., 2017.10.24.〉

⑤ 시·도지사 또는 시장·군수·구청장은 제1항제3호부터 제6호까지의 보호조치를 할 때까지 필요하면 제52조제1항제2호에 따른 아동일시보호시설에 보호대상아동을 입소시켜 보호하거나, 적합한 위탁가정 또는 적당하다고 인정하는 자에게 일시 위탁하여 보호하게 할 수 있다. 이 경우 보호기간 동안 보호대상아동에 대한 상담, 건강검진, 심리검사 및 가정환경에 대한 조사를 실시하고 그 결과를 보호조치 시에 고려하여야 한다. 〈개정 2016.3.22.〉

⑥ 시·도지사 또는 시장·군수·구청장은 그 관할 구역에서 약물 및 알콜 중독, 정서·행동·발달 장애 등의 문제를 일으킬 가능성이 있는 아동의 가정에 대하여 예방차원의 적절한 조치를 강구하여야 한다. 〈개정 2016.3.22.〉

⑦ 누구든지 제1항에 따른 보호조치와 관련하여 그 대상이 되는 아동복지시설의 종사자를 신체적·정신적으로 위협하는 행위를 하여서는 아니 된다. 〈개정 2016.3.22.〉

⑧ 시·도지사 또는 시장·군수·구청장은 아동의 가정위탁보호를 희망하는 사람에 대하여 범죄경력을 확인하여야 한다. 이 경우 본인의 동의를 받아 관계 기관의 장에게 범죄의 경력 조회를 요청하여야 한다. 〈개정 2016.3.22.〉

⑨ 가정위탁지원센터의 장은 위탁아동, 가정위탁보호를 희망하는 사람, 위탁아동의 부모 등의 신원확인 등의 조치를 시·도지사 또는 시장·군수·구청장에게 협조 요청할 수 있으며, 요청을 받은 시·도지사 또는 시장·군수·구청장은 정당한 사유가 없는 한 이에 응하여야 한다. 〈개정 2016.3.22.〉

⑩ 제2항 및 제5항에 따른 상담, 건강검진, 심리검사 및 가정환경에 대한 조사, 제8항에 따른 범죄경력 조회 및 제9항에 따른 신원확인의 요청 절차·범위 등에 필요한 사항은 대통령령으로 정한다. 〈개정 2016.3.22.〉

제15조의2(사회보장정보시스템의 이용)

시·도지사 또는 시장·군수·구청장은 「사회보장기본법」 제37조제2항에 따라 설치된 사회보장정보시스템을 이용하여 제15조에 따른 보호대상아동에 대한 상담, 건강검진, 심리검사, 가정환경에 대한 조사 및 개별 보호·관리 계획 등 보호조치에 필요한 정보를 관리하여야 한다.

[본조신설 2016.3.22.]

[시행일 : 2019.3.23.] 제15조의2

제15조의3(보호대상아동의 양육상황 점검)

① 시·도지사 또는 시장·군수·구청장은 제15조제1항제2호부터 제6호까지의 보호조치 중인 보호대상아동의 양육상황을 보건복지부령으로 정하는 바에 따라 매년 점검하여야 한다.

② 시·도지사 또는 시장·군수·구청장은 제1항에 따른 양육상황을 점검한 결과에 따라 보호대상아동의 복리를 보호할 필요가 있거나 해당 보호조치가 적절하지 아니하다고 판단되는 경우에는 지체 없이 보호조치를 변경하여야 한다.

[본조신설 2016.3.22.]

제16조(보호대상아동의 퇴소조치 등)

① 제15조제1항제3호부터 제5호까지의 보호조치 중인 보호대상아동의 연령이 18세에 달하였거나, 보호 목적이 달성되었다고 인정되면 해당 시·도지사, 시장·군수·구청장은 대통령령으로 정하는 절차와 방법에 따라 그 보호 중인 아동의 보호조치를 종료하거나 해당 시설에서 퇴소시켜야 한다. 〈개정 2016.3.22.〉

② 제15조제1항제2호부터 제4호까지의 보호조치 중인 보호대상아동의 친권자, 후견인 등 보건복지부령으로 정하는 자는 관할 시·도지사 또는 시장·군수·구청장에게 해당 보호대상아동의 가정 복귀를 신청할 수 있다. 〈신설 2016.3.22.〉

③ 시·도지사 또는 시장·군수·구청장은 제2항에 따른 가정 복귀 신청을 받은 경우에는 아동복지시설의 장의 의견을 들은 후 보호조치의 종료 또는 퇴소조치가 보호대상아동의 복리에 반하지 아니한다고 인정되면 해당 보호대상아동을 가정으로 복귀시킬 수 있다. 〈신설 2016.3.22.〉

④ 제1항에도 불구하고 제15조에 따라 보호조치 중인 아동이 다음 각 호의 어느 하나에 해당하면 시·도지사, 시장·군수·구청장은 해당 아동의 보호기간을 연장할 수 있다. 〈개정 2016.3.22.〉

1. 「고등교육법」 제2조에 따른 대학 이하의 학교(대학원은 제외한다)에 재학 중인 경우
2. 제52조제1항제1호의 아동양육시설 또는 「근로자직업능력 개발법」 제2조제3호에 따른 직업능력개발훈련시설에서 직업 관련 교육·훈련을 받고 있는 경우
3. 그 밖에 위탁가정 및 각종 아동복지시설에서 해당 아동을 계속하여 보호·양육할 필요가 있다고 대통령령으로 정하는 경우

제16조의2(보호대상아동의 사후관리)

시·도지사 또는 시장·군수·구청장은 전담공무원 등 관계 공무원으로 하여금 보호조치의 종료로 가정으로 복귀한 보호대상아동의 가정을 방문하여 해당 아동의 복지 증진을 위하여 필요한 지도·관리를 제공하게 하여야 한다.

[본조신설 2016.3.22.]

제17조(금지행위)

누구든지 다음 각 호의 어느 하나에 해당하는 행위를 하여서는 아니 된다. 〈개정 2014.1.28.〉

1. 아동을 매매하는 행위
2. 아동에게 음란한 행위를 시키거나 이를 매개하는 행위 또는 아동에게 성적 수치심을 주는 성희롱 등의 성적 학대행위
3. 아동의 신체에 손상을 주거나 신체의 건강 및 발달을 해치는 신체적 학대행위
4. 삭제〈2014.1.28.〉
5. 아동의 정신건강 및 발달에 해를 끼치는 정서적 학대행위
6. 자신의 보호·감독을 받는 아동을 유기하거나 의식주를 포함한 기본적 보호·양육·치료 및 교육을 소홀히 하는 방임행위
7. 장애를 가진 아동을 공중에 관람시키는 행위
8. 아동에게 구걸을 시키거나 아동을 이용하여 구걸하는 행위
9. 공중의 오락 또는 흥행을 목적으로 아동의 건강 또는 안전에 유해한 곡예를 시키는 행위 또는 이를 위하여 아동을 제3자에게 인도하는 행위
10. 정당한 권한을 가진 알선기관 외의 자가 아동의 양육을 알선하고 금품을 취득하거나 금품을 요구 또는 약속하는 행위
11. 아동을 위하여 증여 또는 급여된 금품을 그 목적 외의 용도로 사용하는 행위

제18조(친권상실 선고의 청구 등)

① 시·도지사, 시장·군수·구청장 또는 검사는 아동의 친권자가 그 친권을 남용하거나 현저한 비행이나 아동학대, 그 밖에 친권을 행사할 수 없는 중대한 사유가 있는 것을 발견한 경우 아동의 복지를 위하여 필요하다고 인정할 때에는 법원에 친권행사의 제한 또는 친권상실의 선고를 청구하여야 한다.

② 아동복지시설의 장 및 「초·중등교육법」에 따른 학교의 장(이하 "학교의 장"이라 한다)은 제1항의 사유에 해당하는 경우 시·도지사, 시장·군수·구청장 또는 검사에게 법원에 친권행사의 제한 또는 친권상실의 선고를 청구하도록 요청할 수 있다. 〈개정 2016.3.22.〉

③ 시·도지사, 시장·군수·구청장 또는 검사는 제1항 및 제2항에 따라 친권행사의 제한 또는 친권상실의 선고 청구를 할 경우 해당 아동의 의견을 존중하여야 한다.

④ 시·도지사, 시장·군수·구청장 또는 검사는 제2항에 따라 친권행사의 제한 또는 친권상실의 선고 청구를 요청받은 경우에는 요청받은 날부터 30일 내에 청구 여부를 결정한 후 해당 요청기관에 청구 또는 미청구 요지 및 이유를 서면으로 알려야 한다.

⑤ 제4항에 따라 처리결과를 통보받은 아동복지시설의 장 및 학교의 장은 그 처리결과에 대하여 이의가 있을 경우 통보받은 날부터 30일 내에 직접 법원에 친권행사의 제한 또는 친권상실의 선고를 청구할 수 있다. 〈개정 2014.1.28., 2016.3.22.〉

제19조(아동의 후견인의 선임 청구 등)

① 시·도지사, 시장·군수·구청장, 아동복지시설의 장 및 학교의 장은 친권자 또는 후견인이 없는 아동을 발견한 경우 그 복지를 위하여 필요하다고 인정할 때에는 법원에 후견인의 선임을 청구하여야 한다. 〈개정 2016.3.22.〉

② 시·도지사, 시장·군수·구청장, 아동복지시설의 장, 학교의 장 또는 검사는 후견인이 해당 아동을 학대하는 등 현저한 비행을 저지른 경우에는 후견인 변경을 법원에 청구하여야 한다. 〈개정 2016.3.22.〉

③ 제1항에 따른 후견인의 선임 및 제2항에 따른 후견인의 변경 청구를 할 때에는 해당 아동의 의견을 존중하여야 한다.

④ 아동복지시설에 입소 중인 보호대상아동에 대하여는 「보호시설에 있는 미성년자의 후견직무에 관한 법률」을 적용한다.

제20조(아동의 후견인 선임)

① 법원은 제19조제1항 및 제2항에 따른 청구에 따라 후견인을 선임하거나 변경할 경우 「민

법」 제932조 및 제935조에도 불구하고 해당 아동의 후견에 적합한 사람을 후견인으로 선임할 수 있다.

② 법원은 후견인이 없는 아동에 대하여 제1항에 따라 후견인을 선임하기 전까지 시·도지사, 시장·군수·구청장, 제45조에 따른 아동보호전문기관(이하 "아동보호전문기관"이라 한다)의 장 및 가정위탁지원센터의 장으로 하여금 임시로 그 아동의 후견인 역할을 하게 할 수 있다. 이 경우 해당 아동의 의견을 존중하여야 한다. 〈개정 2016.3.22., 2017.10.24.〉

제21조(보조인의 선임 등)

① 법원의 심리과정에서 변호사, 법정대리인, 직계 친족, 형제자매, 아동보호전문기관의 상담원은 학대아동사건의 심리에 있어서 보조인이 될 수 있다. 다만, 변호사가 아닌 경우에는 법원의 허가를 받아야 한다.

② 법원은 피해아동을 증인으로 신문하는 경우 검사, 피해아동과 그 보호자 또는 아동보호전문기관의 신청이 있는 경우에는 피해아동과 신뢰관계에 있는 사람의 동석을 허가할 수 있다.

③ 수사기관이 피해아동을 조사하는 경우에도 제1항 및 제2항과 같다.

제2절 아동학대의 예방 및 방지

제22조(아동학대의 예방과 방지 의무)

① 국가와 지방자치단체는 아동학대의 예방과 방지를 위하여 다음 각 호의 조치를 취하여야 한다.

  1. 아동학대의 예방과 방지를 위한 각종 정책의 수립 및 시행

  2. 아동학대의 예방과 방지를 위한 연구·교육·홍보 및 아동학대 실태조사

  3. 아동학대에 관한 신고체제의 구축·운영

  4. 피해아동의 보호와 치료 및 피해아동의 가정에 대한 지원

  5. 그 밖에 대통령령으로 정하는 아동학대의 예방과 방지를 위한 사항

② 지방자치단체는 아동학대를 예방하고 수시로 신고를 받을 수 있도록 긴급전화를 설치하여야 한다. 이 경우 그 설치·운영 등에 필요한 사항은 대통령령으로 정한다.

〈개정 2014.1.28.〉

③ 삭제〈2015.3.27.〉

④ 삭제〈2015.3.27.〉

제22조의2(학생등에 대한 학대 예방 및 지원 등)

① 국가와 지방자치단체는 「유아교육법」에 따른 유치원의 유아 및 「초·중등교육법」에 따른 학교의 학생(이하 이 조에서 "학생등"이라 한다)에 대한 아동학대의 조기 발견 체계 및 제45조에 따른 지역아동보호전문기관(이하 "지역아동보호전문기관"이라 한다) 등 관련 기관과의 연계 체계를 구축하고, 학대피해 학생등이 유치원 또는 학교에 안정적으로 적응할 수 있도록 지원하여야 한다.

② 교육부장관은 아동학대의 조기 발견과 신속한 보호조치를 위하여 대통령령으로 정하는 바에 따라 장기결석 학생등의 정보 등을 보건복지부장관과 공유하여야 한다.

③ 제1항에 따른 학교 적응 지원 등 대통령령으로 정하는 업무는 교육부장관 또는 「지방교육자치에 관한 법률」에 따른 교육감이 지정하는 기관에 위탁할 수 있다.

[본조신설 2017.10.24.]

[종전 제22조의2는 제22조의3으로 이동 〈2017.10.24.〉]

제22조의3(피해아동 등에 대한 신분조회 등 조치)

아동보호전문기관의 장은 피해아동의 보호, 치료 등을 수행함에 있어서 피해아동, 그 보호자 또는 아동학대행위자에 대한 다음 각 호의 조치를 관계 중앙행정기관의 장, 시·도지사 또는 시장·군수·구청장에게 협조 요청할 수 있으며, 요청을 받은 관계 중앙행정기관의 장, 시·도지사 또는 시장·군수·구청장은 정당한 사유가 없으면 이에 따라야 한다.

1. 「출입국관리법」에 따른 외국인등록 사실증명의 열람 및 발급
2. 「가족관계의 등록 등에 관한 법률」 제15조제1항제1호부터 제4호까지에 따른 증명서의 발급
3. 「주민등록법」에 따른 주민등록표 등본·초본의 열람 및 발급
4. 「국민기초생활 보장법」에 따른 수급자 여부의 확인
5. 「장애인복지법」에 따른 장애인등록증의 열람 및 발급

[본조신설 2015.3.27.]

[제22조의2에서 이동 〈2017.10.24.〉]

제23조(아동학대예방의 날)

① 아동의 건강한 성장을 도모하고, 범국민적으로 아동학대의 예방과 방지에 관한 관심을 높이기 위하여 매년 11월 19일을 아동학대예방의 날로 지정하고, 아동학대예방의 날부터 1주일을 아동학대예방주간으로 한다.

② 국가와 지방자치단체는 아동학대예방의 날의 취지에 맞는 행사와 홍보를 실시하도록 노력
하여야 한다.

제24조(홍보영상의 제작 · 배포 · 송출)

① 보건복지부장관은 아동학대의 예방과 방지, 위반행위자의 계도를 위한 교육 등에 관한 홍보
영상을 제작하여 「방송법」 제2조제23호의 방송편성책임자에게 배포하여야 한다.

② 보건복지부장관은 「방송법」 제2조제3호가목의 지상파방송사업자에게 같은 법 제73조제4
항에 따라 대통령령으로 정하는 비상업적 공익광고 편성비율의 범위에서 제1항의 홍보영상
을 채널별로 송출하도록 요청할 수 있다.

③ 제2항에 따른 지상파방송사업자는 제1항의 홍보영상 외에 독자적인 홍보영상을 제작하여
송출할 수 있다. 이 경우 보건복지부장관에게 필요한 협조 및 지원을 요청할 수 있다.

제25조 삭제 〈2014.1.28.〉

제26조(아동학대 신고의무자에 대한 교육)

① 관계 중앙행정기관의 장은 「아동학대범죄의 처벌 등에 관한 특례법」 제10조제2항 각 호의
어느 하나에 해당하는 사람(이하 "아동학대 신고의무자"라 한다)의 자격 취득 과정이나 보수
교육 과정에 아동학대 예방 및 신고의무와 관련된 교육 내용을 포함하도록 하여야 한다.

〈개정 2014.1.28., 2015.3.27.〉

② 관계 중앙행정기관의 장 및 시 · 도지사는 아동학대 신고의무자에게 본인이 아동학대 신고
의무자라는 사실을 고지할 수 있고, 아동학대 예방 및 신고의무와 관련한 교육(이하 이 조에
서 "신고의무 교육"이라 한다)을 실시할 수 있다.   〈신설 2015.3.27.〉

③ 아동학대 신고의무자가 소속된 기관 · 시설 등의 장은 소속 아동학대 신고의무자에게 신고
의무 교육을 실시하고, 그 결과를 관계 중앙행정기관의 장에게 제출하여야 한다.

〈신설 2015.3.27., 2017.10.24.〉

1. 삭제〈2017.10.24.〉

2. 삭제〈2017.10.24.〉

3. 삭제〈2017.10.24.〉

4. 삭제〈2017.10.24.〉

④ 제1항부터 제3항까지에 따른 교육 내용 · 시간 및 방법 등 그 밖에 필요한 사항은 대통령령으
로 정한다.   〈개정 2015.3.27.〉

제26조의2(아동학대 예방교육의 실시)

① 국가기관과 지방자치단체의 장, 「공공기관의 운영에 관한 법률」에 따른 공공기관과 대통령령으로 정하는 공공단체의 장은 아동학대의 예방과 방지를 위하여 필요한 교육을 연 1회 이상 실시하고, 그 결과를 보건복지부장관에게 제출하여야 한다.

② 제1항에 따른 교육 대상이 아닌 사람은 지역아동보호전문기관 또는 대통령령으로 정하는 교육기관에서 아동학대의 예방과 방지에 필요한 교육을 받을 수 있다.

③ 보건복지부장관은 제1항 및 제2항에 따른 교육을 위하여 전문인력을 양성하고, 교육 프로그램을 개발 · 보급하여야 한다.

④ 제1항 및 제2항에 따른 교육 내용 · 시간 및 방법, 그 밖에 필요한 사항은 대통령령으로 정한다.

[본조신설 2017.10.24.]

[시행일 : 2019.1.1.] 제26조의2

제27조 삭제 〈2014.1.28.〉

제27조의2(아동학대 등의 통보)

① 사법경찰관리는 아동 사망 및 상해사건, 가정폭력 사건 등에 관한 직무를 행하는 경우 아동학대가 있었다고 의심할 만한 사유가 있는 때에는 아동보호전문기관에 그 사실을 통보하여야 한다.

② 사법경찰관 또는 보호관찰관은 「아동학대범죄의 처벌 등에 관한 특례법」 제14조제1항에 따라 임시조치의 청구를 신청하였을 때에는 아동보호전문기관에 그 사실을 통보하여야 한다.

③ 제1항 및 제2항의 통보를 받은 아동보호전문기관은 피해아동 보호조치 등 필요한 조치를 하여야 한다.

[본조신설 2014.1.28.]

제27조의3(피해아동 응급조치에 대한 거부금지)

「아동학대범죄의 처벌 등에 관한 특례법」 제12조제1항제3호 또는 제4호에 따라 사법경찰관리 또는 아동보호전문기관의 직원이 피해아동을 인도하는 경우에는 아동학대 관련 보호시설이나 의료기관은 정당한 사유 없이 이를 거부하여서는 아니 된다.

[본조신설 2014.1.28.]

제28조(사후관리 등)

① 아동보호전문기관의 장은 아동학대가 종료된 이후에도 가정방문, 전화상담 등을 통하여 아동학대의 재발 여부를 확인하여야 한다.

② 아동보호전문기관의 장은 아동학대가 종료된 이후에도 아동학대의 재발 방지 등을 위하여 필요하다고 인정하는 경우 피해아동 및 보호자를 포함한 피해아동의 가족에게 필요한 지원을 제공할 수 있다.

③ 아동보호전문기관이 제1항 및 제2항에 따라 업무를 수행하는 경우 보호자는 정당한 사유 없이 이를 거부하거나 방해하여서는 아니 된다. 〈신설 2016.3.22.〉

제28조의2(국가아동학대정보시스템)

① 보건복지부장관은 아동학대 관련 정보를 공유하고 아동학대를 예방하기 위하여 대통령령으로 정하는 바에 따라 국가아동학대정보시스템을 구축·운영하여야 한다. 〈개정 2016.3.22.〉

② 보건복지부장관은 피해아동, 그 가족 및 아동학대행위자에 관한 정보와 아동학대예방사업에 관한 정보를 제1항에 따른 국가아동학대정보시스템에 입력·관리하여야 한다. 이 경우 보건복지부장관은 관계 중앙행정기관의 장, 시·도지사, 시장·군수·구청장, 아동보호전문기관 등에 필요한 자료를 요청할 수 있다. 〈개정 2016.3.22., 2017.10.24.〉

③ 다음 각 호의 어느 하나에 해당하는 자는 아동의 보호 및 아동학대 발생 방지를 위하여 필요한 경우 국가아동학대정보시스템상의 피해아동, 그 가족 및 아동학대행위자에 관한 정보를 보건복지부장관에게 요청할 수 있다. 이 경우 대통령령으로 정하는 바에 따라 목적과 필요한 정보의 범위를 구체적으로 기재하여야 한다. 〈신설 2017.10.24.〉

1. 시·도지사 및 시장·군수·구청장

2. 판사, 검사 및 경찰관서의 장

3. 「초·중등교육법」에 따른 학교의 장

4. 제29조의7에 따른 아동학대 전담의료기관의 장

5. 제52조제1항제1호부터 제6호까지 및 제9호·제10호에 해당하는 아동복지시설의 장

6. 그 밖에 대통령령으로 정하는 피해아동의 보호 및 지원 관련 기관 또는 단체의 장

④ 보건복지부장관은 제3항에 따른 요청이 있는 경우 국가아동학대정보시스템상의 해당 정보를 제공할 수 있다. 다만, 피해아동의 보호를 위하여 필요한 경우로서 대통령령으로 정하는 경우에는 정보의 제공을 제한할 수 있다. 〈신설 2017.10.24.〉

⑤ 제3항 및 제4항에 따라 피해아동관련 정보를 취득한 사람은 제3항에 따른 요청 목적 외로 해당 정보를 사용하거나 다른 사람에게 제공 또는 누설하여서는 아니 된다. 〈신설 2017.10.24.〉

⑥ 보건복지부장관은 중앙아동보호전문기관에게 제1항에 따른 국가아동학대정보시스템 운영을 위탁할 수 있다. 〈개정 2016.3.22., 2017.10.24.〉

[본조신설 2014.1.28.]

[제목개정 2016.3.22.]

제29조(피해아동 및 그 가족 등에 대한 지원)

① 아동보호전문기관의 장은 아동의 안전 확보와 재학대 방지, 건전한 가정기능의 유지 등을 위하여 피해아동 및 보호자를 포함한 피해아동의 가족에게 상담, 교육 및 의료적 · 심리적 치료 등의 필요한 지원을 제공하여야 한다.

② 아동보호전문기관의 장은 제1항의 지원을 위하여 관계 기관에 협조를 요청할 수 있다.

③ 보호자를 포함한 피해아동의 가족은 아동보호전문기관이 제1항에 따라 제공하는 지원에 성실하게 참여하여야 한다.

④ 아동보호전문기관의 장은 제1항의 지원 여부의 결정 및 지원의 제공 등 모든 과정에서 피해아동의 이익을 최우선으로 고려하여야 한다.

⑤ 국가와 지방자치단체는 「초 · 중등교육법」 제2조 각 호의 학교에 재학 중인 피해아동 및 피해아동의 가족이 주소지 외의 지역에서 취학(입학 · 재입학 · 전학 · 편입학을 포함한다. 이하 같다)할 필요가 있을 때에는 그 취학이 원활하게 이루어 질 수 있도록 지원하여야 한다. 〈신설 2014.1.28.〉

⑥ 제5항에 따른 취학에 필요한 사항은 대통령령으로 정한다. 〈신설 2014.1.28.〉

제29조의2(아동학대행위자에 대한 상담 · 교육 등의 권고)

아동보호전문기관의 장은 아동학대행위자에 대하여 상담 · 교육 및 심리적 치료 등 필요한 지원을 받을 것을 권고할 수 있다. 이 경우 아동학대행위자는 정당한 사유가 없으면 상담 · 교육 및 심리적 치료 등에 성실히 참여하여야 한다. 〈개정 2016.3.22.〉

[본조신설 2014.1.28.]

제29조의3(아동관련기관의 취업제한 등)

① 아동학대관련범죄로 형 또는 치료감호를 선고받아 확정된 사람(이하 "아동학대관련범죄전력자"라 한다)은 그 확정된 때부터 형 또는 치료감호의 전부 또는 일부의 집행이 종료(종료된 것으로 보는 경우를 포함한다)되거나 집행을 받지 아니하기로 확정된 후 10년까지의 기간 동안 다음 각 호에 해당하는 시설 또는 기관(이하 "아동관련기관"이라 한다)을 운영하거나 아

동관련기관에 취업 또는 사실상 노무를 제공할 수 없다.

〈개정 2016.1.19., 2016.3.22., 2016.5.29., 2017.9.19., 2017.10.24.〉

1. 제37조에 따른 취약계층 아동 통합서비스 수행기관, 아동보호전문기관, 제48조의 가정위 탁지원센터 및 제52조의 아동복지시설

2. 「가정폭력방지 및 피해자보호 등에 관한 법률」 제4조의6의 긴급전화센터, 같은 법 제5조 의 가정폭력 관련 상담소 및 같은 법 제7조의2의 가정폭력피해자 보호시설

3. 「건강가정기본법」 제35조의 건강가정지원센터

4. 「다문화가족지원법」 제12조의 다문화가족지원센터

5. 「성매매방지 및 피해자보호 등에 관한 법률」 제5조의 성매매피해자등을 위한 지원시설 및 같은 법 제10조의 성매매피해상담소

6. 「성폭력방지 및 피해자보호 등에 관한 법률」 제10조의 성폭력피해상담소 및 같은 법 제 12조의 성폭력피해자보호시설 및 같은 법 제18조의 성폭력피해자통합지원센터

7. 「영유아보육법」 제2조제3호의 어린이집

8. 「유아교육법」 제2조제2호의 유치원

9. 「의료법」 제3조의 의료기관(같은 법 제2조의 의료인에 한정한다)

10. 「장애인복지법」 제58조의 장애인복지시설

11. 「정신건강증진 및 정신질환자 복지서비스 지원에 관한 법률」 제3조에 따른 정신건강복 지센터, 정신건강증진시설, 정신요양시설 및 정신재활시설

12. 「주택법」 제2조제3호의 공동주택의 관리사무소(경비업무 종사자에 한정한다)

13. 「청소년기본법」 제3조에 따른 청소년시설, 청소년단체

14. 「청소년활동진흥법」 제2조제2호의 청소년활동시설

15. 「청소년복지 지원법」 제29조제1항의 청소년상담복지센터, 같은 법 제30조의 이주배경 청소년지원센터 및 같은 법 제31조 각 호의 청소년쉼터, 청소년자립지원관, 청소년치료재 활센터

16. 「청소년 보호법」 제35조의 청소년 보호 · 재활센터

17. 「체육시설의 설치 · 이용에 관한 법률」 제2조제1호의 체육시설 중 아동의 이용이 제한 되지 아니하는 체육시설로서 문화체육관광부장관이 지정하는 체육시설

18. 「초 · 중등교육법」 제2조 각 호의 학교 및 같은 법 제28조에 따라 학습부진아 등에 대한 교육을 실시하는 기관

19. 「학원의 설립 · 운영 및 과외교습에 관한 법률」 제2조제1호의 학원 및 같은 조 제2호의 교습소 중 아동의 이용이 제한되지 아니하는 학원과 교습소로서 교육부장관이 지정하는

학원 · 교습소

20. 「한부모가족지원법」 제19조의 한부모가족복지시설

21. 아동보호전문기관 또는 학대피해아동쉼터를 운영하는 법인

22. 「보호소년 등의 처우에 관한 법률」에 따른 소년원 및 소년분류심사원

② 제1항 각 호(제12호 및 제22호는 제외한다)의 아동관련기관의 설치 또는 설립인가 · 신고를 관할하는 지방자치단체의 장, 교육감 또는 교육장은 아동관련기관을 운영하려는 자에 대하여 본인의 동의를 받아 관계 기관의 장에게 아동학대관련범죄 전력 조회를 요청하여야 한다.
〈개정 2017.9.19.〉

③ 아동관련기관의 장은 그 기관에 취업 중이거나 사실상 노무를 제공 중인 사람 또는 취업하려 하거나 사실상 노무를 제공하려는 사람에 대하여 아동학대관련범죄 전력을 확인하여야 한다. 이 경우 본인의 동의를 받아 관계 기관의 장에게 아동학대관련범죄 전력 조회를 요청하여야 한다.

④ 제2항 및 제3항에 따라 아동학대관련범죄 전력 조회를 요청받은 관계 기관의 장은 정당한 사유가 없으면 이에 따라야 한다.

⑤ 제2항 및 제3항에 따른 아동학대관련범죄 전력 조회의 요청 절차 · 범위 등에 관한 사항은 대통령령으로 정한다.

[본조신설 2014.1.28.]

제29조의4(아동학대관련범죄전력자 취업의 점검 · 확인)

① 보건복지부장관 또는 관계 중앙행정기관의 장은 아동학대관련범죄전력자가 제29조의3제1항을 위반하여 다음 각 호의 아동관련기관에 취업 또는 사실상 노무를 제공하고 있는지를 직접 또는 관계 기관 조회 등의 방법으로 연 1회 이상 점검 · 확인하여야 한다. 〈개정 2017.9.19.〉

1. 교육부장관: 제29조의3제1항제8호 · 제18호 · 제19호에 따른 아동관련기관

2. 문화체육관광부장관: 제29조의3제1항제17호에 따른 아동관련기관

3. 보건복지부장관: 제29조의3제1항제1호 · 제7호 · 제9호 · 제10호 · 제11호에 따른 아동관련기관

4. 여성가족부장관: 제29조의3제1항제2호 · 제3호 · 제4호 · 제5호 · 제6호 · 제13호 · 제14호 · 제15호 · 제16호 · 제20호에 따른 아동관련기관

5. 국토교통부장관: 제29조의3제1항제12호에 따른 아동관련기관

6. 법무부장관: 제29조의3제1항제22호에 따른 아동관련기관

② 보건복지부장관 또는 관계 중앙행정기관의 장은 제1항에 따른 점검 · 확인을 위하여 필요한

경우에는 아동관련기관의 장 또는 그 감독기관에 관련 자료의 제출을 요구할 수 있다.

③ 보건복지부장관 또는 관계 중앙행정기관의 장은 제1항에 따른 점검 · 확인 결과를 대통령령으로 정하는 바에 따라 인터넷 홈페이지 등을 이용하여 공개하여야 한다.

[본조신설 2014.1.28.]

제29조의5(취업자의 해임요구 등)

① 제29조의4제1항 각 호의 중앙행정기관의 장은 제29조의3제1항을 위반하여 취업하거나 사실상 노무를 제공하는 사람에 대하여 아동관련기관의 장에게 그의 해임을 요구하여야 한다.

② 제29조의4제1항 각 호의 중앙행정기관의 장은 아동관련기관의 장에게 제29조의3제1항을 위반하여 운영 중인 아동관련기관의 폐쇄를 요구하여야 한다.

③ 제29조의4제1항 각 호의 중앙행정기관의 장은 아동관련기관의 장이 제2항에 따른 폐쇄요구를 정당한 사유 없이 거부하거나 1개월 이내에 요구사항을 이행하지 아니하는 경우에는 대통령령으로 정하는 바에 따라 해당 아동관련기관을 폐쇄하거나 그 등록 · 허가 등을 취소하거나 관계 행정기관의 장에게 이를 요구할 수 있다.

[본조신설 2014.1.28.]

제29조의6(아동학대에 대한 법률상담 등)

① 국가는 피해아동을 위한 법률상담과 소송대리(訴訟代理) 등의 지원(이하 이 조에서 "법률상담등"이라 한다)을 할 수 있다.

② 보건복지부장관과 아동보호전문기관의 장은 「법률구조법」 제8조에 따른 대한법률구조공단 또는 대통령령으로 정하는 그 밖의 기관에 법률상담등을 요청할 수 있다.

③ 법률상담등에 소요되는 비용은 대통령령으로 정하는 바에 따라 국가가 부담할 수 있다. 다만, 법률상담등을 받는 자가 다른 법령에 의하여 법률상담등에 소요되는 비용을 지원받는 경우는 제외한다.

④ 법률상담등의 요건과 내용 및 절차 등은 대통령령으로 정한다.

[본조신설 2017.10.24.]

제29조의7(아동학대 전담의료기관의 지정)

① 보건복지부장관, 시 · 도지사 및 시장 · 군수 · 구청장은 국 · 공립병원, 보건소 또는 민간의료기관을 피해아동의 치료를 위한 전담의료기관(이하 이 조에서 "전담의료기관"이라 한다)으로 지정할 수 있다.

② 전담의료기관은 피해아동 · 가족 · 친족, 아동보호전문기관 또는 아동복지시설의 장, 경찰관
  서의 장, 판사 또는 가정법원 등의 요청이 있는 경우 피해아동에 대하여 다음 각 호의 조치를
  하여야 한다.
  1. 아동학대 피해에 대한 상담
  2. 신체적 · 정신적 치료
  3. 그 밖에 대통령령으로 정하는 의료에 관한 사항
③ 보건복지부장관, 시 · 도지사 및 시장 · 군수 · 구청장은 제1항에 따라 지정한 전담의료기관
  이 다음 각 호의 어느 하나에 해당하는 경우에는 그 지정을 취소할 수 있다. 다만, 제1호에 해
  당하는 경우에는 그 지정을 취소하여야 한다.
  1. 거짓이나 그 밖의 부정한 방법으로 지정을 받은 경우
  2. 정당한 사유 없이 제2항에 따른 의료 지원을 거부한 경우
  3. 그 밖에 전담의료기관으로서 적합하지 아니하다고 대통령령으로 정하는 경우
④ 제1항과 제3항에 따른 지정 및 지정 취소의 기준, 절차 등에 필요한 사항은 대통령령으로 정
  한다.
[본조신설 2017.10.24.]

제4장 아동에 대한 지원서비스

제1절 아동 안전 및 건강지원

제30조(안전기준의 설정)

국가는 대통령령으로 정하는 바에 따라 아동복지시설과 아동용품에 대한 안전기준을 정하고
아동용품을 제작 · 설치 · 관리하는 자에게 이를 준수하도록 하여야 한다.

제31조(아동의 안전에 대한 교육)

① 아동복지시설의 장, 「영유아보육법」에 따른 어린이집의 원장, 「유아교육법」에 따른 유
  치원의 원장 및 「초 · 중등교육법」에 따른 학교의 장은 교육대상 아동의 연령을 고려하여

대통령령으로 정하는 바에 따라 매년 다음 각 호의 사항에 관한 교육계획을 수립하여 교육을 실시하여야 한다. 〈개정 2015.12.29.〉

1. 성폭력 및 아동학대 예방
2. 실종·유괴의 예방과 방지
3. 감염병 및 약물의 오남용 예방 등 보건위생관리
4. 재난대비 안전
5. 교통안전

② 아동복지시설의 장, 「영유아보육법」에 따른 어린이집의 원장은 제1항에 따른 교육계획 및 교육실시 결과를 관할 시장·군수·구청장에게 매년 1회 보고하여야 한다.

③ 「유아교육법」에 따른 유치원의 원장 및 「초·중등교육법」에 따른 학교의 장은 제1항에 따른 교육계획 및 교육실시 결과를 대통령령으로 정하는 바에 따라 관할 교육감에게 매년 1회 보고하여야 한다.

제32조(아동보호구역에서의 영상정보처리기기 설치 등)

① 국가와 지방자치단체는 유괴 등 범죄의 위험으로부터 아동을 보호하기 위하여 필요하다고 인정하는 경우에는 다음 각 호의 어느 하나에 해당되는 시설의 주변구역을 아동보호구역으로 지정하여 범죄의 예방을 위한 순찰 및 아동지도 업무 등 필요한 조치를 할 수 있다.

〈개정 2012.10.22.〉

1. 「도시공원 및 녹지 등에 관한 법률」 제15조에 따른 도시공원
2. 「영유아보육법」 제10조에 따른 어린이집
3. 「초·중등교육법」 제38조 따른 초등학교 및 같은 법 제55조에 따른 특수학교
4. 「유아교육법」 제2조에 따른 유치원

② 제1항에 따른 아동보호구역의 지정 기준 및 절차 등에 필요한 사항은 대통령령으로 정한다.

③ 국가와 지방자치단체는 제1항에 따라 지정된 아동보호구역에 「개인정보 보호법」 제2조제7호에 따른 영상정보처리기기를 설치하여야 한다. 〈신설 2012.10.22.〉

④ 이 법에서 정한 것 외에 영상정보처리기기의 설치 등에 관한 사항은 「개인정보 보호법」에 따른다. 〈개정 2012.10.22.〉

[제목개정 2012.10.22.]

제33조(아동안전 보호인력의 배치 등)

① 국가와 지방자치단체는 실종 및 유괴 등 아동에 대한 범죄의 예방을 위하여 순찰활동 및 아

동지도 업무 등을 수행하는 아동안전 보호인력을 배치·활용할 수 있다.

② 제1항에 따라 순찰활동 및 아동지도 업무 등을 수행하는 아동안전 보호인력은 그 권한을 표시하는 증표를 지니고 이를 관계인에게 내보여야 한다.

③ 국가와 지방자치단체는 아동안전 보호인력으로 배치하고자 하는 사람에 대하여 본인의 동의를 받아 범죄경력을 확인하여야 한다.

④ 제1항에 따른 아동안전 보호인력의 업무범위·활용 및 제2항에 따른 범죄경력 확인의 절차·범위 등에 필요한 사항은 대통령령으로 정한다.

제34조(아동긴급보호소 지정 및 운영)

① 경찰청장은 유괴 등의 위험에 처한 아동을 보호하기 위하여 아동긴급보호소를 지정·운영할 수 있다.

② 경찰청장은 제1항에 따른 아동긴급보호소의 지정을 원하는 자에 대하여 본인의 동의를 받아 범죄경력을 확인하여야 한다.

③ 제1항에 따른 아동긴급보호소의 지정 및 운영, 제2항에 따른 범죄경력 확인의 절차·범위 등에 필요한 사항은 대통령령으로 정한다.

제35조(건강한 심신의 보존)

① 아동의 보호자는 아동의 건강 유지와 향상을 위하여 최선의 주의와 노력을 하여야 한다.

② 국가와 지방자치단체는 아동의 건강 증진과 체력 향상을 위하여 다음 각 호에 해당하는 사항을 지원하여야 한다.

  1. 신체적 건강 증진에 관한 사항

  2. 자살 및 각종 중독의 예방 등 정신적 건강 증진에 관한 사항

  3. 급식지원 등을 통한 결식예방 및 영양개선에 관한 사항

  4. 비만 방지 등 체력 및 여가 증진에 관한 사항

③ 국가와 지방자치단체는 아동의 신체적·정신적 문제를 미리 발견하여 아동이 제때에 상담과 치료를 받을 수 있는 기반을 마련하여야 한다.

④ 제2항 및 제3항에 따른 지원서비스의 구체적인 내용은 대통령령으로 정한다. 다만, 제2항제3호에 따른 급식지원의 지원 기준·방법 및 절차 등에 필요한 사항은 대통령령으로 정하는 기준에 따라 해당 지방자치단체의 조례로 정한다.

제36조(보건소)

보건소는 이 법에 따라 다음 각 호의 업무를 행한다.

   1. 아동의 전염병 예방조치

   2. 아동의 건강상담, 신체검사와 보건위생에 관한 지도

   3. 아동의 영양개선

제2절 취약계층 아동 통합서비스지원 및 자립지원 등

제37조(취약계층 아동에 대한 통합서비스지원)

① 국가와 지방자치단체는 아동의 건강한 성장과 발달을 도모하기 위하여 대통령령으로 정하는 바에 따라 아동의 성장 및 복지 여건이 취약한 가정을 선정하여 그 가정의 지원대상아동과 가족을 대상으로 보건, 복지, 보호, 교육, 치료 등을 종합적으로 지원하는 통합서비스를 실시한다.

② 제1항에 따른 통합서비스지원의 대상 선정, 통합서비스의 내용 및 수행기관 · 수행인력 등에 필요한 사항은 대통령령으로 정한다.

③ 보건복지부장관은 통합서비스지원사업의 운영지원에 관한 업무를 법인, 단체 등에 위탁할 수 있다.

제38조(자립지원)

① 국가와 지방자치단체는 보호대상아동의 위탁보호 종료 또는 아동복지시설 퇴소 이후의 자립을 지원하기 위하여 다음 각 호에 해당하는 조치를 시행하여야 한다.

   1. 자립에 필요한 주거 · 생활 · 교육 · 취업 등의 지원

   2. 자립에 필요한 자산의 형성 및 관리 지원(이하 "자산형성지원"이라 한다)

   3. 자립에 관한 실태조사 및 연구

   4. 사후관리체계 구축 및 운영

   5. 그 밖에 자립지원에 필요하다고 대통령령으로 정하는 사항

② 제1항에 따른 자립지원의 절차와 방법, 지원이 필요한 아동의 범위 등에 필요한 사항은 대통령령으로 정한다.

제39조(자립지원계획의 수립 등)

① 가정위탁지원센터의 장 및 아동복지시설의 장은 보호하고 있는 15세 이상의 아동을 대상으로 매년 개별 아동에 대한 자립지원계획을 수립하고, 그 계획을 수행하는 종사자를 대상으로

자립지원에 관한 교육을 실시하여야 한다.

② 제1항에 따른 자립지원계획의 수립 · 시행 등에 필요한 사항은 보건복지부령으로 정한다.

제40조(자립지원전담기관의 설치 · 운영 등)

국가와 지방자치단체는 자립지원 관련 데이터베이스 구축 및 운영, 자립지원 프로그램의 개발 및 보급, 사례관리 등의 업무를 전담할 기관을 설치 · 운영하거나, 그 운영의 전부 또는 일부를 법인, 단체 등에 위탁할 수 있다.

제41조(아동자립지원추진협의회)

① 보건복지부장관은 지원대상아동의 자립지원 정책을 효율적으로 수행하기 위하여 관계 행정기관의 공무원으로 구성되는 아동자립지원추진협의회를 둘 수 있다.

② 제1항에 따른 아동자립지원추진협의회의 구체적인 구성 · 운영 등에 필요한 사항은 대통령령으로 정한다.

제42조(자산형성지원사업)

① 국가와 지방자치단체는 아동이 건전한 사회인으로 성장 · 발전할 수 있도록 자산형성지원사업을 실시할 수 있다.

② 제1항에 따른 자산형성지원사업을 하여야 할 아동의 범위와 해당 아동의 선정 · 관리 등에 필요한 사항은 보건복지부령으로 정한다.

제43조(자산형성지원사업 관련 업무)

① 보건복지부장관은 제42조에 따른 자산형성지원사업을 효율적으로 추진하기 위하여 자산형성지원사업 운영업무 및 금융자산관리업무를 하여야 한다.

② 제1항에 따른 자산형성지원사업의 운영업무는 다음 각 호와 같다.

　1. 자산형성지원사업 대상 아동의 관리

　2. 자산형성지원사업의 후원자 발굴 및 관리

　3. 자산형성지원사업에 관한 교육 및 홍보

　4. 자산형성지원사업에 관한 조사 · 연구 및 평가

　5. 그 밖에 자산형성지원사업과 관련하여 보건복지부령으로 정하는 사항

③ 제1항에 따른 금융자산관리업무는 다음 각 호와 같다.

　1. 자산형성지원사업을 위한 금융상품의 개발 및 관리

　2. 자산형성지원사업을 위한 금융상품의 운영에 관한 사항

제44조(자산형성지원사업 관련 업무의 위탁)

① 보건복지부장관은 제43조제2항에 따른 자산형성지원사업의 운영업무를 「사회복지사업법」에 따른 사회복지법인 등 대통령령으로 정하는 법인 또는 단체에 위탁할 수 있다.

② 보건복지부장관은 제43조제3항에 따른 금융자산관리업무를 「은행법」에 따른 은행, 「우체국예금·보험에 관한 법률」에 따른 체신관서, 「농업협동조합법」에 따른 농업협동조합중앙회, 「수산업협동조합법」에 따른 수산업협동조합중앙회 또는 「중소기업은행법」에 따른 중소기업은행에 위탁할 수 있다.

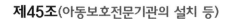

제5장 아동복지시설 〈개정 2016.3.22.〉

제45조(아동보호전문기관의 설치 등)

① 국가는 아동학대예방사업을 활성화하고 지역 간 연계체계를 구축하기 위하여 중앙아동보호전문기관을 둔다.

② 지방자치단체는 학대받은 아동의 발견, 보호, 치료에 대한 신속처리 및 아동학대예방을 담당하는 지역아동보호전문기관을 시·도 및 시·군·구에 1개소 이상 두어야 한다. 다만, 시·도지사는 관할 구역의 아동 수 및 지리적 요건을 고려하여 조례로 정하는 바에 따라 둘 이상의 시·군·구를 통합하여 하나의 지역아동보호전문기관을 설치·운영할 수 있다.

〈개정 2014.1.28.〉

③ 제2항 단서에 따라 지역아동보호전문기관을 통합하여 설치·운영하는 경우 시·도지사는 지역아동보호전문기관의 설치·운영에 필요한 비용을 관할 구역의 아동의 수 등을 고려하여 시장·군수·구청장에게 공동으로 부담하게 할 수 있다.

④ 보건복지부장관, 시·도지사 및 시장·군수·구청장은 아동학대예방사업을 목적으로 하는 비영리법인을 지정하여 제1항에 따른 중앙아동보호전문기관 및 제2항에 따른 지역아동보호전문기관의 운영을 위탁할 수 있다.

⑤ 아동보호전문기관의 설치기준과 운영, 상담원 등 직원의 자격과 배치기준, 제4항에 따른 지정의 요건 등에 필요한 사항은 대통령령으로 정한다.

제46조(아동보호전문기관의 업무)

① 중앙아동보호전문기관은 다음 각 호의 업무를 수행한다.　　〈개정 2014.1.28., 2017.10.24.〉

　　1. 지역아동보호전문기관에 대한 지원

　　2. 아동학대예방사업과 관련된 연구 및 자료 발간

　　3. 효율적인 아동학대예방사업을 위한 연계체제 구축

　　4. 아동학대예방사업을 위한 프로그램 개발 및 평가

　　5. 아동보호전문기관 및 학대피해아동쉼터 직원 직무교육, 아동학대예방 관련 교육 및 홍보

　　6. 아동보호전문기관 전산시스템 구축 및 운영

　　6의2. 제28조의2제6항에 따라 위탁받은 아동학대정보시스템의 운영

　　7. 그 밖에 대통령령으로 정하는 아동학대예방사업과 관련된 업무

② 지역아동보호전문기관은 다음 각 호의 업무를 수행한다.

　　　　　　　　　　　　　〈개정 2014.1.28., 2016.3.22., 2017.10.24.〉

　　1. 아동학대 신고접수, 현장조사 및 응급보호

　　2. 피해아동 상담 · 조사를 위한 진술녹화실 설치 · 운영

　　3. 피해아동, 피해아동의 가족 및 아동학대행위자를 위한 상담 · 치료 및 교육

　　4. 아동학대예방 교육 및 홍보

　　5. 피해아동 가정의 사후관리

　　6. 자체사례회의 운영 및 아동학대사례전문위원회의 설치 · 운영

　　7. 그 밖에 대통령령으로 정하는 아동학대예방사업과 관련된 업무

제46조의2(아동학대사례전문위원회의 설치 · 운영)

① 아동학대 예방 및 피해아동에 대한 지원 등에 관련된 사항을 심의하기 위하여 지역아동보호전문기관에 아동학대사례전문위원회(이하 "사례전문위원회"라 한다)를 둔다. 이 경우 사례전문위원회의 독립적 구성이 불가하다는 등 대통령령으로 정하는 사유가 있는 경우에는 둘 이상의 지역아동보호전문기관이 공동으로 사례전문위원회를 구성할 수 있다.

② 사례전문위원회는 아동학대 예방 및 피해아동에 대한 지원 등을 위하여 다음 각 호의 사항을 심의한다.

　　1. 피해아동 및 그 가족 등에 대한 지원

　　2. 아동학대행위에 대한 개입 방향 및 절차

　　3. 아동학대행위에 대한 고발 여부

　　4. 그 밖에 대통령령으로 정하는 사항

③ 사례전문위원회는 위원장 1명을 포함하여 5명 이상 15명 이하의 위원으로 구성하되, 지역아동보호전문기관의 장의 추천을 받아 해당 아동보호전문기관을 설치한 지방자치단체의 장이 위촉한다. 이 경우 해당 지방자치단체의 아동학대 담당 공무원 및 관할 경찰서의 아동학대 담당 경찰관은 당연직 위원으로 위촉하고, 판사·검사 또는 변호사의 직에 3년 이상 재직한 사람을 1명 이상 위원으로 위촉하여야 한다.

④ 사례전문위원회는 해당 지역에서 발생한 아동학대 사건에 대하여 아동보호전문기관의 장 및 관할 경찰서장에게 관련 자료를 요청할 수 있다.

⑤ 사례전문위원회에 참석한 사람은 업무상 알게 된 비밀을 누설하거나 이를 이용하여 부당한 이익을 취하여서는 아니 된다.

⑥ 사례전문위원회의 회의, 사례전문위원회 위원의 명단, 사례전문위원회의 회의록은 공개하지 아니한다. 다만, 피해아동 또는 그 보호자가 요청하는 경우 등 대통령령으로 정하는 공개 사유가 있는 경우에는 위원의 명단, 사례 관련자의 성명, 주민등록번호, 주소 등 개인정보에 관한 사항을 제외하고 사례전문위원회의 의결로 이를 공개할 수 있다.

⑦ 그 밖에 사례전문위원회의 구성·운영에 필요한 사항은 대통령령으로 정한다.

[본조신설 2017.10.24.]

제47조(아동보호전문기관의 성과평가 등)

① 보건복지부장관은 아동보호전문기관의 업무 실적에 대하여 3년마다 성과평가를 실시하여야 한다.

② 성과평가 및 평가결과의 활용 등에 필요한 사항은 대통령령으로 정한다.

제48조(가정위탁지원센터의 설치 등)

① 국가는 가정위탁사업을 활성화하고 지역 간 연계체계를 구축하기 위하여 중앙가정위탁지원센터를 둔다.

② 지방자치단체는 보호대상아동에 대한 가정위탁사업을 활성화하기 위하여 시·도 및 시·군·구에 지역가정위탁지원센터를 둔다. 다만, 시·도지사는 조례로 정하는 바에 따라 둘 이상의 시·군·구를 통합하여 하나의 지역가정위탁지원센터를 설치·운영할 수 있다.

③ 제2항 단서에 따라 지역가정위탁지원센터를 통합하여 설치·운영하는 경우 시·도지사는 지역가정위탁지원센터의 설치·운영에 필요한 비용을 관할 구역의 아동의 수 등을 고려하여 시장·군수·구청장에게 공동으로 부담하게 할 수 있다.

④ 보건복지부장관, 시·도지사 및 시장·군수·구청장은 가정위탁지원을 목적으로 하는 비영

리법인을 지정하여 제1항 및 제2항에 따른 중앙가정위탁지원센터 및 지역가정위탁지원센터의 운영을 위탁할 수 있다.

⑤ 가정위탁지원센터의 설치기준과 운영, 상담원 등 직원의 자격과 배치기준, 제4항에 따른 지정의 요건 등에 필요한 사항은 대통령령으로 정한다.

제49조(가정위탁지원센터의 업무)

① 중앙가정위탁지원센터는 다음 각 호의 업무를 수행한다.

1. 지역가정위탁지원센터에 대한 지원
2. 효과적인 가정위탁사업을 위한 연계체계 구축
3. 가정위탁사업과 관련된 연구 및 자료발간
4. 가정위탁사업을 위한 프로그램의 개발 및 평가
5. 상담원에 대한 교육 등 가정위탁에 관한 교육 및 홍보
6. 가정위탁사업을 위한 정보기반 구축 및 정보제공
7. 그 밖에 대통령령으로 정하는 가정위탁사업과 관련된 업무

② 지역가정위탁지원센터는 다음 각 호의 업무를 수행한다.

1. 가정위탁사업의 홍보 및 가정위탁을 하고자 하는 가정의 발굴
2. 가정위탁을 하고자 하는 가정에 대한 조사 및 가정위탁 대상 아동에 대한 상담
3. 가정위탁을 하고자 하는 사람과 위탁가정 부모에 대한 교육
4. 위탁가정의 사례관리
5. 친부모 가정으로의 복귀 지원
6. 가정위탁 아동의 자립계획 및 사례 관리
7. 관할 구역 내 가정위탁 관련 정보 제공
8. 그 밖에 대통령령으로 정하는 가정위탁과 관련된 업무

제50조(아동복지시설의 설치)

① 국가 또는 지방자치단체는 아동복지시설을 설치할 수 있다.
② 국가 또는 지방자치단체 외의 자는 관할 시장·군수·구청장에게 신고하고 아동복지시설을 설치할 수 있다.
③ 아동복지시설의 시설기준 및 설치 등에 필요한 사항은 보건복지부령으로 정한다.

제51조(휴업 · 폐업 등의 신고)

① 제50조제2항에 따라 신고한 아동복지시설을 폐업 또는 휴업하거나 그 운영을 재개하고자 하는 자는 보건복지부령으로 정하는 바에 따라 미리 시장 · 군수 · 구청장에게 신고하여야 한다. 〈개정 2016.3.22.〉

② 아동복지시설의 장은 아동복지시설이 폐업 또는 휴업하는 경우에는 대통령령으로 정하는 바에 따라 해당 아동복지시설을 이용하는 아동이 다른 아동복지시설로 옮길 수 있도록 하는 등 보호대상아동의 권익을 보호하기 위한 조치를 취하여야 한다. 〈신설 2016.3.22.〉

③ 시장 · 군수 · 구청장은 제1항에 따라 아동복지시설의 폐업 또는 휴업의 신고를 받은 경우 아동복지시설의 장이 제2항에 따른 보호대상아동의 권익을 보호하기 위한 조치를 취하였는지 여부를 확인하는 등 보건복지부령으로 정하는 조치를 하여야 한다. 〈신설 2016.3.22.〉

제52조(아동복지시설의 종류)

① 아동복지시설의 종류는 다음과 같다. 〈개정 2016.3.22., 2017.10.24.〉

1. 아동양육시설: 보호대상아동을 입소시켜 보호, 양육 및 취업훈련, 자립지원 서비스 등을 제공하는 것을 목적으로 하는 시설

2. 아동일시보호시설: 보호대상아동을 일시보호하고 아동에 대한 향후의 양육대책수립 및 보호조치를 행하는 것을 목적으로 하는 시설

3. 아동보호치료시설: 아동에게 보호 및 치료 서비스를 제공하는 다음 각 목의 시설

  가. 불량행위를 하거나 불량행위를 할 우려가 있는 아동으로서 보호자가 없거나 친권자나 후견인이 입소를 신청한 아동 또는 가정법원, 지방법원소년부지원에서 보호위탁된 19세 미만인 사람을 입소시켜 치료와 선도를 통하여 건전한 사회인으로 육성하는 것을 목적으로 하는 시설

  나. 정서적 · 행동적 장애로 인하여 어려움을 겪고 있는 아동 또는 학대로 인하여 부모로부터 일시 격리되어 치료받을 필요가 있는 아동을 보호 · 치료하는 시설

4. 공동생활가정: 보호대상아동에게 가정과 같은 주거여건과 보호, 양육, 자립지원 서비스를 제공하는 것을 목적으로 하는 시설

5. 자립지원시설: 아동복지시설에서 퇴소한 사람에게 취업준비기간 또는 취업 후 일정 기간 동안 보호함으로써 자립을 지원하는 것을 목적으로 하는 시설

6. 아동상담소: 아동과 그 가족의 문제에 관한 상담, 치료, 예방 및 연구 등을 목적으로 하는 시설

7. 아동전용시설: 어린이공원, 어린이놀이터, 아동회관, 체육 · 연극 · 영화 · 과학실험전시 시

설, 아동휴게숙박시설, 야영장 등 아동에게 건전한 놀이·오락, 그 밖의 각종 편의를 제공하여 심신의 건강유지와 복지증진에 필요한 서비스를 제공하는 것을 목적으로 하는 시설

  8. 지역아동센터: 지역사회 아동의 보호·교육, 건전한 놀이와 오락의 제공, 보호자와 지역사회의 연계 등 아동의 건전육성을 위하여 종합적인 아동복지서비스를 제공하는 시설

  9. 아동보호전문기관

  10. 제48조에 따른 가정위탁지원센터

② 제1항에 따른 아동복지시설은 통합하여 설치할 수 있다.

③ 제1항에 따른 아동복지시설은 각 시설 고유의 목적 사업을 해치지 아니하고 각 시설별 설치기준 및 운영기준을 충족하는 경우 다음 각 호의 사업을 추가로 실시할 수 있다.

  1. 아동가정지원사업: 지역사회아동의 건전한 발달을 위하여 아동, 가정, 지역주민에게 상담, 조언 및 정보를 제공하여 주는 사업

  2. 아동주간보호사업: 부득이한 사유로 가정에서 낮 동안 보호를 받을 수 없는 아동을 대상으로 개별적인 보호와 교육을 통하여 아동의 건전한 성장을 도모하는 사업

  3. 아동전문상담사업: 학교부적응아동 등을 대상으로 올바른 인격형성을 위한 상담, 치료 및 학교폭력예방을 실시하는 사업

  4. 학대아동보호사업: 학대아동의 발견, 보호, 치료 및 아동학대의 예방 등을 전문적으로 실시하는 사업

  5. 공동생활가정사업: 보호대상아동에게 가정과 같은 주거여건과 보호를 제공하는 것을 목적으로 하는 사업

  6. 방과 후 아동지도사업: 저소득층 아동을 대상으로 방과 후 개별적인 보호와 교육을 통하여 건전한 인격형성을 목적으로 하는 사업

제53조(아동전용시설의 설치)

① 국가와 지방자치단체는 아동이 항상 이용할 수 있는 아동전용시설을 설치하도록 노력하여야 한다.

② 아동이 이용할 수 있는 문화·오락 시설, 교통시설, 그 밖의 서비스시설 등을 설치·운영하는 자는 대통령령으로 정하는 바에 따라 아동의 이용편의를 고려한 편익설비를 갖추고 아동에 대한 입장료와 이용료 등을 감면할 수 있다.

③ 아동전용시설의 설치기준 등에 필요한 사항은 보건복지부령으로 정한다.

제53조의2(학대피해아동쉼터의 지정)

시장·군수·구청장은 제52조제1항제4호에 따른 공동생활가정 중에서 피해아동에 대한 보호, 치료, 양육 서비스 등을 제공하는 학대피해아동쉼터를 지정할 수 있다.

[본조신설 2016.3.22.]

제54조(아동복지시설의 종사자)

① 아동복지시설에는 필요한 전문인력을 배치하여야 한다.

② 아동복지시설 종사자의 직종과 수, 그 자격 및 배치기준은 대통령령으로 정한다.

제55조(아동복지시설 종사자의 교육훈련)

① 시·도지사 또는 시장·군수·구청장은 아동복지시설 종사자의 양성 및 자질향상을 위한 교육·훈련을 실시하여야 한다.

② 시·도지사 또는 시장·군수·구청장은 제1항의 교육훈련을 대학(전문대학을 포함한다) 또는 아동복지단체나 그 밖의 교육훈련시설(이하 "교육훈련시설"이라 한다)에 위탁하여 실시할 수 있다.

제56조(시설의 개선, 사업의 정지, 시설의 폐쇄 등)

① 보건복지부장관, 시·도지사 또는 시장·군수·구청장은 아동복지시설과 교육훈련시설(대학 및 전문대학은 제외한다)이 다음 각 호의 어느 하나에 해당하는 경우에는 소관에 따라 그 시설의 개선, 6개월 이내의 사업의 정지, 위탁의 취소 또는 해당 시설의 장의 교체를 명하거나 시설의 폐쇄를 명할 수 있다. 〈개정 2014.1.28., 2016.3.22.〉

1. 시설이 설치기준에 미달하게 된 경우

2. 사회복지법인 또는 비영리법인이 설치·운영하는 시설로서 그 사회복지법인이나 비영리법인의 설립허가가 취소된 경우

3. 설치목적의 달성이나 그 밖의 사유로 계속하여 운영될 필요가 없다고 인정할 때

4. 보호대상아동에 대한 아동학대행위가 확인된 경우

5. 거짓이나 그 밖의 부정한 방법으로 경비의 지원을 받은 경우

6. 아동복지시설의 사업정지기간 중에 사업을 한 경우

7. 그 밖에 이 법 또는 이 법에 따른 명령을 위반한 경우

② 보건복지부장관, 시·도지사 또는 시장·군수·구청장은 아동복지시설과 교육훈련시설(대학 및 전문대학은 제외한다)이 제1항에 따라 사업 정지, 위탁 취소 또는 시설 폐쇄되는 경우

에는 해당 시설을 이용하는 아동을 다른 시설로 옮기도록 하는 등 보호대상아동의 권익을 보호하기 위하여 필요한 조치를 하여야 한다. 〈신설 2016.3.22.〉

③ 제1항에 따른 시설의 개선, 사업의 정지, 위탁의 취소 또는 해당 시설의 장의 교체나 시설의 폐쇄 처분의 기준은 위반행위의 유형 및 그 사유와 위반의 정도 등을 고려하여 대통령령으로 정한다. 〈개정 2016.3.22.〉

제57조(아동복지시설의 장의 의무)

아동복지시설의 장은 보호아동의 권리를 최대한 보장하여야 하며, 친권자가 있는 경우 보호아동의 가정복귀를 위하여 적절한 상담과 지도를 병행하여야 한다. 〈개정 2016.3.22.〉

[제목개정 2016.3.22.]

제58조(아동복지단체의 육성) 국가 및 지방자치단체는 아동복지단체를 지도·육성할 수 있다.

 제6장 **보칙**

제59조(비용 보조)

국가 또는 지방자치단체는 대통령령으로 정하는 바에 따라 다음 각 호의 어느 하나에 해당하는 비용의 전부 또는 일부를 보조할 수 있다. 〈개정 2015.3.27., 2017.10.24.〉

1. 아동복지시설의 설치 및 운영과 프로그램의 운용에 필요한 비용 또는 수탁보호 중인 아동의 양육 및 보호관리에 필요한 비용

2. 보호대상아동의 대리양육이나 가정위탁 보호에 따른 비용

3. 아동복지사업의 지도, 감독, 계몽 및 홍보에 필요한 비용

4. 삭제〈2016.3.22.〉

4의2. 제26조에 따른 신고의무 교육에 소요되는 비용

4의3. 제29조의7제2항 각 호의 조치에 소요되는 비용

5. 제37조에 따른 취약계층 아동에 대한 통합서비스지원에 필요한 비용

6. 제38조에 따른 보호대상아동의 자립지원에 필요한 비용

7. 제42조에 따른 자산형성지원사업에 필요한 비용

8. 제58조에 따른 아동복지단체의 지도 · 육성에 필요한 비용

제60조(비용 징수)

시 · 도지사, 시장 · 군수 · 구청장 또는 아동복지시설의 장은 제15조제1항제3호부터 제5호까지 및 같은 조 제5항 및 제6항에 따른 보호조치에 필요한 비용의 전부 또는 일부를 대통령령으로 정하는 바에 따라 각각 그 아동의 부양의무자로부터 징수할 수 있다.　　　　　〈개정 2016.3.22.〉

제61조(보조금의 반환명령)

국가 또는 지방자치단체는 아동복지시설의 장 등 보호수탁자, 가정위탁지원센터의 장, 대리양육자 및 아동복지단체의 장이 다음 각 호의 어느 하나에 해당하는 경우에는 이미 교부한 보조금의 전부 또는 일부의 반환을 명할 수 있다.　　　　　〈개정 2016.3.22.〉

1. 보조금의 교부조건을 위반한 경우

2. 거짓이나 그 밖의 부정한 방법으로 보조금의 교부를 받은 경우

3. 아동복지시설의 경영에 관하여 개인의 영리를 도모하는 행위를 한 경우

4. 보조금의 사용잔액이 있는 경우

5. 이 법 또는 이 법에 따른 명령을 위반한 경우

제62조(국유 · 공유 재산의 대부 등)

① 국가 또는 지방자치단체는 아동복지시설의 설치 · 운영을 위하여 필요하다고 인정하는 경우 「국유재산법」 및 「공유재산 및 물품 관리법」에도 불구하고 국유 · 공유 재산을 무상으로 대부하거나 사용 · 수익하게 할 수 있다.

② 제1항에 따른 국유 · 공유 재산의 대부 · 사용 · 수익의 내용 및 조건에 관하여는 해당 재산을 사용 · 수익하고자 하는 자와 해당 재산의 중앙관서의 장 또는 지방자치단체의 장 간의 계약에 의한다.

제63조(면세)

아동복지시설에서 그 보호아동을 위하여 사용하는 건물 및 토지, 시설설치 및 운영에 소요되는 비용에 대하여는 「조세특례제한법」, 그 밖의 관계 법령에서 정하는 바에 따라 조세, 그 밖의 공과금을 면제할 수 있다.

제64조(압류 금지)

이 법에 따라 지급된 금품과 이를 받을 권리는 압류하지 못한다.

제65조(비밀 유지의 의무)

아동복지사업을 포함하여 아동복지업무에 종사하였거나 종사하는 자는 그 직무상 알게 된 비밀을 누설하여서는 아니 된다. 〈개정 2016.3.22.〉

제65조의2(연차보고서)

① 보건복지부장관은 매년 정기국회 전까지 아동학대 예방 및 피해아동 보호 정책의 추진현황과 평가결과에 대한 연차보고서를 작성하여 국회 소관 상임위원회에 제출하여야 한다.

② 제1항에 따른 연차보고서에는 다음 각 호의 내용이 포함되어야 한다.

  1. 아동학대 예방정책의 추진 실태 및 평가결과

  2. 피해아동 현황 및 보호 · 지원 현황

  3. 아동학대 사례 분석

  4. 아동학대 예방교육 및 신고의무자 교육 현황

  5. 그 밖에 아동학대 예방과 관련하여 필요한 사항

③ 보건복지부장관은 연차보고서의 작성을 위하여 관계 중앙행정기관의 장 및 지방자치단체의 장에게 필요한 자료의 제출을 요청할 수 있다. 이 경우 요청을 받은 관계 중앙행정기관의 장 및 지방자치단체의 장은 정당한 사유가 없으면 이에 따라야 한다.

④ 그 밖에 연차보고서의 작성 절차 및 방법 등에 필요한 사항은 대통령령으로 정한다.

[본조신설 2017.10.24.]

[시행일 : 2019.1.1.] 제65조의2

제66조(조사 등)

① 보건복지부장관, 시 · 도지사 또는 시장 · 군수 · 구청장은 필요하다고 인정할 때에는 관계 공무원이나 전담공무원으로 하여금 아동복지시설과 아동의 주소 · 거소, 아동의 고용장소 또는 제17조의 금지행위를 위반할 우려가 있는 장소에 출입하여 아동 또는 관계인에 대하여 필요한 조사를 하거나 질문을 하게 할 수 있다.

② 제1항의 경우 관계 공무원 또는 전담공무원은 그 권한을 표시하는 증표를 지니고 이를 관계인에게 내보여야 한다.

제67조(청문)

보건복지부장관, 시·도지사 또는 시장·군수·구청장은 제29조의7에 따른 지정의 취소, 제56조에 따른 위탁의 취소 또는 시설의 폐쇄명령을 하고자 하는 경우에는 청문을 하여야 한다.

〈개정 2017.10.24.〉

제68조(권한의 위임)

이 법에 따른 보건복지부장관의 권한은 그 일부를 대통령령으로 정하는 바에 따라 시·도지사 또는 시장·군수·구청장에게, 시·도지사의 권한은 그 일부를 대통령령으로 정하는 바에 따라 시장·군수·구청장에게 위임할 수 있다. 다만, 제26조, 제29조의4, 제29조의5, 제75조에 따른 교육부장관, 문화체육관광부장관, 여성가족부장관, 국토교통부장관, 소방청장의 권한은 그 일부를 대통령령으로 정하는 바에 따라 시·도지사, 시장·군수·구청장 또는 교육감·교육장에게 위임할 수 있다.

〈개정 2015.3.27., 2017.7.26.〉

[전문개정 2014.1.28.]

제69조(유사명칭의 사용금지)

이 법에 따른 아동복지시설이 아니면 아동복지시설이라는 명칭을 사용하지 못한다.

〈개정 2016.3.22.〉

제70조(벌칙 적용에서의 공무원 의제)

아동복지시설의 장과 그 종사자는 「형법」 제129조부터 제132조까지를 적용할 때에는 공무원으로 본다.

〈개정 2016.3.22.〉

제7장 벌칙

제71조(벌칙)

① 제17조를 위반한 자는 다음 각 호의 구분에 따라 처벌한다.

〈개정 2012.12.18., 2014.1.28., 2017.10.24.〉

1. 제1호(「아동·청소년의 성보호에 관한 법률」 제12조에 따른 매매는 제외한다)에 해당하는 행위를 한 자는 10년 이하의 징역에 처한다.

1의2. 제2호에 해당하는 행위를 한 자는 10년 이하의 징역 또는 1억원 이하의 벌금에 처한다.

2. 제3호부터 제8호까지의 규정에 해당하는 행위를 한 자는 5년 이하의 징역 또는 5천만원 이하의 벌금에 처한다.

3. 제10호 또는 제11호에 해당하는 행위를 한 자는 3년 이하의 징역 또는 3천만원 이하의 벌금에 처한다.

4. 제9호에 해당하는 행위를 한 자는 1년 이하의 징역 또는 1천만원 이하의 벌금에 처한다.

② 다음 각 호의 어느 하나에 해당하는 자는 1년 이하의 징역 또는 1천만원 이하의 벌금에 처한다. 〈개정 2014.1.28., 2016.3.22., 2017.10.24.〉

1. 정당한 사유 없이 제51조제2항에 따라 다른 아동복지시설로 옮기는 권익보호조치를 하지 아니한 사람

2. 삭제〈2014.1.28.〉

2의2. 제28조의2제5항을 위반하여 피해아동관련 정보를 요청 목적 외로 사용하거나 다른 사람에게 제공 또는 누설한 사람

2의3. 제46조의2제5항을 위반하여 비밀을 누설하거나 부당한 이익을 취한 사람

3. 제50조제2항에 따른 신고를 하지 아니하고 아동복지시설을 설치한 자

4. 거짓으로 서류를 작성하여 제54조제1항에 따른 아동복지시설 전문인력의 자격을 인정받은 자

5. 제56조에 따른 사업의 정지, 위탁의 취소 또는 시설의 폐쇄명령을 받고도 그 시설을 운영하거나 사업을 한 자

6. 제65조를 위반하여 비밀을 누설한 자

7. 제66조제1항에 따른 조사를 거부·방해 또는 기피하거나 질문에 대하여 답변을 거부·기피 또는 거짓 답변을 하거나, 아동에게 답변을 거부·기피 또는 거짓 답변을 하게 하거나 그 답변을 방해한 자

제72조(상습범)

상습적으로 제71조제1항 각 호의 죄를 범한 자는 그 죄에 정한 형의 2분의 1까지 가중한다.

제73조(미수범)

제71조제1항제1호의 미수범은 처벌한다.

제74조(양벌규정)

법인의 대표자나 법인 또는 개인의 대리인, 사용인, 그 밖의 종업원이 그 법인 또는 개인의 업무에 관하여 제71조의 위반행위를 하면 그 행위자를 벌하는 외에 그 법인 또는 개인에게도 해당 조문의 벌금형을 과(科)한다. 다만, 법인 또는 개인이 그 위반행위를 방지하기 위하여 해당 업무에 관하여 상당한 주의와 감독을 게을리하지 아니한 경우에는 그러하지 아니하다.

제75조(과태료)

① 다음 각 호의 어느 하나에 해당하는 자에게는 1천만원 이하의 과태료를 부과한다.

〈신설 2014.1.28.〉

1. 제27조의3을 위반하여 피해아동의 인수를 거부한 아동학대 관련 보호시설의 장
2. 제29조의5제1항에 따른 해임요구를 정당한 사유 없이 거부하거나 1개월 이내에 이행하지 아니한 아동관련기관의 장

② 아동관련기관의 장이 제29조의3제3항을 위반하여 아동학대관련범죄 전력을 확인하지 아니하는 경우에는 500만원 이하의 과태료를 부과한다. 〈신설 2014.1.28.〉

③ 다음 각 호의 어느 하나에 해당하는 자에게는 300만원 이하의 과태료를 부과한다.

〈개정 2012.10.22., 2014.1.28., 2015.3.27., 2016.3.22.〉

1. 삭제〈2014.1.28.〉
1의2. 제26조제3항을 위반하여 신고의무 교육을 실시하지 아니한 자
2. 제31조를 위반하여 교육을 실시하지 아니한 자
3. 제51조를 위반하여 아동복지시설의 휴업·폐업 또는 운영 재개 신고를 하지 아니한 자
4. 제69조를 위반하여 아동복지시설이라는 명칭을 사용한 자

④ 제1항부터 제3항까지에 따른 과태료는 대통령령으로 정하는 바에 따라 교육부장관, 문화체육관광부장관, 보건복지부장관, 여성가족부장관, 국토교통부장관, 시·도지사, 특별시·광역시·특별자치도 및 도의 교육감 또는 시장·군수·구청장이 부과·징수한다.

〈개정 2012.10.22., 2014.1.28.〉

부칙 〈제14925호,2017.10.24.〉

이 법은 공포 후 6개월이 경과한 날부터 시행한다. 다만, 제26조의2 및 제65조의2의 개정규정은 2019년 1월 1일부터 시행한다.

아동복지법 시행령

[시행 2017.12.20.] [대통령령 제28481호, 2017.12.19., 일부개정]

제1조(목적) 이 영은 「아동복지법」에서 위임된 사항과 그 시행에 필요한 사항을 규정함을 목적으로 한다.

제2조(아동정책기본계획의 수립 등) ① 보건복지부장관은 「아동복지법」(이하 "법"이라 한다) 제7조제1항에 따른 아동정책기본계획(이하 "기본계획"이라 한다)의 효율적인 수립을 위하여 미리 기본계획안 작성지침을 정하여 관계 중앙행정기관의 장에게 통보하여야 한다.

② 관계 중앙행정기관의 장은 제1항에 따른 기본계획안 작성지침에 따라 소관별 기본계획안을 작성하여 보건복지부장관에게 제출하여야 하고, 보건복지부장관은 제출받은 소관별 기본계획안과 보건복지부 소관의 기본계획안을 종합하여 기본계획을 수립하여야 한다.

③ 관계 중앙행정기관의 장은 법 제7조제4항에 따라 확정된 기본계획 중 소관 사항을 변경할 필요가 있는 경우에는 기본계획 변경안을 작성하여 보건복지부장관에게 제출하여야 한다.

④ 보건복지부장관은 법 제7조제4항에 따라 확정된 기본계획을 변경하려는 경우에는 법 제10조에 따른 아동정책조정위원회(이하 "위원회"라 한다)의 심의를 거쳐야 한다.

⑤ 보건복지부장관은 제4항에 따라 변경된 기본계획을 관계 중앙행정기관의 장 및 특별시장·광역시장·도지사·특별자치도지사(이하 "시·도지사"라 한다)에게 알려야 한다.

제3조(연도별 아동정책시행계획의 수립 등) ① 보건복지부장관은 법 제8조제1항에 따른 연도별 아동정책시행계획(이하 "시행계획"이라 한다)의 효율적인 수립·시행을 위하여 미리 시행계획 수립지침을 정하여 관계 중앙행정기관의 장 및 시·도지사에게 통보하여야 한다.

② 관계 중앙행정기관의 장 및 시·도지사는 제1항에 따른 시행계획 수립지침에 따라 다음 연도의 시행계획을 수립하여 매년 12월 31일까지 보건복지부장관에게 제출하여야 한다. 이 경우 시·도지사는 시행계획의 내용에 관하여 보건복지부장관 및 관계 중앙행정기관의 장과 미리 협의하여야 한다.

③ 보건복지부장관은 제2항에 따라 제출받은 시행계획과 보건복지부 소관의 시행계획을 종합

하여 위원회에 보고하여야 한다.

④ 관계 중앙행정기관의 장 및 시·도지사는 제2항에 따라 수립한 시행계획의 내용을 변경한 경우에는 지체 없이 보건복지부장관에게 변경된 시행계획을 제출하여야 한다. 이 경우 시·도지사는 시행계획의 변경 내용에 관하여 보건복지부장관 및 관계 중앙행정기관의 장과 미리 협의하여야 한다.

제4조(추진실적의 평가 등) ① 관계 중앙행정기관의 장 및 시·도지사는 법 제8조제2항에 따라 전년도의 시행계획에 따른 추진실적을 작성하여 매년 3월 31일까지 보건복지부장관에게 제출하여야 한다.

② 보건복지부장관은 제1항에 따라 받은 추진실적과 전년도의 보건복지부 소관 시행계획에 따른 추진실적을 종합·평가하여 그 결과를 위원회에 보고하여야 한다.

③ 보건복지부장관은 제2항에 따른 평가 결과를 관계 중앙행정기관의 장 및 시·도지사에게 통보하여야 한다.

④ 관계 중앙행정기관의 장 및 시·도지사는 제3항에 따라 통보받은 평가 결과를 다음 연도 시행계획에 반영하여야 한다.

제5조(위원회의 위원의 임기) 위원회의 위원 중 법 제10조제3항제2호에 따른 위촉위원의 임기는 2년으로 한다.

제5조의2(위원회 위원의 해촉) 위원장은 법 제10조제3항제2호에 따른 위촉위원이 다음 각 호의 어느 하나에 해당하는 경우에는 해당 위촉위원을 해촉(解囑)할 수 있다.

1. 심신장애로 인하여 직무를 수행할 수 없게 된 경우
2. 직무와 관련된 비위사실이 있는 경우
3. 직무태만, 품위손상이나 그 밖의 사유로 인하여 위원으로 적합하지 아니하다고 인정되는 경우
4. 위원 스스로 직무를 수행하는 것이 곤란하다고 의사를 밝히는 경우

[본조신설 2015.12.31.]

제6조(위원장) ① 위원회의 위원장은 위원회를 대표하고, 위원회의 업무를 총괄한다.

② 위원회의 위원장이 부득이한 사유로 직무를 수행할 수 없을 때에는 위원회의 위원장이 미리 지명한 위원이 그 직무를 대행한다.

제7조(회의) ① 위원회의 위원장은 위원회의 회의를 소집하고, 그 의장이 된다.

② 위원회의 회의는 재적위원 과반수의 출석으로 개의(開議)하고, 출석위원 과반수의 찬성으로 의결한다.

제8조(간사) ① 위원회의 사무를 처리하기 위하여 위원회에 간사 1명을 둔다.

② 위원회의 간사는 보건복지부 소속 공무원 중에서 위원회의 위원장이 지명한다.

제9조(수당 등) 위원회의 회의에 출석한 위원에게는 예산의 범위에서 수당과 여비를 지급할 수 있다. 다만, 공무원인 위원이 소관 업무와 직접적으로 관련되어 출석하는 경우에는 그러하지 아니하다.

제10조(아동 관련 국제조약의 이행확인) 위원회로부터 아동 관련 국제조약의 이행확인에 관한 업무를 위탁받은 관계 전문기관 또는 단체는 아동 관련 국제조약의 이행 상황 및 실태를 점검하여 위원회에 보고하여야 한다.

제11조(아동정책실무위원회) ① 위원회에 상정할 심의 안건을 사전에 검토하고, 관계 부처의 의견을 조정하기 위하여 위원회에 아동정책실무위원회(이하 "실무위원회"라 한다)를 둔다.

② 실무위원회는 위원장 1명을 포함한 25명 이내의 위원으로 구성한다.

③ 실무위원회의 위원장은 보건복지부차관이 되며, 위원은 다음 각 호의 사람이 된다.

〈개정 2013.3.23., 2014.11.19., 2017.7.26.〉

1. 국무조정실, 기획재정부, 교육부, 과학기술정보통신부, 외교부, 법무부, 행정안전부, 문화체육관광부, 산업통상자원부, 보건복지부, 고용노동부, 여성가족부, 국토교통부, 식품의약품안전처, 경찰청 및 소방청의 고위공무원단에 속하는 공무원 중에서 해당 기관의 장이 지명하는 사람 각 1명

2. 아동에 관한 학식과 경험이 풍부한 사람 중에서 실무위원회의 위원장이 위촉하는 사람

④ 실무위원회의 운영을 위하여 필요한 경우에는 아동권리전문위원회, 아동안전전문위원회, 아동자립전문위원회 등 분야별로 전문위원회를 둘 수 있으며, 아동정책 등에 관한 사항을 조사·연구하기 위하여 실무위원회에 5명 이내의 전문연구원을 둘 수 있다. 〈개정 2016.9.22.〉

⑤ 실무위원회에 관하여는 제5조, 제5조의2 및 제6조부터 제9조까지의 규정을 준용한다. 이 경우 "위원회"는 "실무위원회"로 본다. 〈개정 2015.12.31.〉

제12조(운영 세칙) 이 영에서 규정한 사항 외에 위원회 운영에 필요한 사항은 위원회의 의결을 거쳐 위원회의 위원장이 정하고, 실무위원회 운영에 필요한 사항은 실무위원회의 의결을 거쳐 실무위원회 위원장이 정한다.

제13조(아동복지심의위원회의 구성·운영 등) ① 법 제12조제1항에 따른 아동복지심의위원회(이하 "심의위원회"라 한다)는 위원장 1명을 포함한 10명 이내의 위원으로 구성한다.

② 심의위원회의 위원장은 시·도지사 또는 시장·군수·구청장(자치구의 구청장을 말한다. 이하 같다)이 된다.

③ 심의위원회의 위원은 특별시·광역시·도·특별자치도(이하 "시·도"라 한다) 및 시·군·구(자치구를 말한다. 이하 같다) 소속 공무원 중에서 시·도지사 또는 시장·군수·구청장이 지명하는 사람과 다음 각 호의 어느 하나에 해당하는 사람 중에서 시·도지사 또는 시장·군수·구청장이 위촉하는 사람이 된다. 이 경우 제1호부터 제4호까지의 규정에 해당하는 위원이 각각 1명 이상 포함되어야 한다.　　　　　　　　　　　　　　　　　　〈개정 2014.6.11.〉

　　1. 시·도 교육청(시·군·구의 경우에는 교육지원청을 말한다) 또는 지방고용노동관서에 소속된 공무원으로서 아동 관련 업무를 3년 이상 담당하고 있거나 담당하였던 사람

　　2. 변호사, 의사 또는 교사 자격이 있는 사람으로서 아동 분야에 관한 학식과 경험이 풍부한 사람

　　3. 아동단체 또는 시민단체에서 아동 분야 업무를 3년 이상 전문적으로 담당하고 있거나 담당하였던 사람

　　4. 그 밖에 시·도지사 또는 시장·군수·구청장이 아동 분야에 전문지식이 있다고 인정하는 사람

④ 심의위원회 위원 중 위촉위원의 임기는 2년으로 한다.

⑤ 심의위원회의 회의는 재적위원 과반수의 출석으로 개의하고, 출석위원 과반수의 찬성으로 의결한다.

⑥ 제1항부터 제5항까지에서 규정한 사항 외에 심의위원회의 구성·운영 등에 필요한 사항은 시·도 또는 시·군·구의 조례로 정한다.

제13조의2(심의위원회의 구성 및 운영 현황 보고) ① 시·도지사, 시장·군수·구청장은 법 제12조제3항에 따라 전년도의 심의위원회의 구성 및 운영 현황에 관한 사항을 매년 1월 31일까지 보건복지부장관에게 보고하여야 한다.

② 제1항에 따른 보고에는 다음 각 호의 사항이 포함되어야 한다.

1. 심의위원회 위원의 소속, 직책, 성별 및 임기

2. 심의위원회의 개최 일시, 장소, 출석위원, 심의 안건 및 심의 결과

3. 그 밖에 아동의 보호 및 지원서비스를 위하여 보건복지부장관이 필요하다고 인정하여 정하는 사항

[본조신설 2017.12.19.]

[종전 제13조의2는 제13조의3으로 이동 〈2017.12.19.〉]

제13조의3(소위원회) ① 심의위원회는 심의를 효율적으로 수행하기 위하여 필요하다고 인정하면 소위원회를 둘 수 있다.

② 소위원회는 심의위원회의 위원장이 심의위원회의 위원 중에서 성별을 고려하여 지명하는 7명 이내의 위원으로 구성한다.

③ 소위원회의 위원장은 소위원회의 위원 중에서 심의위원회의 위원장이 지명하는 자가 된다.

④ 제1항부터 제3항까지에서 규정한 사항 외의 소위원회의 구성과 운영에 필요한 사항은 심의위원회의 의결을 거쳐 심의위원회의 위원장이 정한다.

[본조신설 2014.9.26.]

[제13조의2에서 이동 〈2017.12.19.〉]

제14조(가정위탁보호 등의 신청) ① 법 제15조제1항제2호 또는 제3호에 따른 대리양육 또는 가정위탁보호를 희망하는 사람은 보건복지부령으로 정하는 바에 따라 보호대상아동의 거주지를 관할하는 시·도지사 또는 시장·군수·구청장에게 보호대상아동의 보호·양육을 신청하여야 한다.

② 제1항에 따른 신청을 받은 시·도지사 또는 시장·군수·구청장은 보건복지부령으로 정하는 바에 따라 대리양육 또는 가정위탁보호를 결정하고 그 사실을 지체 없이 신청인과 아동복지시설의 장(해당 보호대상아동을 보호하고 있는 경우만 해당한다) 및 법 제48조에 따른 가정위탁지원센터(이하 "가정위탁지원센터"라 한다)의 장에게 통보(전자문서로 된 통보를 포함한다)하여야 한다.

제15조(입소 의뢰 등) ① 시·도지사 또는 시장·군수·구청장은 법 제15조제1항제4호에 따라 보호대상아동을 아동복지시설에 입소시키려는 경우에는 보건복지부령으로 정하는 바에 따라 아동복지시설의 장에게 해당 보호대상아동의 입소를 의뢰하여야 한다.

② 아동복지시설의 장은 버려진 아동 등 긴급히 보호할 필요가 있는 아동을 발견하였을 때에

는 우선 해당 아동을 보호할 수 있다. 이 경우 아동복지시설의 장은 지체 없이 시·도지사 또는 시장·군수·구청장에게 법 제15조제1항제2호부터 제6호까지의 보호조치를 의뢰하여야 한다.

제16조(귀가조치) ① 법 제15조제1항제2호부터 제4호까지의 보호조치를 받고 있는 보호대상아동의 보호자가 해당 보호대상아동을 양육하려는 경우에는 해당 보호대상아동을 보호 중인 가정이나 아동복지시설을 관할하는 시·도지사 또는 시장·군수·구청장에게 보건복지부령으로 정하는 아동 귀가 신청서를 제출하여야 한다.

② 제1항에 따른 귀가 신청을 받은 시·도지사 또는 시장·군수·구청장은 아동복지시설의 장의 의견을 들어 해당 보호대상아동을 귀가하게 할 수 있다. 다만, 보호자의 성품·행실이 불량하거나 보호자의 아동학대 우려, 심신장애, 마약 또는 유독물질의 중독 또는 감염병질환 등으로 인하여 보호대상아동을 귀가시키는 것이 적당하지 아니하다고 인정되는 경우에는 그러하지 아니하다. 〈개정 2016.9.22.〉

제17조(입원 등의 의뢰) 시·도지사 또는 시장·군수·구청장은 법 제15조제1항제5호에 따라 특수한 치료나 요양 등의 보호를 필요로 하는 보호대상아동을 전문치료기관 또는 요양소에 입원 또는 입소시키려는 경우에는 해당 전문치료기관 또는 요양소의 장에게 보건복지부령으로 정하는 아동 입원(입소) 의뢰서를 발급하여야 한다.

제18조(사후관리) 시·도지사 또는 시장·군수·구청장은 법 제13조제1항에 따른 아동복지전담공무원 등 관계 공무원으로 하여금 제14조 또는 제16조에 따라 대리양육 또는 가정위탁하여 보호 중이거나 귀가조치한 아동의 가정을 방문하여 해당 아동의 복지 증진을 위하여 필요한 지도·관리를 하게 하여야 한다.

제19조(일시 보호의 의뢰) 시·도지사 또는 시장·군수·구청장은 법 제15조제4항에 따라 보호대상아동을 일시 보호하게 하려는 경우에는 법 제52조제1항제2호에 따른 아동일시보호시설의 장 또는 적당하다고 인정하는 자에게 보건복지부령으로 정하는 일시 보호 의뢰서를 발급하여야 한다.

제20조(범죄의 경력 조회) ① 법 제15조제7항에 따른 범죄의 경력 조회는 아동의 가정위탁보호를 희망하는 사람이 거주하는 소재지를 관할하는 경찰관서의 장에게 요청하여야 한다.

② 제1항에 따른 조회를 요청하는 경우에는 가정위탁보호를 희망하는 사람의 동의서를 함께 제

출하여야 한다.

③ 제1항에 따른 요청을 받은 경찰관서의 장은 가정위탁보호를 희망하는 사람의 범죄경력 유무를 확인하여 시·도지사 또는 시장·군수·구청장에게 회신하여야 한다.

④ 제1항부터 제3항까지의 규정에 따른 범죄경력 조회 요청 및 회신 등에 필요한 서식은 보건복지부령으로 정한다.

제21조(신원확인 등의 조치) ① 가정위탁지원센터의 장은 법 제15조제8항에 따라 위탁아동, 가정위탁보호를 희망하는 사람, 위탁아동의 부모 등에 대한 다음 각 호의 조치를 시·도지사 또는 시장·군수·구청장에게 협조 요청할 수 있다. 이 경우 제1호 및 제3호의 조치는 가정위탁보호를 희망하는 사람만 해당한다. 〈개정 2015.11.30.〉

1. 「국민기초생활 보장법」 제7조제1항제1호에 따른 생계급여 수급자 또는 같은 항 제3호에 따른 의료급여 수급자 여부의 확인

2. 「주민등록법」에 따른 주민등록표 등본·초본의 열람 및 발급

3. 「장애인복지법 시행령」 별표 1 제6호 또는 제8호에 따른 지적장애인 또는 정신장애인 여부의 확인

② 제1항에 따른 요청을 하려는 가정위탁지원센터의 장은 해당 위탁아동, 가정위탁보호를 희망하는 사람 및 위탁아동의 부모 등의 동의를 받아야 한다.

제21조의2(퇴소조치 등) ① 법 제15조제1항제3호에 따라 보호대상아동을 보호 중인 사람과 같은 항 제4호에 따라 보호대상아동을 보호 중인 아동복지시설의 장은 보호대상아동의 연령이 18세에 달하여 법 제16조제1항에 따라 보호조치를 종료하거나 해당 시설에서 퇴소시키려는 경우에는 해당 보호대상아동을 보호 중인 가정 또는 해당 시설을 관할하는 시·도지사 또는 시장·군수·구청장에게 보건복지부령으로 정하는 신청서를 제출하여야 한다.

② 시·도지사 또는 시장·군수·구청장은 법 제15조제1항제5호에 따라 보호 중인 보호대상아동의 보호 목적이 달성되었다고 인정되어 법 제16조제1항에 따라 해당 보호대상아동을 퇴소시키려는 경우에는 해당 보호대상아동을 보호하고 있는 전문치료기관 또는 요양소의 장의 의견을 들어야 한다.

③ 시·도지사 또는 시장·군수·구청장은 법 제16조제1항에 따라 보호대상아동의 보호조치를 종료하거나 해당 시설에서 퇴소시킨 경우에는 그 사실을 지체 없이 가정위탁보호자, 아동복지시설의 장, 전문치료기관의 장 또는 요양소의 장에게 통보(전자문서로 된 통보를 포함한다)하여야 한다.

[본조신설 2016.9.22.]

제22조(보호기간의 연장) 법 제16조제2항제3호에서 "대통령령으로 정하는 경우"란 다음 각 호의 어느 하나에 해당하는 경우를 말한다.　　　　　　　　　　　　　　　〈개정 2014.9.26.〉

　　1. 20세 미만인 사람으로서 「학원의 설립·운영 및 과외교습에 관한 법률」에 따라 등록된 학원에서 교육을 받고 있는 경우

　　2. 시·도지사 또는 시장·군수·구청장이 보호대상아동의 장애·질병 등을 이유로 보호기간 연장을 요청하는 경우

　　3. 25세 미만이고 지능지수가 71 이상 84 이하인 사람으로서 자립 능력이 부족한 경우

　　4. 취업이나 취업 준비 등 그 밖의 사유를 이유로 보호대상아동이 보호기간 연장을 요청하여 1년 이내의 범위에서 보호기간을 연장하는 경우

제23조(아동학대의 예방 및 방지) 법 제22조제1항제5호에서 "대통령령으로 정하는 아동학대의 예방과 방지를 위한 사항"이란 다음 각 호의 사항을 말한다.　　　　　〈개정 2016.9.22.〉

　　1. 아동학대의 예방과 방지를 위한 관계 기관 간의 협력체계 구축

　　2. 법 제25조제2항 각 호의 신고의무자에 대한 교육 프로그램 개발 및 관리·운영

　　3. 아동복지시설 및 아동학대 예방·방지 관련 기관에 대한 지도·감독

제24조(긴급전화의 설치·운영) ① 보건복지부장관, 시·도지사 및 시장·군수·구청장은 법 제22조제2항에 따라 법 제45조에 따른 아동보호전문기관(이하 "아동보호전문기관"이라 한다)에 긴급전화를 설치하여야 한다. 이 경우 긴급전화는 전용회선으로 설치·운영하여야 한다.

〈개정 2016.9.22.〉

　② 제1항에 따른 긴급전화는 전국적으로 통일된 번호로 매일 24시간 동안 운영하여야 한다.

　③ 제1항과 제2항에서 규정한 사항 외에 긴급전화의 설치 및 운영에 필요한 사항은 보건복지부장관이 정한다.

제25조 삭제 〈2015.10.6.〉

제26조(아동학대 신고의무자에 대한 교육) ① 법 제26조제1항부터 제3항까지의 규정에 따른 아동학대 예방 및 신고의무와 관련한 교육에는 다음 각 호의 사항이 포함되어야 한다.

　　1. 아동학대 예방 및 신고의무에 관한 법령

2. 아동학대 발견 시 신고 방법

3. 피해아동 보호 절차

② 관계 중앙행정기관의 장은 법 제26조제1항에 따라 아동학대 신고의무자의 자격 취득 과정이나 보수교육 과정에 아동학대 예방 및 신고의무와 관련된 교육을 1시간 이상 포함시켜야 한다.

③ 아동학대 신고의무자가 소속된 기관의 장은 법 제26조제3항에 따라 소속 신고의무자에게 아동학대 예방 및 신고의무와 관련된 교육을 매년 1시간 이상 실시하여야 한다.

④ 법 제26조제3항제4호에서 "대통령령으로 정하는 기관"이란 다음 각 호의 어느 하나에 해당하는 기관을 말한다.

1. 「의료법」 제3조의3에 따른 종합병원

2. 법 제52조제1항에 따른 아동복지시설

⑤ 법 제26조제1항부터 제3항까지의 규정에 따른 교육은 집합 교육, 시청각 교육 또는 인터넷 강의 등의 방법으로 할 수 있다.

[본조신설 2015.10.6.]

제26조의2(국가아동학대정보시스템의 구축 및 운영) ① 보건복지부장관은 법 제28조의2제1항에 따른 국가아동학대정보시스템을 통하여 다음 각 호의 업무를 수행할 수 있다.

1. 피해아동, 그 가족 및 학대행위자에 관한 정보 관리

2. 아동학대예방사업에 관한 정보 관리

3. 피해아동, 그 보호자 또는 학대행위자에 대한 신분조회 등 조치

4. 아동학대예방 및 피해아동 등에 대한 지원과 관련된 통계의 생산·관리

5. 아동학대 신고접수, 현장조사 및 응급보호 관리

6. 피해아동, 그 가족 및 학대행위자를 위한 사후관리 및 상담·교육·치료 관리

7. 그 밖에 아동학대 예방 및 방지에 필요한 업무로서 보건복지부장관이 정하는 업무

② 제1항 각 호에 따른 업무의 처리 범위, 방법, 절차 및 그 밖에 필요한 사항은 보건복지부장관이 정한다.

[본조신설 2016.9.22.]

[종전 제26조의2는 제26조의3으로 이동 〈2016.9.22.〉]

제26조의3(피해아동의 취학에 대한 지원) ① 법 제29조제5항에 따라 국가와 지방자치단체의 장은 교육감, 교육장 또는 「초·중등교육법」 제2조에 따른 학교의 장에게 「초·중등교육법」 제2조 각 호의 학교에 재학 중인 피해아동 및 그 가족이 주소지 외의 지역에서 취학(입학·재입

학·전학·편입학을 포함한다. 이하 같다)을 할 필요가 있을 때에는 그 취학에 필요한 조치를 요청할 수 있다.

② 제1항에 따라 요청을 받은 교육감, 교육장 또는 「초·중등교육법」 제2조에 따른 학교의 장은 피해아동 및 그 가족이 보호받고 있는 거주지 근처의 학교에 우선적으로 취학할 수 있도록 고려하여야 한다.

③ 「초·중등교육법」 제2조에 따른 학교의 장은 피해아동 및 그 가족의 취학에 필요한 절차가 완료되기 전이라도 피해아동 및 그 가족이 출석하여 학습하게 할 수 있다.

④ 교육감, 교육장 또는 「초·중등교육법」 제2조에 따른 학교의 장은 제1항부터 제3항까지의 규정에 따라 조치한 사실이 취학업무 관계자가 아닌 자에게 공개되지 아니하도록 관리·감독하여야 하며, 아동학대행위자로부터 피해아동 및 그 가족의 취학에 관한 정보의 제공 요청이 있는 경우에는 그 사실을 피해아동 및 그 가족을 보호하는 아동보호전문기관에 통보하여야 한다.

[본조신설 2014.9.26.]

[제26조의2에서 이동, 종전 제26조의3은 제26조의4로 이동 〈2016.9.22.〉]

제26조의4(아동학대관련범죄 전력 조회 절차) ① 법 제29조의3제2항 및 제3항에 따라 아동학대관련범죄 전력 조회를 요청하려는 지방자치단체의 장, 교육감, 교육장 및 법 제29조의3제1항 각 호에 따른 시설 또는 기관(이하 "아동관련기관"이라 한다)의 장은 아동학대관련범죄 전력 조회 신청서에 아동학대관련범죄 전력 조회 대상자의 서면동의서를 첨부하여 경찰관서의 장에게 제출하여야 한다.

② 제1항에 따라 아동학대관련범죄의 전력 조회를 요청받은 경찰관서의 장은 아동학대관련범죄 전력 조회 대상자가 법 제29조의3제1항에 따라 아동관련기관의 운영이나 아동관련기관에 취업 또는 사실상 노무의 제공이 제한되는 사람(이하 "취업제한등대상자"라 한다)인지 여부를 확인하여 회신하여야 한다.

③ 제1항 및 제2항의 규정에 따른 아동학대관련범죄 전력 조회 신청 및 회신 등에 필요한 사항은 보건복지부령으로 정한다.

[본조신설 2014.9.26.]

[제26조의3에서 이동, 종전 제26조의4는 제26조의5로 이동 〈2016.9.22.〉]

제26조의5(자료제출의 요구) 법 제29조의4제2항에 따라 보건복지부장관 또는 관계 중앙행정기관의 장은 아동관련기관의 장 또는 그 감독기관에 관련 자료의 제출을 요구할 때에는 다음 각 호의 사항을 구체적으로 밝혀야 한다.

　1. 자료 제출 요구의 사유

　2. 자료 제출 일시

　3. 제출하여야 할 자료의 내용

[본조신설 2014.9.26.]

[제26조의4에서 이동, 종전 제26조의5는 제26조의6으로 이동 〈2016.9.22.〉]

제26조의6(아동학대관련범죄전력자 점검·확인 결과 공개) ① 법 제29조의4제3항에 따라 보건복지부장관 또는 관계 중앙행정기관의 장은 법 제29조의4제1항에 따른 점검·확인 결과를 그 점검·확인이 끝난 날부터 2개월 이내에 중앙아동보호전문기관 홈페이지를 통하여 12개월 동안 공개하여야 한다.

② 제1항에 따라 공개하여야 하는 점검·확인 결과의 내용은 다음 각 호와 같다.

　1. 점검·확인 기간

　2. 점검·확인 시작 시점의 아동관련기관의 총 수

　3. 점검·확인 기관 수 및 점검·확인 인원 수

　4. 취업제한등대상자가 운영하거나 취업 또는 사실상 노무를 제공하고 있는 아동관련기관의 수, 명칭, 해당 기관 소재지의 시·군·구명, 해당 기관별 취업제한등대상자의 수

　5. 취업제한등대상자가 운영하거나 취업 또는 사실상 노무를 제공하고 있는 아동관련기관에 대한 조치계획 또는 조치한 내용

[본조신설 2014.9.26.]

[제26조의5에서 이동, 종전 제26조의6은 제26조의7로 이동 〈2016.9.22.〉]

제26조의7(해임 또는 폐쇄요구 등) ① 법 제29조의4제1항 각 호의 중앙행정기관의 장은 법 제29조의5제1항 또는 제2항에 따라 아동관련기관의 장에게 취업제한등대상자의 해임을 요구하거나 아동관련기관의 폐쇄를 요구할 때에는 위반사실, 요구내용 및 이행기간 등을 명시한 서면으로 하여야 하고, 해임요구 사실을 해당 취업제한등대상자에게도 통지하여야 한다.

② 법 제29조의5제1항 또는 제2항에 따라 취업제한등대상자의 해임요구 또는 아동관련기관의 폐쇄요구를 받은 아동관련기관의 장과 해임요구 사실을 통지받은 취업제한등대상자는 해임 또는 폐쇄를 요구받거나 해임요구 사실을 통지받은 날부터 10일 이내에 해임 또는 폐쇄요구를 한 중앙행정기관의 장에게 이의신청을 할 수 있다.

③ 제2항에 따라 이의신청을 받은 중앙행정기관의 장은 이의신청을 받은 날부터 14일 이내에 심사하여 그 결과를 해당 아동관련기관의 장과 취업제한등대상자에게 알려야 한다.

[본조신설 2014.9.26.]
[제26조의6에서 이동 〈2016.9.22.〉]

제27조(아동복지시설 및 아동용품의 안전기준) 법 제30조에 따른 아동복지시설의 안전기준
은 별표 1과 같고, 아동용품의 안전기준은 별표 2와 같다.

제28조(아동의 안전에 대한 교육) ① 아동복지시설의 장, 「영유아보육법」에 따른 어린이집
의 원장, 「유아교육법」에 따른 유치원의 원장 및 「초·중등교육법」에 따른 학교의 장은 법 제
31조제1항에 따라 교육계획을 수립하여 교육을 실시할 때에는 별표 3의 교육기준에 따라야 한다.
② 법 제31조제2항 및 제3항에 따라 아동복지시설의 장 및 「영유아보육법」에 따른 어린이집
의 원장은 시장·군수·구청장에게, 「유아교육법」에 따른 유치원의 원장 및 「초·중등교육
법」 제2조에 따른 학교의 장은 교육감에게, 각각 교육계획 및 교육실시 결과를 매년 3월 31일까
지 보고하여야 한다. 〈개정 2014.9.26.〉
③ 아동복지시설의 장은 그 아동복지시설에 입소한 아동 중 「영유아보육법」에 따른 어린이
집, 「유아교육법」에 따른 유치원 또는 「초·중등교육법」에 따른 학교에서 실시하는 법 제31
조제1항 각 호의 사항에 관한 교육을 받은 아동에 대해서는 법 제31조제1항에 따른 교육을 실시하
지 아니할 수 있다.

제29조(아동보호구역의 지정) ① 법 제32조제1항제1호에 따른 도시공원의 관리자(「도시공
원 및 녹지 등에 관한 법률」 제20조제1항에 따라 도시공원을 위탁받아 관리하는 자 또는 같은
법 제21조제1항에 따라 도시공원을 관리하는 자를 말한다) 또는 법 제32조제1항제2호부터 제4호
까지의 시설의 장은 법 제32조제1항에 따라 해당 도시공원 또는 시설을 관할하는 특별자치도지
사·시장·군수·구청장에게 보건복지부령으로 정하는 바에 따라 아동보호구역 지정을 신청할
수 있다.
② 법 제32조제1항에 따라 법 제32조제1항제1호에 따른 도시공원의 관리자(「도시공원 및 녹지
등에 관한 법률」 제20조제1항에 따른 공원관리청을 말한다. 이하 이 항에서 "공원관리청"이라 한
다)는 다음 각 호의 구분에 따라 아동보호구역 지정을 요청하거나 아동보호구역을 직접 지정할 수
있다.
1. 공원관리청이 특별시장·광역시장인 경우: 시장·군수·구청장에게 아동보호구역의 지
   정 요청
2. 공원관리청이 특별자치도지사·시장·군수인 경우: 아동보호구역 직접 지정

③ 특별자치도지사 · 시장 · 군수 · 구청장은 제1항에 따른 지정 신청을 받은 경우 또는 제2항에 따른 지정 요청을 받거나 직접 지정을 하려는 경우에는 해당 시설과 그 주변구역에 관한 다음 각 호의 사항을 조사하여야 한다.

1. 해당 시설 주변구역 내의 연간 아동범죄 발생 현황

2. 해당 시설을 통학하거나 이용하는 아동 수

3. 해당 시설의 주변구역이 범죄 발생 우려가 높은지 여부

④ 특별자치도지사 · 시장 · 군수 · 구청장은 제3항에 따른 조사 결과 아동보호구역으로 지정하는 것이 필요하다고 인정되면 다음 각 호의 구분에 따라 아동보호구역을 지정한다.

1. 법 제32조제1항제1호의 도시공원: 도시공원의 출입문을 중심으로 반경 500미터 이내의 일정 구역

2. 법 제32조제1항제2호부터 제4호까지의 시설: 해당 시설 부지의 외곽 경계선으로부터 반경 500미터 이내의 일정 구역

⑤ 특별자치도지사 · 시장 · 군수 · 구청장은 제3항 및 제4항에 따른 조사와 아동보호구역의 지정에 관하여 관할 경찰서장과 협의하여야 하며, 관계 기관의 장에게 조사 및 아동보호구역의 지정을 위하여 필요한 자료를 요청할 수 있다.

⑥ 특별자치도지사 · 시장 · 군수 · 구청장은 제4항에 따라 아동보호구역을 지정한 경우에는 해당 아동보호구역을 특별자치도 · 시 · 군 · 구의 인터넷 홈페이지 및 게시판 등을 통하여 공고하여야 하며, 제1항에 따른 신청인에게 그 내용을 알려야 한다.

제30조(영상정보처리기기의 설치 및 관리 등) ① 법 제32조제1항에 따라 특별자치도지사 · 시장 · 군수 · 구청장은 예산의 범위에서 제29조제4항에 따라 지정된 아동보호구역에 영상정보처리기기를 설치하여야 한다. 〈개정 2013.1.22.〉

② 특별자치도지사 · 시장 · 군수 · 구청장은 영상정보처리기기를 고장 · 노후화 등의 이유로 교체 · 수리하거나 영상정보처리기기의 설치 장소를 변경할 필요가 있는 경우에는 지체 없이 그에 필요한 조치를 하여야 한다. 〈개정 2013.1.22.〉

③ 제29조제4항에 따라 지정된 아동보호구역을 관할하는 경찰서장은 아동에 대한 범죄 예방 및 수사를 위하여 해당 아동보호구역에 설치된 영상정보처리기기의 화상정보를 적극 활용하여야 한다. 〈개정 2013.1.22.〉

[제목개정 2013.1.22.]

제31조(영상정보처리기기 설치 등의 지원) 국가와 지방자치단체는 예산의 범위에서 제30조

에 따른 영상정보처리기기의 설치 및 관리 등에 드는 비용을 지원할 수 있다. 〈개정 2013.1.22.〉

[제목개정 2013.1.22.]

제32조(아동안전 보호인력의 업무범위) 법 제33조제1항에 따른 아동안전 보호인력의 업무범위는 다음 각 호와 같다.

1. 순찰활동 및 아동지도

2. 위험에 처한 아동에 대한 일시적 보호 및 안전사고 예방을 위한 임시 조치

3. 그 밖에 실종 및 유괴 등 아동에 대한 범죄의 예방을 위하여 필요한 조치

제33조(아동안전 보호인력의 범죄경력 확인 절차 등) ① 법 제33조제3항에 따른 범죄경력의 확인은 아동안전 보호인력으로 배치하려는 사람이 거주하는 소재지를 관할하는 경찰관서의 장에게 요청하여야 한다.

② 제1항에 따라 범죄경력 확인을 요청하는 경우에는 아동안전 보호인력으로 배치하려는 사람의 동의서를 함께 제출하여야 한다.

③ 제1항에 따른 요청을 받은 경찰관서의 장은 아동안전 보호인력으로 배치하려는 사람이 별표 4에 따른 범죄경력 확인 대상 범죄에 해당하는 범죄의 경력이 있는지 확인하여 국가 또는 지방자치단체에 회신하여야 한다.

④ 제1항부터 제3항까지의 규정에 따른 범죄경력 확인 요청 및 회신 등에 필요한 서식은 보건복지부령으로 정한다.

제34조(아동긴급보호소의 지정 등) ① 법 제34조제1항에 따른 아동긴급보호소로 지정받으려는 자는 다음 각 호의 어느 하나에 해당하는 시설의 주변 또는 지역에서 사업을 영위하는 자여야 한다.

1. 「영유아보육법」에 따른 어린이집

2. 「유아교육법」에 따른 유치원

3. 「초·중등교육법」에 따른 초등학교 및 그 주변의 놀이터

4. 「도시공원 및 녹지 등에 관한 법률」에 따른 도시공원

5. 「건축법 시행령」 별표 1 제2호가목에 따른 아파트

6. 학원가 등 아동의 왕래가 빈번한 지역

7. 그 밖에 아동 대상 범죄의 발생 우려가 높은 지역

② 법 제34조제1항에 따른 아동긴급보호소로 지정받으려는 자는 경찰청장에게 지정 신청을 하

여야 하고, 그 신청을 받은 경찰청장은 제1항에 따른 사업을 영위하는 자인지를 확인하여 지정 여부를 결정하여야 한다.

③ 법 제34조제2항에 따른 범죄경력 확인의 절차 및 범위에 관하여는 제33조를 준용한다.

제35조(건강한 심신의 보존) 법 제35조제2항 및 제3항에 따른 지원서비스의 구체적인 내용은 다음 각 호와 같다.

1. 신체적 건강 증진에 관한 사항: 예방접종, 건강검진 및 건강교육 서비스
2. 정신적 건강 증진에 관한 사항: 정신건강 관련 검진, 상담 및 교육 서비스
3. 결식예방 및 영양개선에 관한 사항: 급식지원, 식습관 개선, 영양 교육·관리 서비스
4. 체력 및 여가 증진에 관한 사항: 비만 방지, 기초체력 측정, 신체활동 증진 및 체험활동 지원 서비스

제36조(급식지원) ① 보건복지부장관, 시·도지사 및 시장·군수·구청장은 법 제35조제4항 단서에 따라 「국민기초생활 보장법」 제2조제2호에 따른 수급자나 「한부모가족지원법」 제5조에 따른 보호대상자인 아동 등 저소득층에 해당하는 아동 중에서 결식 우려가 있는 아동을 대상으로 급식지원을 하여야 한다.

② 제1항에 따라 급식지원을 받으려는 아동이나 그 가족 또는 아동 업무를 담당하는 공무원 등은 보건복지부장관, 시·도지사 또는 시장·군수·구청장에게 급식지원을 신청할 수 있다.

③ 제2항에 따른 신청을 받은 보건복지부장관, 시·도지사 또는 시장·군수·구청장은 해당 아동이 제1항에 따른 급식지원 대상 아동에 해당하는지를 확인하여 급식지원 대상자 포함 여부를 결정하여야 하며, 그 결과를 신청인에게 알려야 한다.

④ 제3항에 따라 급식지원 대상자에 해당하지 아니한다는 결과를 통보받은 신청인은 보건복지부장관, 시·도지사 또는 시장·군수·구청장에게 이의를 신청할 수 있다.

⑤ 제1항부터 제4항까지에서 규정한 사항 외에 급식지원의 대상 및 기준 등에 관하여 필요한 사항은 해당 지방자치단체의 조례로 정한다.

제37조(취약계층 아동에 대한 통합서비스지원) ① 보건복지부장관, 시·도지사 및 시장·군수·구청장은 법 제37조제1항에 따라 다음 각 호에 해당하는 가정 중에서 보건복지부장관이 아동의 발달수준 및 양육 환경 등을 고려하여 정하는 기준에 따라 통합서비스지원 대상을 선정한다.

1. 「국민기초생활 보장법」에 따른 수급자 또는 차상위계층 가정
2. 그 밖에 보건복지부장관이 정하는 아동의 성장 및 복지 여건이 취약한 가정

② 법 제37조제1항에 따른 통합서비스의 내용은 다음 각 호와 같다.

  1. 건강검진 및 질병예방교육 등 건강증진을 위한 서비스

  2. 아동의 기초학습 및 사회성·정서 발달 교육 지원

  3. 부모의 양육 지도

  4. 그 밖에 아동의 성장과 발달을 도모하기 위하여 필요한 서비스

③ 보건복지부장관, 시·도지사 및 시장·군수·구청장은 법 제37조제2항에 따라 통합서비스 지원 업무를 수행하기 위한 통합서비스지원기관을 설치·운영하여야 한다. 이 경우 통합서비스 지원기관에는 보건복지부장관이 정하는 바에 따라 공무원과 민간 전문인력을 배치하여야 한다.

제38조(자립지원) ① 법 제38조제1항제5호에서 "대통령령으로 정하는 사항"이란 다음 각 호의 사항을 말한다.

  1. 자립생활 역량 강화를 위한 프로그램 개발 및 운영

  2. 아동복지시설(법 제52조제1항제1호 및 제3호부터 제5호까지의 시설만 해당한다) 및 가정
     위탁지원센터의 종사자에 대한 자립지원 관련 교육

  3. 자립에 필요한 자립정착금의 지원

② 법 제38조제1항에 따른 자립지원 대상 아동은 다음 각 호의 어느 하나에 해당하는 아동으로 한다.

  1. 대리양육 또는 가정위탁보호 중인 아동

  2. 아동복지시설에서 보호 중인 아동

  3. 법 제16조에 따라 보호조치가 종료되거나 해당 시설에서 퇴소한 지 5년이 지나지 아니한
     아동

제39조(아동자립지원추진협의회의 구성 등) ① 법 제41조제1항에 따른 아동자립지원추진협의회(이하 "협의회"라 한다)는 위원장 1명을 포함한 11명 이내의 위원으로 구성한다.

② 협의회의 위원장은 보건복지부 소속 고위공무원단에 속하는 공무원 중에서 보건복지부장관이 지명하고, 위원은 국무조정실, 기획재정부, 교육부, 과학기술정보통신부, 행정안전부, 산업통상자원부, 보건복지부, 고용노동부, 여성가족부, 국토교통부, 방송통신위원회의 3급 또는 4급 공무원 중에서 해당 기관의 장이 지명하는 사람 각 1명으로 한다.

〈개정 2013.3.23., 2014.11.19., 2017.7.26.〉

③ 협의회는 다음 각 호의 사항에 대하여 협의·조정한다.

  1. 아동의 자립에 필요한 주거·생활·취업·교육 지원에 관한 사항

2. 그 밖에 협의회의 위원장이 아동의 자립과 관련하여 협의가 필요하다고 인정하는 사항

④ 협의회에는 보건복지부 소속 공무원 중에서 보건복지부장관이 지명하는 간사 1명을 둔다.

제40조(협의회의 운영) ① 협의회의 위원장은 협의회를 대표하고, 협의회의 업무를 총괄한다.

② 협의회의 회의는 재적위원 과반수의 출석으로 개의하고, 출석위원 과반수의 찬성으로 의결한다.

③ 협의회의 위원장이 부득이한 사유로 직무를 수행할 수 없을 때에는 보건복지부 소속 공무원인 위원이 직무를 대행한다.

④ 제1항부터 제3항까지에서 규정한 사항 외에 협의회 운영에 필요한 사항은 협의회의 의결을 거쳐 협의회의 위원장이 정한다.

제41조(자산형성지원사업 관련 업무의 위탁) 법 제44조제1항에서 "「사회복지사업법」에 따른 사회복지법인 등 대통령령으로 정하는 법인 또는 단체"란 다음 각 호의 어느 하나에 해당하는 법인 또는 단체를 말한다.

1. 「사회복지사업법」에 따른 사회복지법인

2. 사회복지 관련 업무를 수행하는 비영리법인

제42조(아동보호전문기관의 설치기준 등) 법 제45조제1항 및 제2항에 따른 아동보호전문기관의 설치기준 및 상담원 등 직원의 배치기준은 별표 5와 같고, 아동보호전문기관의 운영기준은 별표 6과 같다.

제43조(아동보호전문기관 직원의 자격) 법 제45조제1항 및 제2항에 따른 아동보호전문기관의 상담원 등 직원의 자격기준은 별표 7과 같다.

제44조(아동보호전문기관의 운영 위탁) ① 법 제45조제4항에 따라 아동보호전문기관의 운영을 위탁받으려는 자는 보건복지부령으로 정하는 바에 따라 중앙아동보호전문기관의 경우에는 보건복지부장관에게, 지역아동보호전문기관의 경우에는 시·도지사 또는 시장·군수·구청장에게 지정을 신청하여야 한다.

② 제1항에 따라 지정을 신청하려는 자는 다음 각 호의 요건을 모두 갖추어야 한다.

1. 3년 이상 아동복지 업무를 수행한 실적이 있을 것

2. 별표 5에 따른 아동보호전문기관의 설치기준 및 상담원 등 직원의 배치기준을 갖출 것

3. 별표 7에 따른 아동보호전문기관의 상담원 등 직원의 자격기준을 갖출 것

4. 법 제46조에 따른 업무를 수행하는 데 필요한 예산을 확보할 것

③ 시·도지사 또는 시장·군수·구청장은 제1항에 따라 지역아동보호전문기관의 운영을 위탁하는 경우에는 관할 구역 내의 아동 수, 이미 지정받은 법인의 소재지 및 그 법인과의 지리적 거리 등을 고려하여야 한다.

제45조(아동보호전문기관의 업무) ① 법 제46조제1항제7호에서 "대통령령으로 정하는 아동학대예방사업과 관련된 업무"란 다음 각 호의 업무를 말한다. 〈개정 2014.9.26.〉

1. 아동복지시설 및 아동학대예방·피해아동보호와 관련된 기관 직원의 역량 강화 사업 지원에 관한 업무

2. 아동학대 관련 국제 교류

3. 삭제〈2014.9.26.〉

4. 아동학대예방·피해아동보호 관련 통계 생산 및 제공

② 법 제46조제2항제7호에서 "대통령령으로 정하는 아동학대예방사업과 관련된 업무"란 다음 각 호의 업무를 말한다. 〈개정 2014.9.26., 2016.9.22.〉

1. 법 제28조의2에 따른 국가아동학대정보시스템에 피해아동, 그 가족 및 학대행위자에 대한 정보와 아동학대예방사업에 관한 정보의 입력에 필요한 자료의 제공

2. 아동복지시설, 「영유아보육법」에 따른 어린이집, 「유아교육법」에 따른 유치원, 「초·중등교육법」에 따른 학교, 경찰서, 주민자치센터, 보건소, 의료기관 및 「사회복지사업법」에 따른 사회복지관 등 아동학대예방·피해아동보호와 관련된 기관 간의 연계

3. 피해아동 및 피해아동 가정의 기능 회복 서비스 제공

4. 삭제〈2014.9.26.〉

제46조(아동보호전문기관의 성과평가 기준 등) ① 보건복지부장관은 법 제47조제1항에 따라 다음 각 호의 기준에 따라 아동보호전문기관의 업무 실적에 대하여 성과평가를 하여야 한다.

1. 아동보호전문기관 운영 및 인력 관리의 적정성

2. 아동보호전문기관 종사자의 전문성

3. 아동학대 신고 접수 및 현장조사 처리 과정의 적절성 및 대응능력

4. 피해아동 및 그 가족에 대한 지원 실적

5. 사후관리 실적

6. 아동학대 예방을 위한 교육·홍보·협력사업 실적

② 보건복지부장관은 제1항에 따른 성과평가 결과 우수한 아동보호전문기관에 대하여 포상할 수 있고, 성과평가 결과를 아동보호전문기관 종사자에 대한 교육 및 홍보 자료로 활용하여야 한다.

제47조(가정위탁지원센터의 설치기준 등) 법 제48조제1항 및 제2항에 따른 가정위탁지원센터의 설치기준 및 상담원 등 직원의 배치기준은 별표 8과 같고, 가정위탁지원센터의 운영기준은 별표 9와 같다.

제48조(가정위탁지원센터 직원의 자격기준) 법 제48조제1항 및 제2항에 따른 가정위탁지원센터의 상담원 등 직원의 자격기준은 별표 10과 같다.

제49조(가정위탁지원센터의 운영 위탁) ① 법 제48조제4항에 따라 가정위탁지원센터의 운영을 위탁받으려는 자는 보건복지부령으로 정하는 바에 따라 중앙가정위탁지원센터의 경우에는 보건복지부장관에게, 지역가정위탁지원센터의 경우에는 시·도지사 또는 시장·군수·구청장에게 지정을 신청하여야 한다.

② 제1항에 따라 지정을 신청하려는 자는 다음 각 호의 요건을 모두 갖추어야 한다.

1. 다음 각 목의 어느 하나에 해당하는 비영리법인일 것

    가. 법 제52조제1항제1호·제2호 또는 제6호에 따른 아동양육시설, 아동일시보호시설 또는 아동상담소 중 하나 이상의 시설을 설치·운영하고 있는 비영리법인

    나. 「사회복지사업법」에 따라 설립된 사회복지법인

    다. 그 밖에 보건복지부장관, 시·도지사 또는 시장·군수·구청장이 인정하는 비영리법인

2. 다음 각 목의 요건을 모두 갖출 것

    가. 3년 이상 아동복지 업무를 수행한 실적이 있을 것

    나. 별표 8에 따른 가정위탁지원센터의 설치기준 및 상담원 등 직원의 배치기준을 갖출 것

    다. 별표 10에 따른 가정위탁지원센터의 상담원 등 직원의 자격기준을 갖출 것

    라. 법 제49조에 따른 업무를 수행하는 데 필요한 자금을 확보할 수 있을 것

제50조(가정위탁지원센터의 업무) ① 법 제49조제1항제7호에서 "대통령령으로 정하는 가정위탁사업과 관련된 업무"란 다음 각 호의 업무를 말한다.

1. 지역가정위탁지원센터에 대한 평가

2. 가정위탁통합전산시스템의 운영

3. 가정위탁 아동에 대한 기업 · 단체 등의 후원 장려 및 연계

② 법 제49조제2항제8호에서 "대통령령으로 정하는 가정위탁과 관련된 업무"란 관할 구역의 가정위탁 아동에 대한 지역사회의 후원 장려 및 연계를 말한다.

제50조의2(폐업 · 휴업 시의 조치) ① 아동복지시설의 장은 법 제51조제2항에 따라 아동복지시설을 폐업 또는 휴업하려는 경우에는 해당 아동복지시설을 이용하는 아동 및 그 보호자(보호자가 있는 경우에 한정한다)에게 해당 아동을 다른 아동복지시설로 옮기는 조치(이하 "전원조치"라 한다)의 필요성 및 계획 등에 관하여 충분한 사전 설명을 하여야 한다.

② 아동복지시설의 장은 제1항에 따른 사전 설명을 한 후 시 · 도지사 또는 시장 · 군수 · 구청장에게 해당 아동복지시설을 이용하는 아동 및 그 보호자(보호자가 있는 경우에 한정한다)의 의견을 고려한 전원조치를 요청하여야 한다.

[본조신설 2016.9.22.]

제51조(아동전용시설의 입장료 등의 감면) ① 법 제53조제2항에 따라 국가 또는 지방자치단체가 설치한 법 제52조제1항제7호에 따른 아동전용시설(이하 "아동전용시설"이라 한다)의 경우에는 다른 법령에 특별한 규정이 있는 경우를 제외하고는 그 시설을 이용하는 아동으로부터 입장료와 이용료를 받지 아니한다. 다만, 국가 또는 지방자치단체는 부득이한 사정이 있으면 어린이날과 국경일을 제외하고는 입장료와 이용료를 받을 수 있다.

② 특별자치도지사 · 시장 · 군수 · 구청장은 법 제53조제2항에 따라 아동전용시설을 설치 · 운영하는 자(국가와 지방자치단체는 제외한다)에게 그 시설을 이용하는 아동에 대한 입장료와 이용료 등을 제1항에 준하여 감면하도록 권장할 수 있다.

제52조(아동복지시설 종사자의 배치기준 등) 법 제54조제2항에 따른 아동복지시설 종사자의 직종 · 수 및 배치기준은 별표 11과 같고, 아동복지시설 종사자의 자격기준은 별표 12와 같다.

제53조(행정처분의 기준) 법 제56조제1항에 따른 행정처분의 기준은 별표 13과 같다.

제54조(비용 보조) ① 국가 또는 지방자치단체는 법 제59조에 따라 같은 조 각 호의 어느 하나에 해당하는 비용(이용료를 받는 아동전용시설의 경우에는 그 시설의 설치비용으로 한정한다)의 전부 또는 일부를 예산의 범위에서 보조할 수 있다. 이 경우 보조 비율은 「보조금 관리에 관한 법률 시행령」에서 정하는 바에 따른다.

② 국가 또는 지방자치단체는 제1항에 따라 아동복지시설 운영에 필요한 비용을 보조하는 경우 「사회복지사업법」 제43조의2에 따른 시설의 평가 결과 등 해당 아동복지시설의 운영 실적을 고려하여 보조할 수 있다.

제55조(비용 징수) ① 시·도지사, 시장·군수·구청장 또는 아동복지시설의 장은 법 제60조에 따라 보호조치를 받은 아동의 부양의무자로부터 실비(實費)에 해당하는 금액을 징수할 수 있다. 다만, 그 부양의무자가 다른 법령에 따라 생계비를 지원받는 경우에는 보건복지부장관이 정하는 바에 따라 그 금액을 줄이거나 징수하지 아니할 수 있다.

② 제1항에 따른 비용을 징수하려는 시·도지사, 시장·군수·구청장 또는 아동복지시설의 장은 보건복지부령으로 정하는 바에 따라 징수 비용 등을 서면으로 통지하여야 한다.

제56조(권한의 위임) ① 보건복지부장관은 법 제68조에 따라 다음 각 호의 권한을 시장·군수·구청장에게 위임한다.

    1. 법 제22조제2항에 따른 긴급전화의 설치·운영

    2. 법 제35조제2항제3호에 따른 급식지원

    3. 법 제37조제1항에 따른 통합서비스지원 대상 선정 및 이 영 제37조제3항에 따른 통합서비스지원기관 설치·운영

② 보건복지부장관은 법 제68조 본문에 따라 다음 각 호의 권한을 시·도지사 또는 시장·군수·구청장에게 위임한다. 〈신설 2015.10.6.〉

    1. 법 제26조제2항에 따른 아동학대 신고의무자 교육

    2. 법 제28조의2제2항 전단에 따른 피해아동, 그 가족 및 학대행위자에 관한 정보의 입력

    3. 법 제29조의4제1항제3호에 따른 아동학대관련범죄전력자 취업 등의 점검·확인

    4. 법 제29조의5제1항 및 제2항에 따른 아동학대관련범죄전력자에 대한 해임요구 및 아동관련기관 폐쇄요구 등

③ 교육부장관 및 여성가족부장관은 법 제68조 단서에 따라 다음 각 호의 권한을 시·도지사, 시장·군수·구청장 또는 교육감·교육장에게 위임한다. 〈신설 2015.10.6.〉

    1. 법 제26조제2항에 따른 아동학대 신고의무자 교육

    2. 법 제29조의4제1항제1호 및 제4호에 따른 아동학대관련범죄전력자 취업 등의 점검·확인

    3. 법 제29조의5제1항 및 제2항에 따른 아동학대관련범죄전력자에 대한 해임요구 및 아동관련기관 폐쇄요구 등

④ 문화체육관광부장관 및 국토교통부장관은 법 제68조 단서에 따라 다음 각 호의 권한을

시 · 도지사 또는 시장 · 군수 · 구청장장에게 위임한다. 〈신설 2015.10.6.〉

    1. 법 제29조의4제1항제2호 및 제5호에 따른 아동학대관련범죄전력자 취업 등의 점검 · 확인

    2. 법 제29조의5제1항 및 제2항에 따른 아동학대관련범죄전력자에 대한 해임요구 및 아동관련 기관 폐쇄요구 등

  ⑤ 국민안전처장관은 법 제68조 단서에 따라 법 제26조제2항에 따른 아동학대 신고의무자 교육의 권한을 시 · 도지사 또는 시장 · 군수 · 구청장에게 위임한다. 〈신설 2015.10.6.〉

  ⑥ 시 · 도지사는 법 제68조에 따라 법 제35조제2항제3호에 따른 급식지원 권한을 시장 · 군수 · 구청장에게 위임한다. 〈개정 2015.10.6.〉

제57조(민감정보 및 고유식별정보의 처리) ① 국가 또는 지방자치단체(해당 권한이 위임 · 위탁된 경우는 해당 권한을 위임 · 위탁받은 자를 포함한다. 이하 이 조에서 같다)는 다음 각 호의 사무를 수행하기 위하여 불가피한 경우 「개인정보 보호법 시행령」 제19조에 따른 주민등록번호 또는 외국인등록번호(이하 이 조에서 "주민등록번호등"이라 한다)가 포함된 자료를 처리할 수 있다. 〈개정 2015.10.6., 2017.3.27., 2017.4.18.〉

    1. 법 제15조에 따른 보호조치 등에 관한 사무

    2. 법 제16조에 따른 보호대상아동에 대한 퇴소조치 등에 관한 사무

    3. 법 제18조에 따른 친권상실 선고 등의 청구에 관한 사무

    4. 법 제19조에 따른 아동의 후견인 선임 등의 청구에 관한 사무

    4의2. 법 제26조에 따른 아동학대 신고의무자에 대한 교육에 관한 사무

    4의3. 법 제29조의3 및 제29조의4에 따른 아동관련기관의 취업제한 등에 관한 사무

    5. 법 제35조제2항제3호에 따른 급식지원에 관한 사무

    6. 법 제37조에 따른 통합서비스지원에 관한 사무

    7. 법 제38조에 따른 자립지원에 관한 사무

    8. 법 제40조에 따른 자립지원전담기관의 설치 · 운영 등에 관한 사무

    9. 법 제43조에 따른 자산형성지원사업 운영업무 및 금융자산관리업무에 관한 사무

    10. 법 제45조에 따른 아동보호전문기관의 설치 등에 관한 사무

    10의2. 법 제46조에 따른 아동보호전문기관의 아동보호에 관한 사무

    11. 법 제48조에 따른 가정위탁지원센터의 설치 등에 관한 사무

    11의2. 법 제49조에 따른 가정위탁지원센터의 가정위탁지원에 관한 사무

    12. 법 제50조제2항에 따른 아동복지시설의 설치 신고에 관한 사무

    13. 법 제51조에 따른 아동복지시설의 휴업 · 폐업 등의 신고에 관한 사무

14. 법 제56조에 따른 아동복지시설의 개선, 사업의 정지, 시설의 폐쇄 등에 관한 사무

15. 법 제66조에 따른 아동 또는 관계인에 대한 조사 또는 질문에 관한 사무

16. 법 제67조에 따른 청문에 관한 사무

② 국가, 지방자치단체 또는 아동보호전문기관(법 제45조제4항에 따라 아동보호전문기관의 운영을 위탁받은 자를 포함한다. 이하 이 조에서 같다)은 법 제22조의2에 따른 피해아동의 보호ㆍ치료 등의 사무를 수행하기 위하여 불가피한 경우 「개인정보 보호법」 제23조에 따른 건강에 관한 정보(이하 이 조에서 "건강정보"라 한다)나 주민등록번호등이 포함된 자료를 처리할 수 있다.

〈개정 2017.4.18.〉

③ 다음 각 호에 해당하는 자는 다음 각 호의 구분에 따른 사무를 수행하기 위하여 불가피한 경우 건강정보, 「개인정보 보호법 시행령」 제18조제2호에 따른 범죄경력자료에 해당하는 정보(이하 이 조에서 "범죄경력정보"라 한다)나 주민등록번호등이 포함된 자료를 처리할 수 있다.

〈신설 2017.4.18.〉

1. 사법경찰관리 또는 아동보호전문기관: 법 제27조의2에 따른 아동학대 등의 통보에 관한 사무

2. 국가, 지방자치단체 또는 아동보호전문기관: 법 제28조의2에 따른 국가아동학대정보시스템의 운영 또는 피해아동, 그 가족 및 학대행위자에 대한 정보의 입력ㆍ관리에 관한 사무

3. 중앙가정위탁지원센터: 법 제49조제1항제6호에 따른 정보기반 구축 및 정보제공에 관한 사무

4. 지역가정위탁지원센터: 법 제49조제2항제2호 또는 제4호에 따른 조사 및 사례관리에 관한 사무

④ 다음 각 호에 해당하는 자는 다음 각 호의 구분에 따른 사무를 수행하기 위하여 불가피한 경우 범죄경력정보나 주민등록번호등이 포함된 자료를 처리할 수 있다. 〈신설 2017.4.18.〉

1. 국가와 지방자치단체: 법 제33조에 따른 아동안전 보호인력의 배치 등에 관한 사무

2. 경찰청장: 법 제34조에 따른 아동긴급보호소 지정 및 운영에 관한 사무

제57조의2(규제의 재검토) 보건복지부장관은 제43조 및 별표 7에 따른 아동보호전문기관의 장의 자격기준에 대하여 2014년 9월 29일을 기준으로 3년마다(매 3년이 되는 해의 9월 29일 전까지를 말한다) 그 타당성을 검토하여 개선 등의 조치를 하여야 한다.

[본조신설 2014.9.26.]

제58조(과태료의 부과기준) 법 제75조에 따른 과태료의 부과기준은 별표 14와 같다.

부칙 <제28481호, 2017.12.19.>

이 영은 2017년 12월 20일부터 시행한다.

아동복지법 시행규칙

[시행 2018.1.1.] [대통령령 제28471호, 2017.12.12., 타법개정]

제1조(목적) 이 규칙은 「아동복지법」 및 같은 법 시행령에서 위임된 사항과 그 시행에 필요한 사항을 규정함을 목적으로 한다.

제2조(위탁가정의 기준) 「아동복지법」 (이하 "법"이라 한다) 제3조제6호에서 "보건복지부령으로 정하는 기준"이란 다음 각 호의 기준을 말한다.

1. 위탁된 보호대상아동(이하 "위탁아동"이라 한다)을 양육하기에 적합한 수준의 소득이 있을 것

2. 위탁아동에 대하여 종교의 자유를 인정하고 건전한 사회 구성원으로 자랄 수 있도록 양육과 교육을 할 수 있을 것

3. 가정위탁보호를 하려는 사람은 25세 이상(부부인 경우에는 부부 모두 25세 이상)으로서 위탁아동과의 나이 차이가 60세 미만일 것. 다만, 특별시장·광역시장·도지사·특별자치도지사(이하 "시·도지사"라 한다) 또는 시장·군수·구청장(자치구의 구청장을 말한다. 이하 같다)이 위탁아동을 건전하게 양육하기에 위탁가정의 환경이 적합하다고 인정하는 경우에는 그러하지 아니하다.

4. 자녀가 없거나 자녀(18세 이상인 자녀는 제외한다)의 수가 위탁아동을 포함하여 4명 이내일 것

5. 가정에 성범죄, 가정폭력, 아동학대, 정신질환 등의 전력이 있는 사람이 없을 것

6. 그 밖에 보건복지부장관이 필요하다고 인정하는 기준

제3조(아동종합실태조사의 내용 및 방법 등) ① 법 제11조제1항에 따라 보건복지부장관은 전국 단위로 아동 및 그 가구 등을 대상으로 아동종합실태조사(이하 "실태조사"라 한다)를 실시한다.

② 보건복지부장관은 실태조사를 아동에 관한 전문인력 및 장비를 갖춘 연구기관, 법인 또는 단체에 의뢰하여 실시할 수 있다.

③ 실태조사에는 다음 각 호의 사항이 포함되어야 한다.

1. 소득·재산 등 경제 상태 및 가구 구성 등 아동의 가구 환경에 관한 사항

2. 아동의 신체적·정신적 건강 및 아동의 언어·인지·정서·사회적 발달에 관한 사항

3. 아동 양육실태 및 가족관계에 관한 사항

4. 정부 또는 민간에서 제공하는 아동복지서비스 이용 현황 및 이용 욕구에 관한 사항

5. 아동안전, 아동학대, 빈곤아동 등 아동의 권리 및 인권에 관한 사항

6. 그 밖에 보건복지부장관이 필요하다고 인정하는 사항

④ 보건복지부장관은 법 제11조제1항 단서에 따라 정책수요 등을 반영하여 아동학대, 빈곤아동 등 특정 영역 또는 계층에 대한 분야별 실태조사를 할 수 있다.

⑤ 보건복지부장관은 사회환경의 급격한 변동 등으로 추가적인 조사가 필요한 경우에는 실태조사 외에 임시조사를 실시하여 실태조사를 보완할 수 있다.

제4조(가정위탁보호 신청 등) ① 「아동복지법 시행령」(이하 "영"이라 한다) 제14조제1항에 따라 대리양육 또는 가정위탁보호를 희망하는 사람은 별지 제1호서식의 가정위탁보호(대리양육) 신청서(전자문서로 된 신청서를 포함한다)를 보호대상아동의 거주지를 관할하는 시·도지사 또는 시장·군수·구청장에게 제출하여야 한다.

② 제1항에 따른 신청을 받은 시·도지사 또는 시장·군수·구청장은 법 제13조제1항에 따른 아동복지전담공무원(이하 "아동복지전담공무원"이라 한다)이나 법 제14조제1항에 따른 아동위원 또는 법 제48조에 따른 가정위탁지원센터(이하 "가정위탁지원센터"라 한다)의 소속 직원으로 하여금 별지 제2호서식의 가정위탁보호(대리양육) 신청인 가정조사서 및 별지 제3호서식의 보호대상아동 조사서에 따라 신청인의 가정과 보호대상아동에 관하여 조사하게 하고, 그 결과에 따라 대리양육 또는 가정위탁보호를 결정하여야 한다.

③ 시·도지사 또는 시장·군수·구청장은 대리양육 또는 가정위탁보호가 결정된 아동에 관하여 별지 제4호서식의 아동카드 3부를 작성하여 그 1부는 신청인에게 발급하고, 다른 1부는 가정위탁지원센터의 장에게 발급하여 비치하게 하며, 또 다른 1부는 특별시·광역시·도·특별자치도(이하 "시·도"라 한다) 또는 시·군·구(자치구를 말한다. 이하 같다)에 비치하여 아동복지전담공무원 등 관계 공무원이 대리양육 또는 가정위탁보호에 관한 사후관리 상황과 그 아동에게 지급되는 금품의 지급 상황을 기록하도록 하여야 한다.

④ 영 제14조제2항에 따라 대리양육 또는 가정위탁보호 결정의 통보를 받은 아동복지시설의 장 또는 가정위탁지원센터의 장은 해당 아동과 그에 관한 기록 및 그의 소지품을 지체 없이 대리양육자 또는 가정위탁보호자에게 인도하여야 한다.

제5조(입소 의뢰) ① 영 제15조제1항에 따른 아동복지시설 입소 대상인 보호대상아동 또는 그 보호자는 입소신청서를 시·도지사 또는 시장·군수·구청장에게 제출하여야 한다.

② 시·도지사 또는 시장·군수·구청장은 영 제15조제1항에 따라 보호대상아동을 아동복지시설에 입소시키려는 경우에는 별지 제4호서식의 아동카드 2부를 작성하여 그 1부는 시·도 또는 시·군·구에 비치하고, 다른 1부는 해당 아동복지시설의 장에게 발급하여 제1항의 입소신청서와 함께 비치하게 하여야 한다.

제6조(귀가 신청) 영 제16조제1항에 따라 법 제15조제1항제2호부터 제4호까지의 보호조치를 받고 있는 보호대상아동을 양육하려는 보호자는 별지 제5호서식의 아동 귀가 신청서에 귀가 사유를 증명하는 서류를 첨부하여 해당 보호대상아동을 보호 중인 가정이나 아동복지시설을 관할하는 시·도지사 또는 시장·군수·구청장에게 제출하여야 한다.

제7조(입원 등의 의뢰) ① 영 제17조에 따른 전문치료기관 입원이나 요양소 입소 대상인 보호대상아동 또는 그 보호자는 입소신청서를 시·도지사 또는 시장·군수·구청장에게 제출하여야 한다.

② 영 제17조의 아동 입원(입소) 의뢰서는 별지 제6호서식에 따른다.

③ 시·도지사 또는 시장·군수·구청장은 영 제17조에 따라 보호대상아동을 전문치료기관 또는 요양소에 입원 또는 입소시키려는 경우에는 별지 제4호서식의 아동카드 2부를 작성하여 그 1부는 시·도 또는 시·군·구에 비치하고, 다른 1부는 해당 전문치료기관 또는 요양소의 장에게 발급하여 제1항의 입소신청서와 함께 비치하게 하여야 한다.

제8조(일시 보호의 의뢰) 영 제19조에 따른 일시 보호 의뢰서는 별지 제7호서식에 따른다.

제9조(범죄경력 조회 및 회신) ① 영 제20조제1항에 따른 범죄경력 조회 요청서는 별지 제8호서식에 따른다.

② 영 제20조제2항에 따른 범죄경력 조회 동의서는 별지 제9호서식에 따른다.

③ 영 제20조제3항에 따른 범죄경력 조회 회신은 별지 제10호서식에 따른다.

제10조(보호조치 등의 통보) 시·도지사 또는 시장·군수·구청장은 보호대상아동에 대하여 법 제15조제1항제2호부터 제6호까지의 보호조치를 한 경우에는 이를 보호자에게 통지하여야 한다. 다만, 보호자를 알 수 없을 때에는 그러하지 아니하다. 〈개정 2016.9.23.〉

제11조(보호조치의 변경) ① 시·도지사 또는 시장·군수·구청장은 법 제15조제1항제2호부터 제6호까지의 보호조치 중인 아동의 복지 증진을 위하여 필요하다고 인정하는 경우에는 해당 아동에 대하여 보호조치를 변경하거나 다른 아동복지시설 또는 위탁가정으로 옮기게 할 수 있다.

② 시·도지사 또는 시장·군수·구청장은 제1항에 따라 해당 아동에 대하여 보호조치를 변경하거나 다른 아동복지시설 또는 위탁가정으로 옮기게 하는 경우에는 이를 그 보호자에게 통지하여야 한다.

③ 아동복지시설의 장 또는 가정위탁지원센터의 장은 제1항에 따라 해당 아동에 대하여 보호조치를 변경하거나 다른 아동복지시설 또는 위탁가정으로 옮기게 하는 경우에는 그 아동에 관한 기록도 함께 옮겨야 한다.

제11조의2(퇴소신청 등) 영 제21조의2에 따른 보건복지부령으로 정하는 신청서는 별지 제10호의2서식에 따른다.

[본조신설 2016.9.23.]

제12조(보호대상아동의 보호기간 연장 보고) 아동복지시설의 장은 법 제16조제2항에 따라 보호 중인 아동의 보호기간을 연장하였을 때에는 지체 없이 관할 시장·군수·구청장에게 그 사실을 보고하여야 한다. 이 경우 연장 사유 및 연장 기간을 명시하여야 한다.

[전문개정 2016.9.23.]

제13조(친권상실의 선고 청구 등의 결과 통보) 법 제18조제4항에 따른 친권행사의 제한 또는 친권상실의 선고 청구에 대한 결과 통보는 별지 제11호서식에 따른다.

제14조 삭제 〈2015.10.19.〉

제15조(아동학대관련범죄 전력 조회 및 회신) ① 영 제26조의4제1항에 따른 아동학대관련범죄 전력 조회 신청서는 별지 제12호서식에 따른다. 〈개정 2016.9.23.〉

② 영 제26조의4제2항에 따른 아동학대관련범죄 전력 조회 동의서는 별지 제12호의2서식에 따른다. 〈개정 2016.9.23.〉

③ 영 제26조의4제3항에 따른 아동학대관련범죄 전력 조회 회신은 별지 제12호의3서식에 따른다. 〈개정 2016.9.23.〉

[전문개정 2014.9.29.]

제16조(아동보호구역의 지정 신청) 영 제29조제1항에 따라 아동보호구역 지정을 신청하려는 자는 별지 제13호서식의 아동보호구역 지정 신청서(전자문서로 된 신청서를 포함한다)를 특별자치도지사 · 시장 · 군수 · 구청장에게 제출하여야 한다.

제17조(범죄경력 확인 및 회신) ① 영 제33조제1항에 따른 범죄경력 확인 요청서는 별지 제14호서식에 따른다.

② 영 제33조제2항 및 제34조제3항에 따른 범죄경력 확인 동의서는 별지 제15호서식에 따른다.

③ 영 제33조제3항에 따른 범죄경력 확인 회신은 별지 제16호서식에 따른다.

제18조(자립지원계획의 수립) ① 법 제39조제1항에 따른 자립지원계획에는 다음 각 호의 사항이 포함되어야 한다.

1. 아동의 적성 및 욕구 파악, 사회성 발달 정도 및 자립 능력 · 수준 등 아동의 상태 평가

2. 정기적 진로상담, 체험 및 교육 프로그램 실시

3. 자립에 필요한 주거, 취업, 자산형성, 정서적 지원 등 공적 서비스 및 지역 내 후원 자원 연계

② 가정위탁지원센터의 장 및 아동복지시설의 장은 제1항에 따른 자립지원계획을 수립할 때에는 해당 아동의 의견을 존중하여야 하며, 관련 전문가의 의견을 들어야 한다.

제19조(자산형성지원사업의 대상 등) ① 법 제42조제1항에 따른 자산형성지원사업의 대상은 다음 각 호의 어느 하나에 해당하는 아동으로 한다.

1. 법 제15조제1항제2호부터 제5호까지의 보호조치 중인 아동

2. 「장애인복지법」 제58조에 따른 장애인복지시설에 입소 중인 아동

3. 소년소녀가정의 아동

4. 「국민기초생활 보장법」 제2조제2호에 따른 수급자 가정의 아동 중 보건복지부장관이 정하는 아동

② 국가와 지방자치단체는 제1항에 따른 아동에게 보건복지부장관이 정하는 범위에서 해당 아동이 적립한 금액과 같은 금액을 매월 지원한다.

③ 시장 · 군수 · 구청장은 아동의 계좌 개설을 법 제44조제2항에 따라 금융자산관리업무를 위탁받은 은행 등에 의뢰하고, 은행 등은 통장을 개설하여 해당 시장 · 군수 · 구청장에게 발급하며, 시장 · 군수 · 구청장은 그 통장을 해당 아동에게 내주어야 한다.

④ 법 제42조제1항에 따라 자산형성지원을 받고 있는 아동이 원가정으로 귀가하더라도 그 아동이 희망할 경우에는 계속 지원할 수 있다.

제20조(자산형성지원사업 관련 업무) 법 제43조제2항제5호에서 "보건복지부령으로 정하는 사항"이란 자산형성지원사업 대상 아동에 대한 사후관리를 말한다.

제21조(아동보호전문기관의 운영 위탁 지정절차 등) ① 영 제44조제1항에 따라 법 제45조에 따른 아동보호전문기관(이하 "아동보호전문기관"이라 한다)의 운영을 위탁받으려는 자는 별지 제17호서식의 아동보호전문기관 운영 위탁 지정신청서(전자문서로 된 신청서를 포함한다)에 다음 각 호의 서류(전자문서를 포함한다)를 첨부하여 중앙아동보호전문기관의 경우에는 보건복지부장관에게, 지역아동보호전문기관의 경우에는 시·도지사 또는 시장·군수·구청장에게 제출하여야 한다.

1. 정관
2. 아동보호전문기관 운영에 필요한 재산 목록(소유 또는 사용에 관한 권리를 증명하는 서류를 첨부하되, 보건복지부장관, 시·도지사 또는 시장·군수·구청장이 「전자정부법」 제36조제1항에 따른 행정정보의 공동이용을 통하여 소유 또는 사용에 관한 권리를 확인할 수 있는 경우에는 그 확인으로 첨부서류를 갈음한다)
3. 삭제〈2014.9.29.〉
4. 아동학대예방사업 수행실적
5. 사업계획서 및 예산서
6. 삭제〈2014.9.29.〉
7. 종사할 직원의 명단과 자격증 사본(자격증이 필요한 직원만 해당하며, 자격증을 확인한 경우에는 그 사본을 첨부하지 아니한다)

② 제1항에 따라 신청서를 받은 보건복지부장관, 시·도지사 또는 시장·군수·구청장은 「전자정부법」 제36조제1항에 따른 행정정보의 공동이용을 통하여 법인 등기사항증명서를 확인하여야 한다. 〈개정 2014.9.29.〉

③ 보건복지부장관, 시·도지사 또는 시장·군수·구청장은 아동보호전문기관의 운영을 위탁받을 비영리법인을 지정하였을 때에는 별지 제18호서식의 아동보호전문기관 운영 위탁 지정서를 신청인에게 발급하여야 한다.

제22조(가정위탁지원센터의 지정절차) ① 영 제49조제1항에 따라 가정위탁지원센터의 운영을 위탁받으려는 자는 별지 제19호서식의 가정위탁지원센터 운영 위탁 지정신청서(전자문서로 된 신청서를 포함한다)에 다음 각 호의 서류(전자문서를 포함한다)를 첨부하여 중앙가정위탁지원센터의 경우에는 보건복지부장관에게, 지역가정위탁지원센터의 경우에는 시·도지사 또는 시

장·군수·구청장에게 제출하여야 한다.

　1. 정관

　2. 가정위탁지원센터 운영에 필요한 재산 목록(소유 또는 사용에 관한 권리를 증명하는 서류를 첨부하되, 보건복지부장관, 시·도지사 또는 시장·군수·구청장이 「전자정부법」 제36조제1항에 따른 행정정보의 공동이용을 통하여 소유 또는 사용에 관한 권리를 확인할 수 있는 경우에는 그 확인으로 첨부서류를 갈음한다)

　3. 아동복지시설 신고증 사본(아동복지시설인 경우만 해당한다)

　4. 아동복지업무 수행실적

　5. 사업계획서 및 예산서

　6. 가정위탁지원센터의 평면도(층별·구조별 면적을 표시하여야 하며, 제2항에 따라 건축물대장으로 확인할 수 없는 경우에만 첨부한다)

　7. 가정위탁지원센터에 종사할 직원의 명단과 자격증 사본(자격증이 필요한 직원만 해당하며, 자격증을 확인한 경우에는 그 사본을 첨부하지 아니한다)

　② 제1항에 따라 신청서를 제출받은 보건복지부장관, 시·도지사 또는 시장·군수·구청장은 「전자정부법」 제36조제1항에 따른 행정정보의 공동이용을 통하여 법인 등기사항증명서, 건물등기사항증명서, 토지등기사항증명서 및 건축물대장을 확인하여야 한다.

　③ 보건복지부장관, 시·도지사 또는 시장·군수·구청장은 가정위탁지원센터의 운영을 위탁받을 비영리법인을 지정하였을 때에는 별지 제20호서식의 가정위탁지원센터 운영 위탁 지정서를 신청인에게 발급하여야 한다.

제23조(아동복지시설의 설치 신고 등) ① 법 제50조제2항에 따라 국가 또는 지방자치단체 외의 자가 아동복지시설을 설치하려는 경우에는 별지 제21호서식의 아동복지시설 설치 신고서(전자문서로 된 신고서를 포함한다)에 다음 각 호의 서류(전자문서를 포함한다)를 첨부하여 시장·군수·구청장에게 제출하여야 한다. 이 경우 시장·군수·구청장은 「전자정부법」 제36조제1항에 따른 행정정보의 공동이용을 통하여 건물등기부 등본 및 토지등기부 등본과 「부동산 가격공시 및 감정평가에 관한 법률」 제11조 및 같은 법 시행규칙 별지 제7호서식에 따른 개별공시지가 확인서(이하 "개별공시지가 확인서"라 한다)를 확인하여야 한다. 〈개정 2015.10.19.〉

　1. 정관(법인인 경우만 해당한다)

　2. 아동복지시설 운영에 필요한 재산 목록(소유 또는 사용에 관한 권리를 증명하는 서류를 첨부하되, 시장·군수·구청장이 「전자정부법」 제36조제1항에 따른 행정정보의 공동이용을 통하여 소유 또는 사용에 관한 권리를 확인할 수 있는 경우에는 그 확인으로 첨부서류를

갈음한다)

3. 사업계획서 및 예산서

4. 재산의 평가조서(「부동산 가격공시 및 감정평가에 관한 법률」 제2조제9호에 따른 감정평가업자의 감정평가서를 첨부하되, 개별공시지가 확인서로 첨부서류에 대한 정보를 확인할 수 있는 경우에는 그 확인으로 첨부서류를 갈음한다)

5. 재산의 수익조서(수익용 기본재산을 갖춘 경우에 한정하며, 수익을 증명할 수 있는 기관의 증명서류를 첨부하여야 한다)

6. 아동복지시설의 평면도(층별·구조별 면적을 표시하여야 한다) 및 건물의 배치도(제2항에 따라 건축물대장으로 평면도와 배치도를 확인할 수 없는 경우에만 첨부한다)

7. 아동복지시설에 종사할 직원의 명단과 자격증 사본(자격증이 필요한 직원만 해당하며, 자격증을 확인한 경우에는 그 사본을 첨부하지 아니한다)

② 제1항에 따라 신고서를 받은 시장·군수·구청장은 「전자정부법」 제36조제1항에 따른 행정정보의 공동이용을 통하여 법인 등기사항증명서(법인인 경우만 해당한다), 건물등기사항증명서, 토지등기사항증명서 및 건축물대장을 확인하여야 한다.

③ 시장·군수·구청장은 제1항에 따른 설치 신고를 수리(受理)하였을 때에는 별지 제22호서식의 아동복지시설 신고증을 신고인에게 발급하여야 한다.

④ 제3항에 따라 시장·군수·구청장이 아동복지시설의 설치 신고를 수리하였을 때에는 지체없이 그 내용을 시·도지사에게 보고하고, 시·도지사는 이를 종합하여 보건복지부장관에게 보고하여야 한다.

⑤ 제1항에 따라 아동복지시설의 설치 신고를 한 자가 아동복지시설의 명칭, 아동복지시설의 장, 소재지 또는 정원(定員)을 변경하려는 경우에는 별지 제23호서식의 변경신고서에 아동복지시설 신고증과 다음 각 호의 구분에 따른 서류를 첨부하여 시장·군수·구청장에게 신고하여야 한다.

1. 아동복지시설의 명칭을 변경하려는 경우: 사유서(법인인 경우에는 명칭의 변경을 결의한 이사회의 회의록 사본을 말한다)

2. 아동복지시설의 장을 변경하려는 경우: 사유서(법인인 경우에는 시설의 장의 변경을 결의한 이사회의 회의록 사본을 말한다) 및 변경된 아동복지시설의 장의 이력서

3. 소재지를 변경하려는 경우: 사유서(법인인 경우에는 소재지의 변경을 결의한 이사회의 회의록 사본을 말한다), 시설보호아동에 대한 조치계획서 및 재산활용계획서

4. 정원을 변경하려는 경우: 사유서(법인인 경우에는 정원의 변경을 결의한 이사회의 회의록 사본을 말한다), 시설보호아동에 대한 조치계획서(정원이 증가된 경우는 제외한다) 및 재산활용계획서

제24조(시설기준 등) 법 제50조제3항에 따른 아동복지시설의 시설기준은 별표 1과 같고, 운영 기준은 별표 2와 같다.

제25조(폐업·휴업 등의 신고) ① 법 제51조제1항에 따라 아동복지시설을 폐업 또는 휴업 하거나 그 운영을 재개하려는 자는 별지 제24서식의 신고서에 다음 각 호의 서류를 첨부하여 폐 업·휴업·재개 3개월 전까지 시장·군수·구청장에게 제출하여야 한다. 〈개정 2016.9.23.〉

1. 아동복지시설의 폐업·휴업·재개 사유서(법인인 경우에는 폐업·휴업·재개를 결의한 이사회의 회의록 사본을 말한다)

2. 영 제50조의2에 따른 조치를 포함한 시설보호아동에 대한 조치계획서(운영 재개의 경우는 제외한다)

3. 아동복지시설의 재산에 관한 사용 또는 처분계획서(운영 재개의 경우는 제외한다)

4. 아동복지시설 신고증(폐업의 경우만 해당한다)

② 시장·군수·구청장은 제1항에 따라 신고를 받은 경우에는 아동복지시설에 입소하거나 아동복지시설을 이용하고 있는 아동의 권익을 보호하기 위하여 다음 각 호의 조치를 하여야 한다.

1. 제1항제2호에 따른 조치계획의 이행 여부 확인

2. 아동복지시설을 이용하는 아동이 이용료 등을 부담한 경우 그 반환 여부의 확인

3. 보조금 및 후원 금품 등의 사용실태 확인

4. 그 밖에 아동복지시설에 입소하거나 아동복지시설을 이용하고 있는 아동의 권익 보호를 위하여 필요한 조치

[제목개정 2016.9.23.]

제26조(시설의 보호기간 등) ① 법 제52조제1항제2호에 따른 아동일시보호시설에서의 보호 기간은 3개월 이내로 한다. 다만, 해당 아동일시보호시설의 장이 3개월을 초과하여 보호하여야 할 특별한 사유가 있다고 인정하는 경우에는 시장·군수·구청장의 승인을 받아 그 보호기간을 3개월의 범위에서 1회에 한정하여 연장할 수 있다.

② 법 제52조제1항제5호에 따른 자립지원시설의 보호기간은 1년 이내로 한다. 다만, 해당 자립지원시설의 장이 1년을 초과하여 보호하여야 할 특별한 사유가 있다고 인정하는 경우에는 시장·군수·구청장의 승인을 받아 그 사유가 종료된 날까지 보호기간을 연장할 수 있다.

③ 제1항 단서 및 제2항 단서에 따라 보호기간을 연장하려는 시설의 장은 별지 제25호서식의 보호기간 연장 승인신청서에 연장 사유를 증명하는 서류를 첨부하여 시장·군수·구청장에게 제출하여야 한다.

제27조(아동전용시설의 설치기준 등) ① 법 제53조제1항에 따른 아동전용시설은 아동의 선호도 및 지역적 입지여건을 고려하여 안전하게 설치되어야 한다.

② 법 제53조제3항에 따른 아동전용시설의 설치기준은 「도시공원 및 녹지 등에 관한 법률」, 「체육시설의 설치·이용에 관한 법률」, 「공연법」 및 「청소년기본법」 등 관계 법령에서 정하는 바에 따른다.

③ 보건복지부장관은 제2항에 따른 설치기준 외에 아동의 안전사고 예방 및 편의증진을 위하여 필요한 경우 그에 관한 설치기준을 정하여 고시할 수 있다.

제28조(아동복지 또는 사회복지 관련 교과목) 영 별표 7 제2호나목 및 별표 10 제2호나목에서 "보건복지부령으로 정하는 아동복지 또는 사회복지 관련 교과목"이란 별표 3의 교과목을 말한다.

제29조(공통서식) 제5조제1항 및 제7조제1항에 따른 입소신청서, 영 제55조제2항에 따른 비용징수 통지서는 사회복지 관련 사업 및 서비스와 관련하여 보건복지부장관이 정하여 고시하는 공통서식에 따른다.

제30조(규제의 재검토) ①보건복지부장관은 제23조제1항 및 제5항에 따른 아동복지시설 설치 및 변경 신고서 첨부 서류에 대하여 2014년 1월 1일을 기준으로 3년마다(매 3년째의 1월 1일 전까지를 말한다) 그 타당성을 검토하여 개선 등의 조치를 하여야 한다. 〈개정 2015.1.5.〉

② 보건복지부장관은 다음 각 호의 사항에 대하여 다음 각 호의 기준일을 기준으로 2년마다(매 2년이 되는 해의 기준일과 같은 날 전까지를 말한다) 그 타당성을 검토하여 개선 등의 조치를 하여야 한다. 〈신설 2015.1.5.〉

1. 제4조에 따른 가정위탁보호 신청 시 제출서류: 2015년 1월 1일
2. 제24조 및 별표 1에 따른 아동복지시설의 시설기준: 2015년 1월 1일

[본조신설 2013.12.31.]

부칙 〈제440호,2016.9.23.〉

이 규칙은 2016년 9월 23일부터 시행한다.

청소년 관련법규

초판 인쇄 2021년 4월 10일
초판 발행 2021년 4월 15일

지은이   편집부
펴낸이   진수진
펴낸곳   청풍출판사
주소   경기도 고양시 일산서구 덕이로 276번길 26-18
출판등록 2019년 10월 10일 제2019-000159호
전화   031-911-3416
팩스   031-911-3417